Hubertus Fischer · Märkisches und Berlinisches

Hubertus Fischer

Märkisches und Berlinisches.
Studien zu Theodor Fontane

Stapp Verlag Berlin

ISBN 987 3 87776 940 3

© Stapp Verlag Berlin 2014

Umschlaggestaltung: Katrin Dommermuth, Hamburg
Satz: Doris Rohr, Zeuthen
Druck: AZ Druck und Datentechnik GmbH, Berlin
Bindung: Stein + Lehmann, Berlin

Inhaltsverzeichnis

Märkisches und Berlinisches

„Märkisches und Berlinisches" wird bei dem Namen Fontanes niemanden überraschen; überraschen wird eher, was sich dahinter verbirgt. Es geht um Neues, Unbekanntes oder Vernachlässigtes, das wiederum den Blick für das Besondere schärft. Je eindringlicher solche Zusammenhänge erschlossen werden, desto informierter fällt auch die Lektüre aus. Dies ist oder sollte wenigstens der Hauptzweck der Bemühungen um Leben und Werk Fontanes sein. Gelegentlich drängt sich jedoch der Eindruck auf, als genüge die Pirouette, die auf dem Fontane-Text gedreht wird, sich selbst. Gründliche historische Kenntnisse sind unverzichtbar, schon um in den Romanen das kunstvolle Geflecht politischer Anspielungen zu erkennen. Das wurde zuletzt beispielhaft an Fontanes Altersroman „Der Stechlin" demonstriert.[1]

Der historische Zugang behält auch in diesem Band die Oberhand, obwohl er nur am Rand die Romane berührt. Er öffnet sich jedoch in kultur- und sozialgeschichtlicher Perspektive den Fragen nach Bild und Denkmal sowie den Fragen nach der Adels- und Schriftstellerexistenz. Politisches und Biographisches erweitern die Facetten, unter denen Ereignisse und Zäsuren betrachtet werden. Je nachdem wohin das Gewicht sich neigt, fallen die Themen dem „Märkischen" oder „Berlinischen" zu. Während der Teil „Märkisches" wesentlich aufeinander aufbauende Untersuchungen enthält, gibt der Teil „Berlinisches" die Themen in lockerer zeitlicher Folge mit kürzeren Überleitungen. Worin ihr Zusammenhang besteht, soll wenigstens angedeutet werden. Zunächst zum „Märkischen", das in diesem Band aus gutem Grund nach vorne rückt.

Viel gelesen, wenig erforscht: Das gilt bis heute für Fontanes „Wanderungen durch die Mark Brandenburg". Zwar ist seit den 1990er Jahren eine verstärkte Hinwendung der Forschung zu den „Wanderungen" zu beobachten, Höhepunkt war das Potsdamer Symposium „Geschichte und Geschichten aus Mark Brandenburg" 2002.[2] Gegenüber dem Forschungsstand zu den Romanen nimmt sich der Ertrag jedoch immer noch recht bescheiden aus.[3] Deshalb sollte es nicht unwillkommen sein, wenn in diesem Band bisher verstreute Aufsätze und Vorträge zu den „Wanderungen" vereinigt und einer fortlaufenden Lektüre zugänglich gemacht werden. Sie geben Einblick in die Genese der für die „Wanderungen" charakteristischen Landschaftsbilder („Märkische Bilder") und zeigen darüber hinaus, wie die „historische Landschaft" Brandenburgs in Fontanes erstem Roman „Vor dem Sturm" verwandelt wieder aufersteht. Sie laden zu einem Blick hinter die Kulissen ein, indem sie die Rolle des „Johanniterblatts", einer heute vergessenen Wochenschrift, und die Bedeutung der Berliner und brandenburgischen historischen Vereine für die Entstehungsgeschichte der „Wanderungen" zum Thema machen.

Ein Versuch, die „Wanderungen" einmal anders, nämlich gegen den Strich zu lesen, wurde schon Mitte der 1980er Jahre unternommen.[4] In Fortsetzung dieser „Gegen-Wanderungen" schließen sich Untersuchungen über Fontanes Beziehungen zum preußischen (besonders märkischen) Adel und speziell zu zwei alten märkischen Familien, den von Jagow und von Barfuß, an. Sie ziehen Nutzen aus unveröffentlichten Zeugnissen und stellen insoweit eine Ergänzung der „Wanderungen" dar. Die kleine Studie zur „Zietenhusarenschaft", deren nähere Beziehung zur Mark durch Rathenow gegeben ist, zeigt Fontane als kritischen Zeitgenossen wachsender Militärvergötzung. Abgerundet wird dieser erste Teil durch eine zeitgeschichtlich orientierte Analyse des Fragments „Storch von Adebar", dem von der Forschung zu Unrecht vernachlässigten Entwurf eines politischen Romans. Er sollte den unter Friedrich Wilhelm IV. in Mode gekommenen „pietistischen Conservatismus" in seiner „Unächtheit, Unbrauchbarkeit und Schädlichkeit" darstellen. In diesem Fall hat

8

sich der Leser das Uckermärkisch-Vorpommersche als Schauplatz vorzustellen.

Vom Landschaftsbild zum Land- und Landesadel läßt sich der Teil „Märkisches" umschreiben. Das „Berlinische" setzt mit einem zentralen Ereignis ein: der Revolution von 1848/49, deren Bedeutung für Fontane und sein näheres Umfeld an anderer Stelle ausführlich dargestellt worden ist.[5] Wie er diese Revolution in seinem Dramenfragment über die Englische Revolution von 1649 und das Schicksal Karls I. verarbeitet hat, steht dagegen hier im Mittelpunkt. Wiederum ein bedeutsames Ereignis, das Dreikaiserjahr 1888, rahmt das „Berlinische" auch vom Ende her ein. Welche öffentliche Rolle als Dichter Fontane in diesem Jahr spielte und wie sich diese Rolle zu seinen privaten Urteilen verhielt, das sind Fragen, die zu aufschlußreichen Beobachtungen im Spannungsfeld zwischen Politik und Dichtung führen.

Die vier Jahrzehnte von 1848 bis 1888 halten immer noch Überraschungen bereit. Unbeachtet in der Fontane-Forschung blieb bis vor kurzem das 1862 erschienene Buch über das Thaer-Denkmal auf dem Schinkelplatz vor der ehemaligen Bauakademie. Die nach der Wiederherstellung im April 2010 entstandene Studie verfolgt die Entstehung des Buches und seine Geschichte bis in die Gegenwart. Sie bietet neue Erkenntnisse zur Textgeschichte und ein Kapitel zur Berliner Denkmalpolitik, das noch nicht zu Ende geschrieben ist. Ebenfalls neu ist die im „Johanniterblatt" entdeckte Zweitfassung eines Fontane-Gedichts, das 1871 aus Anlaß der Rückkehr Wilhelms I. nach Beendigung des Krieges gegen Frankreich entstanden ist und das durch die Änderungen nach einer anderen, traditionell preußischen Seite spricht. In beiden Fällen zeigt sich, daß das Verfahren der Textkritik nach wie vor sehr brauchbar ist.

Einen öffentlichen Auftritt als Dichter hatte Fontane auch zum Jubiläum des Refuge 1885, als er einen Prolog für das Fest der Französischen Kolonie in Erinnerung an das Edikt von Potsdam 1685 verfaßte. Wie sein Verhältnis zur Kolonie sich insgesamt gestaltete und wie er seine eigene französische Herkunft sah, das berührt Fragen des biographischen Selbstverständnisses vor dem Hintergrund der von Fontane gepflegten ‚Gascogner' Privatmythologie. Die Beschäftigung mit Fontanes Lebenskrise 1876 führt aus dem öffentlichen Raum und der Politik zu den Problemen der Schriftstellerexistenz zurück. Er selbst hat die Zeit als Sekretär der Akademie der Künste „so ziemlich meine schlechteste Lebenszeit" genannt. Die wenig beachtete, lange nachwirkende Begegnung mit dem machtbewußten neuen Akademiedirektor und Meistermaler der Epoche, Anton von Werner, die Demütigung und schwere Erschütterung seines Selbstbildes führten in eine Krise, aus der er sich mit „Vor dem Sturm" herausschrieb. Das „Schmerzenskind", wie er den Roman nannte, weist aufgrund seiner Schauplätze ins „Märkische" und damit in den ersten Teil zurück.

Verbindungen zwischen den beiden Teilen stellen sich her, wenn beim Berliner Denkmal des Agrarreformers Thaer auch der Wandel im ländlichen Brandenburg und verschiedene „Wanderungen"-Orte berührt werden. Und wenn die Aufmerksamkeit auf die Berliner und brandenburgischen Geschichtsvereine gelenkt wird, um den Hintergrund der „Wanderungen" näher auszuleuchten, rücken „Berlinisches" und „Märkisches" ohnehin zusammen. Es ist wie im „Stechlin", der in Berlin und der Mark Brandenburg spielt und auf den auch hier neben „Vor dem Sturm" mancher Seitenblick fällt. Was der Leser an diesem Roman hat, wird ihm vollends klar, wenn er sich in die Lektüre einiger markiger Nachfolger verirrt: „Auf märkischer Erde" oder „Stark wie die Mark."[6]

Wie sich die Mark zu Berlin in den „Wanderungen" und im Unterschied dazu in den Romanen verhält, wird in diesem Band nicht untersucht.[7] Zur Sprache kommt das Verhältnis allerdings bei den Hindernissen, die sich der Ausbreitung des märkischen Geschichtsvereins Mitte des 19. Jahrhunderts infolge der wachsenden Zentralität Berlins entgegenstellten. Zur Sprache bringt das Verhältnis im Mai 1848 ein Landrat von Jagow, der der aufrührerischen Hauptstadt mit einem „massenhaften Zuzug des Landes" aus der Altmark droht. Provinz gegen Metropole, eine märkische Vendée? „Märkisches" und „Berlinisches" können in Krisenzeiten in ein gespanntes, wenn nicht sogar militantes Verhältnis geraten. –

10

Heute ist das anders, aber Vorbehalte sind geblieben. Zwar votierte 1996 in Berlin eine Mehrheit der Wähler von 53,4 Prozent für die Fusion beider Länder, bei 45,7 Prozent Gegenstimmen. In Brandenburg sprachen sich aber nur 36,6 Prozent für eine Fusion aus, 62,7 Prozent waren dagegen. Die andauernden Vorbehalte hat die Stiftung Zukunft Berlin 2013 zum Anlaß genommen, die Veranstaltungsreihe „Nachbarn bei Nachbarn" ins Leben zu rufen: „Berliner Künstler lesen in Brandenburgs Dorfkirchen". Ziel ist es, „die Kenntnis voneinander und die gegenseitige Achtung in Berlin und Brandenburg zu erhöhen. Im Zentrum stehen dabei die zahlreichen Orte Brandenburgs, die nicht zuletzt durch die Initiative ihrer Bewohner zu neuer Ausdrucksstärke gekommen sind. Diesen geben Persönlichkeiten des Berliner Kulturlebens die gebührende Ehre." Gelesen wird überwiegend aus den „Wanderungen", ausnahmsweise aus den „Gegen-Wanderungen", dazu ein geeigneter Abschnitt aus den Romanen oder auch ein Gedicht.[8]

Der Zuspruch zeigt, daß Fontane Nachbarn zusammenführt – eine Erfahrung, die schon die Theodor Fontane Gesellschaft seit ihrer Gründung im Jahr 1990 gemacht hat.[9] So ist „Märkisches und Berlinisches" als Thema wieder aktuell und zugleich als Aufgabe für die Zukunft gestellt. Da ist es nicht überflüssig, etwas über historische und literarische Zusammenhänge zu wissen. Einen Beitrag dazu können die hier versammelten Studien leisten.[10] Wenn das eine oder andere anregend wirkt, vielleicht sogar weitere Fragen und Forschungen bewirkt,[11] ist viel erreicht. Ermöglicht wird dies aber erst durch diejenigen, die den Wiederabdruck der – nur leicht überarbeiteten – Texte genehmigt haben. Ihnen allen, voran den „Fontane Blättern", sei dafür gedankt. Daß die Erstveröffentlichungen zwischen 1995 und 2014 überwiegend in literaturhistorischen und historischen Periodika erfolgten, deutet den fachlichen Rahmen des vorliegenden Bandes an. Alle Quellen einschließlich der Werke und Briefe Fontanes werden deshalb buchstaben- und zeichengetreu zitiert, so daß etwa ‚fehlende' oder ‚falsche' Kommata keine Seltenheit sind.[12]

Zwischen geschichtlichen und literarischen Einflüssen bewegt sich bereits Fontanes Aufsatz „Die Märker und die Berliner und wie sich das Berlinertum entwickelte" aus dem Jahr 1888/89. Dort steht der resümierende Satz: „Vor vierhundert und auch noch vor zweihundert Jahren war Berlin eine märkische Stadt und stand unter dem Einfluß märkischen Lebens, jetzt ist das Berlinertum eine selbständige, von dem ursprünglich Märkischen durchaus losgelöste Macht geworden, die nun ihrerseits auf dem Punkte steht, zu vielem andrem auch die nur hier und da noch Widerstand leistende Mark zu erobern und die Märker nolens volens früher oder später zu Berlinern zu machen."[13] Hundertfünfundzwanzig Jahre „später" ist es immer noch nicht so weit. Gewiß sind die vierzig Jahre Teilung, die Gründung des Landes Brandenburg und die Verlegung der deutschen Hauptstadt nach Berlin nicht folgenlos geblieben. Es scheint aber so, daß das „Märkische" ohnehin mehr Widerstandskraft besitzt, als Fontane ihm seinerzeit zugetraut hat. Und – Ironie der Geschichte – sollte er nicht selbst seinen Anteil daran haben? Die „Wanderungen" haben jedenfalls wie kein zweites deutsches Lesewerk ein regionales Bewußtsein geschaffen und der Mark als historisch-kultureller Topographie ihre unverwechselbare Kontur und ihr spezifisches Kolorit verliehen.[14] „Märkisches" läßt sich auch so verstehen und fügt sich mit dem „Berlinischen" nur begrenzt zusammen.

[1] Rolf Zuberbühler: *Der Stechlin. Fontanes politischer Altersroman im Lichte der „Vossischen Zeitung" und weiterer zeitgenössischer Publizistik.* Berlin 2012. – Rez. Hubertus Fischer in: *Mitteilungen der Theodor Fontane Gesellschaft* 42 (2012), S. 42; Martin Lowsky in: *Fontane Blätter* 95 (2013), S. 112–115; Klaus-Peter Möller in: *Jahrbuch für brandenburgische Landesgeschichte* 64 (2013), S. 238–241.

[2] Hanna Delf von Wolzogen (Hrsg.): *„Geschichte und Geschichten aus Mark Brandenburg". Fontanes „Wanderungen durch die Mark Brandenburg" im Kontext der europäischen Reiseliteratur. Internationales Symposium des Theodor-Fontane-Archivs in Zusammenarbeit mir der Theodor Fontane Gesellschaft 18.–22. September 2002 in Potsdam* (= Fontaneana, Bd. 1). Würzburg 2003.

[3] Wolfgang Rasch: *Theodor Fontane Bibliographie. Werk und Forschung.* In Verb. mit der Humboldt-Universität zu Berlin u. dem Theodor-Fontane-

Archiv Potsdam hrsg. v. Ernst Osterkamp u. Hanna Delf von Wolzogen. 3 Bde. Berlin, New York 2006, hier Bd. 2, S. 1683–1705. – Vgl. noch Michael Ewert: *Lebenswege. Formen biographischen Erzählens in Fontanes „Wanderungen durch die Mark Brandenburg".* In: Roland Berbig (Hrsg.): *Fontane als Biograph* (= Schriften der Theodor Fontane Gesellschaft, Bd. 7). Berlin, New York 2010, S. 95–114; Helmuth Nürnberger: *„An Bord der Sphinx" oder ‚Der Fischer von Kahniswall'. Verdeckt autobiographisches Erzählen in Fontanes „Wanderungen".* In: Ebd., S. 115–131; Andrew Cusack: *„Civibus aevi futuri". Geschichtsschreibung als Panorama in Fontanes „Wanderungen durch die Mark Brandenburg".* In: Patricia Howe (Hrsg.): *Theodor Fontane. Dichter des Übergangs. Beiträge zur Frühjahrstagung der Theodor Fontane Gesellschaft 2010* (= Fontaneana, Bd. 10). Würzburg 2013, S. 165–182; Detlef Karg: *Kloster Chorin – Anmerkungen zur Denkmalsetzung in der ersten Hälfte des 19. Jahrhunderts und zur Wertung Fontanes.* In: *Landschaften – Gärten – Literaturen. Festschrift für Hubertus Fischer.* Hrsg. v. Irmela von der Lühe u. Joachim Wolschke-Bulmahn (= CGL-Studies, Bd. 19). München 2013, S. 425–445.

4   Hubertus Fischer: *Gegen-Wanderungen. Streifzüge durch die Landschaft Fontanes.* Frankfurt/M., Berlin 1986. – Rez. Günter Mangelsdorf in: *Fontane Blätter* 6 (1987), Heft 5, S. 512–514; Jens Flemming in: *Deutsches Allgemeines Sonntagsblatt,* 12. Juli 1987; Jürgen Eyssen in: *Hannoversche Allgemeine Zeitung,* 6. Februar 1988.

5   Hubertus Fischer: *Theodor Fontane, der „Tunnel", die Revolution: Berlin 1848/49.* Berlin 2009. – Rez. Markus Fauser in: *Fontane Blätter* 90 (2010), S. 139–140; Sigrid Thielking in: *Germanistik* 51 (2010), Heft 3–4, S. 825.

6   Hanns von Zobeltitz: *Auf märkischer Erde. Roman.* Berlin 1910; Rudolph Stratz: *Stark wie die Mark. Roman.* 16.–20. Aufl. Stuttgart, Berlin 1913.

7   Vgl. dazu David Darby: *Theodor Fontane und die Vernetzung der Welt: Die Mark Brandenburg zwischen Vormoderne und Moderne.* In: Roland Berbig u. Dirk Göttsche (Hrsg.): *Metropole, Provinz und Welt. Raum und Mobilität in der Literatur des Realismus* (= Schriften der Theodor Fontane Gesellschaft, Bd. 9). Berlin, Boston 2013, S. 145–162.

8   In die jeweilige Veranstaltung führen der Ortspfarrer, der ehemalige Landeskonservator des Landes Brandenburg, der Geschäftsführer des Förderkreises Alte Kirchen Berlin-Brandenburg e.V. und der Autor dieses Bandes als ehemaliger Vorsitzender der Theodor Fontane Gesellschaft ein. Ihm obliegt auch die Auswahl der Texte.

9   Hubertus Fischer: *Kulturvermittlung auf Augenhöhe – Die Theodor Fontane Gesellschaft e. V. als Modell einer literarischen Gesellschaft.* In: Wiebke Dannecker u. Sigrid Thielking (Hrsg.): *Öffentliche Didaktik und Kultur-*

vermittlung. Bielefeld 2012, S. 312–320. – Charlotte Müller-Reisener: *Zwanzig Jahre Theodor Fontane Gesellschaft. Ein Rückblick.* In: *Mitteilungen der Theodor Fontane Gesellschaft* 37 (2009), S. 3–20.

[10] Zwei der Vorträge werden entsprechend der Erstveröffentlichung ohne Anmerkungen abgedruckt.

[11] Wie sich das bei den „*Märkischen Bildern*" gezeigt hat; vgl. Delf von Wolzogen (Hrsg.): „*Geschichte und Geschichten*", wie Anm. 2; Hubertus Fischer u. Michael Rohde (Hrsg.): *Landschaftsbilder – Fontane und die Gartenkunst. Gemeinsame Frühjahrstagung der Theodor Fontane Gesellschaft und der Stiftung Preußische Schlösser und Gärten Berlin-Brandenburg in Zusammenarbeit mit dem GartenForum Glienicke 22.–24. Mai 2008* [Themenheft von] *Die Gartenkunst* 21 (2009), Heft 1, S. 1–98; Nora Hoffmann: *Photographie, Malerei und visuelle Wahrnehmung bei Theodor Fontane* (= Schriften der Theodor Fontane Gesellschaft, Bd. 8). Berlin, Boston 2011. – Rez. Hubertus Fischer in: *Germanistik* 53 (2012), Heft 3–4, S. 576.

[12] Lediglich bei Zitaten aus dem Fragment „Storch von Adebar" wird der besseren Lesbarkeit halber an einigen Stellen ein Komma in eckigen Klammern eingefügt.

[13] Theodor Fontane: *Die Märker und die Berliner und wie sich das Berlinertum entwickelte.* In: Ders.: *Wanderungen durch die Mark Brandenburg. Dörfer und Flecken im Lande Ruppin. Unbekannte und vergessene Geschichten aus der Mark Brandenburg I. AFA Wanderungen 6.* Berlin, Weimar 1991, S. 559–573, hier S. 572–573.

[14] Vgl. Hubertus Fischer: *Die Kunst der Beschreibung von Kulturlandschaften – Theodor Fontane und die Mark Brandenburg.* In: Axel Klausmeier (Hrsg.): *Kulturlandschaft Fürst-Pückler-Park. Der Branitzer Außenpark im Brennpunkt widerstreitender Interessen.* Berlin, Bonn 2005, S. 10–19.

Märkisches

„Märkische Bilder"

Ein Versuch über die
„Wanderungen durch die Mark Brandenburg",
ihre Bilder und ihre Bildlichkeit

I.

Die Wirkungsgeschichte der „Wanderungen durch die Mark Brandenburg" ist von einer zunehmenden Überlagerung des literalen
durch den visuellen Sinn begleitet; sie läßt im Extremfall den Text
zur bloßen Bildlegende einer aufwendigen optischen Inszenierung
schrumpfen. Zu Lebzeiten Fontanes sind die „Wanderungen" niemals
bebildert erschienen. Die erste illustrierte Ausgabe kam zwölf Jahre
nach seinem Tod, 1910, mit dem von Fedor von Zobeltitz besorgten
Band „Havelland" heraus.[1] Den Durchbruch ins fotografische Zeit-
alter brachte dann die gekürzte Ausgabe der „Wanderungen" mit
125 Tiefdruckbildern nach Fotos von Martin Hürlimann und anderen, die 1932 in dem von Hürlimann gegründeten Berliner Atlantis
Verlag erschien.[2] Sie erlebte noch während des Krieges eine vierte
und fünfte Auflage, kam 1960 im Atlantis Verlag AG Zürich erneut
heraus und erreichte bis 1982 insgesamt zehn Auflagen.[3]
    Einen „Extremfall" der oben beschriebenen Art stellen die 1979
im Aufbau-Verlag erschienenen „Wanderungen in der Mark" mit 133
Farbaufnahmen von Hans Jochen Knobloch dar, für die Gotthard
Erler die Auswahl der Texte (nicht nur, aber doch überwiegend aus
den „Wanderungen") und die Anmerkungen besorgte.[4] „Zu den augen-
fälligsten Erscheinungen des Buchmarktes zählt der Siegeszug des
Fotobildbandes", bemerkte Jürgen Eyssen knapp zehn Jahre später,
1988, anläßlich einer Besprechung des im Jahr zuvor im Hanser
Verlag erschienenen Bandes „Fontanes Wanderungen durch die Mark
Brandenburg" mit 80 Farbfotos von Michael Ruetz und korrespondierenden Textausschnitten aus den „Wanderungen", für den Wolf

Jobst Siedler das Vorwort schrieb.[5] Der Titel erhebt den Anspruch, „gleichsam mit den Augen Fontanes"[6] die märkische Landschaft zu sehen. Nach hundert Jahren abgelagerter Geschichte sieht die Mark freilich anders aus.

Am ersten Weihnachtstag 1986 lernten die Bilder der „Wanderungen" das Laufen. Zur besten Sendezeit, 20.15 Uhr, bescherte die ARD der deutschen Fernsehfamilie die erste Folge der „Wanderungen durch die Mark Brandenburg", Beginn einer Serie in fünf Teilen nach Theodor Fontane von Horst Pillau (Buch) und Eberhard Itzenplitz (Regie). „Zuviel Originaltext hat man dem Zuschauer wohl nicht zumuten mögen", hieß es damals zutreffend in der Fernseh-Vorschau der Wochenzeitung „Die Zeit".[7]

> Vor Koeckeritz und Lüderitz,
> Vor Krachten und vor Itzenplitz,
> Bewahr uns lieber Herre Gott –

schrieb Fontane, ein altes Lied zitierend, im Schlußwort zu den „Wanderungen" 1881.[8] An Itzenplitzsche „Minifernsehspiele"[9] hatte er natürlich nicht gedacht. Gut hundert Jahre nach dem Schlußwort kamen zu den wenigen Fontaneschen Textpassagen (gelesen von Klaus Schwarzkopf) bewegte Bilder aus der sozialistischen Mark Brandenburg frei Haus in west- und wohl auch einige ostdeutsche Weihnachtsstuben. Der Zuschauer sah, eingestreut zwischen dramatisierte Episoden und Anekdoten, eine in westlichen Augen idyllische Landschaft mit recht altertümlichen Dörfern, einem Fachwerk ohne Glasbausteine und ohne Eternitverkleidung: ein Gegenbild zum Standard der ‚Dorferneuerung'. Und er sah Straßen, die eher zum Spielen als Fahren geeignet schienen, jedenfalls aus der Sicht westlicher Autofahrer, die es bekanntlich immer eilig haben. Wie zum Beweis tuckerte vor einem knallgelben Rapsfeld – ein Farbton, an den sich schon Fontane halten mußte[10] – ein hellblauer Trabant gemächlich die Landstraße zwischen Rhin und Dosse entlang. Das war ein anderes Land …

Seither, zumal seit 1989, ist uns die Mark Brandenburg in so vielen Bildern und gelegentlich faszinierend schönen Farbaufnah-

18

men ins Haus gekommen, daß wir sie eigentlich gar nicht mehr aufsuchen müssen, aufsuchen *sollten*, es sei denn, um den Preis maßloser Enttäuschung – einer Enttäuschung, die größer sein muß als zu Fontanes Zeiten, weil glänzende Großaufnahmen ganz anders blenden als literarisch imaginierte Orte. Sollen solche Bildbände gar noch zur Reise ermuntern (und die meisten *wollen* es tun), müßte ihnen schon aus Gründen der Fairneß Fontanes Vorwort zur vierten Auflage der „Grafschaft Ruppin" beigegeben werden: „‚Diese Wanderungen‘, so schrieb ich damals, ‚sollen kein Geschichtsbuch sein‘, und ich hätte hinzusetzen müssen ‚auch kein Reisebuch‘. Denn gerade darauf hin angesehen zu werden, ist von Anfang ihr Schicksal gewesen, und ich habe seit 20 Jahren keine Saison zu verzeichnen gehabt, in der ich nicht nach erfolgter Vorstellung der freundlich und wohlmeinenden Versicherung begegnet wäre, ‚daß man in Rheinsberg gewesen sei, natürlich mit meinem Buch in der Hand‘. Aber diese Versicherung erfolgte jedesmal nur, um sofort und mit nie versagender Regelmäßigkeit einem verlegenen Schweigen Platz zu machen, aus dem es für mich nur allzu leicht war, die Nachwirkung einer argen und geradezu grausamen Enttäuschung herauszulesen. Einer Enttäuschung, die, nach Lage der Sache, nicht ausbleiben konnte, und der gegenüber ich meinerseits nur immer das Eine zu betonen habe, daß ich nicht wie der Droysen oder Ranke so fast noch weniger der Baedeker von Mark Brandenburg bin."[11]

Ungeachtet dessen heißt es nach wie vor (und heute vielleicht mehr denn je) „Mit Fontane unterwegs"[12] oder, genauso einfallsreich, „Unterwegs mit Fontane in Berlin und der Mark Brandenburg"[13]. Die andere Variante ist „Auf Fontanes Spuren durch die Mark"[14] oder, velozipedisch, „Mit dem Rad auf Fontanes Spuren durch die Mark"[15]. Mal geht's in die Weite: „Mit Fontane durch die Mark Brandenburg und den Harz"[16], mal direkt zum Ziel: „Mit Fontane zur Wartburg"[17]. Ein ständiges „Mit", ein ewiger Cicerone, der, ob er will oder nicht, herbeizitiert wird, als wäre ohne ihn kein Schritt zu machen. Mit Fontane wird noch immer die beste Reiseversicherung abgeschlossen: verlagsseits, nicht unbedingt für den Käufer und Kunden, da die Bilder im Kopf sich mitunter hart an der Wirklichkeit stoßen.

19

Es war kein schlechter „Itzenplitz-Moment" in der erwähnten Fernsehserie, Rheinsberg mal so und mal anders zu zeigen. Rheinsberg zur Prinz-Heinrich-Zeit mit höfischem Klatsch vom homosexuellen Fridericus-Bruder; Rheinsberg, wo Prinz Louis Ferdinand sich heimlich mit der schönen Gräfin La Roche-Aymon traf. Und dann Rheinsberg mit einem roten Stern über dem Eingangstor, das Sanatorium für Diabetiker, wo die Patienten in der ehemaligen Bibliothek ihre Fußbäder nehmen und im Muschelsaal Kartoffelpüree aus der Schonküche löffeln. Diese „Wanderungen" waren nur noch in Restspuren fontanisch, aber immerhin keine *Sentimental Journey*, weder empfindsam noch sentimental; es kann sogar gesagt werden: eine „Unsentimentale Reise", die freilich über weite Strecken nicht mehr als aufgeplusterte Anekdoten bot.

Um nach diesem ersten Durchgang durch die märkische Bilderwelt einem möglichen Eindruck zu begegnen: nichts gegen bebilderte „Wanderungen" und nichts gegen „Wanderungen" in Bildern, auch in bewegten nicht. Hier soll keinem literalen Purismus das Wort geredet werden; denn dieser müßte sich auch mit der Tatsache auseinandersetzen, daß das „Bild" als Begriff und mediale Wahrnehmungsform schon am Anfang der „Wanderungen durch die Mark Brandenburg" steht, obwohl sie, wie gesagt, zu Lebzeiten Fontanes niemals bebildert erschienen. Zuerst nannte er sie seine „Märkischen Bilder".

II.

Es ist bekannt, daß Fontanes „Wanderungen" mit mehr Recht „Fahrten" heißen müßten. Er war nicht immer gut zu Fuß und alles andere als ein Wandervogel, vielmehr ein Spaziergänger, für den sich die Sache im besten Fall nach einem „halbstündige[n] Gang"[18] erledigt hatte. Aber er liebte Fahrten, nicht nur der bequemen, sondern vor allem der *bewegten* Wahrnehmungsweise wegen, die Orte, Felder, Wiesen, Wälder, Ufer, Seen und ganze Landschaften in gemächlichem Tempo und wechselnden Bildern vorüberziehen ließ. Er schrieb an seine Frau Emilie: „Das beste ist fahren. Mit offenen Augen

20

vom Coupé, vom Wagen, vom Boot, vom Fiaker aus die Dinge an sich vorüberziehen zu lassen, das ist das A und O des Reisens."[19]

Dieses „A und O" entsprach keinem ‚natürlichen' Bedürfnis; es war eine Wahrnehmungsweise von Landschaftsbildern, wie sie zuerst in England erprobt worden war, und inzwischen eine feststehende Wahrnehmungskonvention. Um 1770 begannen dort Kenner, die Landschaften vom Fenster der Chaise aus durch besonders gefärbte ‚Claude-Lorrain-Gläser' zu betrachten. Reverend William Gilpin ließ sich diese Gläser aus „zwei oder drei Farben" zusammenstellen, „gut angemessen, um dem Naturgegenstand eine zarte, weiche Färbung zu verleihen, wie die Färbung dieses Meisters".[20] Nach diesen getönten ‚Landschaften' skizzierte und malte er auf seinen Reisen die „malerische Schönheit" (*picturesque beauty*) von Wales, England und Schottland. Außerdem nahm er in gewisser Weise den Natur- und Landschaftsfilm vorweg. Ein Spiegel erlaubte es ihm, die wechselnden Bilder von seiner Chaise aus „wie eine glänzende Traumlandschaft" zu genießen: „Es liegt etwas ungemein Unterhaltendes zumal in einer raschen Folge schöner Szenerien. Die Einbildungskraft wird in einer angenehmen Verwirrung gehalten."[21] Die Bilder lernten nicht erst durch den Kinematographen, sie lernten mit der Chaise laufen. England war immer schon ein Stück voraus. Wer wußte das besser als Fontane?

„[...] die Mark war immer weit zurück", schrieb Varnhagen von Ense,[22] und er meinte das politisch. Als Fontane auf die märkischen Spätfolgen jener englischen Manier der getönten Landschaften stieß, konnte von einer „zarte[n], weiche[n] Färbung" des Naturgegenstandes nicht mehr die Rede sein; da war die Mark auch ästhetisch weit zurück: „Wenn wir den Ruinenberg die ‚älteste [Aussichts-] Firma' nannten, so ist der Monte Caprino die jüngste. Professor *Valentini*, manchem unsrer Leser aus alten Berliner Tagen her bekannt, hat dem Städtchen [Freienwalde], in das er sich zurückzog, diesen Berg erobert und die höchste Kuppe desselben in die Liste der Freienwalder Schönheiten eingereiht. Wofür ihm zu danken. Ob wir ihm auch für das Häuschen zu danken haben, das unter dem Namen ‚Valentini's Ruh' sich an höchster Stelle des Berges erhebt und mit blau und roten Gläsern ausstaffiert, den Besucher auffordert, die Wiesenlandschaft abwechselungshalber auch mal *blau* und *rot* auf sich wirken zu lassen, ist ungewiß."[23]

Fontane brauchte keine ‚Claude-Lorrain-Gläser' mehr, obwohl ihm die Konvention der Landschaftswahrnehmung *à la Claude* nicht fremd war; wir kommen darauf zurück. Aber die nach englischer Manier ‚bewegten' Bilder hatten es ihm zweifellos angetan, ob etwa vom Schiff oder, was häufiger der Fall, vom rollenden Wagen aus. Für ersteres mag hier das Ende der Oderfahrt stehen, bei der sich auch der Reiz jener „angenehmen Verwirrung" (*pleasing pertubation*) andeutet, von der William Gilpin gesprochen hatte. „Der Fluß, bis dahin im wesentlichen in *einem* Bette fließend, fängt an, ein Netz von Kanälen durch die Landschaft zu ziehen; hierhin, dorthin windet sich der Dampfer, aber eh es noch gelungen ist, uns in dem malerischen Wirrsal zurechtzufinden, tauchen plötzlich weiße Giebelwände, von Türmen und hohen Linden überragt, aus dem Landschaftsbilde auf."[24]

Die durch den Erzählvorgang bewirkte ‚Simultaneität' der Landschaftswahrnehmung im Vorüberfahren teilt sich dem Leser auch bei „leichtem Trabe" mit: „Es ist um die vierte Stunde, der Himmel klar, und die niedersteigende Sonne kleidet die herbstliche Landschaft in doppelt schöne Farben. Der Wagen, in dem wir fahren, hindert uns nicht, uns des schönen Bildes zu freuen […]. In leichtem Trabe geht es auf der Chaussee wie auf einer Tenne hin, links Wiesen, Wasser, weidendes Vieh und schwarze Torfpyramiden, rechts die steilen, aber sich buchtenden Hügelwände, deren natürlichen Windungen die Freienwalder Straße folgt."[25]

Daß es sich bei dieser Art von Landschaftswahrnehmung, wie bereits betont, keineswegs um ein „‚natürliches' Bedürfnis" handelt, vermerkt der „Postchaisen"-Benutzer gleich im Nachsatz: „Aber nicht viele befinden sich auf unserem Wagen, denen der Sinn für Landschaft aufgegangen [ist]".[26] Dieser „Sinn" mußte erst geweckt, geschult und gebildet werden; Fontane tat mit den „Wanderungen" beziehungsweise Fahrten durch die Mark Brandenburg das Seine dazu. Etwa auch damit, daß er den soeben beschriebenen Weg in rückläufiger Bewegung wieder aufnahm und nun den ‚Landschafts-film‘ gleichsam von hinten abrollen ließ: „[…] wir fahren also, am Fuße des Plateaus hin denselben malerischen Weg *zurück* […] und biegen jetzt, mit plötzlicher Schwenkung nach links, in die Falken-berger Dorfstraße ein. Bis dahin am *Rande* des Berges fahrend, sind wir mit Hülfe dieser Biegung nicht nur in das Dorf sondern auch in die Berge geraten. Die steile Wand, die eben noch frei ins Bruch blickte, blickt jetzt auf eine Hügelwand *gegenüber*; das Bild hat sei-nen Charakter geändert und unser Weg ist ein Hohlweg, eine Schlucht geworden. […] Die einschließenden Berge gewähren die schönste und wechselndste Aussicht; der Abhang rechts blickt in das Bruch, die Wände und Kuppen zur Linken aber blicken in die Verschlingun-gen und Kesseltiefen der eigentlichen Wald- und Berglandschaft hin-ein."[27]

Landschaft als das im buchstäblichen Sinn ‚erfahrbare‘ Schöne war von vornherein ästhetisches Programm, wobei auf den Inhalt dieses Programms noch einzugehen sein wird. Der Form nach war es ein „Bild"-Programm, das wesentlich von der Veränderung des Bildes durch Bewegung lebte: „Von allen diesen Punkten, selbst von Buckow aus, das am meisten zurückgelegen liegt, ermöglicht sich ein Blick in die fruchtbare Tiefe; dabei wechselt der Charakter der Landschaft so oft und so anmutig, daß jeder, der am Rande des Plateaus, etwa von Freienwalde bis Selow [sic!], oder selbst bis Frank-furt hin, diese Fahrt zu machen gedenkt, einer langen Reihe der mannigfachsten und anziehendsten Bilder begegnen wird."[28] „Fahrt" und „Landschaftsbild" gehören wie Mittel und Zweck zusammen, jedenfalls für den, der „Sinn für Landschaft" hat; andere reisen mit anderen Zwecken. „Fahrt" und „Landschaftsbild" strukturieren auch den Erzählvorgang wie ‚Ankündigung‘ und ‚Erfüllung‘: „Eine solche Fahrt auf der Höhe hin werden wir mehrfach zu machen haben und manche dieser Fahrten […] wird uns Gelegenheit zu dem Versuch eines Landschaftsbildes geben […]".[29]

Diese bewegte Landschaftsästhetik ist also eine durch Fort-bewegungsmittel erzeugte Wahrnehmungskonvention, die den be-währten Vorbildern der englischen Reiseliteratur folgt und deren er-

zählerische Realisierung unverkennbar auf Simultaneffekte zielt. So
alt sie zu Fontanes „Wanderungen"-Zeit bereits war, so neu war sie
für die Mark und so modern ist sie letztlich aus heutiger Sicht. Wer
nämlich die märkische Landschaft behutsam und in dem entsprechend gemessenen Tempo mit der Filmkamera ‚abfährt', wiederholt
virtuell die Bewegung, die Fontane selbst auf seinen Fahrten vollzogen und in literarisierte Bilder umgesetzt hat. Wird der Medien-
wechsel vom Buch zum Film akzeptiert, kann aufgrund dieses Be-
fundes nur wiederholt werden: nichts gegen bewegte Bilder.

III.

Die zitierten „Landschaftsbilder", sämtlich aus „Oderland", an das
wir uns auch im folgenden halten werden, weisen noch in anderer
Hinsicht auf das englische Vorbild zurück. Das betrifft den erwähnten Inhalt des ästhetischen Programms. Schlüsselwendungen im
ästhetischen Sinn waren „das Bild hat seinen Charakter *geändert*",
„schönste und *wechselndste* Aussicht", „[es] *wechselt* der Charakter so oft und so anmutig" und „*mannigfachste* und anziehendste
Bilder". Das sind, könnte fast gesagt werden, wiedergefundene ‚englische Bilder', denn bereits in Fontanes Tagebuch der englischen Reise
von 1844 heißt es: „Die Abwechslung, die große Mannigfaltigkeit
der Szene leiht vorzugsweise der englischen Landschaft ihren Reiz.
Im Norden Deutschlands ist man gewohnt, eine Wiese oder ein Saat-
feld ringsum zu erblicken; im glücklichsten Falle gewahrt man am
Horizont hier den Turm einer Dorfkirche und gen Himmel steigen-
den Hüttenrauch, dort ein Wäldchen, meist aus Kiefern bestehend; –
wenn ich mich so ausdrücken darf: unsre norddeutschen Landschaften haben zuviel Fläche […]. In England überraschte mich der stete
Wechsel von Hügel und Tal, Wald und Feld, Graben und Hecke,
Wiesen und Heideland – was man alles auch bei uns, aber selten
auf so kleinem Raum zusammengedrängt finden kann."[30]
    „Wechsel" und „Mannigfaltigkeit", das macht den Reiz einer
Landschaft aus. Weit entfernt davon, die Monotonie der Fläche oder
die Gleichförmigkeit der Erscheinung als ‚herbe Schönheit' zu emp-

finden, wie heute oft zu lesen ist, folgte Fontane dem entgegengesetzten ästhetischen Programm. Was aber „auf so kleinen Raum zusammengedrängt" in der Mark kaum zu finden war, ließ sich wenigstens annäherungsweise durch die beschleunigte Fortbewegung – die Verdichtung des Raumes durch die Zeit – erzeugen. Dann stellte sich nämlich ein vergleichbarer Effekt des „Wechsel[s]" und der „Mannigfaltigkeit" ein, vorausgesetzt, gewisse landschaftliche Gegebenheiten waren vorhanden.

Einen schönen Beweis für die These der „wiedergefundenen ‚englischen Bilder'" bringt schon eine Passage aus „Ein Sommer in London", die sich auf die soeben zitierte erste Reise von 1844 bezieht: „[…] hier stieg ich aus, um den Rest meiner kleinen Reise zu Fuß zu machen. Es mochte noch eine halbe deutsche Meile sein. Der Weg führte mich abwechselnd durch Saatfelder, Dörfer, Laubholz, Hecken, Bruch und Weideland; es war nur eine halbe Meile, aber die Grafschaft Kent, der Garten Englands, rollte alle hundert Schritt ein anderes Bild vor mir auf und ließ in einer Stunde mich mehr sehen als manche Tagereise, die ich durch märkischen Sand gemacht habe. Wir haben in unsern Niederungen, z. B. im Oderbruch, etwas Ähnliches; aber hier ist der Kreis von Gegenständen schnell erschöpft; der rasche *Wechsel* der Dinge ist auch vorhanden, aber die *Zahl,* die *Mannigfaltigkeit* alles dessen, was da wechselt, ist ungleich geringer."[31]

Formelhaft ausgedrückt: An der Quantität („Zahl") und Qualität („Mannigfaltigkeit") des Wechsels der Dinge bemißt sich für Fontane der ästhetische Wert („Reiz") einer Landschaft. Die englische Landschaft (und die ihr zugehörige Reiseliteratur) war ihm Vorbild und Muster zugleich; denn die märkische Landschaft, wo immer dies möglich schien, dem anzunähern, war sichtlich sein Bestreben. Und das ‚Erfahren' der Mark mit dem Wagen, Schiff oder der Chaise war, so gesehen, nicht nur eine Wahrnehmungskonvention, sondern ebensosehr eine ästhetische Notwendigkeit, um eine „lange Reihe der mannigfachsten und anziehendsten Bilder" in einem weniger begünstigten Landstrich hervorzubringen.

IV.

Möglicherweise ist bei Fontanes ‚bewegten‘ Bildern auch an die Intervention eines optischen Massenmediums zu denken, das seine große Zeit im 19. Jahrhundert hatte. Gemeint ist das *Panorama*, in diesem speziellen Fall das in England so genannte *Moving Panorama*[32]. „Das Moving Panorama [...] besteht aus einem langen streifenartigen Gemälde, das von einer senkrecht stehenden Trommel nach und nach auf eine zweite Trommel gewickelt wird. Zwischen den beiden Trommeln, die zusammen mit ihrer Maschinerie den Blicken des Zuschauers verborgen bleiben, befindet sich ein Rahmen, in dessen Ausschnitt sukzessive das abrollende Bild erscheint."[33] In derselben Weise bot sich Fontane die Landschaft dar, wenn er schreibt, sie „rollte alle hundert Schritt ein anderes Bild vor mir auf". Dieses Auf- und Abrollen von Bildern aus einem Landschaftsgemälde verfolgte im Moving Panorama ein ähnliches Ziel, wie es Fontane durch seine Landschaftsbeschreibungen zu erreichen suchte: beim Zuschauer (respektive Leser) die Illusion der *Selbstbewegung* durch die Landschaft zu erzeugen: „Die Bezeichnung ‚bewegtes‘ Panorama beschreibt den technischen Vorgang: tatsächlich soll aber nicht der Eindruck entstehen, das Panorama bewege sich, [...] sondern es soll vielmehr die Illusion erzeugt werden, daß sich der Betrachter durch die Landschaft bewegt, daß er in einer Kutsche, einem Eisenbahncoupé oder auf dem Deck eines Schiffes sitzt und die vorüberziehende Landschaft genießt."[34] Fontane macht das nicht anders, wenn er beispielsweise den Leser gleichsam mit auf den Wagen nimmt („Der Wagen, in dem wir fahren, hindert uns nicht ..." „Wir fahren also ..."). Im übrigen illusioniert das Panorama dieselben Fortbewegungsarten durch die Landschaft, die für Fontane das „A und O des Reisens" ausmachten.

Kannte Fontane dieses Massenmedium? Hier rückt England erneut in den Blick.

Bereits bei seinem ersten Ausflug in die englische Landschaft öffnete sich vor ihm ein „Panorama, das ich von einem Hügel herab vor mir entfaltet sah".[35] Den ‚Panorama-Blick‘ brachte er also schon

nach England mit; aber spätestens seit seinem zweiten England-
aufenthalt war er auch mit dem optischen Medium selbst vertraut.
Kein Wunder, denn die Panoramen und Zykloramen des *Coliseum*
waren ein ‚Muß' für den damaligen Londonbesucher: „[…] ins
Coliseum (Regent's Park). Einzelheiten: der Statuensaal, das Zyklora-
ma des Glaspalastes, das Panorama von Paris (Nacht), die nachgeahmte Schweizerlandschaft, Tempel zu Ephesus, Pompeji usw."[36]
Da insbesondere die Moving Panoramas ihre Blütezeit im London
der 1840er und 1850er Jahre hatten, also gerade zur Zeit von Fontanes Englandaufenthalten, dürfte dieses Illusionsmedium der „malerischen" Landschaftsreise sein Landschaftserlebnis mit geprägt haben. Von Gilpins „Traumlandschaft" *à la Claude* aus der Chaise bis
zur „nachgeahmte[n]" Landschaft des Panoramas: Die ‚bewegten'
Landschaftsbilder der „Wanderungen" weisen auf England als ihren
ästhetischen Ursprungsort zurück. Das gilt nun auch für das „Malerische", das bereits hier und da in den Zitaten aus „Oderland" erschien.
Mit seiner Analyse kommen verstärkt die ‚stehenden' Bilder in den Blick.
   Die Landschaft trägt nicht nur gewöhnlich eine „von Menschen
gestaltete Physiognomie"[37], wir sehen sie auch „mit durch die Kunst
erzogenen Augen"[38]. Die Literatur, aber vor allem die Malerei hat
die Landschaft für uns so eingerichtet, daß wir sie nach deren ‚Bildern' wahrnehmen. Das ging bereits dem jungen Hebbel so: „Ich
glaube oft, schon etwas gesehen zu haben, was ich erweislich zum
erstenmal sehe, namentlich Landschaften."[39] Dieselbe Beobachtung
ist aber schon im 18. Jahrhundert, dem Jahrhundert der eigentlichen
Entdeckung der Landschaft, in England zu machen. Wohin die Reise
auch ging, stets sprang den Landschaftsenthusiasten das Bild eines
Meisters aus der Natur entgegen – eine „schöne", „malerische",
„reizende", „romantische", „pittoreske" oder „erhabene" Landschaft,
wie sie ein Claude Lorrain, Nicolas Poussin oder Salvator Rosa gemalt hatten.[40] Für die „Redeform des ‚Malerischen'" hat Wulf Wülfing
aus der deutschen Literatur Beispiele vom „Neuen Teutschen Mer-
kur" (1807) über Alexis (1828), Mundt (1840), Gutzkow (1842),
Grillparzer (1843) bis zum „geradezu inflationär[en]" Gebrauch bei
Pückler-Muskau beigebracht.[41]

Fontane benutzt in den „Wanderungen" dasselbe Vokabular. Allein in „Oderland" erscheint im Zusammenhang mit Landschaft oder Landschaftlichem an mehr als 60 Stellen „schön" oder „Schönheit"[42]; „malerisch" benutzt Fontane 23 mal[43], „reizend" oder „Reiz" zwölfmal[44], „romantisch" oder „Romantik" fünfmal[45], „pittoresk" dreimal[46]; nur „erhaben" fehlt, aber dafür gab die märkische Landschaft nun beim besten Willen nichts her. Der Begriff des „Malerischen" verband sich vor allem mit den Landschaftsgemälden Claude Lorrains, der ein regelrechtes ‚Regiment' über die Wahrnehmungswelt von Generationen ausübte.[47] Fontane lernte die Landschaften Claude Lorrains, wie übrigens auch Nicolas Poussins, in England kennen, und zwar auf den Tag genau am 14. Juni 1852 in der *National Gallery*.[48] Dieser Besuch blieb nicht ohne Wirkung auf ihn.

1856 folgte er der Einladung seines alten Freundes Max Müller nach Oxford. Der Ausflug bildete die Grundlage für einen Vortrag, den Fontane am 7. März 1860 in Arnims Hotel in Berlin, Unter den Linden 44, über „Oxford und die englischen Universitäten" hielt. Er erschien 1861 als Aufsatz in „Das Vaterland".[49] Dort ist zu lesen: „Der vorherrschende Charakter, zumal bei entsprechender Beleuchtung, möchte in der *Wirklichkeit* kaum etwas Analoges finden; Oxford, in einer gewissen Entfernung gesehen, liegt da wie eine Landschaft Poussins oder Claude Lorrains. Dieser Vergleich erscheint vielleicht etwas kühn und etwas gesucht; er ist aber nicht meine Erfindung, sondern eine, nach der malerischen Seite hin, gang und gebe Charakterisierung Oxfords, der man in England oft begegnet."[50] Hier beruft sich Fontane ausdrücklich auf die englische Konvention der „malerischen" Landschaftswahrnehmung nach den Bildern jener Meister, die für „zarte Schönheit" (Claude Lorrain) und „majestätische Größe" (Nicolas Poussin) standen.[51] Aber das ist nicht alles: Auch mit den englischen Landschaftsmalern, besonders mit Thomas Gainsborough und William Turner, war er vertraut.[52] Ob und wie die Landschaften Turners auf seine Art der Landschaftswahrnehmung und -beschreibung Einfluß genommen haben, bedürfte erst noch der Untersuchung. Unzweifelhaft wußte sich Fontane aber in einer Tradition des „Malerischen", die sich für ihn in den Landschaftsgemälden Schinkels, Blechens und einiger jüngerer Maler bis in die märkische Gegenwart fortsetzte.[53]

Das seltener gebrauchte „romantisch" oder der Begriff „Romantik" in Verbindung mit Landschaftlichem rührt dagegen ursprünglich aus literarischen Quellen her, wurde aber von hier aus auch auf die Malerei übertragen. Erwähnt sei nur noch – und wir sprechen immer nur von „Oderland" –, daß außer „pittoresk" und „reizend" gelegentlich ein nicht weniger konventionelles „anmutig", „anziehend" oder „lieblich" in die Landschaftsbeschreibung einfließt.[54] Das alles schießt letztlich in dem „Sinn für Landschaft" zusammen, der zu Fontanes erster „Wanderungen"-Zeit offenbar bei Märkern wie Berlinern noch gar nicht oder doch nur sehr vereinzelt anzutreffen war. Und wer wie er durch die ‚englische Schule' gegangen war, dem mußte dies besonders ins Auge fallen. Schauen wir uns also diesen „Sinn für Landschaft" einmal näher an.

V.

Bereits gegen Ende des 18. Jahrhunderts schien die Natur manchem Reisenden für nichts anderes als das seh-süchtige, nach „schöner Landschaft" dürstende Auge geschaffen zu sein. Joseph Gregor Lang schrieb 1789 über den Blick vom Kreuzberg bei Bonn: „Die Aussicht von diesem Berge ist über alle Beschreibung, und es scheint, die Natur hat ihn einzig in dieser Gegend zum Stand- und Sehepunkt bestimmt, um von da alle die Reize […] in Wahrheit zu genießen […]".[55] Was mit den Reisebeschreibungen vor zweihundert und mehr Jahren begann, endet mit dem „Großen ADAC General Atlas", der übersät ist mit „Stand- und Sehepunkten", jenen kleinen strahlenförmigen Zeichen, die „schöne Aussichten" nach Winkelmaß angeben. Diese zweihundert Jahre haben uns gelehrt, wie wir die Landschaft sehen müssen; sie haben sie so gemodelt, daß sie sich überall in „Aussichten" verwandelte, und wo sich diese nicht von selbst ergaben, sind „Aussichtsplattformen" und „Aussichtstürme" hinzugetreten. Wälder und Täler, blaue Fernen und verdämmernde Horizonte – das alles liegt uns zu Füßen als inszeniertes Landschaftsbild. Unser Blick auf die Landschaft ist ein ‚künstlicher' Blick, wie wir die Landschaft selbst für unsere Blicke ‚künstlich' eingerichtet haben.

Das tritt auch in den „Wanderungen" mit schöner Deutlichkeit zutage. Fontane schreibt in „Das Oderland" über die Witwe Friedrich Wilhelms II., Friederike Luise, eine geborene Prinzessin von Hessen-Darmstadt: „Die königliche Frau […] fuhr mit regem Eifer fort, […] besonders die Landschaft durch Zugänglichmachung ihrer schönsten Punkte zu erschließen."[56] Und in der dazugehörigen Anmerkung heißt es: „Zu einem solchen ‚erschließen' war auch in Freienwalde, wie überall im Lande, noch vollauf Gelegenheit gegeben. Denn der Sinn für die ‚schöne Landschaft' ist wie die Landschaftsmalerei von sehr modernem Datum. Namentlich in der Mark."[57] Letzteres betont wiederum die relative Rückständigkeit. Wichtiger aber ist der direkte Zusammenhang, den Fontane zwischen der „schönen Landschaft" und der „Landschaftsmalerei" herstellt, unterstreicht das doch die im vorigen Abschnitt angesprochene Beziehung zwischen Malerei und Wahrnehmung der Landschaft. Außerdem erschließt eine „königliche Frau" die „schönsten Punkte", nicht irgendein Märker von Geburt, dem, ob in Stadt oder Land, beim Anblick der Natur ganz anderes in den Sinn kam. Daß die Landschaft außer Ackerfläche, Wirtschafts- und Herrschaftsraum auch eine „schöne Landschaft" sein konnte, war eine Erfindung der *happy few*, die einen entspannten und genießenden Blick auf die Landschaft werfen wollten. Fontane schreibt über die Frau von Friedland, eine im übrigen tüchtige Landwirtin: „Auch auf Verschönerungen war sie feinen Sinnes bedacht, und die reizenden Partieen zwischen Buckow und Pritzhagen, die ‚Springe', die ‚Silberkehle' und andere Glanzpunkte der Märkischen Schweiz, sind, ihrer ersten Anlage nach, ihr Werk."[58]

Dieser „feine Sinn", geschult an der Landschaftsmalerei und der mit ihr verwandten Kunst des englischen Landschaftsgartens, kam stets ‚von oben' und hatte nach Fontanes Beobachtung die märkische Bevölkerung Anfang der 1860er Jahre noch so gut wie gar nicht erreicht: „Die *eigentliche* märkische Bevölkerung hat noch jetzt diesen Sinn beinah gar nicht, wovon sich jeder überzeugen kann, der an hübsch gelegenen Orten einer Vergnügungspartie märkischer Stadt- und Dorfbewohner beiwohnt. Sie sind ganz bei ihrem *Vergnügen* aber gar nicht bei der ‚Landschaft‘, der sie in der Regel den Rücken zukehren. Der Berliner ‚Sommerwohner‘ ist nicht deshalb so bescheiden in seinen Ansprüchen, weil ihm die märkische Natur nichts bietet, sondern weil es ihm schließlich gar nicht darauf ankommt, ob die Sache so oder so ist."⁵⁹

Genauso wie die märkische Landschaft nach ihren „schönsten Punkte[n]" oder „Glanzpunkte[n]" erst erschlossen und für den Betrachter mit „Stand- und Sehepunkten" eingerichtet werden mußte, mußten auch die Augen und der Sinn derjenigen, die ihre Blicke von der Landschaft abgewandt hielten, auf das Landschaftsschöne hin erzogen werden, damit etwas „Malerisches" dabei herauskam. Wie gesagt, dieser Sinn kam ‚von oben‘, und an *einer* Stelle in der Mark war er inzwischen auch ‚unten‘ angekommen. Fontane schreibt über das Dorf Falkenberg (unten) und das altadelige Cöthen (oben): „[…] Kleines und Großes fügt sich malerisch in das Ganze ein, denn der Sinn für das, was gefällt, ist lebendig geworden und wirkt *selbständig-tätig* in jedem Moment. Aber freilich Anleitung und Schulung ging dem ‚Selbständig-tätig-Sein‘ der Falkenberger voraus, und das Beste nach dieser Seite hin verdanken sie wohl dem Natur- und Schönheitssinn ihres nächsten Nachbars, des Besitzers von Cöthen, eines Dorfes, dessen Bergpartien und Hügelabhänge den malerischen Rahmen des mehr in der Tiefe gelegenen Falkenbergs [sic!] bilden."⁶⁰

Geht es um das Einfangen schöner Landschaftsbilder, sucht der ‚Wanderer‘ in aller Regel die genannten, mehr oder weniger hergerichteten, „schönste[n] Punkte" auf. Er nimmt dann den vorgegebenen „Stand- und Sehepunkt" ein und entwirft ein topographisch genaues, panoramatisches und um malerische Effekte bereichertes Bild: „Wir nehmen nun unsern Stand und haben vielleicht das schönste Landschaftsbild vor uns, das die ‚Märkische Schweiz‘ oder doch der ‚Kanton Buckow‘ aufzuweisen vermag. Links und rechts, in gleicher Höhe mit uns, die Raps- und Saatfelder des Plateaus, unmittelbar unter uns der blaue, leicht gekräuselte Schermützel-See, drüben am andern Ufer, in den Schluchten verschwindend und wieder zum Vorschein kommend, die Stadt und endlich hinter derselben eine bis hoch hinauf mit jungen frischgrünen Kiefern und dunklen Schwarztannen besetzte Berglehne. Die Nachmittagssonne fällt auf die Stadt, die mit ihren roten Dächern und weißen Giebeln *wie ein Bild* auf dem dunklen Hintergrunde der Tannen steht, das Auge aber, wohin es auch durch die Mannigfaltigkeit des Bildes gelockt werden möge, kehrt immer wieder auf den rätselvollen See zurück, der in genau zu verfolgenden Linien vor uns liegt."[61]

Handelt *es* sich um ‚stehende‘ Bilder der Landschaft, wiederholt sich das Muster dieser panoramatisch-malerischen Landschaftsinszenierung. Sollen „Fernsichten ins Land hinein" gewonnen werden, wird der Leser zu einem „Berge" mitgenommen, der sich auf bequeme Weise in „die älteste Aussichtsfirma"[62] der Gegend verwandelt, und er blickt „auf die malerisch in der Tiefe liegende Stadt, dann über die Türme und Dächer hinweg in die duftige Frische der Bruchlandschaft hernieder [...]".[63] Mal sind es „drei Punkte", denen der „Preis der Schönheit"[64] zuerkannt wird, mal ein „Aussichtspunkt" mit „aparte[r] Schönheit des Vordergrundes"[65]; dann wieder sind es einfach „Punkte schöner Aussicht"[66] oder eine „Plattform", die wie ein „Balkon"[67] zum Schauen ins Land einlädt. Und so geht es fort durchs Oderland. Am Ende ist diese Landschaft mit all jenen „Stand- und Sehepunkten" markiert, die „schöne Aussichten" versprechen. Es mag pietätlos klingen, aber nach *dieser* Seite hin sind auch die „Wanderungen" ein Schritt auf dem Wege zum „Großen ADAC General Atlas" mit seinen kleinen strahlenförmigen Zeichen.

VI.

Kein Zweifel, Fontanes märkische Landschaft ist im wesentlichen ein ‚Kunst-Produkt‘. Sein Blick und seine Art, Landschaftliches zu beschreiben und in Szene zu setzen, war vor allem an zweierlei geschult: der englischen Reiseliteratur (nicht den Reise*führern* à la Baedeker) und der Landschaftsmalerei. Was die Reiseliteratur betrifft, so hat er selbst den entscheidenden Hinweis gegeben. In der mit dem Erscheinungstermin der ersten „Wanderungen"-Aufsätze zusammenfallenden Besprechung von Anton von Etzels Buch „Die Ostsee und ihre Küstenländer" heißt es mit strategischem Kalkül: „Es fehlt östlich von der Elbe noch durchaus die Wünschelrute, die den Boden berührt und die Gestalten erstehen macht. Wer Gelegenheit genommen hat, zu beobachten, wie dieser eigentümliche, wichtige Literaturzweig in England blüht, der wird uns zustimmen."[68] Diese Lücke nach ‚englischem Muster' auszufüllen, war sichtlich Fontanes Bestreben. Die Sache geht aber noch weiter; er wollte diese „Gattung von Büchern […] mit dem Namen einer historisch-romantischen Reiseliteratur bezeichnen" und fuhr dann fort: „Solche Bücher gibt es in Deutschland aber immer noch zu wenig; unserer spezielleren Heimat fehlen sie fast ganz. Nicht bloß der Rhein, so meinen wir, oder andere bevorzugte Flußufer haben Anspruch darauf […]".[69]

Fontane spielt hier auf die fast sprichwörtliche ‚Rheinromantik' an und wird dabei nicht zuletzt die Entstehung dieser Romantik in England[70] im Auge gehabt haben. Die Wendung „Nicht bloß der Rhein …" bereitet aber auch schon ein Kapitel der „Wanderungen" vor: „Von Frankfurt bis Schwedt". Denn bei dieser landschaftlichen Dampfschiffahrt auf der Oder handelt es sich gewissermaßen um ein norddeutsch-märkisches ‚Konkurrenzunternehmen' zu den Reisebeschreibungen jener „bevorzugte[n] Flußufer". Das Muster liegt so offen zutage, daß erst vor diesem Hintergrund die alternative Reiseinszenierung klar wird, die Fontane mit dem Satz umreißt: „Fluß, Ufer, Fahrt, alles hat den norddeutschen Charakter."[71] Es würde entschieden zu weit führen, den Beweis dafür auch im einzelnen anzutreten, aber Namen mit „historische[m] Klang", „Glockenklänge", ein ehemals „berühmte[s] Wallfahrtshaus" und ein früheres „Winzerstädtchen" – das ergibt bereits den Anspielungshorizont der historisch-romantischen Reise, der den „norddeutschen Charakter" der Oderfahrt um so plastischer hervortreten läßt..[72]

An solchen – nur scheinbar beiläufigen – Bemerkungen ist zu erkennen, wie gezielt Fontane die Rezension des Buches von Etzel nutzte, um das Publikum auf seine „Wanderungen" vorzubereiten. Mehr aber noch sollte die ausdrückliche Berufung auf den in England blühenden „eigentümliche[n], wichtige[n] Literaturzweig" der „historisch-romantischen Reiseliteratur" Anlaß sein, Fontanes Lektüre dieser Gattung genauer zu rekonstruieren, um über die hier mitgeteilten Beobachtungen hinaus differenziertere Aussagen über die „Wanderungen" machen zu können.

VII.

Nicht viel anders verhält es sich mit der Landschaftsmalerei. Abgesehen von dem bereits erwähnten „malerischen" Beschreibungsvokabular, findet sich, wiederum allein in „Oderland", der Begriff „Bild" oder „Landschaftsbild"[73] so häufig, daß über weite Strecken von einer *ikonischen Apperzeption* der Landschaft gesprochen werden kann. Dies kommt gewissermaßen nackt zum Vorschein, wenn von „Landschaftsrequisiten"[74], „Landschaftscoulisse"[75], gar von einem „Coulissenbild"[76] oder einer „Schlußcoulisse des ganzen Bildes"[77] die Rede ist. So gibt es in „Oderland" mehrere „Landschaftsbilder", bei denen der Leser sich namentlich an Schinkel, gelegentlich auch an Blechen und selbst an Menzels Landschaften erinnert fühlt.[78] Schinkels Landschaftsmalerei hat Fontane besonders eingehend studiert.[79] Erwähnt seien in diesem Zusammenhang das Abendbild um Schloßberg und Burg Uchtenhagen in „Oderland" sowie das „Landschaftsbild" am Eingang zum Kapitel „Gusow" in demselben „Wanderungen"-Band.[80] Das ist, im besten Sinne, durch Schinkel inspirierte historische Landschaftsmalerei mit Worten. Wohl nicht als Begründer dieser Art von Landschaftsmalerei, aber doch als einer ihrer Vollender darf nach Gustav Friedrich Waagen Schinkel gelten.[81]

Vor einem solchen Hintergrund gewinnt die folgende Stelle aus dem Schinkel-Kapitel der „Wanderungen" besonderes Interesse: „[…] er vereinigte das lebhafte und innige Gefühl für die bescheidenen, anspruchslosen Reize einer nordischen Natur […] mit dem Liniengefühl und dem Sinn für zauberhafte Beleuchtung eines Claude Lorrain".[82] Dieselbe oder doch eine ähnliche Vereinigung von „nordischer Natur", „Liniengefühl" und „Beleuchtung" strebte Fontane als Landschaftsschilderer an. Denn auch er spricht von „wunderbaren Farben-

34

spielen"[83] und „fein gezogenen Linien"[84], sieht „Stätten der Schönheit" in der Landschaft abhängig von „Beleuchtung", „Stimmung" und „zufälligem Schmuck"[85], spricht bei einem Ziegeldach davon, daß „dessen helles Rot wie ein Lichtpunkt auf dem Bilde steht",[86] von einer „geschlungenen Berglinie, die das Kesseltal bildet",[87] von der „Schönheit [der] Linien und Details"[88] oder, bei einem „Musterstück heimatlicher Landschaft", davon, daß „wie Linien, die über ein Blatt gezogen sind [...], zahlreiche Hügel von Ost nach West [laufen]".[89] Das Licht- und Farbenspiel ist dabei nur flüchtig berührt, hier käme möglicherweise noch der Einfluß Turners oder Blechens in Betracht.

Das alles ist nicht zufällig, denn Fontane hat sein Projekt der „Wanderungen" in den „Wanderungen" selbst, und zwar gleich im ersten Band „Die Grafschaft Ruppin", mit Schinkel und der Landschaftsmalerei in engere Verbindung gebracht: „Was uns, die wir die Mark durchreisen und beschreiben, mit besonderer Genugtuung erfüllt, ist der Umstand, daß die herrlichen Gegenden des Südens, in denen er [Schinkel] so lange geschwelgt, ihn nicht unempfänglich für die Reize seiner märkischen Heimat gemacht hatten. [...] Neben Palermo und Taormina malte er ‚die Oderufer bei Stettin' [die Verbindung zur landschaftlichen Oderfahrt liegt auf der Hand] und selbst ‚Stralau und die Spree' erschienen seinem Künstlerauge nicht zu gering. Alle unseren großen Landschafter haben in diesem Punkte empfunden wie Schinkel. Ich nenne nur *Blechen*, anderer jüngerer, wie Riefstahl und Bennewitz von Loefen zu geschweigen."[90]

Wenn Fontane „südlich Land und blauen Himmel"[91] auf ein märkisches Landschaftsbild applizierte, dann war das ein kleiner Schinkel-Tribut; wenn er aber die „Wanderungen" selbst in einem Atemzug mit „unsere[n] großen Landschafter[n]" nannte, dann war das Programm: Er wollte als Schriftsteller ein solcher „Landschafter" für die Mark Brandenburg sein, und er verfehlte diese Wirkung nicht. Die in den wesentlichen Passagen heute kaum mehr bekannte Rezension der „Wanderungen" von Albert Emil Brachvogel im „Wochenblatt der Johanniter-Ordens-Balley Brandenburg" vom 11. Dezember 1861 rückte die „Wanderungen" in eben jenen erwünschten Horizont der Landschaftsmalerei. Im Ton etwas zu hoch angesetzt, wie eigentlich immer bei Brachvogel, und statt Schinkel und Blechen die damals populären Landschaftsmaler Carl Rottmann[92] und Carl Friedrich Lessing[93] nennend, war diese Besprechung für Fontane im Kern ihrer Aussage ein Grund zur Freude: „Wer die Landschaften Lessing's sah, wer den Genuß gehabt, die berühmten griechischen Landschaften Rottmann's, besonders das ‚Schlachtfeld von Maraton' [sic!] und ‚die Bucht von Aulis' zu betrachten, sich in sie zu vertiefen und im Geist mit jenen Heroengestalten des alten Hellas zu bevölkern, der empfindet so recht, was es Großartiges um eine ‚Historische Landschaft' ist, um die künstlerische Darstellung einer vom Titanenschritt der Geschichte widerhallenden [sic!] Oertlichkeit, wo Busch und Wasser, Himmel und Erde, selbst die Steine predigen von der Großthat modernder Geschlechter. Wenn wir jemals den Eindruck und tiefen Werth der historischen Landschaft in uns neu erwachen fühlten, war es bei *Fontane's Wanderungen durch die Mark Brandenburg*. In diesem Werke hat sich der Verfasser auf den Sockel eines historischen Landschafters in der Literatur geschwungen [...]“.[94] Fontane kommentierte den letzten Satz in einem Brief an seinen Verleger Wilhelm Hertz: „Das ist eigentlich die ganze Geschichte.“[95]

VIII.

Der Gattungscharakter der „Wanderungen" ist unter dem hier verfolgten Gesichtspunkt und mit Blick auf den zeitgenössischen Erwartungshorizont im intermedialen Bereich zwischen Landschaftsmalerei und historisch-romantischer Reiseliteratur anzusiedeln. Daß er damit und durch die Art, diese Landschaft zu schildern, etwas Neues geschaffen hatte, dessen war sich Fontane bewußt. Als „Landschafter" verknüpfte er nicht nur Historisches und Geographisches, sondern auch Bildliches mit Narrativem. Deshalb ist es nicht verwunderlich, wenn er eine Anzahl „Wanderungen"-Kapitel unter dem Sammeltitel „Bilder und Geschichten aus der Mark Brandenburg" in Cottas „Morgenblatt" erscheinen ließ. Ebensowenig überrascht das Rubrum „Märkische Bilder", unter dem andere „Wanderungen"-

Aufsätze im Vorabdruck in der „Kreuzzeitung" veröffentlicht wurden. Schließlich sprach er selbst gegenüber seinem Verleger Hertz von der Edierung „meiner ‚Märkischen Bilder'"[96].

Daraus folgt nun aber auch, daß Fontane niemals ernsthaft bestrebt war, seine „Wanderungen" zusätzlich zu bebildern. Sie waren ja schon voller Bilder, und er hatte viel Ehrgeiz daran gesetzt, die historische Landschaft Brandenburg mit *seinen* Bildern zu besetzen. Illustrationen, auch von geübter Hand, hätten da bestenfalls eine unnötige Konkurrenz, schlimmstenfalls eine unliebsame ‚Verzeichnung' sein können. Gleichwohl wohnte den „Wanderungen" von Anfang an ein bildliches Wirkungspotential inne, das über kurz oder lang zur *Verbildlichung* drängte, sei es aufgrund veränderter Rezeptionsgewohnheiten, sei es aufgrund des Wunsches nach visueller Aktualisierung.

Beide Gründe scheinen für die erste illustrierte, freilich auch um mehrere Kapitel und Abschnitte gekürzte Ausgabe – die einzige ‚Luxusausgabe' bis 1945 – ausschlaggebend gewesen zu sein. Ihr Herausgeber, der eingangs erwähnte Fedor von Zobeltitz, schrieb im Vorwort von 1910: „Theodor Fontanes *Havelland* erscheint hiermit zum ersten Male illustriert. Der Wunsch, die gesamten *Wanderungen* in einer illustrierten Ausgabe erscheinen zu lassen, ist dem Verlag schon häufig nahe gelegt worden […]. Fontane selbst hat dem Unterzeichneten einmal die Absicht ausgesprochen, seine *Wanderungen* auf den heutigen Stand zu bringen. Er ist nicht dazu gekommen."[97] Was immer Fontane mit dem „heutigen Stand" gemeint haben mag (wenn er es denn je so gesagt hat): Ob er diesen „Stand" durch Radierungen, Fotos, Vignetten und die entsprechenden Erklärungen im Appendix erreicht gesehen hätte, bleibt zumindest zweifelhaft.

Dennoch war dies ein weniger anfechtbares Unternehmen als das, was Hürlimann mehr als zwanzig Jahre später veranstaltete. Er wählte nicht nur aus, sondern kürzte und strich rigoros, „damit die wünschenswerte Konzentration und Lesbarkeit entstand". Die Lizenz erteilte er sich durch die Berufung auf ein „Heimatbuch" – in moderner Form, „und zwar wie es durch die neuzeitliche Art des Sehens geboten ist: mit Ergänzung durch die Photographie". Auf diese Weise sollte das Buch „zum Augenöffner für [die] landschaftliche Schönheit und für diese bunte Fülle von Geschichten und Gestalten werden".[98] Bilder im Kopf des Lesers zu erzeugen, das traute Hürlimann Fontanes Text offensichtlich nicht mehr zu.

Solche „Augenöffner" gibt es inzwischen mehr als genug, und es liegt in der Konsequenz der „neuzeitliche[n] Art des Sehens", den Text zum Verschwinden zu bringen, um an seine Stelle eine schöne neue Bilderwelt zu setzen. Das mag sich noch „Wanderungen" nennen, hat mit ihnen aber so gut wie gar nichts mehr zu tun. Anstatt den Text durch das Bild zu vernichten, sollte das Bild in ein ‚einsehbares' Verhältnis zum Text treten. Welcher Art diese Bilder sein könnten, dazu geben die „Wanderungen" – wie gezeigt – selbst Hinweise genug. Oder man macht es wie Günter de Bruyn: Die von ihm ausgewählten „Schönsten Wanderungen" erhalten durch die Zeichnungen aus Fontanes Reisetagebüchern ein einfaches, aber in seiner Einfachheit doch sehr intimes bildliches Leben.[99]

‚Natur' ist die märkische Landschaft in den „Wanderungen" nur zum Schein; nicht nur der Pflug hat ihr eine „von Menschen gestaltete Physiognomie" gegeben. Ihre Bilder und ihre Bildlichkeit stehen heute mehr denn je unter dem Vers Volker Brauns, der auch ihr Motto sein könnte:

[...]
Natürlich bleibt nichts.
Nichts bleibt natürlich.[100]

[1]   Theodor Fontane: *Havelland. Die Landschaft um Spandau, Potsdam, Brandenburg.* Illustrierte Ausgabe. Hrsg. v. Fedor von Zobeltitz. Stuttgart, Berlin 1910. – Drei Jahre später erschien als ‚Inkunabel' der Farbphotographie: *Die Mark Brandenburg in Farbenphotographie* (= Deutschland in Farbenphotographie, Bd. 1). Hrsg. v. Franz Goerke, Direktor der Gesellschaft Urania. Mitarbeiter: Dr. phil. Gustav Albrecht, Professor Bodo Ebhardt, Geh. Regierungsrat Dr. Ernst Friedel, Professor Dr. Höhnemann, Robert Mielke, Rektor Monke, Richard Nordhausen, Professor Dr. Voß. Mit 40 Tafelbildern auf Karton und 45 Textbildern in natürlichen Farben

nach Aufnahmen des Kunstmalers Rudolf Hacke und des Photochemikers Julius Hollos. Berlin: Verlagsanstalt für Farbenphotographie Weller & Hüttich 1913. – Obwohl dieser Prachtband in Leinenkarton kaum explizit auf Fontane Bezug nimmt, ist er doch ohne ihn und seine *Wanderungen*, aber auch ohne die märkischen Landschaften Walter Leistikows nicht denkbar.

2 *Wanderungen durch die Mark Brandenburg.* Gekürzte Ausg. mit 125 Tiefdruckbildern nach Photos v. Martin Hürlimann u. a. Berlin 1932.

3 4. Aufl. 1941; 5. Aufl. 1943; 6. Aufl. Zürich: Atlantis Verlag 1960 (49 Abb.); 7. Aufl. 1977; 10. Aufl. 1982; Lizenzausgabe der Büchergilde Gutenberg: Frankfurt/M., Wien, Zürich 1972.

4 *Wanderungen in der Mark.* Farbfotos v. Hans Jochen Knobloch, Texte v. Theodor Fontane. Auswahl der Texte u. Anmerkungen v. Gotthard Erler. 2. Aufl. Berlin, Weimar 1979.

5 Jürgen Eyssen: *Die Mark Brandenburg. Beschwörung einer versunkenen Welt: Bilder und Gegenbilder – auf den Spuren Fontanes.* In: *Hannoversche Allgemeine Zeitung*, 6. Februar 1988. – Michael Ruetz: *Fontanes Wanderungen durch die Mark Brandenburg.* Vorwort v. Wolf Jobst Siedler. München, Wien 1987. – Dass.: Deutsche Buchgemeinschaft: Berlin, Darmstadt, Wien; Dass.: Bertelsmann-Club: Gütersloh; Dass.: EBG-Verlags GmbH: Kornwestheim; Dass.: Buchgemeinschaft Donauland: Wien; Dass.: Buch- und Schallplattenfreunde: Zug/Schweiz 1988; Sonderausgabe in kleinerem Format 1991.

6 Eyssen, wie Anm. 5.

7 Krischan Koch: *Fernseh-Vorschau: Unsentimentale Reise.* In: *Die Zeit*, Nr. 52, 19. Dezember 1986.

8 Theodor Fontane: *Wanderungen durch die Mark Brandenburg.* Hrsg. v. Walter Keitel u. Nürnberger (= Th. F., Werke, Schriften und Briefe, Abt. II). 2. Bd. 2. Aufl. München, Wien 1977, S. 868–877, hier S. 874 [künftig zit. HFA II mit Bandangabe].

9 Horst Pillau zitiert von Koch, wie Anm. 7.

10 HFA II/1. 2. Aufl. 1977, S. 560, 645, 731, 930 u. ö.

11 HFA II/3. 2. Aufl. 1977, S. 816.

12 Albert Burckhardt: *Mit Fontane unterwegs.* In: *Fontane Blätter* 85 (1988), S. 93–98.

13 Gisela Heller: *Unterwegs mit Fontane in Berlin und der Mark Brandenburg.* Berlin 1992; Rez. Maren Darie in: *Fontane Blätter* 55 (1993), S. 146–148.

14 Klaus Brandt: *Auf Fontanes Spuren durch die Mark: Die Geschichte vom Ribbecker Birnbaum erhält neue Seiten.* In: *Märkische Woche*, 1. Februar 1991; Ders.: *Auf Fontanes Spuren durch die Mark: Rund um die ver-*

träumte Landschaft des Schwielowsees. In: *Märkische Volksstimme,* 21. September 1990 – Frank Liebke: *Auf Fontanes Spuren durch die Mark: Fotoimpressionen aus der Uckermark.* In: *Märkische Volksstimme,* 20. Juli 1990. – Albrecht von Hardenberg: *Wanderführer Mark Branden-burg. 40 Wanderungen auf den Spuren Fontanes.* 3. Aufl. Stuttgart 1990; Rez. Heinz Kühn in: *Fontane Blätter* 51 (1991), S. 165–167.

15 Yvonne Bürger: *Mit dem Rad auf Fontanes Spuren durch die Mark.* In: *Berliner Morgenpost,* 30. März 1991 (betr. Gründung der Fahrradinitia-tive „Fontane aktiv").

16 Jürgen Wolff: *Literatur-Reisen – Wege Orte Texte. Mit Fontane durch die Mark Brandenburg und den Harz.* Stuttgart 1990; Rez. Heinz Kühn in: *Fontane Blätter* 51 (1991), S. 202–204.

17 Robert Jung: *Mit Fontane zur Wartburg. Unvergeßliche Literaturstätten.* In: *Potsdamer Stadt-Journal* 12 (1990), S. 37.

18 HFA II/3, S. 818 Anm. 11.

19 Ebd., S. 819 Anm. 13.

20 William Gilpin: *Observations on the River Wye and Several Parts of South Wales &c […] Made in the Summer of the Year 1770.* 5. Aufl. London 1800, S. 58-59; zit. nach der deutschen Übers. v. Raymond Immerwahr: *Romantisch. Genese und Tradition einer Denkform* (= Respublica Lite-raria, Bd. 7). Frankfurt/M. 1972, S. 33.

21 William Gilpin: *Observations Relative Chiefly to Picturesque Beauty, Made in the Year 1776, of Several Parts of Great Britain, Particularly the High-lands of Scotland.* 2 Bde. 2. Aufl. London 1792, hier Bd. 1, S. 112; zit. nach Immerwahr, wie Anm. 20, S. 34 [Übers. von mir, H.F.].

22 Karl August Varnhagen von Ense: *Tagebücher. Aus dem Nachlaß Varn-hagens von Ense.* 14 Bde. Leipzig/Hamburg 1861–1870. 15. Bd. Regis-ter. Berlin 1905, hier Bd. 6, S. 47.

23 HFA II/1. 2. Aufl. 1977, S. 594 [Hervorh. im Orig.].

24 Ebd., S. 560-561[Hervorh. im Orig.].

25 Ebd., S. 590.

26 Ebd.

27 Ebd., S. 596-597 [Hervorh. im Orig.].

28 Ebd., S. 564.

29 Ebd.

30 Theodor Fontane: *Wanderungen durch England und Schottland.* 2 Bde. Hrsg. v. Hans-Heinrich Reuter. Berlin 1979, Bd. 1, S. 79.

31 Ebd., S. 324–325 [Hervorh. im Orig.].

32 Vgl. zum Moving Panorama: *Sehsucht. Das Panorama als Massenunter-haltung des 19. Jahrhunderts.* Kunst- und Ausstellungshalle der Bundes-republik Deutschland. Frankfurt/M., Berlin 1993, S. 230–251.

[33] Ebd., S. 230.

[34] Ebd., S. 231.

[35] Fontane. *Wanderungen durch England*, wie Anm. 30, S. 79.

[36] Ebd., S. 112 (Tagebucheintrag, 12. Mai 1852).

[37] Erich Steingräber: *Zweitausend Jahre europäische Landschaftsmalerei.* München 1985, S. 11. – Vgl. Martin Warnke: *Politische Landschaft. Zur Kunstgeschichte der Natur.* München, Wien 1992.

[38] Hans-Georg Gadamer: *Die Aktualität des Schönen. Kunst als Spiel, Symbol und Fest.* Stuttgart 1977, S. 41; noch eindringlicher ebd., S. 40: „Erst eine tiefere Analyse dieser ästhetischen Erfahrung des Schönfindens der Natur belehrt uns, daß dies in gewissem Sinn ein falscher Schein ist und daß wir in Wahrheit Natur nicht mit anderen Augen ansehen können denn als künstlerisch erfahrene und erzogene Menschen."

[39] Friedrich Hebbel: *Tagebücher.* Hrsg. v. Karl Pörnbacher. Bd. 1: 1835–1843. München 1984, S. 133.

[40] Immerwahr, wie Anm. 20, S. 23, 30–35, 43. – Vgl. im ganzen Elizabeth W. Manwaring: *Italian Landscape in Eighteenth Century England.* New York: Oxford University Press 1925.

[41] Wulf Wülfing: *Reiseliteratur und Realität im Vormärz. Vorüberlegungen zu Schemata und Wirklichkeitsfindung im frühen 19. Jahrhundert.* In: *Reise und soziale Realität am Ende des 18. Jahrhunderts.* Hrsg. v. Wolfgang Griep u. Hans-Wolf Jäger. Heidelberg 1983, S. 371–394, hier S. 389–390.

[42] HFA II/1. 2. Aufl. 1977: „schön": S. 560, 563, 573, 589, 590, 593, 597, 598, 599, 603, 613, 614, 616, 640, 643, 648, 649 (2 mal), 650, 664, 675, 697, 703, 748, 871, 894, 906, 908, 920 (2 mal), 930, 931 (2 mal), 932, 939, 956, 961, 996, 1017; „Schönheit": 560, 592, 593, 600, 601, 604, 612, 624 (2 mal), 627, 644, 650, 703, 730, 752, 908, 931, 939, 995, 996, 1013.

[43] Ebd., S. 555, 557 (2 mal), 558 (2 mal), 560 (2 mal), 561, 580, 593, 596, 599 (2 mal), 648, 674, 683, 703, 908, 913, 922, 941, 997, 1021.

[44] Ebd.: „reizend": S. 603, 607, 650, 714, 1019; „Reiz": S. 590, 592, 599, 600, 650, 703, 997; vgl. noch „reizlos": S. 555, 752, 922, 957.

[45] Ebd.: „romantisch": S. 703, 960, 994 (2 mal); „Romantik": S. 931, 940.

[46] Ebd., S. 592, 703, 752,

[47] Beispiele von Horace Walpole (1739) bis Ludwig Emil Grimm (1855) bei: Hubertus Fischer: *Natur und Stadt. Thema mit Variationen.* In: *Planungsgeschichte und Planungspolitik/Freiräume in der Stadt* (= SRL-Schriftenreihe, Bd. 25). Hrsg. v. d. Vereinigung der Stadt-, Regional- u. Landesplaner e. V. (SRL). Bochum 1990, S. 49–70, hier S. 63–66. – In der Mark, der Havellandschaft um Potsdam, sollte Claude Lorrains Land-

schaft Gestalt annehmen: „Der junge König [Friedrich Wilhelm IV., H.F.], der selbst ein genialer Landschaftszeichner war, hatte bei seinen zahlreichen architektonischen Schöpfungen mit besonderer Vorliebe die künstlerische Gesamtwirkung in der Landschaft im Sinne. So war es sein lebhafter Wunsch, die landschaftlich reizvollste Gegend der Mark, die Havelseen bei Potsdam, zu einer heroischen Ideallandschaft umzugestalten. Wie in den arkadischen Bildern eines Claude Lorrain, sollte der Blick an allen bedeutungsvollen Punkten durch die edlen architektonischen Linien eines Bauwerkes belebt werden" (Prof. Dr. Georg Voß in: *Die Mark in Farbenphotographie*, wie Anm. 1, S. 83. – Vgl. Humphrey Wine: *Claude – The Poetic Landscape*. London 1994).

[48] Fontane: *Wanderungen durch England*, wie Anm. 30, Bd. 1, S. 122.

[49] Ebd., 2. Bd., S. 580–608 u. Anm. S. 654.

[50] Ebd., S. 508–509 [Hervorh. im Orig.].

[51] Die Einteilung der Landschaft in drei Hauptarten nach den jeweiligen Stilen Claude Lorrains („zarte Schönheit"), Salvator Rosas („wilder Schrecken") und Nicolas Poussins („majestätische Größe") geht auf. Dr. John Brown zurück; vgl. Immerwahr, wie Anm. 20, S. 33.

[52] Fontane: *Wanderungen durch England*, wie Anm. 30, 2. Bd., S. 360, 370–372, 374–378 (Gainsborough), 368 (Turner).

[53] HFA II/1. 2. Aufl. 1977, S. 51–53, 107–129 (Schinkel); S. 115 (Wilhelm Riefstahl [1827–1888]), zu ihm auch HFA II/3. 2. Aufl. 1977, S. 841; S. 115 (Karl Bennewitz von Loefen [1826-1895]), zu ihm auch HFA II/3. 2. Aufl. 1977, S. 841–842; zu Karl Blechen (1798–1850), Professor der Berliner Akademie, vgl. Theodor Fontane: *Karl Blechen* (Fragment). In: *Aufsätze zur bildenden Kunst*. Hrsg. v. Rainer Bachmann u. Edgar Groß. München 1970. *Erster Teil*: NFA XXIII/1, S. 520-547. Anmerkungen in: *Aufsätze zur bildenden Kunst. Zweiter Teil*: NFA XXIII/2, S. 363–397.

[54] HFA II/1. 2. Aufl. 1977: „anmutig": S. 564, 607; „anziehend": S. 564; „lieblich": S. 645; „mannigfach": S. 564.

[55] *Deutsche Landschaften*. Ausgew. u. eingel. v. Helmut J. Schneider. Frankfurt/M. 1981, S. 265.

[56] HFA II/1. 2. Aufl. 1977, S. 603.

[57] Ebd.

[58] Ebd., S. 714.

[59] Ebd., S. 603–604 Anm. [Hervorh. im Orig.].

[60] Ebd., S. 599 [Hervorh. im Orig.].

[61] Ebd., S. 645–646 [Hervorh. von mir, H.F.].

[62] Ebd., S. 592.

[63] Ebd., S. 593.

[64] Ebd., S. 599.

[65] Ebd., S. 600.

[66] Ebd., S. 624.

[67] Ebd., S. 600; vgl. noch S. 603 („schönste Punkte"), S. 650 („reizendste Punkte"), S. 931 („der schönste Punkt").

[68] HFA II/3. 2. Aufl. 1977, S. 813.

[69] Ebd.

[70] Gisela Dischner: *Ursprünge der Rheinromantik in England. Zur Vorgeschichte der romantischen Ästhetik.* Frankfurt/M. 1972.

[71] HFA II/1. 2. Aufl. 1977, S. 555.

[72] „Nur eine Klasse fehlt, der man sonst wohl auf den Flußdampfern unserer Heimat, besonders im Westen und Süden, zu begegnen pflegt: der *Tourist vom Fach,* der eigentliche Reisende, der keinen anderen Zweck verfolgt, als Land und Leute kennenzulernen. Dieser ‚Eigentliche' fehlt noch, aber er wird nicht immer fehlen; denn ohne das unfruchtbare und mißliche Gebiet der Vergleiche betreten zu wollen, so sei doch das eine hier versichert, daß an den Ufern der Oder hin, allerlei Städte und reiche Dörfer liegen, die wohl zum Besuche einladen können, und daß, wenn Sage und Legende auch schweigen, die Geschichte um so lauter und vernehmlicher an dieser Stelle spricht" (HFA II/1. 2. Aufl. 1977, S. 553–554 [Hervorh. im Orig.]; vgl. ferner ebd., S. 554–558).

[73] HFA II/1. 2. Aufl. 1977: „Bild": S. 558, 564, 590, 593 (2 mal), 596, 600, 613, 615, 616 (2 mal), 627, 645, 646 (2 mal), 652 (2 mal), 674, 703, 730, 752, 909, 931, 964, 965, 980, 996; „Landschaftsbild": S. 560, 561, 564, 645, 650, 731, 871, 931.

[74] Ebd., S. 671.

[75] Ebd., S. 997.

[76] Ebd., S. 731.

[77] Ebd., S. 909.

[78] Alfred von Wolzogen: *Schinkel als Architekt, Maler und Kunstphilosoph.* Berlin 1864. – Willy Kurth: *Schinkel als Landschaftsmaler.* In: *Die Kunst für Alle* 36 (1920), S. 17–27. – Eckhart von Sydow: *Schinkel als Landschaftsmaler.* In: *Monatshefte für Kunstwissenschaft* 14 (1921), S. 239–252. – Ernst Riehn: *Karl Friedrich Schinkel als Landschaftsmaler.* Diss. masch. Göttingen 1940. – Mario Zadow: *Karl Friedrich Schinkel.* Berlin 1980. – Lucius Grisebach: *Schinkel als Maler.* In: *Karl Friedrich Schinkel – Architektur. Malerei. Kunstgewerbe.* Ausstellungskatalog. Berlin 1981, S. 46–62. – Zu Blechen und Menzel als Landschaftsmalern vgl. etwa: *Berliner Biedermeier von Blechen bis Menzel. Gemälde, Handzeichnungen, Aquarelle, Druckgraphik.* Ausstellungskatalog. Bremen 1967. – Willy Kurth: *Berliner Landschaftsmalerei. Von Chodowiecki bis Liebermann.* Berlin 1958. – Fontanes „Landschaftsbilder" scheinen sich einerseits an

die „historische Landschaft" Schinkels u. a. sowie andererseits an die „realistische Landschaft" beziehungsweise den „malerischen Realismus" Blechens und Menzels anzulehnen. Zu letzterem vgl. etwa Menzels „Gewitter am Tempelhofer Berg" von 1846 (Öl auf Papier, auf Pappe gezogen), das sich seit 1914 im Wallraf-Richartz-Museum in Köln befindet (Inv.-Nr. WRM 1126); Abb. in: *Museen der Welt: Wallraf-Richartz-Museum Köln.* Hrsg. v. Rainer Budde. München 1993, S. 95, Kommentar S. 88.

79 HFA II/1. 2. Aufl. 1977, S. 52–53, 110–112, 114–115, 692, 973; HFA II/2. 2. Aufl. 1977, S. 592–593.

80 HFA II/1. 2. Aufl. 1977, S. 627 (Uchtenhagen), S. 731–732 (Gusow).

81 Gustav Friedrich Waagen: *Karl Friedrich Schinkel als Mensch und als Künstler.* In: *Berliner Kalender* 1844, S. 305–428, hier S. 333 (auch in: *Kleine Schriften.* Stuttgart 1875, S. 297–381).

82 HFA II/1. 2. Aufl. 1977, S. 114 (wörtlich entnommen aus Waagen, wie Anm. 81, S. 330).

83 Ebd., S. 627.

84 Ebd., S. 46.

85 Ebd., S. 331.

86 Ebd., S. 593.

87 Ebd., S. 599.

88 Ebd., S. 969.

89 Ebd., S. 994.

90 Ebd., S. 114–115 [Hervorh. im Orig.].

91 Ebd., S. 981; dazu die Beschreibung der beiden Schinkel-Gouachen auf Schloß Steinhöfel, ebd., S. 973.

92 Carl Rottmann (1797–1850), ein damals geschätzter ‚Landschaftsspezialist', der die getreue Schilderung der vorgefundenen geographischen Situation mit der geschichtlichen Bedeutsamkeit des Ortes verband. Wie Fontane erwähnt, haben die Landschaften Rottmanns Eindruck auf Schinkel gemacht (HFA II/1. 2. Aufl. 1977, S. 121).

93 Carl Friedrich Lessing (1808-1880) gehörte der älteren Düsseldorfer Malerschule an und war Landschafts- und Historienmaler im ‚Heldengenre'.

94 *Wochenblatt der Johanniter-Ordens-Balley Brandenburg,* Nr. 50, 11. Dezember 1861, S. 226 [recte 232] [Hervorh. im Orig.].

95 Theodor Fontane an Wilhelm Hertz, Berlin, [13. Dezember 1861]. In: Theodor Fontane: *Briefe an Wilhelm und Hans Hertz 1859-1898.* Hrsg. v. Kurt Schreinert, vollendet u. mit einer Einf. vers. v. Gerhard Hay. Stuttgart 1972, Nr. 82, S. 63.

96 Theodor Fontane an Wilhelm Hertz, Berlin, 31. Oktober 1860. In: Ebd., Nr. 24, S. 20.

97 Fontane: *Havelland,* wie Anm. 1, Vorwort [Hervorh. im Orig.].

[98] *Wanderungen*, wie Anm. 3, 6. Aufl. Zürich 1960, Vorwort.
[99] Theodor Fontane: *Die schönsten Wanderungen durch die Mark Branden-
      burg.* Hrsg. u. mit Anm. u. einem Nachw. vers. v. Günter de Bruyn (= Mär-
      kischer Dichtergarten). Berlin 1988.
[100] Volker Braun: *Landwüst.* In: *Deutsche Landschaften*, wie Anm. 55, S. 665.

Historische Landschaft – historischer Roman

Die „Wanderungen" und der Roman „Vor dem Sturm"

Der Titel wirft sogleich eine Frage auf: Was ist überhaupt eine „historische Landschaft"? Der Begriff entstammt weder der Geschichte noch der Literatur, wie zunächst vermutet werden könnte; er verdankt sich vielmehr der bildenden Kunst und bezeichnet eine spezielle Gattung der Landschaftsmalerei:[1] „die [...] Landschaft, die Geschichtliches ‚erzählt'",[2] wie Fontane selbst 1864 anläßlich einer Ausstellung mit den Landschaftsbildern Johann Wilhelm Schirmers bemerkte. Bekannte Vertreter dieser Gattung waren damals neben Schirmer der Düsseldorfer Carl Friedrich Lessing und der Münchener Carl Rottmann. Drei Jahre früher, 1861, der erste Band der „Wanderungen durch die Mark Brandenburg" war gerade erschienen, fand sich in einer im vorangegangenen Kapitel bereits zitierten Rezension der Satz: „In diesem Werk hat sich der Verfasser auf den Sockel eines historischen Landschafters in der Literatur geschwungen [...]".[3]

Was ist da geschehen? Eine hochgeschätzte Bildgattung – wir befinden uns in der Blütezeit des Historismus – wird paradigmatisch auf ein Stück Literatur bezogen. Seitdem, übrigens ohne daß diese Übertragung aus der bildenden Kunst immer bewußt wäre, wird bei Fontanes „Wanderungen" wie selbstverständlich von einer „‚historischen' Landschaft"[4] gesprochen. Mit Recht? Tatsächlich leben die „Wanderungen" von der Poesie historischer Erinnerung und einer oft kunstvollen Inszenierung des Landschaftstableaus. Genauer gesagt: Geschichte in den „Wanderungen" verräumlicht sich, Landschaft wird sedimentierte Geschichte. Teils integriert, teils exponiert finden sich darin zugleich zahlreiche „Landschafts*bilder*" – Bilder, die nach allen Regeln der Kunst, das schließt die

46

Landschaftsmalerei von Claude Lorrain bis Schinkel und Carl Blechen ein, die mit Geschichte aufgeladene Topographie assoziativ überhöhen.[5]

Das ist dann ähnlich wie bei den gemalten historischen Landschaften, da diese die künstlerische Darstellung der Natur gleichermaßen mit der geschichtlichen Bedeutsamkeit des Ortes verbinden. Bietet sich dem Auge aber gar nichts Anziehendes dar, und das ist in der Mark Brandenburg oft genug der Fall, springt wiederum ‚Geschichte' als eine Potenz ästhetischer Einbildungskraft ein. So schreibt Fontane im Vorwort zur zweiten Auflage der „Grafschaft Ruppin" 1864: „Wer, unvertraut mit den Großtaten unserer Geschichte, zwischen Linum und Hakenberg hinfährt, rechts das Luch, links ein paar Sandhügel, der wird sich die Schirmmütze übers Gesicht ziehn und in der Wagenecke zu nicken suchen; wer aber weiß, hier fiel *Froben*, hier wurde das Regiment *Dalwigk* in Stücke gehauen, dies ist das Schlachtfeld von *Fehrbellin*, der wird sich aufrichten im Wagen und Luch und Heide plötzlich wie in wunderbarer Beleuchtung sehn."[6] Es drängt sich der Eindruck auf, Fontane hatte das „Wanderungen"-Projekt mit im Blick, als er im selben Jahr über die erwähnte Schirmer-Ausstellung schrieb: „Wir glauben, der historischen, der komponierten Landschaft gehört die nächste Zukunft."[7]

Dasselbe Phänomen direkter Nachbarschaft zwischen Malerei und Literatur ist beim sogenannten „historischen Roman"[8] zu beobachten. So führt der Kunsthistoriker Gustav Friedrich Waagen, den Fontane im Schinkel-Kapitel des ersten „Wanderungen"-Bandes Wort für Wort ausschreibt, über den *Maler* Schinkel aus, daß dieser die „höchst eigenthümliche Gattung [der historischen Landschaft] wo nicht erfunden, doch zuerst auf eine geistreiche Weise in einem hohen Grade ausgebildet hat. Dieselbe unterscheidet sich wesentlich dadurch von allen bisher bekannten Arten der Landschaftsmalerei, daß sie uns das vollständige und getreue Bild der Natur und der Zustände von Kunst und Leben der verschiedensten Gegenden und Zeiten [...] in schöner, kunstgemäßer Form zur Anschauung bringt."[9] Waagen erläutert sodann ihre Entstehungsvoraussetzungen und schließt mit dem Satz: „Diese Gattung [...] entspricht in gewisser

Weise einer andern, unsern Tagen eigenthümlichen Erscheinung, nämlich den so beliebt gewordenen historischen Romanen."[10]

Das schrieb Waagen 1844, als Willibald Alexis mit „Der Roland von Berlin" (1840) und „Der falsche Waldemar" (1842) bereits den *märkischen* historischen Roman kreiert hatte. Alexis verstand sich wiederum als Nachfolger Walter Scotts, des Begründers dieser Gattung in ihrer europäischen Bedeutung, denn von Italien bis Polen, überall hat er Nachfolger gehabt. Beider Einfluß auf Fontanes Romankunst ist bekannt. Kaum bekannt ist dagegen, und es lohnt wiederum, die Zeitgenossen zu befragen, daß bereits die ersten „Wanderungen"-Bände den Alexis-Romanen direkt zur Seite gestellt wurden. Danach hätten die „Wanderungen" wie die Romane die märkische Landschaft aus ihrem Armutsstand erlöst. Auffällig ist, daß dabei erneut das Landschaftsbildliche in den Vordergrund rückt. So heißt es in einer Rezension des Bandes „Das Oderland" von 1863: „Zwei preußische Dichter haben sich dieser armen Mark patriotisch angenommen. Willibald Alexis hat märkische Romane geschrieben, deren Landschaftsbilder mit dem Pinsel eines alten Niederländers gemalt sind. *Theodor Fontane* hat *Wanderungen durch die Mark Brandenburg* veröffentlicht. Der zweite Band beschäftigt sich mit dem Oderlande (Barnim und Lebus). Das Buch ist ein mit viel Geist angelegtes, mit Feinheit und Geschmack ausgeführtes Gewebe von Landschaftsbildern, Volksszenen, Geschichten und Sagen."[11]

Die „Wanderungen" und Fontanes Roman „Vor dem Sturm"[12] sind nun durch eine ganz bestimmte „historische Landschaft" miteinander verbunden. Unmittelbar liegt dem Roman der soeben genannte Band „Das Oderland" voraus, der eine mit Geschichte gesättigte und ästhetisch überformte Topographie der Lande Barnim und Lebus darstellt. Es wäre indes zu wenig, bloß zu sagen, die „Wanderungen" stellten eine stoffliche Vorstufe zum Roman dar.[13] Aus dem „Wanderungen"-Relief der „historischen Landschaft" zwischen Berlin und Küstrin treten vielmehr im Roman Orte, Bauten, Landschaftsbilder, vor allem „deutsch-wendische" Menschen hervor, als seien sie über Nacht aus der Geschichtsstarre erwacht. Sie lösen sich vom Grund des Bildes, verwandeln sich, gewinnen Plastizität, individuelle Gestalt und Sprache, so daß die „historische Land-schaft" in einem bestimmten geschichtlichen Moment wie zum Le-ben erweckt erscheint.

Das ist auch der tiefere, meist übersehene Grund für die spezi-fische Poetik des Romans „Vor dem Sturm". Es wurde schon zu den „Wanderungen" bemerkt: „Geschichte verräumlicht sich", und ent-sprechend schreitet dieser Roman weniger in Handlungs- und Ge-schehnisfolgen als im Räumlichen voran. Auffälligstes Zeichen dafür ist bereits die Titelgebung der einzelnen Bände: „Hohen-Vietz", „Schloß Guse", „Alt-Berlin", „Wieder in Hohen-Vietz". Am Ende schließt sich der Kreis, ist der Raum der „historischen Landschaft", wenn auch in verwandelter Form, abgeschritten. Wie eine antizipierte ironische Pointe auf die immer wieder geübte Kritik an den dadurch bedingten Retardierungen des Romans nimmt sich das Kapitel in der Mitte des zweiten Bandes aus. Nachdem bereits zweihundert-sechzig Seiten lang erzählt worden ist, begegnet der Leser der un-nachahmlich lakonischen Kapitelüberschrift: „Es geschieht etwas".[14] Besser kann man nicht zum Ausdruck bringen, daß anders erzählt wird und anders erzählt werden *soll* als auf Handlung, Spannung und Spektakel hin.

Wenn Fontane auf Paul Heyses Kritik an der ausladenden Breite des Romans im „Historischen, Anekdotischen, Kulturfarbigen" er-widert, die Stärke seines Romans läge eben „in der Komposition", in dem „Vielheits-Roman" als ebenbürtigem Bruder des „Einheits-Romans", dann hat das mit Karl Gutzkows „Roman des Nebeneinan-der" wenig zu tun.[15] Eher vage mutet auch in poetologischer Hinsicht die Beziehung zu Alexis' Roman der „mannigfaltigen Erscheinun-gen des Lebens" an.[16] Man täte wohl besser daran, „Vor dem Sturm" mit den Kategorien moderner Romantheorie zu erfassen. Unter den „Typen der Substanz" gehört „Vor dem Sturm" zweifellos zum Typus des „Raumromans", der sich sowohl vom „Handlungsroman" als auch vom „Figurenroman" unterscheidet.[17] Anders als im „Figuren-roman" wird keine einzelne Geschichte der Individuation wie im Entwicklungs- und Bildungsroman erzählt, obwohl es einen „Hel-den" gibt; auch spiegelt sich die Welt nicht in einer Einzelseele, wie in Wielands „Agathon" oder Goethes „Werther". Erst recht entspricht „Vor dem Sturm" nicht dem Typus des „Handlungsromans", der sich „durch straffen Bau und Geschlossenheit der Handlung gegenüber den anderen beiden Typen"[18] auszeichnet. In Fontanes Roman steht das äußere Geschehen über weite Strecken gleichsam still; erst auf den letzten hundert von achthundertfünfzig Seiten entwickelt sich die Aktion zum Überfall auf Frankfurt mit der anschließenden Befreiung der männlichen Hauptfigur, um jedoch mit Tod und Begräbnis fast ebenso schnell wieder zur Ruhe zu kommen.

Nicht umsonst heißt der Roman „*Vor* dem Sturm". Beim Leser konnte das zwei Assoziationen wecken: an den Roman „Stille vor dem Sturm" von Fontanes „Kreuzzeitungs"-Kollegen George Hesekiel,[19] der aber schon ein wenig in Vergessenheit geraten war, und natürlich an Körners bekannte Verse: „Das Volk steht auf, der Sturm bricht los!" Die Botschaft des Titels ist dann klar: Die Epoche ist zwar die Zeit der Befreiungskriege, aber der Krieg findet nicht statt. Und: Der Roman ist wie Hesekiels „Stille vor dem Sturm" zwar ein „vaterländischer Roman"[20], aber der Leser wird schon bald bemerken, daß Hurra-Borussismus keinen Platz darin hat. Die schärfste Preußenkritik kommt aus dem Munde des polnischen Grafen Bninski.[21] Deshalb kann Fontane mit einigem Recht sagen: „Das Buch ist der Ausdruck einer bestimmten Welt- und Lebens-Anschauung; es tritt ein für Religion, Sitte, Vaterland, aber es ist voll Haß gegen die ‚blaue Kornblume' und gegen ‚Mit Gott für König und Vaterland', will sagen gegen die Phrasenhaftigkeit und die Carikatur jener Dreiheit."[22]

Wird der Untertitel hinzugenommen, ist eine gleichzeitige Distanzierung vom „historischen Roman" zu beobachten. Denn den Untertitel „Historischer Roman" des Vorabdrucks (der mit Sicherheit nicht der seine war) ersetzte er in der Buchausgabe durch „Roman aus dem Winter 1812 auf 13" (ursprünglich hatte er seinem Verleger sogar „[E]in Zeit- und Sittenbild aus dem Winter 1812 auf 13" vorgeschlagen). Das hob jetzt den Begriff „Roman" heraus und ließ die Authentizitätsversicherung hinter sich. Und tatsächlich besteht ein besonderer Reiz von „Vor dem Sturm" in dem sorgsam austarierten Schwebezustand zwischen Realität und Fiktion, in jenem Spiel der Ähnlichkeiten, Verfremdungen und Verwandlungen, das den Übergang von der historischen zur poetischen Wahrheit fließend macht. Das vollzieht sich zum Gutteil jedoch erst im langen Entstehungsprozeß des Romans zwischen 1862/63 und 1878, da dieser „ursprünglich wesentlich ‚historischer‘ angelegt"[23] war. Schauplätze und Ereignisse hat Fontane gegenüber den ersten Entwürfen mehr und mehr fiktiviert, tatsächliche Repräsentanten Preußens im Figurenensemble erheblich reduziert.

Dazu kommt das auffällige Hervortreten des Erzählers und die, wie Christian Grawe treffend bemerkt, „subjektive prominente Erzählerstimme", die bei vielen Gelegenheiten gegen den Schein objektiven Erzählens anspricht. „Ein völliges Eintauchen in die Illusion findet gerade nicht statt."[24] Das erzeugt epische Distanz, zweifellos; andererseits unterhält der Erzähler eine so enge, an deren Schicksalen direkt teilnehmende Beziehung zu seinen Figuren, daß die Distanz an anderen Stellen auch wieder aufgehoben wird. Zum Schwebezustand zwischen Realität und Fiktion kommt dieses Wechselspiel von Distanz und Nähe hinzu. Daß aber der Erzähler die Nähe der Figuren sucht, hat etwas mit der Disposition des Romans zu tun. Fontane schreibt: „Ohne Mord und Brand und große Leidenschaftsgeschichten, hab ich mir einfach vorgesetzt eine große Anzahl märkischer (d. h. *deutsch-wendischer*, denn hierin liegt ihre Eigenthümlichkeit) Figuren aus dem Winter 12 auf 13 vorzuführen […]". Und was ist der Zweck dieses ‚Vorführens‘, wenn es nicht, wie bereits festgestellt, ihr tätiges oder gar gewalttätiges Handeln ist? „Es war mir nicht um Conflikte zu thun, sondern um Schilderung davon, wie das große Fühlen das damals geboren wurde, die verschiedenartigsten Menschen vorfand und wie es auf sie wirkte. Es ist das Eintreten einer großen Idee, eines großen Moments in an und für sich sehr einfache Lebenskreise."[25]

Fontane will nicht mehr, aber auch nicht weniger erzählen als die Geburt des Patriotismus aus dem Geist der Befreiung vom napoleonischen System. Nur interessieren ihn die lange Zeit überschätzten Ideengeber wie Fichte entweder mäßig[26] oder wie Arndt und

Gneisenau gar nicht. Ihm geht es umgekehrt darum, die unterschiedlichsten Menschen in Stadt und Land in ihren Traditionen, sozialen Schichtungen, Lebensformen, Werten und Haltungen im Moment des Epochenwandels als Objekte und Subjekte dieses Wandels ‚lesbar‘ und damit erlebbar zu machen. Seine Geschichtserzählung nimmt gleichsam im Ansatz vorweg, was in unseren Tagen als „Geschichte von unten" bezeichnet worden ist. Dort hat man längst erkannt, daß die Mentalitäten – um mit Fernand Braudel zu sprechen – Phänomene „langer Dauer" (*longue durée*) sind und der Wandel von Einstellungen und Verhaltensformen sich nur sehr langsam vollzieht.

Mit den Mitteln der Verfremdung und Fiktion kommt Fontane näher an die Wirklichkeit der damaligen Zeit heran als die legendenselige patriotische Geschichtsschreibung.[27] Das hat schon Sebastian Haffner gesehen, als er „Vor dem Sturm" ein „viel differenzierteres Zeitbild"[28] attestierte. Die Gräfin Voß schrieb noch am 17. Februar 1813 [!] in ihr Tagebuch: „Die Russen schlagen überall die Franzosen [...]. Aber ach, wenn man denkt, daß man noch immer nicht weiß, auf welcher Seite wir fechten werden!"[29] Daß die *Vor*geschichte der isolierten, im übrigen frei erfundenen Frankfurter Aktion zur *Haupt*geschichte des Romans wird, spiegelt durchaus den Befund moderner Geschichtsforschung wider. Es gab ein langes Verharren, kein Fiebern und keine Revolution. Rudolf Ibbeken schreibt: „Geschichtliche und religiöse Werte hielten das Volk im deutschen Norden, zumal in Preußen, in diesen Ordnungen fest, und sei es durch Kinderlieder, Volkssprüche, bunte Kalender und Anekdoten. Selbst mit Gewalt, so möchte man sagen, ließen sich diese traditionsgebundenen Menschen nicht revolutionieren."[30]

Geschichte, Religion, Tradition – das führt zur „historischen Landschaft" zurück. Als „traditionsgebundene Menschen" bewegen sich die Romanfiguren, wie jetzt zu sehen, nicht zufällig in einer mit Geschichte aufgeladenen Landschaft: Ihr Lebensraum *ist* Raum gewordene Geschichte.[31] Wo sie gehen und stehen, atmen sie diese Geschichte ein, und im „geistvolle[n] Geplauder" atmen sie diese gewissermaßen auch wieder aus – als „Geschichten", „Diskurse,

„Anekdoten" und „Sagen". Geschichte ist jedenfalls ihr allgegenwärtiges Fluidum. Archäologie („Der Wagen Odins"), Familiengeschichte („Hohen-Vietz"), friderizianische Zeit („Tante Amelie") und jüngste Vergangenheit, „jede Epoche ist unmittelbar" – zwar nicht „zu Gott", wie bei Ranke, aber unmittelbar zu den Menschen. Was jedoch auf das berühmte Wort Rankes folgt, ist gar nicht so weit von Fontane entfernt. „Ich aber behaupte: jede Epoche ist unmittelbar zu Gott, und ihr Wert beruht gar nicht auf dem, was aus ihr hervorgeht, sondern in ihrer Existenz selbst, in ihrem eigenen Selbst. Dadurch bekommt die Betrachtung der Historie, und zwar des individuellen Lebens in der Historie, einen ganz eigentümlichen Reiz, indem nun jede Epoche als etwas für sich Gültiges angesehen werden muß und der Betrachtung höchst würdig erscheint."[32]

Nimmt man die „Betrachtung [...] des individuellen Lebens in der Historie" als „ganz eigentümlichen Reiz", dann wird man bei Fontane Verwandtes finden, im Roman verwandelt durch die Kunst der Figurenzeichnung und der Konversation: „Ich beabsichtige nicht zu erschüttern, kaum stark zu fesseln, nur liebenswürdige Gestalten, die durch den historischen Hintergrund gehoben werden, sollen den Leser unterhalten, wo möglich schließlich seine Liebe gewinnen; aber ohne allen Lärm und Eclat. Anregendes, heitres, wenns sein kann geistvolles Geplauder, wie es hierlandes üblich ist, ist die Hauptsache an dem Buch."[33]

Es fehlt nur noch der Beweis, daß die „historische Landschaft" in dem eingangs dargestellten, der Malerei entlehnten Doppelsinn von geschichtlicher Topographie und kunstvoll inszenierter Landschaft die „Wanderungen" tatsächlich mit dem Roman eng verbindet. Im Band „Oderland" heißt ein Kapitel „Gusow", das vor allem dem Alten Derfflinger gewidmet ist. In „Vor dem Sturm" heißt ein Kapitel „Schloß Guse", das ebenfalls Derfflingers gedenkt. In „Gusow" liest man: „Halben Weges, ebenda wo das Plateau abzufallen beginnt und eine Pappelallee ihre Vorposten hoch hinaufschickt, halten wir, um uns an dem Landschaftsbilde zu freuen. [...] Wer hier um die Sommerzeit seines Weges kommt, wenn die Rapsfelder in Blüte stehn und ihr Gold und ihren Duft über das Bruchland hin

ausstreuen, der glaubt sich wie durch Zauberschlag in ferne Wunder-
länder versetzt, von denen er als Kind geträumt und gelesen. Unvergeßlich aber wird der Eindruck für den, den ein glückliches
Ohngefähr an einem Pfingstheiligabend an diesen Höhenrand führt.
Die Feuchte des Bruches liegt dann wie ein Schleier über der Landschaft, alles Friede, Farbe, Duft und der ferne, halb ersterbende Klang
von dreißig Kirchtürmen klingt in der Luft zusammen, als läute der
Himmel selber die Pfingsten des nächsten Morgens ein."[34]
    Die Poetisierung der Landschaft verdichtet sich zu einem an-
dachtsvollen Stimmungsbild, das vom ‚malerischen' Standpunkt aus
zwischen einer Landschaft à la Caspar David Friedrich und Schinkels „Landschaft bei Pichelswerder" (1814) oszilliert. Schlägt der
Leser das entsprechende Kapitel „Schloß Guse" in „Vor dem Sturm"
auf, dann tritt ihm ein zum Verwechseln ähnliches Landschaftsbild
entgegen: „Wer hier um die Pfingstzeit seines Weges kam, wenn die
Rapsfelder in Blüte standen und ihr Gold und ihren Duft über das
Bruchland ausstreuten, der mußte sich, weit aus der Mark fort, in
fernere beglücktere Reichthumländer versetzt fühlen."[35] Nach Ein-
schaltung einer Fridericus-Anekdote steht das Bild jedoch plötzlich
nicht mehr als ‚erlebtes' Bild, sondern als Vorstellungs- und Erinne-
rungsbild da: „Es war an diesem westlichen Höhenrande des Bruches, daß der große König, über die goldenen Felder hinblickend,
die Worte sprach: ‚Hier habe ich in Frieden eine Provinz gewonnen.' / Ein Bild, das diesen Ausruf gerechtfertigt hätte, bot die Nie-
derung am dritten Weihnachtstage 1812 freilich nicht. Alles lag begraben im Schnee."[36] Geschichtliche Erinnerung und „landschaftliche
Schönheit"[37] verschwistern sich in dem Moment, als Friedrich „über
die goldenen Felder" hinblickt.
    Der „Roman aus dem Winter 1812 auf 13" sollte für den Leser
dieser Tage eine Entdeckung sein, denn bei der Lektüre nimmt er
zugleich an der Selbstwerdung des Schriftstellers Fontane teil. „Ich
empfinde im Arbeiten daran, daß ich *nur* Schriftsteller bin und nur
in diesem schönen Beruf – mag der aufgeblasene Bildungs-Pöbel
darüber lachen – mein Glück finden konnte."[38] Erst beim Schreiben
des Romans, bekannte er später gegenüber Emilie, sei er überhaupt

ein „*Schriftsteller*" geworden, „d. h. ein Mann, der sein Metier als eine *Kunst* betreibt, deren *Anforderungen* er kennt. Das letztre ist das Entscheidende. Goethe hat einmal gesagt: ,die Produktion eines anständigen Dichters und Schriftstellers entspricht allemal dem Maaß seiner *Erkenntniß*.' Furchtbar richtig."³⁹ – Aber bei Goethe nicht nachweisbar.

1 Vgl. Barbara Eschenburg: *Die historische Landschaft. Überlegungen zu Form und Inhalt der Landschaftsmalerei im späten 18. und frühen 19. Jahrhundert.* In: *Landschaft als Geschichte. Carl Rottmann 1797–1850.* Hofmaler König Ludwigs I. Hrsg. v. Christoph Heilmann u. Erika Rödiger-Diruf. München 1998, S. 63–74. – Der vorliegende Text geht auf einen Vortrag zurück, der auf dem fünften Klassik-Seminar der Hamburger Goethe-Gesellschaft in Zusammenarbeit mit der Evangelischen Akademie Nordelbien und der Theodor Fontane Gesellschaft, Sektion Hamburg, am 22. und 23. November 2002 in Hamburg gehalten wurde.

2 John Osborne: *Aus Schottland und Frankreich. Überlegungen zum Gattungscharakter von Fontanes Kriegsberichten.* In: *Fontane Blätter* 75 (2003), S. 42–63, hier S. 50 [Hervorh. im Orig.].

3 A[lbert] E[mil] Brachvogel [Rez.]: *Wanderungen durch die Mark Brandenburg von Theodor Fontane.* In: *Wochenblatt der Johanniter-Ordens-Balley Brandenburg*, Nr. 50, 11. Dezember 1861, S. 226 [recte 232].

4 Vgl. Walter Erhard: *Die Wanderungen durch die Mark Brandenburg.* In: *Fontane-Handbuch.* Hrsg. v. Christian Grawe u. Helmuth Nürnberger. Stuttgart 2000, S. 818–850, hier S. 833. – Gerd Heinrich: *„Ein nicht verächtlicher Schatz". Fontane und die Historische Landschaft.* In: Hanna Delf von Wolzogen (Hrsg.): *„Geschichte und Geschichten aus Mark Brandenburg". Fontanes „Wanderungen durch die Mark Brandenburg im Kontext der europäischen Reiseliteratur* (= Fontaneana, Bd. 1). Würzburg 2003, S. 15–38.

5 Hubertus Fischer: *„Märkische Bilder". Ein Versuch über Fontanes „Wanderungen durch die Mark Brandenburg", ihre Bilder und ihre Bildlichkeit.* In: *Fontane Blätter* 60 (1995), S. 117–142; in diesem Bd. S. 17–45.

6 Theodor Fontane: Vorwort zur zweiten Aufl. In: HFA II/1. 2. Aufl. 1977, S. 12 [Hervorh. im Orig.].

7 Theodor Fontane: *Berliner Kunstausstellung* [1864]. In: NFA XXIII/1 (1970), S. 294.

8   Vgl. Hugo Aust: *Der historische Roman*. Stuttgart 1994.

9   Gustav Friedrich Waagen: *Karl Friedrich Schinkel als Mensch und Künstler*. In: *Berliner Kalender* 1844, S. 305–428, hier S. 333.

10 Ebd., S. 337.

11 [Anon.:] *Aus dem Oderland*. In: *Europa. Chronik der gebildeten Welt* 47 (1863), Sp. 1475–1482 [Hervorh. im Orig.]; zit. nach Grawe/Nürnberger (Hrsg.): *Fontane-Handbuch*, wie Anm. 4, S. 909.

12 Theodor Fontane: *Vor dem Sturm. Roman aus dem Winter 1812 auf 13*. Hrsg. v. Christine Hehle. GBA *Das erzählerische Werk* 1/2. Vier in zwei Bänden, Berlin 2011.

13 Vgl. Anselm Hahn: *Fontanes „Wanderungen durch die Mark Brandenburg" und ihre Bedeutung für das Romanwerk des Dichters*. Breslau 1935. – Hermann Fricke: *Theodor Fontanes ‚Wanderungen durch die Mark Brandenburg' als Vorstufe seiner epischen Dichtung*. In: *Jahrbuch für brandenburgische Landesgeschichte* 13 (1962), S. 119–135.

14 Fontane: *Vor dem Sturm*, wie Anm. 12, S. 265.

15 Vgl. Christian Grawe: *Vor dem Sturm. Roman aus dem Winter 1812 auf 13*. In: Grawe/Nürnberger (Hrsg.): *Fontane-Handbuch*, wie Anm. 4, S. 488–504, hier S. 496. – Siehe auch Martin Swales: *Epochenbuch Realismus. Romane und Erzählungen*. Berlin 1997, S. 81–89.

16 Vgl. Grawe: *Vor dem Sturm*, wie Anm. 15, S. 496.

17 Franz K. Stanzel: *Typische Formen des Romans*. 2., durchges. Aufl. Göttingen 1965, S. 63–71.

18 Ebd., S. 68.

19 Vgl. Christian Grawe: *Preußen 1803 bis 1813 im „vaterländischen Roman": Willibald Alexis, George Hesekiel, Theodor Fontane*. In: *Literatur und Geschichte 1788-1988*. Hrsg. v. Gerhard Schulz u. Tim Mehigan. Bern u. a. 1990, S. 141–179.

20 Theodor Fontane an Friedrich Paulsen, Berlin, 29. November 1897. In: HFA IV/4, S. 678.

21 Fontane: *Vor dem Sturm*, wie Anm. 12, 3. Bd., S. 81–83, 182–184, 211–216.

22 Theodor Fontane an Wilhelm Hertz, Berlin, 24. November 1878. In: HFA IV/2, S. 637.

23 Grawe: *Vor dem Sturm*, wie Anm. 15, S. 491.

24 Ebd., S. 497.

25 Theodor Fontane an Wilhelm Hertz, [17. Juni 1866]. In: HFA IV/2, S. 163 [Hervorh. im Orig.].

26 Fontane: *Vor dem Sturm*, wie Anm. 12, 3. Bd., S. 90–91.

27 Vgl. z. B. Ernst Berner: *Geschichte des Preußischen Staates*. München, Berlin 1891, S. 523–575.

28 Sebastian Haffner: *Preußen ohne Legende*. 3. Aufl. Hamburg 1979, S. 178.
29 Sophie Marie Gräfin von Voß: *Neunundsechzig Jahre am Preußischen Hofe*. Leipzig 1876, S. 172–173.
30 Rudolf Ibbeken: *Preußen 1807–1813. Staat und Volk als Idee und Wirklichkeit*. Köln, Berlin 1970, S. 353.
31 Wenn Fontane in der Auseinandersetzung mit Heyses Urteil die „Gesinnung" meint gegen das „Landschaftliche" ausspielen zu müssen, reißt er auseinander, was er selbst zusammengefügt hat; vgl. den Brief an Wilhelm Hertz, Berlin, 1. Dezember 1878. In: HFA IV/2, S. 637–638.
32 Leopold von Ranke: *Über die Epochen der neueren Geschichte*. Darmstadt 1970, S. 7
33 Theodor Fontane an Wilhelm Hertz, [17. Juni 1866]. In: HFA IV/2, S. 163.
34 Theodor Fontane: *Wanderungen durch die Mark Brandenburg*. HFA II/1. 2. Aufl. 1977, S. 731–732,
35 Fontane: *Vor dem Sturm*, wie Anm. 12, 2. Bd., S. 157.
36 Ebd., S. 158.
37 Ebd., S. 157.
38 Theodor Fontane an Mathilde von Rohr, Berlin, 1. November 1876. In: HFA IV/2, S. 547 [Hervorh. im Orig.].
39 Theodor Fontane an Emilie Fontane, Norderney, 17. August 1882. In: HFA IV/3, S. 201 [Hervorh. im Orig.].

In preußisch-brandenburgischer Mission

„Wanderungen"-Kapitel im „Johanniterblatt"

[…]
Zuletzt dann vorbei an der Bismarckpforte
Kehr heim ich zu meinem alten Orte,
Zu meiner alten Dreitreppen-Klause,
Hoch im Johanniterhause. – [1]

Die längste Zeit seines Schriftstellerlebens lebte Fontane in dieser
„Klause", und wer die Potsdamer Straße 134c passierte, sah es bereits
draußen am weißen Kreuz im roten Feld: Dieses Haus gehörte dem
Johanniterorden, genauer: der Johanniterordensballei Brandenburg.[2]
Es beherbergte im ersten Obergeschoß das Ordensbüro, dem Hofrat Carl Herrlich (1822–1903), zugleich Redakteur des „Wochenblatt der Johanniter-Ordens-Balley Brandenburg", vorstand. Im dritten lebten bekanntlich die Fontanes in einer Mansardenwohnung.
Einige Wochen nach dem Einzug im Oktober 1872 meldete Fontane
Mathilde von Rohr das Erscheinen des dritten Bandes der „Wanderungen", damals noch unter dem Titel „Ost-Havelland" (später
„Havelland"): „Die Aufnahme ist bis jetzt sehr günstig."[3] Daß daran das im Johanniterhaus redigierte „Johanniterblatt" beteiligt war,
erwähnte er nicht. Überhaupt ist das am 3. Oktober 1860 gegründete
Ordensblatt evangelisch-konservativer Observanz über einige Jahre
die wichtigste ‚Agentur' für das „Wanderungen"-Projekt gewesen. Heute
dagegen ist es so gut wie vergessen.[4] Will man aber die „Wanderungen" als jenes *work in progress* begreifen, das es seiner ganzen Entstehung und Anlage nach war, darf man die Wochenschrift nicht
einfach beiseite lassen. In Abwandlung eines kürzlich erschienenen
Fontane-Titels könnte es heißen: „Die Geburt des Bestsellers aus
dem Dunst des Ordensblattes"[5].

58

I.

Das mit der „Agentur" ist nicht übertrieben, das Blatt verstand seine spezielle Aufgabe auch so. Am 20. November 1872 – Fontane wohnte seit sechs Wochen mit der Redaktion unter einem Dach – brachte es eine ausführliche Besprechung des Bandes „Ost-Havelland" und hob gleich eingangs hervor: „Unter diesem Titel ist soeben der 3. Theil der *Wanderungen durch die Mark Brandenburg* erschienen, ein Werk, auf dessen beide früheren Bände: *Grafschaft Ruppin* und das *Oderland* wir sowohl bei ihrer ersten Edirung wie beim Erscheinen erneuter Ausgaben verschiedentlich hingewiesen haben."[6] Die ‚verschiedentlichen Hinweise' stellen sich bei näherer Prüfung als eingehende Rezensionen der Erstausgaben heraus, die mit den Anzeigen der Neuauflagen den ausgesprochen werbenden Charakter gemeinsam haben. Albert Emil Brachvogels (1824–1878) tönende Besprechung des ersten „Wanderungen"-Bandes vom 11. Dezember 1861 schließt mit dem Satz: „Diese *Wanderungen* geschrieben zu haben, würde der Stolz *jedes* Schriftstellers sein, und *keinem* Edelmann, der von alter Poesie und Ehre träumt, *keinem* Patrioten, der auf die Thaten und Helden seines Landes stolz ist, sollte dies Buch auf dem Büchertische fehlen."[7] Elf Jahre später spricht sich der Rezensent von „Ost-Havelland" ganz ähnlich aus: „Wir empfehlen das Buch – dabei zugleich auf die in derselben gefälligen Ausstattung erschienenen *früheren* Bände (Grafschaft Ruppin und Oderland, beide in zweiter Auflage) zurückverweisend – als ein besonders geeignetes Geschenk für den Weihnachtstisch märkischer Schlösser und Herrenhäuser."[8]

Die Zielgruppe ist klar: Adel jedenfalls, zur Hauptsache märkischer Rittergutsbesitz, preußisch-patriotisch und wohl auch ein wenig nostalgisch gestimmt. Träger und Leser des Blattes gehörten dieser Zielgruppe an. Es waren Gutsbesitzer und Mitglieder des Offizierskorps, die mit Genehmigung des Königs von Preußen vom Herrenmeister des Ordens, dem Prinzen Carl von Preußen (1801–1883), zu Ehrenrittern ernannt, Rechtsrittern geschlagen oder Kommendatoren erhoben worden waren. Sie bildeten eine Adelsgenossenschaft der evangelisch-frommen Richtung mit karitativen Aufgaben, vornehmlich in der Stiftung und dem Unterhalt von Krankenhäusern. Geradezu eine „Mustergenossenschaft für ihren Stand" sollten die Ritter sein, damit „im Laufe der Zeit Adel und Johanniterthum einmal *Dasselbe* [sic!] werden".[9] Den am 15. Oktober 1852 restituierten Orden durchwehte auch nach dem Tod Friedrich Wilhelms IV. der Geist jenes „Romantikers auf dem Throne der Cäsaren" (David Friedrich Strauß).

Die sich als Adelselite verstehende Ritterschaft bildete, vermehrt um das für die Genesung des Körpers und das Heil der Seele zuständige pflegende und geistliche Personal, das Primärpubikum für einen Großteil der „Wanderungen"-Kapitel. Deshalb konnte der Rezensent umstandslos erklären: „Zweck und Richtung dieser Arbeiten sind unsern Lesern bekannt. Es handelt sich dabei um ‚Heimathkunde', um ein sich Vertrautmachen mit dem topographischen wie historischen Theil unsrer speciellen Provinz […]. Es liegt in dieser Aufgabe vorgezeichnet, daß jede Stelle irgendwie zu ihrem Rechte kommen muß, und daß es keine Quadratmeile Landes giebt, die ganz ohne Interesse wäre."[10] Der Charakter eines *work in progress* zeichnet sich ab, und nachdem der Rezensent einzelnes aus den ersten beiden Bänden zur Sprache gebracht hat, erinnert er daran, daß von dem neuen Band ein „erheblicher Theil seines Inhalts […] bereits früher seitens unseres Johanniter-Blattes publicirt [wurde]; wie wir zu wissen glauben, zu besonderer Genugthuung unserer Leser".[11] Tatsächlich enthielt „Ost-Havelland" zu mehr als zwei Dritteln Kapitel, die zwischen Mai 1864 und Juni 1872 in Folgen von bis zu sieben Ausgaben im „Johanniterblatt" erschienen waren. Insgesamt publizierte das Blatt von Juli 1861 bis Dezember 1875 30 – gelegentlich umfängliche – „Wanderungen"-Beiträge in 76 Ausgaben. Das war mehr als Cottas „Morgenblatt für gebildete Leser" und mehr als die „Vossische Zeitung", übertraf auch deutlich die „Kreuzzeitung".

Während die „Kreuzzeitung" durch die Masse der Vorveröffentlichungen 1859–61 an der Einführung des „Wanderungen"-Projekts entscheidend beteiligt war und dann bis 1870 nur noch vier Kapitel brachte, schloß die erste Publikationsperiode im „Johanniterblatt" 1861–65 gewissermaßen ‚nahtlos' an den Erfolg des Ur-„Wanderungen"-Bandes an. Sie hatte das beste Entree durch die enthusiastische Rezension Brachvogels, zumal der „Friedemann Bach"-Autor inzwischen zum Redakteur des Blattes aufgerückt war. Fontane lenkte das Interesse mit „Eine Pfingstreise in den Teltow" (1862) bald nicht nur topographisch in eine benachbarte Richtung. „Ich werde", so schrieb er am 17. Juni 1862 an Emilie, „vorausgesetzt daß er sie haben will, drei Kapitel an Brachvogel abliefern: 1) Königs-Wusterhausen 2) Mittenwalde 3) Teupitz; alle drei unter der gemeinschaftlichen Ueberschrift ‚Eine Pfingstreise im Teltow.' Das Honorar wird 50 rthl betragen. Es wird nun auch Zeit, daß etwas einkommt."[12] Beim „Tröstelied"-Finale dieser „Pfingstreise" kann man sich gut ein Johanniter-Publikum vorstellen: „Wer reist nach Mittenwalde? Tausende wallfahrten nach Gohlis, um das Haus zu sehen, darin Schiller das Lied ‚an die Freude' dichtete. Mittenwalde besucht niemand, und doch war es in *seinem* Propsteigarten, daß ein anderes, größeres Lied an die Freude gedichtet wurde, das große deutsche Tröstelied: ‚Befiehl du deine Wege'."[13] Hier wird der ‚Anders-Ort' Mittenwalde zur Stiftung einer Gegentradition eingesetzt. Denn von Schiller hieß es um diese Zeit in christlich-konservativen Kreisen Preußens, daß er mit seinen „glänzenden Sentenzen, mit seiner idealen Ausdrucksweise [der] Lieblingsdichter" der „Liberalen" sei, „mit seinen schönen Phrasen von Menschenwürde und Menschenliebe […] ihr Held".[14]

Nach sechs Folgen „Freienwalde"[15] (1863) suchte der Autor im „Johanniterblatt" Ordensnähe: „Die Cistercienser in der Mark"[16], „Kloster Lehnin" in fünf Folgen[17], „Die Lehninsche Weissagung"[18] (alle 1864) sowie „Erzbischof Norbert und die Prämonstratenser in der Mark"[19] (1865) bezeugen das. Es ist sogar zu fragen, ob diese Aufsätze nicht überhaupt erst durch das „Johanniterblatt" angeregt worden sind. Dafür wäre außer der Richtung des Blattes und dem redaktionellen Umfeld auch der Umstand geltend zu machen, daß sich 1867 noch „Kloster Chorin"[20] und „Die Wenden in der Mark"[21] hinzugesellten. Mit Ausnahme der Prämonstratenser-Arbeit hat Fon-

tane die Aufsätze unter dem Obertitel „Die Wenden und die Kolonisation der Mark durch die Zisterzienser" schließlich zum ersten Hun-
dert-Seiten-Teil des Bandes „Havelland" zusammengefügt. Freilich
ist auch der Prämonstratenser-Aufsatz in ausdrücklicher Anküpfung
an die Zisterzienser-Darstellung verfaßt worden,[22] und bei dieser
Arbeit, die im wesentlichen Franz Winters Publikation „Die Prämonstratenser des zwölften Jahrhunderts und ihre Bedeutung für das nord-
östliche Deutschland" (Berlin 1865) ausschreibt, ist schon deswegen
an eine Anregung durch das „Johanniterblatt" zu denken, weil sie in
keine Buchausgabe Aufnahme gefunden hat. Erst als Fontane in den
frühen achtziger Jahren den Stoff zu dem Projekt „Geschichten aus
Mark Brandenburg" sondierte, kam er verschiedentlich auf die Prämonstratenser-Arbeit zurück.[23] Als traditionsstiftend konnten die
Aufsätze im Kommunikationsraum des Blattes allein deshalb gelten,
weil das „Bekämpfen des Unglaubens" nach wie vor die erste „Pflicht
in den Principien der Ritterlichkeit"[24] sein sollte.

II.

Im ersten Jahrzehnt seines Bestehens war das „Johanniterblatt" ein
Tummelplatz für Fontanefreunde und -bekannte. Louis Schneider
(1805–1878), erst „Tunnel"-Seele, dann „Tunnel"-Säule (gemeint ist
der Berliner Dichter- und Künstlerverein), seit 1848 Hofvorleser und
später Stifter des „Vereins für die Geschichte Potsdams", der Fontane „namentlich bei dem Bande, der das ‚Havelland' behandelt
[…] sehr von Nutzen gewesen [ist]",[25] war mit einem ersten Beitrag
im Februar 1861 vertreten und veröffentlichte, um nur zwei Titel zu
nennen, „Die Prophezeihungen [sic!] künftiger Größe für das Haus
Hohenzollern" (1861) und „Die Friedenskirche in Sanssouci" (1866)
im „Johanniterblatt".[26] George Hesekiel (1819–1874), „Tunnel"-
Freund und „Kreuzzeitungs"-Kollege, war zeitweilig so gut wie regelmäßig dabei – wohl auch um sich von seinen ‚bacchanalischen'
Schulden freizuschreiben: „Ein ächter Johanniter", „Ein Blick in die
alte Welt", „Der Bettelstand und die ersten Hospitäler", „Die Sanct
Christophsgesellschaft", „Eine Schulenburgische Hospitalstiftung",

„Brüderliche Vermahnung eines Edelmanns", „Bekenntniß einer Gräfin Solms", „Vom Ursprung der Sclaverei", „Christensitte und Väterweisheit", „Revolution und Theater", „Ritterwürde und Ritterstand".[27] Bei den Gedichten wechselten „Marie Madeleine von Chabot" mit „Prinz Friedrich Carl vor Missunde (2. Februar)", „Ueber die Schlei und weiter" mit „Le sujet mixte" und das „Gedenken an Anna Gräfin zu Stolberg-Wernigerode, Oberin von Bethanien (gestorben für die Brüder am 17. Februar 1868)" mit „Schleife und Rose".[28]

Bescheiden dagegen, aber immerhin einschlägig trug Bernhard von Lepel (1818–1885) mit seinem Gedicht „Philippe Villiers de l'Isle Adam oder die letzten Ritter von Rhodos" zur Einschreibung der Freunde ins „Johanniterblatt" bei.[29] Fontane leistete ihm wiederum einen Freundschaftsdienst, als er seine „Gedichte" im „Johanniterblatt" besprach.[30] Bei der Rezension von Hesekiels „Neuen Gedichten" 1866 im „Johanniterblatt" trug Fontane dann eher eine Dankesschuld ab, hatte dieser doch fortlaufend die „Wanderungen"-Bände 1861, 1863, 1864 in der „Kreuzzeitung" rezensiert und in den höchsten Tönen gepriesen: „In ächt patriotisch-conservativem Sinn sammelt Fontane in seinem Werk der Väter und Vorväter Ehren, große und kleine: er stellt sie in's rechte Licht, patriotischen Sinn in den Kindern, den Lesern überhaupt weckend, belebend, stärkend. Die Liebe zur Heimath findet reichste Nahrung in diesen Schilderungen, die von der Liebe zur Heimath eingegeben, Jedem zum Herzen gehen müssen, dem das Herz sich überhaupt noch rührt bei patriotischem Anruf. Es ist die Wärme der Begeisterung für's Vaterland, die etwas Hinreißendes hat [...]".[31] Ein bißchen viel „Heimath", „Herz" und „patriotischer Sinn", aber darauf kam es an.

Fontane und Lepel wollten nicht nur in engere, sondern engste Beziehungen zu dem Blatt treten, Fontane sogar ein „Zukunftsblatt" aus der „Verschmelzung des Johanniterblatts (selbstverständlich unter andrem Namen) mit der Dunckerischen Idee eines conservativen Monthly Magazine"[32] machen. Lepel brachte sich jedoch als Redakteur selbst aus dem Spiel, als er es ablehnte, sich unter die Ordensaufsicht des Ehrenritters Adolph von Winterfeld (1824–1889) zu stellen.

Fontane sagte schließlich ab, weil ihm das prononcierte Hervortreten, das Pekuniäre und die Behandlung der Redakteure seitens des Ordens nicht gefiel.[33] Immerhin wollte er zeitweilig sein schriftstellerisches Schicksal mit dem „Johanniterblatt" verbinden, und es ist kein Zufall, daß er in dieser Situation mit dem Kollegen Hesekiel nach Sonnenburg, der Residenz des Herrenmeisters und dem Sitz der Ordensregierung, fuhr, um an den Feierlichkeiten des Ritterschlags und der Investitur der Rechtsritter teilzunehmen. Sein Bericht „St. Johannistag in Sonnenburg" erschien am 26. Juni 1862 in der „Kreuzzeitung"; Fontane erinnerte sich noch bei der Niederschrift seiner Autobiographie „Von Zwanzig bis Dreißig" daran.[34]

III.

Der weitaus größere Teil der „Wanderungen"-Kapitel im „Johanniterblatt" fällt jedoch in die Jahre 1870–75. Das weist darauf hin, daß Fontane bestrebt war, sich einen Teil jener Leserschaft zu erhalten, die er mit dem Ausscheiden aus der „Kreuzzeitung" zu verlieren drohte. Am 13. Mai 1870 war er in der „Kreuzzeitung" mit „Baumgartenbrück" zum letzten Mal als „Wanderungen"-Autor vertreten, und nachdem er sich am 18. Mai 1870 mit „Der Kissinger Kirchhof"[35] nach längerer Abwesenheit im „Johanniterblatt" zurückgemeldet hatte, eröffnete er am 6. Juli 1870 mit „Marquardt" gleich eine fünfteilige „Wanderungen"-Folge, die vorläufig am 21. Dezember 1870 endete und im März/April 1871 ihren Abschluß mit den „Geheimen Gesellschaften im 18. Jahrhundert" fand.[36] Das war dann ein weiterer Fünfzig-Seiten-Teil von „Ost-Havelland". Dazu kamen von Januar 1871 bis September 1872 noch einmal elf Kapitel Vorabdruck im Ordensblatt, so daß „Ost-Havelland" mit Recht der ‚Johanniter-Band' unter den „Wanderungen"-Bänden genannt werden kann – vielleicht auch deshalb, weil der Rezensent diese Worte fand: „Nach der formellen Seite hin [...] scheint uns die Eigenart dieser Arbeiten vor Allem in der Abwesenheit jeder wissenschaftlichen Prätension zu liegen; in dem Bestreben, auch *da* nur zu plaudern, wo der Eingeweihte ohne Mühe das volle Maß von Eifer und

Anstrengung erkennt. Das Studium ist überwunden und das Spiel beginnt."[37]

Publikationsstrategische Gesichtspunkte, zum Teil ganz pragmatischer Art, spielten keine geringe Rolle bei der Realisierung des „Wanderungen"-Projekts: „Selbst die Kreuz-Ztng kann in diesem Sommer nur ganz wenig bringen. Einiges werd' ich in's *Johanniter-Blatt* geben", erklärte Fontane im Juni 1862 und handelte danach.[38] Immerhin gab es „pro Zeile von 15 Silben 1 Sgr.", das war „besser als das Honorar irgendeines andern hiesigen Blatts mit Ausnahme der *Kreuz-Ztng.*, das ebenso hoch"[39] war. Nach welchen inhaltlichen Kriterien wurden die Texte auf die Zeitungen und Zeitschriften verteilt, und welche Relationen ergeben sich daraus? Um mit letzterem zu beginnen: Kann „Ost-Havelland" der ‚Johanniter-Band' genannt werden, so der erste „Wanderungen"-Band von 1861 – natürlich *grosso modo* – der ‚Kreuzzeitungs-Band' und der zweite, „Das Oderland", von 1863 der ‚Morgenblatt-Band'. „Spreeland" entzieht sich solcher Klassifizierung, da dieser Band einen höchst multiplen textgenetischen Hintergrund hat.

Anläßlich der Ordensaufsätze für das „Johanniterblatt" wurde schon etwas zu den Kriterien inhaltlicher Art bemerkt. Sie waren nicht fest, orientierten sich vielmehr an der jeweils gegebenen Situation. Zugang zum Ordensblatt hatte sich Fontane Mitte 1861 nicht zufällig mit einem Musterstück ‚vaterländischer Geschichtserzählung', dem Kapitel „Die Grafen von Ruppin", verschafft.[40] Das war ersichtlich auf den ersten Redakteur der Zeitschrift, Leopold von Ledebur (1799–1877), berechnet, der in der märkischen Geschichtsforschung viel galt. Glücklicher Umstand, daß Nachbarschaft diesen Zugang begünstigte. Fontane und Ledebur wohnten damals in der Tempelhofer Straße 51, und beide kandidierten neun Monate später, im April 1862, gemeinsam als Wahlmannskandidaten für die Hochkonservativen.[41] Damit ist ein Hintergrund angedeutet, der tragend für das erste Jahrzehnt der „Wanderungen" wurde.

Wie selbstverständlich für den Fontane der 1860er Jahre dieser Hintergrund war, zeigt sich am besten an einer leicht zu übersehenden Stelle, in seiner Rezension der „Neuen Gedichte von George

Hesekiel" im „Johanniterblatt" vom 28. Februar 1866: „Die ‚feudale Welt', wie unsere Gegner [!] sagen würden, ist seine Welt. Aber selbst diese Gegner werden nicht läugnen, daß diese ‚feudale Welt' – mag man sie politisch bekämpfen – für die germanischen Herzen so ziemlich gleichbedeutend ist mit dem Goldglanzschimmer der Dichtung überhaupt. Wenigstens der *romantischen* Dichtung."[42] Bald darauf druckte das Blatt „Denkmäler in der Schweiz. (Ein Vortrag, gehalten im Conservativen Verein der Lucas-Gemeinde zu Berlin von Th[eodor] Fontane.)".[43] Das unterstreicht die fortdauernde Verbindung mit dem konservativen Milieu; auch weist der lange Zeit unbemerkt gebliebene Druck[44] darauf hin, daß „Reisefeuilletons" mitunter eine ‚mündliche' Vorgeschichte haben.

So ging von den im „Johanniterblatt" publizierten bekannteren „Wanderungen"-Kapiteln „Kloster Lehnin" ebenfalls ein Vortrag voraus, den Fontane am 8. Februar 1864 im Potsdamer Kasino gehalten hatte.[45] Da Partien davon in das Kapitel „Lehnin" in ‚Vor dem Sturm" eingegangen sind, hat man ein Stück Textgeschichte vor sich, das vom Kasinovortrag über das „Johanniterblatt" und die Buchausgaben bis zur epischen Integration der Textfragmente in die Romanhandlung reicht – ein proteisches Erscheinungsbild, das für viele Kapitel der „Wanderungen" charakteristisch ist. Zwei Jahre zuvor, im März 1862, war Fontane bereits im Hôtel de Russie und im Kasino Potsdam mit Vorträgen über „Tamsel" zu hören gewesen.[46] Die „Kreuzzeitung" brachte den gleichnamigen Aufsatz Ende Juni 1862 in zwei Folgen mit dem Zusatz „(Ein Vortrag gehalten von Theodor Fontane zum Besten des Germanischen Museums)"[47], wohl zur Überraschung des Autors, hatte dieser doch das Imprimatur seines Chefredakteurs nicht erwartet: „[…] dazu ist gar keine Aussicht *jetzt*, denn die Kammer frißt eben allen Raum".[48] Der Vorteil des Ordensblattes gegenüber der „Kreuzzeitung" in Sitzungszeiten des Abgeordnetenhauses liegt auf der Hand: Die Feuilletons mußten im „Johanniterblatt" nicht gegen die spaltenverschlingende Kammerpolitik antreten.

Wird außerdem berücksichtigt, daß Fontane bereits im Winter 1861/62 aus dem Umfeld der „Wanderungen" den Vortrag „Die Mark und märkische Kriegsobristen zur Zeit des Dreißigjährigen Kriegs" im Gustav-Adolf-Verein „vor einem brandenburgisch-preussischen Publikum"[49] gehalten hatte, dann gewinnt ein strategisches Element Kontur. In Vereinen, Militärkasinos und Hotels suchte Fontane ein Publikum konservativ-protestantischer Prägung auf, um einen Stamm von Interessenten zu gewinnen, die als Käufer, Leser und Multiplikatoren für sein „Wanderungen"-Projekt in Frage kamen. Beim Thema Dreißigjähriger Krieg lag es nahe, in einem Verein zu sprechen, dessen Namenspatron der protestantische Heros dieses Krieges war.

Wie gut ein Vortrag auf die Zielgruppe abgestimmt sein konnte, zeigt auch „Pastor Moritz zu Fahrland. Ein märkisches Characterbild. Vortrag, im Evangelischen Verein gehalten von Th[eodor] Fontane", der in zwei Folgen am 12. und 19. April 1871 im „Johanniterblatt" erschien.[50] Es handelt sich wiederum um den Gustav-Adolf-Verein, denn dieser führte seit seiner Stiftung in der Leipziger Thomaskirche am 16. September 1842 die offizielle Bezeichnung „Evangelischer Verein der Gustav-Adolf-Stiftung".[51] Dessen Ziel war die ideelle und materielle Unterstützung evangelischer Gemeinden in nichtevangelischer, vor allem katholischer Umgebung. Bei den jährlichen Hauptversammlungen, deren Höhepunkt ein Festgottesdienst bildete, war zu entscheiden, welche von den vorgeschlagenen Gemeinden für das laufende Jahr die „Große Liebesgabe" erhalten sollte. Wie zugeschnitten auf den Vereinszweck, viele kleine Gaben für die „Große Liebesgabe" zu sammeln, mußte da ein „Characterbild" erscheinen, das den Gegensatz von „Geben" und „Geiz" beziehungsweise den „Allüren des Geizes" in den Mittelpunkt stellte.[52]

Es wäre eine lohnende Aufgabe, die ursprünglichen Gebrauchszusammenhänge mancher „Wanderungen"-Texte genauer zu ermitteln. Dies erlaubte nämlich, die Tilgung entsprechender Gebrauchsspuren in den Buchausgaben daraufhin zu befragen, ob es sich bloß um stilistische Überarbeitungen oder um die Ausblendung ‚störender' Hintergründe handelt. Angedeutet ist damit zugleich, wie ungenau der gebräuchliche Ausdruck „Vorabdruck" ist. Vergleicht man nämlich das erwähnte „Märkische Characterbild" in der „Johanniterblatt"-Fassung mit den späteren Fassungen, zeigt sich rasch, daß es sich um einen ganz eigenständigen Vortragstext handelt. Schon der Aufsatz „Fahrland und die Fahrlander Chronik", 1875 im „Johanniterblatt" erschienen,[53] ist von erheblich anderer Gestalt als im Band „Ost-Havelland". Für die Buchausgabe „Havelland" in der zweiten Auflage 1880 hat Fontane „Fahrland" dann noch einmal umgearbeitet. Es handelt sich – nicht nur in diesem Fall – um einen unfesten, „offenen" Text, auf den nach der gegenwärtig einflußreichen *New Philology* durchaus der Leitbegriff *variance* (Abweichung bis zum bewußten Eingriff und der Neukonzipierung des Textes) angewendet werden kann.[54]

Nicht weniger interessant ist die Textgeschichte, wenn es sich um direkt für den Druck verfaßte Aufsätze handelt. Das ist der Regelfall, und das Interesse haftet sowohl an der Mikro- wie an der Makrostruktur. Ein Beispiel für die Mikrostruktur: Heißt es in „Marquardt" nach der „Johanniterblatt"-Fassung zur Frage, wodurch Bischoffwerders Machtstellung gewonnen und behauptet wurde, „man hatte *auch* Character, *auch* Principien (wahrer Herzensgüte ganz zu geschweigen)", dann ist das nachmals zu „man hatte *auch* Prinzipien" geschrumpft.[55] Daß sich daraus ein anderes Bild des umstrittenen Ministers ergibt, liegt auf der Hand. Ähnlich in der Makrostruktur: „Kloster Chorin", im September 1867 in drei Folgen im „Johanniterblatt" erschienen, weicht deutlich von der Buchausgabe „Havelland" in zweiter Auflage (1880) ab. Dazwischen liegen Jahre, in denen der Autor nach eigenem Bekunden überhaupt erst zum „*Schriftsteller*" geworden war.[56] Und dazwischen liegt ein Sonnabend im August 1876, an dem, wie er an Emilie schrieb, „ich fleißig an meinem Chorin-Aufsatz [arbeitete], änderte, kürzte", um ihn „mit einem längeren Schreibebrief, in dem ich auch die Romanfrage regelte, an Dr. Koenig [zu schicken]".[57]

So wanderte „Chorin" 1867 zuerst ins „Johanniterblatt", in die Nachbarschaft von „Lehnin", denn dorthin sah sich der Leser durch eine Anmerkung ausdrücklich verwiesen: „Siehe Kloster Lehnin von Th[eodor] Fontane; Jahrgang 1864, Nr. 19 und die folg[enden] Nummern."[58] Geputzt und verschlankt durch die 76er Kur zeigte sich „Kloster Chorin" zehn Jahre später im neuen Gewand unter dem

Sammeltitel „Deutsche Städte und Bauten" im „Daheim", der „christlichen *Gartenlaube*", mit etwa 80.000 Abonnenten überwiegend im norddeutsch-protestantischen Raum eines der führenden Familienblätter.[59] Nachdem der Redakteur Robert Koenig bereits 1875 im „Daheim" das Lied von „Theodor Fontane, de[m] Sänger der Mark" gesungen hatte,[60] wurde „Chorin" auch zum Spaltenöffner für den ersten Roman „Vor dem Sturm", der von Januar bis September 1878 stark gekürzt in der christlich-konservativen Familienzeitschrift erschien. Von dort wanderte „Chorin" in die Buchausgabe „Havelland" von 1880, um als Eröffnungskapitel in eine nähere Beziehung zu dem Abschnitt „Spandau und seine Umgebung" zu treten. Seine Wanderschaft beendete „Chorin" jedoch erst als Schlußkapitel des großen Einführungsteils „Die Wenden und die Kolonisation der Mark durch die Zisterzienser" in den folgenden Auflagen von „Havelland".

IV.

Jeder Text steht in einem Kontext, und mit der Veränderung des Kontextes verändert sich auch partiell der Text, nimmt modifizierte Bedeutungen und Funktionen an, die vom jeweils größeren Textgefüge bewirkt und gesteuert werden.[61] Um ein Beispiel zu geben: „Marquardt" im „Johanniterblatt" beginnt so: „Eine Meile hinter Bornstedt, über dessen monumentenreichen Kirchhof wir an anderer Stelle berichtet, liegt *Marquardt*, ein altwendisches Dorf, eben so anziehend durch seine Lage wie seine Geschichte."[62] Dieser Einführung steht unmittelbar das Ende des Aufsatzes „Die baulichen Reste des Johanniterpalastes in Jerusalem" voran, das hier etwas ausführlicher wiedergegeben wird: „Ein Fluch des siegreichen Islam soll auf diesem Platze ruhen. Aus seiner Beschaffenheit wenigstens konnte leicht diese Idee entstehen. Es ist aber dieser Platz ja nur ein getreues Bild des ganzen Landes. Die geborstenen Kreuzfahrer-Burgen und Kirchen sind die jüngsten, letzten Zeichen einer mächtigen Zeit. Seitdem ist es in jenem Lande immer abwärts gegangen. Oft haben mich unter dem Druck verkommener Verhältnisse seufzende Araber gefragt: warum kommen nicht eure mächtigen Könige und Kriegsheere und nehmen unser Land und machen es besser? Der richtige Eindruck liegt darin, daß nur eine sociale und politische Umgestaltung diesem Lande auch im Ganzen wieder helfen könne. Auf friedlichem Wege sind dafür durch die Mission in der Ansiedlung der Ausländer, vor Allem in der planmäßigen Ansiedlung der Süddeutschen erhebliche Ansätze zu Stande gekommen. Die Erwerbung des Johanniter-Grundstückes, die Gründung einer zweiten evangelischen, einer deutschen Kirche im Herzen Jerusalems ist der neueste schönste Schritt dieses friedlichen Kreuzzugs."[63]

Welcher Zusammenhang stellte sich für den Leser des Jahres 1870 zwischen der deutschen evangelischen Kirche im Herzen Jerusalems und dem „monumentenreichen Kirchhof" von Bornstedt oder dem „altwendischen Dorf" Marquardt her, welcher zwischen „Kreuzzug" und „Rosenkreuzern"? Schwer zu sagen. Ein anderer jedenfalls als der zwischen „Marquardt" und „Ütz" in der Buchausgabe. Und wie liest der heutige Leser, dem der „Kampf der Kulturen" (*Clash of Civilizations*, Samuel Huntington) als Szenario der Zukunft vorgestellt wird, die „Geisterstimmen" in der Grotte von Marquardt, nachdem ihm zuvor vom „Fluch des siegreichen Islam" erzählt worden ist? Ist das, mag eingewendet werden, nicht reichlich konstruiert? Keineswegs, Fontane hätte, als er sich mit den „Geisterstimmen" befaßte, beinahe selbst die „baulichen Reste des Johanniterpalastes in Jerusalem" in Augenschein nehmen können. Anfang Dezember 1869, nachdem er mit seinen „Aufsätzen über Marquardt, Bischofswerder, Rosenkreuzer und Geisterseherei ein gut Stück vorwärts gekommen [war]",[64] schrieb er an Emilie: „Vorgestern Abend – das hab ich zu schreiben vergessen – war Hofrath Herrlich bei mir. Er fragte mich sans phrase, ob ich den alten Prinzen Carl nach dem Orient begleiten wollte? Constantinopel, Harem, Verschnittne, Jerusalem, Oelberg, Bach Kidron, Grab Abrahams, Sodom und Gomorrha, Alexandrien, Khediv, Pyramiden, Nil, Krokodile etc., – es hatte etwas Verlockendes. Aber wir werden doch wohl ‚heeme' bleiben; *zwei* Orientalen für die Kreuz Ztg, Goedsche und Fontane, wären zu viel."[65]

Der Herrenmeister der Johanniterordensballei Brandenburg, ein, wie Gerd Heinrich bemerkt, „ausgesprochene[r] Reaktionär und

Gesprächsstoffproduzent"[66], hatte offenbar einen Blick auf Fontane als Reisebegleiter geworfen. Die „Johanniter"-Konnexion, ganz harmlos mit den „Grafen von Ruppin" begonnen, hätte den „Wanderungen"-Autor acht Jahre später an den Ursprung der Hospitaliter geführt und ihn zum direkten Vorgänger Brugsch-Paschas gemacht. Den Sohn des Prinzen, Friedrich Karl, begleiteten auf seiner Orientreise der Äpyptologe Heinrich Karl Brugsch-Pascha (1827–1894) und der Major Franz Xaver von Granier (1842–1916), die darüber ein größeres Werk verfaßten: „Prinz Friedrich Karl im Morgenlande, dargestellt von seinen Reisenbegleitern", 1885 bei Trowitzsch & Sohn in Frankfurt a. O. erschienen. Die Johanniter-Weiterungen der „Wanderungen" hielten sich für Fontane jedoch in Grenzen; er mußte für das achte Kapitel von „Dreilinden" nur dieses Reisewerk ausziehen. Heraus kam ein Akt symbolischer Inbesitznahme: „Der Prinz hält durch das Tor von Jaffa seinen *Einzug in Jerusalem.* Über seiner Uniform trägt er den Johannitermantel. [...] Der Prinz und seine Begleiter empfangen das heilige Abendmahl in der Kapelle des ‚Muristân', dem alten Wohngebäude der ‚Ritter vom Spital' (Johanniter)."[67]

V.

Als Fontane Zugang zum „Daheim" gefunden hatte, war er zwar über das Stadium des Ordensblattes hinaus, aber die Zeitschrift wanderte noch eine Weile mit seinen ‚Wanderungen und Wandelungen' mit. 1875 war sogar ein recht volles Jahr. Fontane revanchierte sich bei Herrlich für Hilfe und Förderung, als er dessen wiederholt aufgelegte Darstellung „Die Balley Brandenburg des Johanniter-Ordens von ihrem Entstehen bis zur Gegenwart und in ihren jetzigen Einrichtungen" (Berlin 1874) in der „Vossischen Zeitung" vom 21. Februar 1875 besprach. Im September desselben Jahres brachte das „Johanniterblatt" Fontanes „Briefe aus Mecklenburg"[68], die in diesem Kontext neu befragt werden müßten. Im Oktober folgte noch das spätere „Havelland"-Kapitel „Zwei ‚heimlich Enthauptete'", das mit „Die Havelschwäne" zum guten Teil Aufsätzen Louis Schnei-

ders in den „Mittheilungen des Vereins für die Geschichte Potsdams"
zu verdanken ist.[69]

An dieser Stelle bietet sich noch einmal ein Fassungsvergleich
an. Peter Wruck hat auf zahlreiche Änderungen im Vorwort zur „Grafschaft Ruppin" aufmerksam gemacht, besonders auf die Änderung
jenes Satzes, der sich auf Schloß Rheinsberg bezieht: „,Hinter dem
Säulengange glitzerten die gelben Schloßwände in aller Helle des
Tages', heißt es im Erstdruck, ‚kein romantischer Farbenton mischte
sich ein, aber Schloß und Thurm, wohin das Auge fiel, alles trug
den breiten historischen Stempel – die Fundamente der Romantik
lagen da.' Den Gedankenstrich und die anschließende Feststellung
hat Fontane nachmals getilgt; von den Fundamenten der Romantik
ist keine Rede mehr […]. Damit verkehrt sich jedoch die ursprüngliche Korrelierung friderizianischer Geschichte mit der (historischen)
Romantik in eine scharfe Unterscheidung, wenn nicht Entgegenset-
zung. Hat Fontane, für den die Romantik-Frage lebenslang eine ele-
mentare war, umgedacht?"[70]

Das ist wohl zu bejahen, da die Tilgung solcher Spuren bei
näherer Prüfung als eine Bearbeitungs*tendenz* in Erscheinung tritt.
Es ist, als streife der Text eine ältere Haut oder den brüchig gewordenen Firnis aus „Kreuzzeitungs"- und Johannitertagen ab. So auch
in „Zwei ‚heimlich Enthauptete'". Im „Johanniterblatt" steht der Text
unweit des Aufsatzes „Die Wappen-Brüderschaften, die Turnier-
Gesellschaften und die ritterlichen Gesellschaften. Ein Stück Mittelalter".[71] Er beginnt mit folgendem Satz: „Geschichten von Enthaupteten, womöglich von ‚heimlich Enthaupteten' haben hier zu Lande
immer eine Rolle gespielt und sich neben den ‚weißen Frauen',
‚vergifteten Apfelsinen' und ähnlichem Rüstzeug der Romantik sieg-
reich in der Volkssage erhalten."[72] Das ist weitgehend so geblieben, aber von „ähnlichem Rüstzeug der Romantik" ist bezeich-
nenderweise keine Rede mehr, im Gegenteil: In der Auflage
„Havelland" von 1880 stellte Fontane dem Kapitel das Motto voran:
„Auch Tröstliches kommt ans Licht der Sonnen. / Romantisch verloren, menschlich gewonnen."[73] Das ist eine ganz ähnliche „Romantik"-Revision wie im Vorwort zur „Grafschaft Ruppin". Eine

72

Untersuchung solcher Leitwörter für *alle* Teile der Textgeschichte empfiehlt sich.

Die höhere Frequenz von „Romantik" und „romantisch" im „Johanniterblatt"-Kontext ist auch daran zu sehen, daß der ebenfalls lange Zeit unbemerkt gebliebene Druck „Eine Reise durchs schottische Hochland" (offenbar nach der Reinschrift des Vortrags 1860) von April 1872 mit dem Satz endet: „Der Romantik des Ritterthums hat sich die Romantik des Clans längst zugesellt, und ‚Was ewig im Gesang soll leben, / Muß im Leben untergehn.'"[74] Wenn Fontane schließlich bei Hesekiels „Neuen Gedichten" von „*romantischer* Dichtung" spricht, dann wirkt das wie ein Codewort, das im Rahmen des Ordensblattes der Identifikation und Abgrenzung dient. Denn schon 1861 hatte Adolph von Winterfeld Hesekiels „Fünf Bücher deutscher Gedichte" „[…] in Bezug auf den harmonischen Zug zu unserem Blatt" rezensiert und an das Ende den charakteristischen Satz gestellt: „Aus Hesekiels Versen spricht überall ein unverwüstlicher Royalismus, und es klingen uns aus ihnen die vollen Accorde der letzten Romantik entgegen, deren einziger Vertreter er augenblicklich ist, auf dem immer practischer werdenden Felde der Literatur."[75]

VI.

Im November und Dezember 1875, in direktem Anschluß an „Zwei ‚heimlich Enthauptete'", kam der erwähnte große Aufsatz „Fahrland und die Fahrlander Chronik" in drei Folgen im Ordensblatt heraus. Das war wie ein Abschied des ‚Wanderers' vom „Johanniterblatt". Damit sollte die Zeit der ‚Agentur' vorüber sein, wenngleich das Blatt für Fontane noch hier und da von Nutzen war. Die Zäsur betraf auch die äußeren Verhältnisse der Zeitschrift. Drucker und Verleger war bis 1875, wie für die „Kreuzzeitung", Ferdinand Heinicke. Mit der Nr. 1 1876 ging das Blatt in Carl Heymann's Verlag Königgrätzer Straße 109 über. Den Druck übernahm Julius Sittenfeld. Neu war außerdem der „Anzeiger zum Wochenblatt der Johanniter-Ordens-Balley Brandenburg", der Familien-, Stellungs-, Immobilien- und Handelsanzeigen enthielt. Die Eheschließungs-, Geburts- und

Todesanzeigen erlauben wie die Nekrologe recht genaue Rückschlüsse auf den Leserkreis.

Die Zäsur 1876 betraf auch Fontanes persönliches Leben. Den Eklat seines kurzen Gastspiels als „Erster Sekretär der Akademie der Künste" hat er später kommentiert: „Es war so ziemlich meine schlechteste Lebenszeit."[76] Kurz vor dem Eklat druckte das Ordensblatt in drei Folgen „Die Kämpfe um Dijon" als Vorveröffentlichung aus „Der Krieg gegen Frankreich".[77] Das war ein Kapitel, an dem Fontane besonders „fleißig [...] gearbeitet"[78] hatte. Zum „Johanniterblatt"-Profil des Schriftstellers gehört also auch der Kriegsbuchautor, dessen Werke in den Jahren 1864 bis 1876 freilich nur auszugsweise vorveröffentlicht, nach Erscheinen der Teilbände allerdings angezeigt wurden. So heißt es im Oktober 1870 zu „Der deutsche Krieg von 1866": „Das Werk zeichnet sich durch künstlerische Ausstattung und Benutzung der bis zum Momente des Druckes erschienenen officiellen Actenstücke aus. Neben der historischen Darstellungsform des Autors geht eine fortlaufende Kritik her. Mit richtigem Verständniß hat sich der illustrirende Künstler der Darstellungsweise des Autors angefügt."[79]

Um noch kurz bei dem 66er Krieg und Fontanes Weggefährten zu verweilen: „Vorkommnisse wie diese [nämlich in der Akademie] machen egoistisch; sonst hätt' ich wohl schon über Hans' Tod an Sie geschrieben", bekannte Fontane in einem Brief an Mathilde von Rohr vom 17. Juni 1876.[80] Hans von Rohr (geb. 1841) hatte Fontane 1866 auf das Schlachtfeld von Königgrätz begleitet und dann beim Eintritt des Sohnes George in die militärische Laufbahn geholfen. Das Offizierskorps brachte jedoch mehr Anteilnahme als der gescheiterte Akademiesekretär auf, wie dem „Johanniterblatt" zu entnehmen ist: „Am 12. Mai verschied zu Badenweiler nach langem Leiden am Herzschlag der Königl. Hauptmann, aggregirt dem Regiment, Herr Hans von Rohr, Ritter des Eisernen Kreuzes 1. Klasse etc. Das unterzeichnete Offiziercorps betrauert in dem Dahingeschiedenen einen liebenswürdigen Kameraden, dessen hervorragende Eigenschaften des Geistes und des Herzens und dessen in drei Feldzügen bewährte Tapferkeit und militairische Tüchtigkeit sein Andenken

74

unvergeßlich machen. Im Namen des Offizier-Corps des 3. Hessischen Infanterie-Regiments Nr. 83, von Oetinger, Oberst und Regiments-Commandeur."[81] Auch das gehört letztlich in den „Wanderungen"-Kontext, denn zu „Trieplatz. Ein Kapitel von den Rohrs" hat Fontane Ende 1873 gedichtet: „Bei Leuthen, Lipa, Leipzig, / An der Katzbach und an der Schlei, / Von Fehrbellin bis Sedan, – / Ein Rohr war immer dabei."[82]

VII.

Als 1878 „Vor dem Sturm" erschien, konnte das Kapitel „Im Johanniterpalais" als eine Art Reverenz gegenüber dem Orden verstanden werden.[83] Fontane ließ den Prinzen Ferdinand (1730–1813) als gewesenen Herrenmeister der Ballei Brandenburg eine achtbare Figur machen, wenngleich die Bedeutung dieses jüngsten Bruders Friedrichs des Großen eigentlich nur darin bestand, daß er der Vater des Prinzen Louis Ferdinand (1772–1806) war – und auch das ist bezweifelt worden. Der Lesergemeinde Fontanes aus dem „Johanniterblatt" konnte das Kapitel gefallen, heißt es doch auch in Herrlichs erwähnter Darstellung des Ordens über Ferdinand: „Unter diesem vortrefflichen, für den Orden wahrhaft väterlich gesinnten Prinzen blühte die Balley vor ihrer, durch die traurigen Zeitumstände bedingten Aufhebung noch einmal erfreulich empor, und gewann sich die allgemeinste Achtung und hohes Ansehen."[84] Gemeint ist das Aufhebungsedikt vom 30. Oktober 1810, das Klöster, Dome, Stifte und Balleien gleichermaßen betraf. Wie immer man das sehen mag: Das Kapitel „Im Johanniterpalais" wäre jedenfalls ohne die intimen Beziehungen des Autors zum „Johanniterblatt" und die dabei erworbenen Spezialkenntnisse nicht denkbar gewesen. Auch Spuren des „Friedrichsfelde"-Kapitels, das wiederum zuerst im „Johanniterblatt" erschien, spielen in das Romankapitel hinein.

Daß Fontane das Blatt auch Ende der 70er Jahre noch nicht aus dem Auge verloren hatte, zeigt der Brief an seinen Verleger Hertz vom 18. August 1879: „Ich schreibe nun im Laufe dieser Woche das Gusow-Kapitel, bitte Herrlich es für das Johanniterblatt rasch absetzen zu lassen und schicke dann die Fahnen. Das wird Ende des Monats sein. Bis dahin hat die Druckerei Stoff die Hülle und Fülle. An den Gusow-Aufsatz schließen sich die Marwitz-Aufsätze (Friedersdorf) und damit endigt die erste Hälfte des Bandes."[85] Es ging darum, dem Band „Das Oderland" für die dritte Auflage (1880) eine „neue Gestalt"[86] zu geben, hier im speziellen um die Integration der Derfflinger-Biographie in das Kapitel „Gusow", was Fontane nicht geringe Mühe bereitete. Die Vorveröffentlichung im „Johanniterblatt" kam jedoch nicht zustande – weil sich das Hin- und Herschicken (Fontane hielt sich in Wernigerode auf) als zu zeitraubend erwies? Oder weil der Redakteur so prompt nicht disponieren konnte? Das ist nicht mehr zu klären; merkwürdig nur, daß Fontane schon am 26. Juni 1879 fest mit dem Druck rechnete.[87]

Ein völlig neu geschriebenes Kapitel ist im übrigen nicht dazugekommen. Lohnend wäre gleichwohl ein Vergleich des „Freienwalde"-Aufsatzes in der „Johanniterblatt"-Fassung von 1863 mit der Bearbeitung in der Auflage von 1880. Die auch im ganzen noch sehr anders aussehende Erstausgabe des Bandes „Oderland" von November 1863 war am 23. Dezember 1863 im „Johanniterblatt" ähnlich empfehlend wie die anderen Bände besprochen worden.[88]

Als schließlich der vierte und letzte Band, „Spreeland", im Dezember 1881 herauskam, waren Aufsätze aus beinahe zehn Jahren „Johanniterblatt" dabei: „Eine Pfingstreise in den Teltow" (August/September 1862), „Blankensee"[89] (August 1871), „Saarmund und die Nutheburgen"[90] (September 1871), „Friedrichsfelde"[91] (Februar/März 1871) und „Friedrichsfelde II. Ernst Gottlieb Woltersdorf"[92] (Juni 1872) – bis auf die „Pfingstreise" sämtlich aus „Ost-Havelland" übernommen. Kein Wunder, daß das „Johanniterblatt" am 14. Dezember 1881 wiederum eine freundliche Besprechung brachte.[93] Es bestand auch spezieller Grund dazu, da Fontane in „Friedrichsfelde" der Markgrafen Albrecht (1672–1731) und Karl (1705–1762) von Brandenburg-Schwedt sowie des erwähnten Prinzen Ferdinand von Preußen gedacht hatte. Das war ein Paradefall fürs „Johanniterblatt", da alle drei Herrenmeister des Ordensballei Brandenburg gewesen waren. *So hatte das nur in dieses Blatt gepaßt. –*

Der Anfang mit „Hoch im Johanniterhause" schien vielleicht etwas zufällig. Am Ende sieht es anders aus: das Haus als Gehäuse, in dem sich der Mensch einwohnt, in dem er die innere Form seines Lebens findet. Für den Schriftsteller ist das bereits ‚die halbe Miete'. Im August 1891 schrieb Fontane aus Wyk auf Föhr an Emilie: „Es bleibt doch die Tatsache bestehn, dass wir nun seit 19 Jahren bequem und ohne jede Wirtsquälerei in unsren 4 Pfählen wohnen und das ist nicht hoch genug zu veranschlagen, denn meine ganze Arbeitsmöglichkeit hängt damit zusammen. In einem Hause wo ich mich ärgern müsste, sähe es schlecht aus mit meiner Schreiberei."[94] Dem Johanniterhaus verdankt die Nachwelt mehr als „Wanderungen". Die „Wanderungen" aber verdanken viel dem Johanniterhaus und „Johanniterblatt".

1   Theodor Fontane: *Meine Reiselust (früher und jetzt)*. In: Theodor Fontane: *Gedichte*. Hrsg. v. Joachim Krueger u. Anita Golz. GBA *Gedichte*. Bd. 2. 2., durchges. u. erw. Aufl. Berlin 1995, S. 474.

2   Vgl. Paul Schlenther: *Theodor Fontane, Dichter*. In: *Biographisches Jahrbuch und Deutscher Nekrolog*. Hrsg. v. Anton Bettelheim. Bd. 3. Berlin 1900, S. 296–312, hier S. 296.

3   Theodor Fontane an Mathilde von Rohr, Berlin, 31. Oktober 1872. In: Theodor Fontane: *Briefe*. 2. Bd. 1860-1878. Hrsg. v. Otto Drude u. a. München 1979, S. 416 [künftig zit. HFA IV mit Bandangabe].

4   Vgl. Roland Berbig: *Theodor Fontane im literarischen Leben. Zeitungen und Zeitschriften, Verlage und Vereine*. Berlin, New York 2000, S. 170–175. – Hubertus Fischer: *„Grenzpfahl mit Ordenskreuz"*. Überlegungen anläßlich unveröffentlichter Dokumente. In: *Studia Germanica Posnaniensia* XXIV (1999), S. 67–86. – Ders.: *„Mit Gott für König und Vaterland!" Zum politischen Fontane der Jahre 1861 bis 1863*. In: *Fontane Blätter* 58 (1994), S. 62–88 [1. Teil] und *Fontane Blätter* 59 (1995), S. 59–84 [2. Teil].

5   Vgl. Rudolf Helmstetter: *Die Geburt des Realismus aus dem Dunst des Familienblattes. Fontane und die öffentlichkeitsgeschichtlichen Rahmenbedingungen des Poetischen Realismus*. München 1998.

6   [Anon.:] [Rez.] *Ost-Havelland oder die Landschaft um Spandau, Potsdam, Brandenburg. (Berlin. W. Hertz. 1872.)*. In: *Wochenblatt der Jo-

hanniter-Ordens-Balley Brandenburg, 13. Jg., Nr. 47, 20. November 1872, S. 286 [Hervorh. im Orig.] [künftig zit. *Wochenblatt*].

7   A[lbert] E[mil] Brachvogel: Rez. *Wanderungen durch die Mark Branden-burg von Theodor Fontane. Berlin, Verlag von Wilhelm Hertz (Besser'sche Buchhandlung), 1862.* In: *Wochenblatt*, 2. Jg., Nr. 50, 11. Dezember 1861, S. 226 [recte 232] [Hervorh. im Orig.].

8   [Anon.]: [Rez.] *Ost-Havelland*, wie Anm. 6, S. 286 [Hervorh. im Orig.].

9   *Wochenblatt*, 1. Jg, Nr. 1, 3. Oktober 1860, S. 1 [Hervorh. im Orig.].

10 [Anon.]: [Rez.] *Ost-Havelland*, wie Anm. 6, S. 286.

11 Ebd.

12 Theodor an Emilie Fontane, Berlin, 17. Juni 1862. In: Emilie und Theo-dor Fontane: *Der Ehebriefwechsel. Bd. 2: Geliebte Ungeduld. 1857–1861.* Hrsg. v. Gotthard Erler unter Mitarb. v. Therese Erler. Berlin 1998, S. 212 [Hervorh. im Orig.] [künftig zit. GBA *Ehebriefwechsel* mit Band-angabe].

13 Theodor Fontane: *Wanderungen durch die Mark Brandenburg*. Hrsg. v. Walter Keitel u. Helmuth Nürnberger. 2. Aufl. München, Wien 1977, Bd. 2, S. 715 [Hervorh. im Orig.] [künftig zit. HFA II mit Bandangabe].

14 Hermann von Schmettau: *Friedrich Wilhelm IV. König von Preußen. Ein geschichtliches Lebensbild, dem deutschen Volke gewidmet von H. v. S.* 2. Aufl. Berlin 1864 [1. Aufl. 1861], S. 292.

15 *Wochenblatt*, 4. Jg., Nr. 25, 17. Juni 1863, S. 153–155; Nr. 26, 24. Juni 1863, S. 157–160; Nr. 27, 1. Juli 1863, S. 163–166; Nr. 28, 8. Juli 1863, S. 169–171; Nr. 30, 22. Juli 1863, S. 182–183; Nr. 31, 29. Juli 1863, S. 188–190.

16 *Wochenblatt*, 5. Jg., Nr. 18, 4. Mai 1864, S. 113–116.

17 *Wochenblatt*, 5. Jg., Nr. 19, 11. Mai 1864, S. 119–121; Nr. 20, 18. Mai 1864, S. 126–128; Nr. 21, 25. Mai 1864, S. 132–133; Nr. 22, 1. Juni 1864, S. 140–143; Nr. 23, 8. Juni 1864, S. 147–148.

18 *Wochenblatt*, 5. Jg., Nr. 37, 14. September 1864, S. 232–235.

19 *Wochenblatt*, 6. Jg., Nr. 39, 27. September 1865, S. 223–225; Nr. 40, 4. Oktober 1865, S. 229–231.

20 *Wochenblatt*, 8. Jg., Nr. 37, 11. September 1867, S. 222–224; Nr. 38, 17. September 1867, S. 228–230; Nr. 39, 25. September 1867, S. 233–234.

21 *Wochenblatt*, 8. Jg., Nr. 40, 2. Oktober 1867, S. 239–241; Nr. 41, 9. Oktober 1867, S. 245–246; Nr. 42, 16. Oktober 1867, S. 252–254; Nr. 43, 23. Oktober 1867, S. 257–260.

22 Vgl. den Wiederabdruck in: Theodor Fontane: *Wanderungen durch die Mark Brandenburg. Dörfer und Flecken im Lande Ruppin. Unbekannte und vergessene Geschichten aus der Mark Brandenburg.* Hrsg. v. Gott-

hard Erler unter Mitarb. v. Therese Erler. Berlin, Weimar 1991, S. 369–381, hier S. 369 [künftig zit. AFA *Wanderungen* mit Bandangabe].

[23] Vgl. den Kommentar ebd., S. 715.

[24] *Wochenblatt*, 1. Jg., Nr. 1, 3. Oktober 1860, S. 1 [nach Adolph von Winterfeld: *Geschichte des Ritterlichen Ordens St. Johannis vom Spital zu Jerusalem. Mit besonderer Berücksichtigung der Ballei Brandenburg oder des Herrenmeisterthums Sonnenburg.* Mit Illustrationen. 2 Bde. Berlin 1859].

[25] Theodor Fontane: *Von Zwanzig bis Dreißig.* Hrsg. v. Walter Keitel. Frankfurt/M., Berlin, Wien 1980, S. 236.

[26] *Wochenblatt*, 2. Jg., Nr. 30, 24. Juli 1861, S. 134–136; 7. Jg., Nr. 1, 3. Januar 1866, S. 2–5; Nr. 2, 10. Januar 1866, S. 7–8.

[27] In der Reihenfolge der Titel: *Wochenblatt*, 6. Jg., Nr. 24, 14. Juni 1865, S. 136–139; Nr. 30, 26. Juli 1865, S. 171–172; Nr. 34, 23. August 1865, S. 195–197; Nr. 36, 6. September 1865, S. 205–207; Nr. 46, 15. November 1865, S. 266–269; Nr. 47, 22. November 1865, S. 271–272; Nr. 50, 13. Dezember 1865, S. 290-291; 7. Jg., Nr. 17, 25. April 1866, S. 97–101; Nr. 40, 3. Oktober 1866, S. 249–250; Nr. 42, 17. Oktober 1866, S. 260–262; 9. Jg., Nr. 11, 11. März 1868, S. 62–65; Nr. 12, 18. März 1868, S. 72–74; 11. Jg., Nr. 10, 9. März 1870, S. 55–58.

[28] In der Reihenfolge der Titel: *Wochenblatt*, 5. Jg., Nr. 6, 10. Februar 1864, S. 38; Nr. 7, 17. Februar 1864, S. 42; Nr. 8, 24. Februar 1864, S. 52; 9. Jg., Nr. 6, 5. Februar 1868, S. 31–32; Nr. 10, 4. März 1868, S. 56; 10. Jg., Nr. 6, 10. Februar 1869, S. 37–38.

[29] *Wochenblatt*, 6. Jg., Nr. 1, 4. Januar 1865, S. 4–5.

[30] *Gedichte von Bernhard v. Lepel.* W. Hertz. Rez. Th[eodor] F[ontane]. In: *Wochenblatt*, 6. Jg., 29. November 1865, S. 280–281.

[31] *Neue Preußische [Kreuz-]Zeitung*, Nr. 282, 3. Dezember 1861.

[32] Theodor Fontane an Wilhelm Hertz, Berlin, 25. November 1863. In: Theodor Fontane: *Briefe an Wilhelm und Hans Hertz 1859–1898.* Hrsg. v. Kurt Schreinert, vollend. u. mit einer Einl. vers. v. Gerhard Hay. Stuttgart 1972, S. 104. – Gemeint ist der Berliner Buchhändler und Verleger Alexander Duncker (1813–1897).

[33] Vgl. Berbig: *Fontane*, wie Anm. 4, S. 174–175.

[34] *Neue Preußische [Kreuz-]Zeitung*, Nr. 146, 26. Juni 1862. – Wieder in: AFA *Wanderungen* 6, wie Anm. 22, S. 287–289. – Fontane: *Von Zwanzig bis Dreißig*, wie Anm. 24, S. 281. – Vgl. H[esekiel?]: *Der Ritterschlag zu Sonnenburg am Johannistage 1872.* In: *Wochenblatt*, 13. Jg., Nr. 27, 3. Juli 1872, S. 161–163.

[35] *Wochenblatt*, 11. Jg., Nr. 20, 18. Mai 1870, S. 117–120.

[36] *Wochenblatt*, 11. Jg., Nr. 27, 6. Juli 1870, S. 159–162; Nr. 28, 13. Juli

1870, S. 164–166; Nr. 29, 20. Juli 1870, S. 172–174; Nr. 32, 10. August 1870, S. 191–193; Nr. 51, 21. Dezember 1870, S. 343–345; 12. Jg., Nr. 13, 30. März 1871, S. 90–94, Nr. 14, 5. April 1871, S. 96–100.

37 [Anon.]: [Rez.] *Ost-Havelland*, wie Anm. 6, S. 286 [Hervorh. im Orig.].

38 Theodor an Emilie Fontane, Berlin, 4. Juni 1862. In: GBA *Ehebriefwechsel* 2, wie Anm. 12, S. 200 [Hervorh. im Orig.].

39 Theodor Fontane an Paul Heyse, Berlin, 22. Juli 1861. In: *Der Briefwechsel zwischen Theodor Fontane und Paul Heyse*. Hrsg. v. Gotthard Erler. Berlin, Weimar 1972, S. 100 [Hervorh. im Orig.].

40 *Wochenblatt*, 2. Jg., Nr. 28, 10. Juli 1861, S. 127–128.

41 Vgl. Fischer: *„Mit Gott für König und Vaterland!"*, wie Anm. 4.

42 *Wochenblatt*, 7. Jg., Nr. 9, 28. Februar 1866, S. 52–54, hier S. 54 [Hervorh. im Orig.].

43 *Wochenblatt*, 7. Jg., Nr. 15, 11. April 1866, S. 85-88. – Es handelt sich um die Gemeinde der nach einem Entwurf Friedrich August Stülers errichteten und am 17. März 1861 eingeweihten St.-Lukas-Kirche in der Bernburger Straße in Berlin-Kreuzberg.

44 Vgl. Helmuth Nürnberger: *Das autobiographische Werk*. In: Christian Grawe/ Helmuth Nürnberger (Hrsg.): *Fontane-Handbuch*. Stuttgart 2000, S. 748–763, hier S. 749.

45 HFA II/3, wie Anm. 13, S. 998.

46 Ebd., S. 964.

47 *Neue Preußische [Kreuz-]Zeitung*, Nr. 144, 24. Juni 1862; Nr. 147, 27. Juni 1862.

48 Theodor an Emilie Fontane, Berlin, 10. Juni 1862. In: GBA *Ehebriefwechsel* 2, wie Anm. 12, S. 205 [Hervorh. im Orig.].

49 Theodor Fontane an Hermann Hauff, 3. April 1862. In: HFA IV/2, wie Anm. 3, S. 64.

50 *Wochenblatt*, 12. Jg., Nr. 15, 12. April 1871, S. 101–104; Nr. 16, 19. April 1871, S. 109–112.

51 Vgl. Heinz Herz: *Gustav-Adolf-Verein (GAV)*. In: *Die bürgerlichen Parteien in Deutschland* […]. Hrsg. v. Dieter Fricke u. a. 2 Bde. Berlin 1968, Bd. 2, S. 186–190.

52 AFA *Wanderungen* 6, wie Anm. 22, S. 79–96, bes. S. 94–95.

53 *Wochenblatt*, 16. Jg., Nr. 44, 3. November 1875, S. 255–258; Nr. 46, 17. November 1875, S. 268–270; Nr. 48, 1. Dezember 1875, S. 280–282.

54 Vgl. die Beiträge von Jürgen Wolf und Jörg Döring zur „New Philology/ Textkritik" in: Claudia Benthien u. Hans Rudolf Velten (Hrsg.): *Germanistik als Kulturwissenschaft. Eine Einführung in neue Theoriekonzepte*. Reinbek bei Hamburg 2002, S. 175–195 u. S. 196–215.

55 *Wochenblatt*, 11. Jg., Nr. 27, 6. Juli 1870, S. 162 [Hervorh. im Orig.]. –
    HFA II/2, wie Anm. 13, S. 270 [Hervorh. im Orig.].
56 Theodor an Emilie Fontane, Norderney, 17. August 1882. In: GBA *Ehe-
    briefwechsel* 3, wie Anm. 12, S. 279 [Hervorh. im Orig.]. – Vgl. Huber-
    tus Fischer: *Ein „etablierte[r] deutsche[r] Schriftsteller"? Fontane in den
    siebziger Jahren des 19. Jahrhunderts.* In: Roland Berbig (Hrsg.): *Theo-
    dorus victor. Theodor Fontane, der Schriftsteller des 19. am Ende des
    20. Jahrhunderts. Eine Sammlung von Beiträgen.* Frankfurt/M. u. a. 1999,
    S. 67–97; in diesem Bd. S. 292–332.
57 Theodor an Emilie Fontane, Berlin, 7. August 1876. In: GBA *Ehebrief-
    wechsel* 3, wie Anm. 12, S. 66.
58 *Wochenblatt*, 8. Jg., Nr. 37, 11. September 1867, S. 222.
59 Vgl. Berbig: *Fontane*, wie Anm. 4, S. 199–205.
60 Ebd., S. 203.
61 Vgl. Gérard Genette: *Palimpseste. Die Literatur auf zweiter Stufe.* Frank-
    furt/M. 1993.
62 *Wochenblatt*, 11. Jg., Nr. 27, 6. Juli 1870, S. 159 [Hervorh. im Orig.].
63 Ebd.
64 Theodor an Emilie Fontane, Berlin, 3. Dezember 1869. In: GBA *Ehe-
    briefwechsel* 2, wie Anm. 12, S. 437.
65 Theodor an Emilie Fontane, Berlin, 2. Dezember 1869. In: GBA *Ehe-
    briefwechsel* 2, wie Anm. 12, S. 434 [Hervorh. im Orig.]. Gemeint ist
    Hermann Goedsche (1815–1878), der in der „Kreuzzeitung" den berüch-
    tigten „Berliner Zuschauer" redigierte und sich unter dem Pseudonym Sir
    John Retcliffe als erfolgreicher Sensationsschriftsteller betätigte.
66 Gerd Heinrich: *Geschichte Preußens. Staat und Dynastie.* Frankfurt/M.,
    Berlin, Wien 1981, S. 337.
67 HFA II/3, wie Anm. 13, S. 368 [Hervorh. im Orig.].
68 *Wochenblatt*, 16. Jg., Nr. 38, 22. September 1875, S. 218–221.
69 *Wochenblatt*, 16. Jg., Nr. 43, 27. Oktober 1875, S. 249–251. – Vgl.
    Hubertus Fischer: *„Potsdamer Geschichts-Dilettirungen". Unveröffentlichte
    Briefe Louis Schneiders und Theodor Fontanes an Leopold von Ledebur
    mit Antwortkonzepten des Empfängers.* In: *Jahrbuch für brandenburgi-
    sche Landesgeschichte* 47 (1996), S. 105–130, hier S. 110.
70 Peter Wruck: *Stichproben die Editionen und den Status der Fontane-
    schen „Wanderungen durch die Mark Brandenburg" betreffend.* In: *Ber-
    liner Hefte zur Geschichte des literarischen Lebens* 2 (1998), S. 96.
71 *Wochenblatt*, 16. Jg., Nr. 42, 20. Oktober 1875, S. 245–246.
72 *Wochenblatt*, 16. Jg., Nr. 43, 27. Oktober 1875, S. 249–251, hier S. 249.
73 HFA II/2, wie Anm. 13, S. 356.
74 *Wochenblatt*, 13. Jg., Nr. 15, 10. April 1872, S. 85–89; Nr. 16, 17. April

1872, S. 93–96, hier S. 96. – Vgl. Theodor Fontane: *Wanderungen durch England und Schottland*. Hrsg. v. Hans-Heinrich Reuter. 2 Bde. Berlin 1980, hier Bd. 2, S. 7–30 und Kommentar S. 555.

[75] *Wochenblatt*, 2. Jg., Nr. 51, 18. Dezember 1861, S. 236.

[76] Vgl. Hubertus Fischer: „*... so ziemlich meine schlechteste Lebenszeit.*" *Unveröffentlichte Briefe von und an Theodor Fontane aus der Akademiezeit*. In: *Fontane Blätter* 63 (1997), S. 26–47.

[77] *Wochenblatt*, 17. Jg., Nr. 17, 26. April 1876, S. 95–99; Nr. 18, 3. Mai 1876, S. 101–104; Nr. 19, 10. Mai 1876, S. 108–110.

[78] Theodor Fontane: *Tagebücher 1866–1882. 1884–1898*. Hrsg. v. Gotthard Erler unter Mitarb. v. Therese Erler. GBA *Tage- und Reisebücher 2*. 2. Aufl. Berlin 1995, S. 56.

[79] *Wochenblatt*, 11. Jg., Nr. 43, 26. Oktober 1870, S. 285–286. – Vgl. *Wochenblatt*, 12. Jg., Nr. 13, 29. März 1871, S. 94.

[80] In: HFA IV/2, wie Anm. 3, S. 528.

[81] *Wochenblatt*, 17. Jg., Nr. 21, 24. Mai 1876, „Anzeiger".

[82] HFA II/1, wie Anm. 13, S. 433.

[83] Theodor Fontane: *Vor dem Sturm. Roman aus dem Winter 1812 auf 13*. 4 Bde. Frankfurt/M., Berlin, Wien 1976, Bd. 3, S. 7–15. – Vgl. zu den ‚Verschiebungen' im Roman Walter Hettche: *Berlin, die Mark und die Welt. Zu einigen Orten in „Vor dem Sturm"*. In: *Fontane Blätter* 49 (1990), S. 24–32, bes. S. 26–27.

[84] Carl Herrlich: *Die Balley Brandenburg des Johanniter-Ordens* [...]. Berlin 1874, S. 756.

[85] HFA IV/3, wie Anm. 3, S. 39–40.

[86] HFA II/1, wie Anm. 13, S. 547.

[87] Theodor an Emilie Fontane, Berlin, 26. Juni 1879. In: GBA *Ehebriefwechsel 3*, wie Anm. 12, S. 184.

[88] *Wochenblatt*, 4. Jg., Nr. 52, 23 Dezember 1863, S. 319.

[89] *Wochenblatt*, 12. Jg., Nr. 35, 30. August 1871, S. 221–224.

[90] *Wochenblatt*, 12. Jg., Nr. 36, 6. September 1871, S. 227–229.

[91] *Wochenblatt*, 12. Jg., Nr. 8, 22. Februar 1871, S. 57-60; Nr. 9, 1. März 1871, S. 62–64; Nr. 10, 8. März 1871, S. 68–69.

[92] *Wochenblatt*, 13. Jg., Nr. 24, 12. Juni 1872, S. 141–143

[93] *Wochenblatt*, 22. Jg., Nr. 50, 14. Dezember 1881, S. 300.

[94] Theodor an Emilie Fontane, Wyk, 23. August 1891. In: GBA *Ehebriefwechsel 3*, wie Anm. 12, S. 544.

Der Born, aus dem Fontane schöpfte

„Vaterländische Geschichte" in Vereinen –
Organisierte Geschichtsforschung und -pflege
in Berlin und Brandenburg[1]

I.

„Als ich an ‚Cécile' arbeitete, begegneten mir allerhand Ödheiten in
den Berliner und brandenburgischen Geschichtsvereinen, und weil
diese Ledernheiten zugleich sehr anspruchsvoll auftraten, beschloß
ich, solche Gelehrtenkarikatur abzukonterfeien." Das schrieb Fontane am 8. September 1887 an seinen Sohn Theodor. Derselbe Fontane firmierte indessen neben solchen „Ledernheiten" als Mit-
wirkender der Zeitschrift „Der Bär. Illustrirte Wochenschrift für die
Geschichte Berlin's und der Mark", die am 6. Oktober 1888 in einer
Adresse „An unsere Leser und alle Freunde vaterländischer Geschichte!"
erklärte: „An der vaterländischen Geschichte richtet der Muth der
Nationen, das Sinnen der Völker sich allzeit von Neuem auf, geschichtliche Denkwürdigkeit wird im lebendigen Anschauen der
Vergangenheit erneuert und die Ehrenthaten unserer Vorfahren ver-
jüngen sich in der Erinnerung. So lange ein Gemeinwesen seines
Ursprungs und seiner Geschichte eingedenk bleibt, wird seine Ent-
wickelung sich als eine stetige entfalten."
    Fontanes Urteil war nicht sonderlich gerecht, da er von den
„Ledernheiten" erheblich profitiert hatte, vornehmlich in seinen vier
Bänden „Wanderungen". „Der Bär" hingegen, der sich die Popularisierung der „vaterländischen Geschichte" in „Wort und Bild, in an-
ziehender Darstellung, in bedeutsamen Erzählungen und Schilderungen" zur Aufgabe gemacht hatte, berief sich ausdrücklich auf die
Früchte der Arbeit jener „Berliner und brandenburgischen Geschichtsvereine": „Die Forschungen der jüngsten Zeit haben bewiesen, daß
die mächtige Kaiserstadt *Berlin*, sowie die Gefilde der engeren

Heimath, der *Mark Brandenburg*, eine reiche Fülle von historischen Erinnerungen in sich bergen, welche wahrhaft werth und würdig sind, der Nachwelt zu dauerndem Gedächtniß erhalten zu werden: Ursprung und Bedeutung der Namen, Familien und Geschlechter, Denkmäler und Gedenkstätten, Kämpfe und Zustände, Sitten und Gewohnheiten, das Andenken berühmter Männer und edler Frauen und vor allem die glorreichen Thaten unseres theuren Herrscherhauses der Hohenzollern – dies Alles bietet reichen Stoff und eine unerschöpfliche Fundgrube für die vaterländische Geschichte Berlins und der Mark."

Einige Jahrzehnte früher hätte dergleichen nicht geschrieben werden können. Der angesammelte Schatz „historischer Erinnerungen" ging im wesentlichen auf das Wirken dreier Vereine und ihrer Mitglieder zurück: des „Vereins für Geschichte der Mark Brandenburg", des „Vereins für die Geschichte Potsdams" und des „Vereins für die Geschichte Berlins". Der erstgenannte Verein ist auch der älteste, er wurde 1837 mit Unterstützung des konservativen Justizministers Carl Christoph von Kamptz (1769–1849) gegründet. Er folgte einer Welle von Vereinsstiftungen, die mit der vom Freiherrn vom Stein (1757–1831) initiierten Gründung der „Monumenta Germaniae Historica" im Jahr 1819 in Zusammenhang standen. Die vertiefte Beschäftigung mit der deutschen Geschichte des Mittelalters beeinflußte auch die Pflege der regionalen Geschichte und bewirkte die Bildung zahlreicher geschichts- und altertumsforschender Vereine und Gesellschaften. Seit den 1820er Jahren gab es Gründungen im Süden, besonders in Bayern und Baden, in der Mitte vor allem in den thüringischen Staaten, im Norden die Bildung der „Gesellschaft für Pommersche Geschichte und Alterthumskunde" 1824, der „Schleswig-Holstein-Lauenburgischen Gesellschaft für vaterländische Geschichte" 1833, des „Vereins für meklenburgische [sic!] Geschichte und Alterthumskunde" 1835 und eben des „Vereins für Geschichte der Mark Brandenburg" 1837.

Dieser Verein setzte sich „die Erforschung und Bearbeitung der früheren Verhältnisse der Mark Brandenburg und die Sammlung, Aufbewahrung und Würdigung der in ihr zerstreut sich findenden

Denkmale der Vorzeit" zur Aufgabe. Führende Funktionen übernahmen anfangs der spätere (ab 1843) Archivdirektor Georg Wilhelm von Raumer (1800–1856) und der Berliner Stadtarchivar Ernst Fidicin (1802–1883) hinsichtlich der Sammlung und Aufbewahrung historischer Quellen, der Direktor der Kunstkammer Leopold Freiherr von Ledebur (1799–1877) und der Gewerbeschuldirektor Karl Friedrich (von) Klöden (1786–1856) für die innere und äußere Landesgeschichte sowie der bekannte Germanist Friedrich Heinrich von der Hagen (1780–1856) für den Bereich der Sprache, Kunst und Altertümer.

Während der Verein sich zunächst eher wie eine reine Gelehrtengesellschaft ausnahm, erweiterte er mit der Zeit seinen Mitgliederkreis auf Vertreter der „gebildeten Stände", ohne jedoch den exklusiven Anspruch aufzugeben: „Man wollte unter sich bleiben, und es sollte eine Ehre sein, dem Vereine anzugehören, und diese Ehre wollte man auch ferner nur nach gründlicher Prüfung des Wertes zuerkennen", bemerkt Johannes Schultze für das Jahr 1862, als die Krisenzeit infolge der Revolution von 1848/49 im wesentlichen überwunden war, aber mit dem Heeres- und Verfassungskonflikt bereits eine neue Krise heraufzog. Der Verein umfaßte damals knapp sechzig Mitglieder und bildete nach Jutta Neuendorff-Fürstenau den „Sammel- und Kristallisationspunkt märkisch-brandenburgischer Geschichtsforschung".

Außer den bereits Genannten seien noch als bekanntere Mitglieder erwähnt: der Architekt und Kunsthistoriker Friedrich Adler (1827–1908), von 1863 bis 1903 Professor an der Kunstakademie und Verfasser des Werkes „Die Mark Brandenburg und ihre Bauwerke" (Berlin 1859); D. Paulus Cassel (1821–1892), Theologe, Historiker und Schriftsteller; der Romanautor, Kriegshistoriker und Schauspieler Georg Hiltl (1826–1878), Verwalter der Waffensammlung des Prinzen Carl von Preußen (1801–1883) und Spezialist für brandenburgische Geschichte (u. a. „Der Große Kurfürst und seine Zeit", Bielefeld, Leipzig 1880); der Geheime Archivrat Ludwig Franz Hoefer, Mitherausgeber der „Zeitschrift für Archivkunde, Diplomatik und Geschichtskunde" (1. u. 2. Bd. Hamburg 1834/1836); Professor

Friedrich Wilhelm Holtze (1820–1908), patentierter Oberlehrer an der Berliner Kadettenanstalt und langjähriger Generalsekretär des „Vereins für Geschichte der Mark Brandenburg"; Dr. Karl Kletke, Historiker und Verfasser der „Quellenkunde der Geschichte des Preußischen Staats" (2 Bde., Berlin 1858/61, Mitautor Adolf Friedrich Riedel); Archivrat Dr. Traugott Maercker (1811–1874), Mitherausgeber der „Hohenzollerischen Forschungen" und der „Monumenta Zollerana"; der Geheime Justizrat Theodor Odebrecht (1802–1866), Direktor des Kreisgerichts Berlin und Verfasser etlicher Arbeiten zur märkischen Geschichte; der Archivar und Historiker Professor Dr. Adolf Friedrich Riedel (1809–1872); der ehemalige Schauspieler und Regisseur Louis Schneider (1805–1878); der märkische Historiker und Sagenforscher Professor Wilhelm Schwartz (1821–1899), Direktor des Gymnasiums Neuruppin, und Professor Ferdinand Voigt (geb. 1805), Oberlehrer an der Kgl. Realschule Berlin.

Die meisten der genannten Mitglieder veröffentlichten mehr oder weniger regelmäßig Beiträge in den „Märkischen Forschungen", die der Verein von 1841 bis 1887 in insgesamt 20 Bänden herausbrachte. Sie wurden als „Neue Folge" unter dem Titel „Forschungen zur Brandenburgischen und Preußischen Geschichte" ab 1888 fortgesetzt. In späterer Zeit gehörten dem Verein so prominente Historiker wie Gustav (von) Schmoller (1838–1917), Reinhold Koser (1852–1914) und Otto Hintze (1861–1940) an. Neben den „Märkischen Forschungen" ist dem Verein ab dem Jahr 1856 auch die Herausgabe des von Adolf Friedrich Riedel verantworteten, grundlegenden märkischen Urkundenwerkes, des „Codex diplomaticus Brandenburgensis", zu verdanken, der nach den Vorgängern gleichen Titels von Philipp Wilhelm Gercken (1722–1791) und Georg Wilhelm von Raumer zwischen 1838 und 1869 in insgesamt 41 Bänden herauskam.

II.

Im Mittelpunkt der Bestrebungen des Vereins stand einerseits die Quellenerschließung und anderseits die Geschichtsforschung für das Mittelalter und die Frühe Neuzeit. Dahinter trat die Erforschung der

Sprache, Kunst und Altertümer zurück. Erwähnt sei immerhin, daß der Archivrat Hoefer im ersten Band der „Märkischen Forschungen" einen Aufsatz „Ueber märkische Glossare und märkische Spracheigentümlichkeiten" (1841, S. 147–164) publizierte. Vorausgegangen war seine „Auswahl der ältesten Urkunden deutscher Sprache im Königlichen Geheimen Staats- und Kabinets-Archiv zu Berlin", die 1835 in Hamburg erschienen war (VIII, 407 S.; enthält auch Urkunden aus der Mark Brandenburg). Ebenfalls im ersten Band der „Märkischen Forschungen" war außerdem der Beitrag von Friedrich Heinrich von der Hagen „Die Brandenburger Markgrafen des askanischen Stammes als Dichter und von gleichzeitigen Dichtern besungen" (1841, S. 94–114 m. 1 Taf.) zu lesen. In späteren Jahrgängen findet sich dergleichen kaum mehr, lediglich die Sagenforschung wurde sporadisch fortgesetzt. Und was ist mit den Altertümern, die in anderen Vereinen einen besonderen Schwerpunkt bildeten?

Georg Christian Friedrich Lisch (1801–1883), heute nicht unbescheiden „Mecklenburgs Humboldt" genannt und Spiritus rector des nachbarlichen „Vereins für meklenburgische Geschichte und Alterthumskunde", schrieb am 22. Januar 1852 mit Blick auf den märkischen Verein: „[…] möchte derselbe sich nun doch auch den Alterthümern zuwenden, d. h. ein wenig!" Der angesprochene Leopold von Ledebur, der außer der Königlichen Kunstkammer auch der Sammlung vaterländischer Altertümer im Schloß Monbijou vorstand, kannte das Defizit nur zu gut und erklärte im Vorwort zu seiner 1852 in Berlin herausgekommenen Monographie „Die heidnischen Alterthümer des Regierungsbezirks Potsdam. Ein Beitrag zur Alterthümer-Statistik der Mark Brandenburg": „Wenn man erwägt, was in Rücksicht auf eine Alterhümer-Statistik der heidnischen Vorzeit für *Schlesien*, namentlich in früherer Zeit durch Büsching [Anton Friedrich Büsching (1724–1793)] geschehen ist; für die Provinz *Sachsen* durch die Mittheilungen des Thüringisch-Sächsischen Vereins; für *Pommern* durch die Baltischen Studien; und vor allen Dingen für *Meklenburg* durch die höchst schätzbaren Jahrbücher des dortigen Vereins; so muss man gestehen, für die von diesen Provinzen umgebene Mark Brandenburg ist auf diesem Gebiete fast nichts gethan."

Daran sollte sich auch durch die Arbeit des „Vereins für Geschichte der Mark Brandenburg" auf längere Sicht nichts ändern; vielmehr trat der Vereinszweck „für Geschichte" mit der Zeit immer deutlicher hervor. So war der Vorstand bestrebt, durch Vorträge, historische Forschungen und Publikationen etwas für die Herausbildung und Festigung eines märkisch-brandenburgischen Provinzialbewußtseins zu tun. Der Erfolg dieser Bemühungen dürfte jedoch bis in die 1860er Jahre hinein bescheiden gewesen sein, selbst wenn das Wirken und Mitwirken von Gymnasiallehrern, Schuldirektoren und Kadettenlehrern als Multiplikatoren in Rechnung gestellt wird. Die Ressourcen waren ohnehin äußerst begrenzt: „Was Sie [...] den Märkischen Forschungen wünschend aussprechen", schrieb Leopold von Ledebur 1847 an Lisch, „zeigt, wie wenig Sie eine Ahnung davon haben, mit welcher Geldebbe der Verein zu kämpfen hat; dem auch nicht das Geringste aus Staatsmitteln zufließt!"

Genauso hinderlich für die sogenannten „*provinziellen* Bestrebungen" wirkten sich die Zentralisierung des politischen Lebens in Berlin und die Lösung der „Fessel der Trägheit und der Scholle" durch das immer dichter werdende Netz der Eisenbahnen aus. 1862, zum 25jährigen Bestehen des Vereins, beklagte der Geheime Justizrat Odebrecht in seiner Festrede die Häufung nachteiliger Folgen: „Lassen Sie uns den Hauptschwierigkeiten, welche der Ausbreitung eines märkischen Geschichts=Vereins sich entgegenstellen, die seitdem entstandenen anreihen und kurz berühren. Es ist dies die Umgestaltung Berlins seit 15 Jahren zur wirklichen Hauptstadt der Monarchie durch die alljährliche Berufung der *Reichsstände* in seine Mauern, welche gerade in die für wissenschaftliche Arbeiten förderlichste Jahreszeit fällt und dem eigentlich Provinziellen, dem streng Märkischen, den Blick und das Interesse immermehr entfremdet, während, ein zweiter Punkt, im Sommer, ja auch im Frühling und Herbste, die seitdem nach allen Richtungen von Berlin aus sich erstreckenden *Eisenbahnen* heimische Forscher gerade in einer der Erholung und sonst kleinen Ausflügen in die heimische Provinz nur gewidmeten und nur zureichenden Zeit in alle Lande entführen."

Die wachsende politische Öffentlichkeit, der Blick auf das große Ganze und der Einbruch der Eisenbahn in den natürlichen Raum mit der, wie es damals in England hieß, *annihilation of time and space* („Vernichtung von Raum und Zeit"): das waren zweifellos politisch-ökonomische Fortschritte. Fortschritte für die Vereinsbestrebungen waren es nicht: „Wenn auch beide Ereignisse uns manchen lieben Strebensgenossen aus der Ferne näher brachten und den auswärtigen Mitgliedern in der Provinz den Besuch unserer Sitzungen hätten erleichtern können und sollen, so überwogen doch die Nachtheile, die den *provinziellen* Bestrebungen durch sie erwuchsen, für den Verein, zumal auch die auswärtigen Mitglieder in Berlin immer lebendiger den Mittelpunkt der Monarchie, als den der Provinz, im erweiterten Gesichtskreise erkannten." Überzeugender hätten die Nachteile der ‚Gesichtskreiserweiterung' für die märkische Geschichtsforschung und -pflege kaum dargelegt werden können.

Das Bedürfnis nach Bewahrung des geschichtlich Überkommenen wächst bekanntlich in demselben Maße, wie dieses ins Wanken gerät, und das war Anfang der 1860er Jahre wieder der Fall, als die preußische Monarchie in ihre schwerste Krise seit 1848 trieb. Während die Konservativen ihre Gegner in der liberalen „Deutschen Fortschrittspartei" mit der Polemik überzogen, sie könnten „nicht anders, als gegen alle historischen Ueberlieferungen […] und selbst gegen den Thron des Königs andringen", traten märkische Historiker als die berufenen Wahrer dieser „Ueberlieferungen" an die Seite der konservativen Partei. Dazu gehörten Friedrich Wilhelm Holtze, Leopold Freiherr von Ledebur, Wilhelm Schwartz und Ferdinand Voigt. Am besten hört der Leser noch einmal in die Rede des Geheimen Justizrats Odebrecht vom 7. März 1862 vor der Festversammlung hinein: „Allein auch *nach* dem Jahre 1848, so erschütternd auch dessen Stürme begreiflicher Weise gerade einen Verein, dessen Aufgabe die Pflege des Bestehenden und des Vergangenen ist, ergreifen mußten, ward es einem kleinen Kreis der dem Vereine Treugebliebenen vergönnt, bei besonderen Gelegenheiten Beweise der ihm gebliebenen Lebenskraft und der Lebensfähigkeit zu geben." Für die Zukunft hieß die historisch-politische Aufgabe: „[…] so wollen wir, in unserm bescheidenen Streben, nur ferner unablässig dafür wirken, daß die früheren Verhältnisse der Mark Brandenburg gründlich erforscht, dadurch das richtige Verständniß des Vorhandenen und des Werdenden, wie das des Vergangenen, angebahnt und so dem Drängen nach Unberechtigtem gewehrt, aber dem Berechtigten das muthige Vorwärts werde".

Das war eine aus den Ideen der historischen Rechtsschule gespeiste Standortbestimmung des Vereins. Man kann ihr – um den zeitgenössischen ‚Widerspruch' faßlich zu machen – die Verse Adolf Glaßbrenners (1810–1876) aus seinem Gedicht „Die Geschichtlinge" gegenüberstellen:

> Was forscht ihr nur und grübelt und klaubt
> Ihr dummen gelehrten Wichte,
> Was uns früher Allerhöchstgnädig erlaubt
> In dem Königsstaub der Geschichte?
> Wir wollen die Gnaden auf Eselsfell nicht!
> Wir sind auch den Toten nicht Knechte!
> Wir wollen, was uns der Himmel zuspricht:
> Unsre ewigen, göttlichen Rechte.
> [...]

Daß diesem „Drängen nach Unberechtigtem gewehrt" werde, dafür setzten sich Mitglieder des Geschichtsvereins auch in politischen Versammlungen und Vereinen 1848/49 und dann wieder in der Zeit des Heeres- und Verfassungskonflikts seit 1861/62 ein.

III.

Der „Verein für Geschichte der Mark Brandenburg" stand mit zahlreichen anderen Vereinen in Verbindung, die sich auf die eine oder andere Weise wechselseitig stützten und förderten. Das konnte durch den Austausch von Publikationen, die Beteiligung an Editions- und Forschungsvorhaben, die Unterstützung bei Recherchen oder durch die Ernennung von auswärtigen, korrespondierenden und Ehrenmitgliedern geschehen. Statt einer Ahnenreihe wurden nun Qualität und

Quantität der Mitgliedschaften in solchen Vereinen und Gesellschaften zum bürgerlichen Reputationsausweis. Um das auf Korrespondenzen fußende Netzwerk organisierter Geschichtsforschung und -pflege auch nur umrißhaft zu erfassen, bräuchte es allein für Norddeutschland und die Nachbarländer im Norden (Dänemark, Schweden) und Osten (Rußland) ein Europa-Projekt mit vieljähriger Laufzeit. Die binnendeutschen Beziehungen und ihre Zentralisierungen bildeten ein eigenes großes Kapitel.

Um ins „streng Märkische" zurückzukehren: Das 1000jährige Potsdam hat 1993 seiner nicht weiter gedacht, obwohl er am Anfang einer organisierten Lokalgeschichtsforschung steht: Louis Schneider, Gründer und Seele des „Vereins für die Geschichte Potsdams", der am 20. September 1862, auf dem ersten Höhepunkt des Konflikts zwischen Parlament und Krone, ins Leben trat. Fontane schrieb über den Postdamer Verein sechs Jahre später in der „Kreuzzeitung": „Wir wünschen dem Verein, der sich, das Lokale scharf ins Auge fassend, gerade dadurch um die vaterländische Geschichte große Verdienste erworben hat, ein ferneres Gedeihen." Damit wird deutlich: Das „Vaterländische" war überall, im großen Deutschland und im gut überschaubaren Potsdam. In letzterem füllte sich das „Vaterländische" vor allem mit dem Gedanken der Hohenzollerndynastie und der Geschichte der preußischen Militärmonarchie. Zu verdanken war dies namentlich Schneider, an dem Fontane nicht umsonst dessen „hochschätzbare Vereins- und Gesellschaftsgaben" hervorhob.

Schneider war Autodidakt, der, wie er von sich selber sagte, „im Irrgarten der Geschichte anmuthig umhertaumelnde L Schneider". Gelernt hatte er das Schauspielerhandwerk – und konnte es zeitlebens nicht verleugnen. Er mußte immer und überall eine Rolle spielen, manchmal deren zwei oder drei, nicht immer die beste und sympathischste, wie Fontane mit Blick auf seine Poesie und Politik bemerkte. Nichtsdestoweniger machte er gerade damit sein Lebensglück. Das war 1848. Was er im Berliner Revolutionsjahr an unsäglichen Versen zusammenreimte, dank seiner Suada für die konterrevolutionäre Landwehragitation leistete und schließlich von der

Bühne herab an unverbrüchlicher Königstreue demonstrierte, das brachte ihm zwar den lautstarken Unmut des bürgerlichen Publikums ein, dafür empfing ihn aber die königliche Loge alsbald mit offenen Armen. Friedrich Wilhelm IV. ernannte ihn zum Hofvorleser und Hofrat, dem unter Wilhelm I. 1865 noch der „Geheime" folgte. Diese literaturpolitisch einflußreiche Stellung – denn was in erlauchter Runde zum Vortrag kam, erreichte hochmögende Ohren – verband „Louis Tailleur", wie ihn die satirische Presse 1848 getauft hatte, mit der Herausgeberschaft des seit 1833 von ihm redigierten „Soldaten-Freund. Zeitschrift für faßliche Belehrung und Unterhaltung des Preußischen Soldaten", dem Vorsitz des – so Schneider selbst – „Potsdämlichen" Vereins sowie der Redaktion und Herausgabe der „Mittheilungen des Vereins für die Geschichte Potsdams", die Fontane regelmäßig lobend in der „Kreuzzeitung" besprach. Dazu übernahm Schneider 1868 den Vorsitz des am 28. Januar 1865 gestifteten „Vereins für die Geschichte Berlins" und blieb bis zu seinem Tod 1878 auch dessen zentrale Figur – als Vorsitzender, Organisator, Vortragender und Autor.

Das ist der Louis-Schneider-Geist,
Der uns die rechten Wege weist.

Dr. jur. Richard Béringuier (1854–1916), Sekretär der Französischen Kolonie in Berlin und führendes Vereinsmitglied, bemerkte aus Anlaß des 25jährigen Vereinsjubiläums 1890, also zwölf Jahre nach Schneiders Tod: „Unter der Leitung des Ober-Bürgermeisters [C. T. Seydel] entwickelte sich der Verein allmählig [sic!], einen größeren Aufschwung nahm er jedoch, als der Hofrath Schneider, Vorleser Seiner Majestät des Königs, die Leitung des Vereins 1868 übernahm. Er betonte zunächst die wissenschaftliche Seite des Vereins und setzte es durch, daß die Mitglieder, welche sich damals im Hôtel de Rome versammelten und denen ein aus den Beiträgen bezahltes Mahl nach der geschäftlichen Sitzung angeboten wurde, auf dieses Mahl verzichteten und den Betrag zur Publikation von Schriften zur Geschichte Berlins überwiesen." Ferner sicherte Schneider dem Verein durch die Einrichtung eines „Eisernen Fonds" eine solide finanzielle Grundlage, richtete nach dem Potsdamer Vorbild „Wanderversammlungen" ein und rief die „Louis-Schneider-Stiftung" ins Leben.

Im Mittelpunkt der Versammlungen der „Potsdamer Geschichts-Dilettanten" überwiegend aus dem Lehrer-, Beamten- und Offiziersstand – die gleichwohl mit Thomas Nipperdey als die „eigentlich legitime[n] Repräsentant[en] der bürgerlichen Kultur und ihrer Organisation in Vereinen" anzusehen sind – standen Vorträge von Mitgliedern und auswärtigen Experten zu historischen Themen und Urkunden, die sich im engeren und weiteren Sinn auf Potsdam als ‚geschichtlichen Ort' bezogen. Daneben pflegte der Verein, wie schon bemerkt, „Wanderversammlungen", bei denen, wie etwa bei einem Vortrag über die Gläsersammlung auf Schloß Babelsberg, die „zufällige" Anwesenheit König Wilhelms in Aussicht gestellt wurde. Das alles gilt ähnlich für den Berliner Geschichtsverein, in dem indessen die Inhaber kommunaler Ämter und die Freiberufler – Ärzte, Anwälte, Gewerbetreibende – stärker vertreten waren. Eine genauere Analyse der Mitgliederstruktur und Mitgliederentwicklung müßte für die Berliner und brandenburgischen Geschichtsvereine erst noch geleistet werden.

Inwieweit die Beziehungen zwischen Museumsdirektoren, Berufshistorikern, Archivaren, Philologen einerseits und den erklärten „Dilettanten" andererseits zu einer Professionalisierung der Vereinsarbeit auch unter den „Dilettanten" beitrugen, bliebe ferner zu untersuchen. Ein Feld solcher Anleitung und Schulung bot die Arbeit an und mit Urkunden, die bei allen drei Vereinen eine wichtige Rolle spielte. Im Potsdamer Geschichtsverein gingen wechselnde Referenten von Sitzung zu Sitzung die Potsdam betreffenden Urkunden durch und erläuterten sie fach- und sachgerecht. Die Vorträge wurden dann in den „Mittheilungen" gedruckt. Ziel war die „chronologische Bearbeitung aller, überhaupt vorhandener Potsdamer Urkunden". Der Berliner Geschichtsverein gab die „Berlinische Chronik", das „Urkunden-Buch zur Berlinischen Chronik" sowie die Tafeln „Berliner Geschlechter" heraus. Beteiligt an diesen Unternehmungen waren der erwähnte Oberlehrer Professor Ferdinand Voigt, der ebenfalls bereits genannte Stadtarchivar Fidicin, Dr. Findeisen, Dr. Paul Hassel (1838–1906) und Dr. Carl Brecht, letzterer Kanzleirat und Geheimer Registrator im Justizministerium. Ergänzend sei darauf hingewiesen, daß das vom benachbarten „Verein für meklenburgische Geschichte und Alterthumskunde" herausgegebene „Mecklenburgische Urkundenbuch" bis heute als eine editorische Musterleistung gilt. Den Beschluß, ein solch umfassendes Vorhaben in Angriff zu nehmen, faßte der Verein übrigens bei einer Festsitzung aus Anlaß des 25jährigen Bestehens 1860. Gerade an solchen Jubiläen zeigt sich, daß es sich um ‚arbeitende' Vereine handelt, bei denen die Geselligkeitsformen keinen Eigenwert besaßen.

IV.

Verbindungen zwischen den drei hier in Rede stehenden Vereinen ergaben sich allein durch Doppel- und Dreifachmitgliedschaften. Es seien nur einige Namen genannt, bei denen mindestens eine Doppelmitgliedschaft vorliegt: Louis Schneider, Direktor von Ledebur, Professor Friedrich Wilhelm Holtze, Geheimer Justizrat Odebrecht, Dr. Carl Brecht, Professor Ferdinand Voigt, Ignaz von Olfers (1793–1871), Generaldirektor der Kgl. Museen zu Berlin, sowie Friedrich Holtze (1855–1929), Kammergerichtsrat und Sohn des Kadettenlehrers. Das Programm des Berliner Vereins korrespondierte nicht zufällig mit dem des „Vereins für Geschichte der Mark Brandenburg", aber mehr noch mit dem des „Vereins für die Geschichte Potsdams", da, wie Roland Berbig zu Recht hervorhebt, „an der Konzipierung und zum Teil auch an der inhaltlichen Ausgestaltung des Vereinslebens die selben Personen maßgeblich beteiligt waren". Dennoch ist nicht zu übersehen, daß der „Verein für Geschichte der Mark Brandenburg" in erster Linie ein gelehrter und forschender Verein war, während sich der „Verein für die Geschichte Berlins" schon im Übergang zu einem bürgerlich-wilhelminischen Honoratiorenverein befand und der „Verein für die Geschichte Potsdams" seinem Charakter nach deutlich die Züge einer Residenz- und Garnisonsstadt trug.

Im besten Sinne ‚konservativ' war freilich auch der Berliner Vereinszweck, hieß es doch programmatisch, der „Verein setze sich vor, die altberlinischen Denkmäler, welche der Strom einer industriösen Zeit zu entführen drohe, nach Kräften zu conserviren". Und bereits im Gründungsaufruf war zu lesen: „In der jetzigen, zumeist dem Materialismus zugewendeten Zeit sehen wir die alten Denkmäler unserer Vaterstadt mehr und mehr schwinden"; dagegen wolle man einen Damm errichten. Im Unterschied zu den anderen Vereinen führte das dazu, daß der Verein auf vielfältige Weise lokalpolitisch aktiv wurde, durchaus mit überregionalem Echo, aber mit sehr begrenztem lokalen Erfolg. In der Dynamik des städtebaulichen Wandels erfüllte er weniger eine konservierende als kompensatorische Funktion. Als Ausdruck dessen ist das aufwendig gestaltete Buch „Aus Alt-Berlin. Stille Ecken und Winkel der Reichshauptstadt in kulturhistorischen Schilderungen" (Berlin 1891) von Oskar Schwebel (1845–1891) zu betrachten. Schwebel war einer der rührigsten berlinisch-märkischen historischen Schriftsteller dieser Zeit und zierte zusammen mit Fontane das Titelblatt der eingangs erwähnten Zeitschrift „Der Bär". Ein weiterer Unterschied: Die Mitgliederzahl des Berliner Vereins stieg rasch, 1885 waren es bereits 470, und neben den jeweiligen Stadtvätern, den historisch Gebildeten und Freiberuflern waren nun auch Verleger, Schriftsteller, Künstler und ein so gewichtiger Industrieller wie Julius Albert Borsig (1829–1878) dabei.

Um noch einmal auf den ‚Ort des Geschehens' zurückzukommen: „Potsdam", so Fontane in einer Notiz zu einem nicht ausgeführten Kapitel, „Potsdam, mehr als irgendein andrer Punkt, ist die Geburtsstätte des preußischen Staats und unterscheidet sich schon dadurch erheblich von Berlin." Nicht allein deshalb wurde dem von der Deutschen Forschungsgemeinschaft (DFG) geförderten Projekt der Universität Potsdam „Berlinische Gesellschaft für deutsche Sprache (und Altertumskunde)" der am Ort tätige „Verein für die Geschichte Potsdams" in den 25 Jahren von 1863 bis 1888 als Vergleichsobjekt empfohlen. Auch das „fast genossenschaftliche Wesen unseres Vereins", wie der „ExpreßDienstmann für Vaterländische Geschichte" Louis Schneider formulierte, schien sich dafür anzubieten. Für die früheren Jahre wurde hingegen eine Untersuchung der Beziehung zwischen dem „Verein für Geschichte der Mark Brandenburg" und der „Berlinischen Gesellschaft" empfohlen, wobei nicht zuletzt die Doppelmitgliedschaft Friedrich Heinrich von der Hagens einige Aufmerksamkeit beanspruchen durfte.

Was Fontanes Verbindungen zu den drei vorgestellten historischen Vereinen betrifft, sind sie teils fachlicher, teils rezensierender, teils persönlicher, aber vor allem stets vorteilhafter Natur für den Schriftsteller gewesen. Besonders interessierte ihn Anfang der 1860er Jahre, als er intensiv mit seinen „Wanderungen" beschäftigt war, die Arbeit des „Vereins für Geschichte der Mark Brandenburg". Außerdem leistete ihm der Generalsekretär des Vereins, Friedrich Wilhelm Holtze, über viele Jahre unschätzbare Dienste bei seinen märkischen Studien und „Wanderungen". Louis Schneider und der „Verein für die Geschichte Potsdams" kommen in erheblichem Umfang als Zuträger für den Band „Havelland" in Betracht. Mit dem Gymnasialdirektor und Sagenforscher Wilhelm Schwartz stand Fontane nicht nur in brieflichem und persönlichem Kontakt, er unternahm mit ihm auch gemeinsame Reisen in die Mark und machte sich dessen Publikationen für einzelne „Wanderungen"-Kapitel intensiv zunutze. Riedels „Codex diplomaticus Brandenburgensis" und Fidicins Standardwerk „Die Territorien der Mark Brandenburg", 1857 bis 1864 in vier Bänden erschienen, haben ihren Niederschlag auf vielfältige Weise in den „Wanderungen" gefunden.

Eine den *heutigen* Stand berücksichtigende, gründliche Untersuchung der von Fontane für die „Wanderungen" herangezogenen Quellenwerke, Forschungen und Aufsätze steht noch aus. Jutta Neuendorff-Fürstenaus verdienstvolle und bis heute nicht ersetzte Arbeit liegt über siebzig Jahre zurück („Fontane und die märkische Heimat", 1941, Nachdruck 1969). Dabei muß auch damit gerechnet werden, daß Fontane fremde Texte, darunter solche aus Vereinspublikationen, ohne nähere Kennzeichnung in seine „Wanderungen" mehr oder weniger unverändert übernommen hat. Es reicht also nicht aus, lediglich die Quelle zu ermitteln, sie muß auch in ihrem Wortlaut mit dem jeweiligen Text der „Wanderungen" verglichen werden. Nur so sind vertiefte Einblicke in die Textgenese dieses Fontaneschen Erfolgswerkes zu gewinnen. Natürlich hat er neben schriftlichen und mündlichen Mitteilungen (teils wiederum von Vereinsmitgliedern) zahlreiche andere Quellen und Materialien herangezogen. Aber ohne die „Berliner und brandenburgischen Geschichtsvereine", ohne ihre Arbeiten und Vorarbeiten und ohne ihre Zuträgerschaft hätte es die „Wanderungen" in *dieser* Gestalt nicht gegeben.

[1] Vortrag, gehalten am 12. Januar 2002 im Neuen Palais unter dem Titel „‚Vaterländische Geschichte' und Vereine: Organisierte Geschichtsforschung und -pflege in Berlin und Brandenburg" im Rahmen des Workshops „Wissenschaft als ‚gemeinschaftliches Unternehmen'. Zum organisatorischen Aspekt von Wissenschaftsbildung 1815–1880", veranstaltet vom DFG-Projekt „Die Berlinische Gesellschaft für deutsche Sprache" am Institut für Germanistik der Universität Potsdam (Prof. Dr. Joachim Gessinger). Um den Vortragscharakter zu wahren, wird der etwas erweiterte Text ohne Ergänzung durch Anmerkungen wiedergegeben; lediglich der Titel ist dem Publikationsort angepaßt.

Fontane und der preußische (besonders märkische) Adel

I.

Vortragstitel[1] mit der Konjunktion „und" haben in der Regel etwas Mißliches, zeugen eher von Verlegenheit als Bestimmtheit. In diesem Fall ist es anders; denn ohne den preußischen Adel hätten wir womöglich den Schriftsteller Fontane nicht, oder doch einen ganz andren, in dem wir ‚unseren' Fontane nicht wiedererkennen würden. Wir hätten am Anfang nicht die „Preußischen Feldherrn-Gedichte" und am Ende nicht den „Stechlin". Vor allem hätten wir die annähernd zweieinhalbtausend Seiten „Wanderungen" nicht, da sie zu etwa zwei Dritteln mit der Geschichte und den Geschichten des Land- und Landesadels gefüllt sind. Und das Fontane-Bild hätte im Fontane-Jahr 1998 mit Sicherheit anders ausgesehen, wenn er uns als sein letztes Werk nicht den „Stechlin", sondern das geplante 400-Seiten-Buch „Das Ländchen Friesack und die Bredows" hinterlassen hätte. Ganz am Ende war er, wie bekannt, zu seinen „alten Göttern"[2] zurückgekehrt.

Das Wörtchen „und" steht also für eine lebenslange ‚Konjunktion' des Dichters, Reisefeuilletonisten und Romanciers mit dem preußischen, insonderheit märkischen Adel als einer historischen, sozialen und ästhetischen Existenzform. Ein halbes Jahr nach dem Erscheinen des ersten „Wanderungen"-Bandes, am 10. Juni 1862, schrieb Fontane an Emilie: „Deine kleine Reprimande wegen der ‚Grafen und Excellenzen' ist wohl ziemlich unverdient; ich dächte doch, daß ich mich in meinem Briefe selbst genugsam darüber ausgesprochen habe. Das ist zwar wahr, daß ich mehr mit Adel als Bürgerthum in Berührung komme, aber das ist theils eine Folge mei-

98

nes Metiers (Poët und ‚Wanderungen'-Schreiber) theils eine Folge meiner politischen Richtung. Poëten und Künstler haben zu allen Zeiten fast ausschließlich Verkehr mit Fürsten, Adel und Patriziat gehabt; es ist ja auch ganz natürlich. Heutzutage freilich, wo der *Bürgerstand* (im weitesten Sinne) eine hervorragende Bedeutung hat und zum Theil gerade der Träger all der Vorzüge ist, die sonst dem Adel und der Geistlichkeit eigen waren, *braucht* es nicht mehr so zu sein, wer aber im Lager der ‚Feudalen' ficht, der muß sich noch mit den alten Elementen behelfen."[3]

In diesem „Lager" ‚focht' Fontane das gesamte „Kreuzzeitungs"-Jahrzehnt,[4] das zu großen Teilen auch ein „Wanderungen"-Jahrzehnt war. Metier und politische Richtung kamen hier zwanglos zusammen. Letztere entfremdete ihn jedoch von seinem liberal-konservativen Freund Bernhard von Lepel, was Emilie Fontane nicht ohne Schmerz bemerkte: „Was Du über Lepel schreibst, hat mich wieder in tiefster Seele betrübt, je mehr Du mit ihm auseinander kommst, je mehr zieht es mich zu ihm, und namentlich stimme ich so oft mehr mit seinen liberalen Gesinnungen als Deinen Conservativen, mir ist oft als sähest Du die Dinge verschleiert an."[5] Das war gut beobachtet; denn etwas von diesem „verschleiert[en]" Blick ist auch auf die Realitätsverklärung besonders in den ersten beiden Bänden der „Wanderungen", „Die Grafschaft Ruppin" und „Das Oderland", übergegangen. Wenn die Verklärung der Tradition als eine Verklärung der Adelsgeschichte der Region im dritten und vierten Band, „Havelland" und „Spreeland", auch zurücktritt, so sind wir in dem Ergänzungsband „Fünf Schlösser" von 1889 doch wieder ausschließlich auf Herrensitzen zu Gast und folgen der Geschichte ihrer dort ansässigen Geschlechter.

II.

Am Anfang der „Wanderungen" steht ein Bekenntnis. Als Fontane noch in der Arbeit an seinen „Märkischen Bildern" steckte, schrieb er am 28. Mai 1860 an seine Mutter: „Es verlohnt sich doch eigentlich nur noch ‚von Familie' zu sein. Zehn Generationen von 500

Schultze's und Lehmann's sind noch lange nicht so interessant wie 3 Generationen eines einzigen Marwitz-Zweiges. Wer den Adel abschaffen wollte, schaffte den letzten Rest von Poësie aus der Welt."[6] In der sich zur breitesten Prosa entfaltenden bürgerlich-industriellen Gesellschaft wurde ihm der Adel zum letzten Residuum der Poesie. Zwölf Jahre früher, 1848, als die Abschaffung des Adels auf der Tagesordnung gleich mehrerer Parlamente stand, hatte Fontane noch anders darüber gedacht: Er wollte ein „freies Volk" und eine „große deutsche Republik".[7] Nur hatte der politische Journalist wohl einige schwungvolle Artikel für radikaldemokratische Organe, aber keine so hübsche politische Satire auf die Aus-der-Welt-Schaffung der Poesie verfaßt, wie sie am 13. August 1848 in der von Ludwig Kalisch redigierten Mainzer Wochenzeitung „Der Demokrat" zu lesen war. Sie darf dem Leser auch deshalb nicht vorenthalten werden, weil Adelheid von Stechlin, die Domina von Kloster Wutz und Autorität in Adelsfragen, bekanntlich gesagt hat: „Was ich Adel nenne, das gibt es nur noch in unsrer Mark und in unsrer alten Nachbar- und Schwesterprovinz, ja, da vielleicht noch reiner als bei uns."[8]

„Das waren verhängnißvolle Tage für die Ritterschaft von Vor- und Hinterpommern! Das waren verhängnißvolle Tage für die Hidalgo's von Stolpe, für die Granden von Schlawe und Rummelsburg! Himmel, was war nicht zu befürchten von der alles zerstörenden, nichts mehr schonenden National=Versammlung zu Frankfurt am Main! Die Wappen in den Schlössern und Burgen, die behelmten Ochsen= und Kalbsköpfe, die doppelt= und dreifach geschwänzten Hunde und Katzen im blauen Felde, die Greifen und die Bären mit geöffneten Pranken und herausgereckter Zunge, wackelten vor Angst und Entsetzen, als sie von den Unterhandlungen über die Aufhebung des Adels in der National=Versammlung hörten. Ahnfrauen gingen um Mitternacht seufzend durch die Hallen; die Bilder der ritterlichen Urväter fielen aus dem Rahmen und die Milch gerann plötzlich in den Töpfen, als ob ein unsichtbares Gewitter am Himmel drohte. Gnädige Fräuleins, denen nichts übrig geblieben, als das alternde Haupt, schwammen in Thränen; die Hunde und die

Bedienten senkten in romantischer Treue die Köpfe, und die Ritter holten die rostigen Schwerter, um ihr letztes Blut für die heilige Sache zu wagen.

Und war es etwa nicht eine heilige Sache? Sollte doch plötzlich der deutsche Adel zur Kanaille entwürdigt, zu Bürgern herabgesetzt werden! Wofür hatten so viele ihrer Ahnen ohne Furcht und Tadel weggelagert, Klöster erstürmt, Nonnen entführt, Zölle erpreßt, Stegreifgeschäfte getrieben, Bauern zu todt geprügelt und stehenden Fußes ein ganzes Dutzend gefüllter Riesenpokale geleert? Sollte die undankbare, prosaische Gegenwart die Poesie der Vergangenheit, diese romantischen Rittergeschichten verläugnen! Sollte die National=Versammlung sich so weit vergessen und zur bloßen Nachahmerin der Franzosen herabsinken, die am 4. August 1789 alle Titel und Orden, alle Standes= und Rangunterschiede über den Haufen warfen und so die ganze unglückliche Nation auf einmal verbürgerlichten?

So fragte sich die Blüthe der Ritterschaft in Vor= und Hinterpommern. Da langte plötzlich die Kunde von den Beschlüssen der deutschen National=Versammlung in Frankfurt am Main zu den Ohren des Pommer'schen Adels. Die Pommer'sche Ritterschaft erfuhr, daß die deutsche National=Versammlung nicht zur bloßen Nachahmerin der Franzosen geworden, daß sie die Titel und Orden nicht aufgehoben, daß sie die Stammbäume nicht entwurzelt, daß sie den Adel nicht verbürgert und der mittelalterlichen Romantik überhaupt nicht das geringste Leid zugefügt. Und die Wappen hingen wieder fest an den Wänden und die ritterlichen Urväter fielen nicht mehr aus dem Rahmen und die Ahnfräulein legten sich wieder in die Gräber und die gnädigen Fräuleins trockneten ihre Thränen und die Hunde und Bedienten wedelten wieder vor den gnädigen Herrschaften und es war wieder Freude und Jubel in Vor= und Hinterpommern. Und Stolpe, Schlawe und Rummelsburg und Bublitz, Schiefelbein und Bärwalde und das ganze Land, wo im dunkeln Hain die pommer'schen Zitronen blühen und die blinde Unterthanentreue wild wächst, ist jetzt lustig und froher Dinge; denn die hochgeborenen Junker sind hochgeboren und die Kanaille ist Kanaille geblieben. Und man wird wieder den noblen Passionen sich hingeben dürfen ohne von dem Bürgerpack genirt zu sein. Man wird vor wie nach fortfahren, Schulden zu machen auf Kavalierparole und man wird die ehrwürdige Sitte der Väter, die Schulden trotz der Kavalierparole nicht zu bezahlen, aufrecht zu erhalten suchen. Und die Stammbäume werden wieder grünen und blühen und saubere Früchte tragen; und die Aristokraten werden wieder herrschen und die Bürokraten werden wieder regieren; und der gute Michel wird sich die schwarz=roth=goldene Schlafmütze über die Ohren ziehen und auf der breiten demokratischen Basis einschlafen und von der deutschen März=Freiheit träumen, bis der gallische Hahn wieder kräht und ihn abermals aus dem Schlafe weckt."[9]

III.

So war die „Poesie" gerettet, in Vor- und Hinterpommern und gleichermaßen in der Mark Brandenburg. Der „gallische Hahn" krähte nur noch einmal zur Unzeit, während der Pariser Kommune, als der nationale Aufschwung der Reichseinigung die preußisch-deutsche Gesellschaft betäubte. Als „roter Hahn" stieg er dann Jahrzehnte später im Norden der Grafschaft Ruppin aus dem Stechlin-See auf und deutete, wie Eda Sagarra bemerkt, „auf die Allgegenwart der Revolution in unserer Zeit".[10] In diesem – nach Fontane – „politischen Roman"[11] sind wir Zeugen eines „revolutionären Diskurse[s]", der in die Frage der Gräfin Melusine mündet: „Sind Sie gegen den Adel? Stehen Sie gegen die ‚alten Familien'?" Pastor Lorenzens Antwort ist zu einem guten Teil auch die Antwort des alten Fontane auf die Adelsfrage: „Zunächst: nein. Ich liebe, hab' auch Ursach' dazu, die alten Familien und möchte beinah glauben, jeder liebt sie. Die alten Familien sind immer noch populär, auch heute noch. Aber sie vertun und verschütten diese Sympathien, die doch jeder braucht, jeder Mensch und jeder Stand. Unsre alten Familien kranken durchgängig an der Vorstellung, ‚daß es ohne sie nicht gehe', was aber weit gefehlt ist, denn es geht sicher ohne sie; – sie sind nicht mehr die Säule, die das Ganze trägt, sie sind das alte Stein- und Moosdach, das wohl noch lastet und drückt, aber gegen Unwetter nicht

102

mehr schützen kann. Wohl möglich, daß aristokratische Tage mal wiederkehren, vorläufig, wohin wir sehen, stehen wir im Zeichen einer demokratischen Weltanschauung. Eine neue Zeit bricht an. Ich glaube, eine bessere und eine glücklichere. Aber wenn auch nicht eine glücklichere, so doch mindestens eine Zeit mit mehr Sauerstoff in der Luft, eine Zeit, in der wir besser atmen können. Und je freier man atmet, je mehr lebt man."[12]

Die plebejische Variante auf diesen „revolutionären Diskurs" war freilich auch schon ein halbes Jahrhundert früher, 1848, an den Berliner Straßenecken zu lesen gewesen. In dem in großer Auflage kursierenden Flugblatt „Der Adel wird abjeschafft! Stiebel Du mußt sterben! Eine Dodt-Erleicherungs-Predigt von Aujust Buddelmeyer, Dages-Schriftsteller mit'n jroßen Bart" redete der jüdische Arzt und Literat Dr. Adalbert Cohnfeld das „alte Stein- und Moosdach" folgendermaßen an: „Deß Du'n Alterthum bist, strei't ja keen Mensch nich, denn laaß Dir meinswejen als Alterthum uf die Kunstkammer oder uf't neue Museum innen Jlasspinde setzen, bis Du da och mal rausjeschmissen wirst un als Mumje nach Mompelschu ins Ejiptische transportirt wirscht. – Deß Du Dir aber als ne abjestorbne Antike uf Erden mang die Lebendjen rumdreiben willst un willst ihr noch ihre Rechte berauben, des jeht, hol mich der Deibel, nich an."[13] Im Lichte solcher Despektierlichkeiten liest man den „revolutionären Diskurs" im „Stechlin" als das Zeugnis einer historischen Verspätung, zumal Fontane der Einfall mit dem „Ejiptischen" auch erst im Jahre 1897 kam, als er in dem oft zitierten Brief an Georg Friedlaender schrieb: „Preußen – und mittelbar ganz Deutschland – krankt an unsren Ostelbiern. Über unsren Adel muß hinweggegangen werden; man kann ihn besuchen wie das Ägyptische Museum und sich vor Ramses und Amenophis verneigen, aber das Land *ihm* zu Liebe regieren, in dem Wahn: *dieser Adel sei das Land* – das ist unser Unglück [...]".[14]

IV.

Das las sich in den „Wanderungen" anders, auch weil sie eine ganze kleine Welt so klar, so einfach und so abgegrenzt zeigten, wie sie doch längst nicht mehr war, und weil sie der Einladung zum Besuch einer freundlichen Gegenwelt gleichkamen, die eine historisch-poetische Aura um Namen, Orte und Dinge legte, die sonst tot und vergessen waren. Für die „Wanderungen" und das, was sie mit ihrem ästhetischen Historismus meinten, gilt aber außerdem der Satz: Die Poesie ist der Adel und der Adel das Land: „Pfulen-Land", „Sparren-Land", „Bredow-Land" etc. Die Geschichte des Landes ist daher zuerst die Geschichte seiner alten Familien, und an sie, ihre Erde und Edelsitze, ihre Gärten und Gräber, ihre Taten und Legenden knüpfen sich allerorten poetisch-patriotische Reminiszenzen. So erlebte der Leser den Land- und Landesadel von einer sehr sonntäglichen Seite, näherte sich ihm auf eine andachtsvolle, wenn nicht gar fromme Weise und fand sich, leicht an die Hand genommen, mit diesem Adel aufs angenehmste versöhnt.[15]

In dieser nicht nur gemutmaßten, sondern beabsichtigten Wirkung der „Wanderungen" lag zugleich ein Politikum, solange wenigstens die Bilder und Geschichten aus der Mark Brandenburg mit der Realität der „im Wandel der Jahrhunderte so bedeutsamen sozialen Klassengeschichte"[16] des ostelbischen Gutsadels kommunizierten. Die „Wanderungen" sind ein konservatives Werk, ihr Autor hat auch nie ein Hehl daraus gemacht. Er verwahrte sich freilich gegen den Vorwurf, er hätte sie im Auftrag der „Kreuzzeitungs"-Partei geschrieben, und das mit Recht. Was die „Wanderungen" trägt, ist Fontanes *eigenes* konservatives Empfinden. Dessen Grundzüge finden sich in der „Morphologie des konservativen Denkens" (Karl Mannheim) wieder. Dazu gehören vor allem das „gleichsam emphatische Erleben des Konkreten" und die „Raumwerdung der Geschichte", die beide strukturbildend für die „Wanderungen" geworden sind und deren besondere Ausformung schon in der „historischen Landschaft" sichtbar geworden ist. Mannheim hat bei dem „raumhafte[n] Erleben der Geschichte" auf das „Auflösen eines jeden Nacheinander

104

in ein Nebeneinander bzw. Ineinander"[17] hingewiesen, und genau dies hat Günter de Bruyn für die „Wanderungen" präzise auf den Punkt gebracht: „Geschichte, ihrer zeitlichen und kausalen Folge entkleidet, wird hier sozusagen räumlich."[18]

Zu dieser Verräumlichung drängt außerdem der Umstand, „daß das Substrat der Geschichte für grundbesitzende Geschlechter [...] der Grund und Boden ist [...]".[19] Fontane nannte das die „Scholle", von der er mit Liebe Besitz ergreifen wollte, um eine konservative Pädagogik gegenüber der bürgerlichen Emanzipation ins Werk zu setzten. Er bekannte in einem Brief vom 16. Februar 1864 an Ernst Kossak: „Ich schreibe diese Bücher aus reiner Liebe zur Scholle, aus dem Gefühl, und dem Bewusstsein (die mir beide in der Fremde gekommen sind) dass in dieser Liebe unsere allerbesten Kräfte wurzeln, Keime eines ächten Conservatismus. Dass uns der Conservatismus, den ich im Sinn habe, noth thut, ist meine feste Ueberzeugung. Speziell unsrer guten Stadt Berlin ist die Vorstellung abhanden gekommen, daß Beschränkung, Disciplin, das freimüthige Bekenntnis des Nichtwissens [...] auch Tugenden sind [...]. Ich schildre die Scholle und was sie trägt und getragen hat."[20]

Zur „Morphologie des konservativen Denkens" gehört aber auch ein ästhetisches Moment, das bereits in dem zitierten Satz „Wer den Adel abschaffen wollte, schaffte den letzten Rest von Poësie aus der Welt" angeklungen war. Der Historiker Klaus Epstein hat in „The Genesis of German Conservatism" auf diesen oft übersehenen Punkt aufmerksam gemacht und dazu näher ausgeführt: „Die konservative Sympathie für das Prinzip der Hierarchie ist Ausdruck eines ästhetischen Wohlgefallens an der daraus resultierenden bunten Vielfalt – ein Wohlgefallen, das (wie alles ästhetische Wohlgefallen) ein Desinteresse einschließt, welches mit dem Gefühl sozialer Verantwortlichkeit häufig unvereinbar ist. Eine Gesellschaft, in der der landbesitzende Adel die führende Stellung einnimmt, wird naturgemäß farbiger und vielfältiger sein als eine ‚egalisierte' Demokratie von Kleinbauern, wie sie Jefferson vorschwebte; der ästhetische Reiz des Ganzen verliert sich – zumindest für Beobachter, die von konservativen Phrasen nicht gefesselt sind – angesichts der Monotonie und

Dürftigkeit des Lebens am Ende dieser Pyramide. Konservative behaupten zwar gerne, daß sie eine konkrete Gesellschaft gegen die Abstraktionen der Radikalen verteidigen, tatsächlich läuft jedoch ihre Idealisierung des Ganzen auf ein ästhetisches Wohlgefallen an einer reinen Abstraktion hinaus [...]".[21]

Das müßte für die „Wanderungen" eingehender bedacht werden. Der Adel der Gegenwart war in diesen Reisefeuilletons nicht Fontanes Thema, ebensowenig die inzwischen kapitalisierte Landwirtschaft der Rittergutsbesitzerklasse. „Die Gegenwart", hat Günter de Bruyn wiederum treffend beobachtet, „ist oft nur durch den Schreiber und seine Urteile vertreten, manchmal aber auch durch Kutscher, Lehrer, Pastoren, die als Auskunftspersonen dienen und in den besten, oft amüsanten Passagen so lebendig gestaltet werden wie die Nebenfiguren in den Romanen, die oft so nebensächlich nicht sind."[22] Gänzlich ausgeblendet bleibt hingegen die „Monotonie und Dürftigkeit des Lebens am Ende dieser Pyramide" bei den Gutstagelöhnern, Einliegern, Büdnern und Kossäten, obwohl es dafür reiches Anschauungsmaterial gab. In demselben Jahr 1862, als Fontane im Oderland Adelssitz um Adelssitz für seine „Wanderungen" aufsuchte, war in der „Evangelischen Kirchen-Zeitung", dem Sprachrohr der protestantischen Orthodoxie, eine lange Artikelfolge unter dem Titel „Der Sontag [sic!] der Tagelöhner" zu lesen. Darin wurden die niederdrückenden Folgen der neuen Wirtschaftsweise – „denn Zeit ist Capital" – für die ländliche Arbeiterklasse aus der Anschauung vor Ort detailliert geschildert. Die Gutsherrschaften kamen dabei gar nicht gut weg.[23]

V.

Daß Fontane den wirschaftlichen Umwälzungsprozeß auf dem Lande nicht sah oder mangels Interesse auch nicht wahrnehmen wollte, sollte jedoch auch für ihn Folgen haben. Hatte, wie Karl Marx einmal anmerkte, „Don Quixote den Irrtum gebüßt, daß er die fahrende Ritterschaft mit allen ökonomischen Formen der Gesellschaft gleich verträglich wähnte",[24] so büßte Fontane auf andere Weise seinen

106

Irrtum, daß er den agrarkapitalistischen Kern mit der patriachalischen Hülle, das prosaische Wesen mit dem poetischen Schein der eingesessenen Ritterschaft verwechselte. Enttäuschungen konnten da nicht ausbleiben, und im Laufe der achtziger und neunziger Jahre hat der Autor sich mehr als einmal darüber beklagt, daß Preußens Adel so wenig dem Bilde nachleben wollte, das er oft mit liebender Hingabe von ihm gezeichnet hatte. „Alles, was jetzt bei uns obenauf ist, entweder *heute* schon oder es doch vom *morgen* erwartet, ist mir grenzenlos zuwider: dieser beschränkte, selbstsüchtige, rappschige Adel [...]".[25] Ähnlich zwei Jahre früher, 1894, an denselben Georg Friedlaender: „Von meinem vielgeliebten Adel falle ich mehr und mehr ganz ab, traurige Figuren, beleidigend unangenehme Selbstsüchtler von einer mir ganz unverständlichen Borniertheit, an Schlechtigkeit nur noch von den schweifwedelnden Pfaffen (die immer an der Spitze sind) übertroffen, von diesen Teufelskandidaten, die uns diese Mischung von Unverstand und brutalem Egoismus als ‚Ordnungen Gottes' aufreden wollen. Sie müssen alle geschmort werden. Alles antiquiert!"[26]

Am Anfang stellte sich für Fontane bei der Begegnung mit dem weltläufigeren Adel, hier in Gestalt der welfischen Knyphausens, Ernüchterung ein: „[...] sie sind alle – namentlich auch *sie*, die Gräfin – von großer Liebenswürdigkeit, einfach und natürlich, und in politischen Dingen ungeheuer ‚freiweg'. Wie ganz anders sind doch diese Leute als der märkische Durchschnitts-Adel, von dem, im Ganzen genommen, leider all das wahr ist, was Stein vor 80 Jahren über ihn gesagt hat. Sie sind eingebildet (man weiß nicht recht worauf), beschränkt, und im Ganzen genommen ruppig. [...] Die Arnims sind die einzige Familie, die als *Familie* (ausgezeichnete *Individuen* kommen natürlich auch in den andern vor) eine Ausnahme machen. Die Schulenburgs, Alvenslebens, Knesebecks – die zu den guten gehören – sind schon keine richtigen Märker mehr, sie haben den Stempel der rein deutschen Niedersachsen, die das große Gebiet zwischen Elbe und Weser inne haben." Fontane merkte, daß solche Sätze auch als eine Revision seiner „Wanderungen" verstanden werden konnten; er beeilte sich deshalb hinzuzusetzen: „Uebrigens steht dies in durchaus keinem Widerspruch zu meinen 4 Bänden ‚Wanderungen'; ich habe überall liebevoll geschildert, aber nirgends glorificirt, nicht einmal meinen Liebling Marwitz."[27] Das ist *cum grano salis* zu nehmen.

Zwei Jahre später, 1884, heißt es mit gewachsener historischer Einsicht: „So ein regierender Bredow oder Rochow, der einen nach Spandau schickte, wenn man ihm andeutete ‚er sei ein Schafskopf' war auch kein Glück für Staat und Menschheit."[28] Das alles heißt nun aber nicht, daß Fontane mit dem märkischen Adel, so wie er war, gegen Mitte der achtziger Jahre auch schon ‚fertig' war. Im selben Jahr bekannte er vielmehr gegenüber Emilie (der tragende Grund der „Wanderungen" und des „Kreuzzeitungs"-Jahrzehnts ist immer noch spürbar): „Ich schreibe dies alles im Hinblick auf die Kreuz-Ztng. und die conservative Partei. Schließlich gehör' ich doch diesen Leuten zu und trotz ihrer enormen Fehler bleiben märkische Junker und Landpastoren meine Ideale, meine stille Liebe. Aber wie wenig geschieht, um diese wundervollen Elemente geistig standesgemäß zu vertreten. Es ist mir das immer ein wirklicher Schmerz. Das conservative Fühlen unsrer alten Provinzen wäre von unwiderstehlicher Kraft, wenn die Leute da wären, diesem Gefühl zu einem richtigen Ausdruck zu verhelfen."[29]

Politisch-historisch und ästhetisch-emotional fühlte sich Fontane nach wie vor an das Milieu der „Wanderungen" gebunden, obwohl seither bereits „Vor dem Sturm", „Grete Minde", „L'Adultera", „Ellernklipp", „Schach von Wuthenow" und „Graf Petöfy" erschienen waren. 1889, als „Fünf Schlösser" ausgeliefert und „Unterm Birnbaum", „Cécile" und „Irrungen, Wirrungen" herausgekommen waren, faßte Fontane den Plan, ein Buch über die Bredows, einen „beseelten Familien-Stammbaum"[30], zu schreiben. Dabei ahnte er, daß diese seine letzte „märkische Liebe"[31] wohl unerwidert bleiben würde: „Die märkischen Edelleute sind sehr gute Menschen, aber sie haben den allgemein märkischen Zug des Argwohns, der Nüchternheit und des Nichtbegreifen-Könnens eines reinlichen, über den äußerlichsten Gewinn und Vorteil hinausgehenden Wollens [...]".[32] Das alte Brandenburg-Preußen blieb schon bei seinem Siebzigsten fern, und eine tiefe persönliche Enttäuschung empfand er dann bei seinem „Jubelfest", „Als ich 75 wurde":

[…]
Du bist der Mann der Jagow und Lochow,
Der Stechow und Bredow, der Quitzow und Rochow,
Du kanntest keine größren Meriten
Als die von Schwerin und vom alten Zieten,
Du fandst in der Welt nichts so zu rühmen
Als Oppen und Groeben und Kracht und Thümen,
An der Schlachten und meiner Begeisterung Spitze
Marschierten die Pfuels und Itzenplitze,
Marschierten aus Uckermark, Havelland, Barnim,
Die Ribbecks und Kattes, die Bülow und Arnim,
Marschierten die Treskows und Schlieffen und Schlieben,
Und über alle hab ich geschrieben.

Aber die zum Jubeltag da kamen,
Das waren doch sehr sehr andre Namen,
[…][33]

Mit der Anrufung der alten Adelsnamen beschwor Fontane jene „brandenburgisch-preußische Mythologie"[34], die erst von ihm geschaffen worden war – in seinen „Wanderungen" und seinen „Feldherrn-Liedern". In diesem Raum seiner Imagination erkannte sich jedoch sein „vielgeliebte[r] Adel" offensichtlich nicht wieder. Stattdessen hieß es nun: „[…] kommen Sie, Cohn". Die Bilanz war schmerzlich, schmerzlich für ihn, der die längste Zeit seines Schriftstellerlebens dem alten Brandenburg-Preußen und seinen Familien in Vers und Prosa Tribut gezollt hatte. Und dennoch wanderte die Grundschicht der „Wanderungen" bis in die letzten Tage seines Lebens mit. Bis einen Tag vor seinem Tod, bis zum 19. September 1898, war Fontane mit dem „Ländchen Friesack und den Bredows" beschäftigt. Das „Buch meiner besonderen Sehnsucht"[35] blieb ungeschrieben.

VI.

Gewiß war es, wie Fontane 1892 an Friedlaender schrieb, für sein „Metier [...] von Vorteil gewesen, unsren Landesadel und ähnliches kennengelernt zu haben. Aber an persönlicher Förderung, an Wachstum in Einsicht und Wissen habe ich gar nichts davon gehabt".[36] Gewiß fiel er nach mancherlei Enttäuschungen von seinem „vielgeliebten Adel [...] mehr und mehr ganz ab".[37] Ebenso gewiß ist aber, daß er, wie er 1894 an Mete schrieb, einen „richtigen Adel"[38] gelten lassen wollte, oder, wie er im Folgejahr gegenüber Friedlaender ausdrücklich bemerkte, „der Welt einen Adel [wünschte], aber er muß danach sein, er muß seine Bedeutung haben für das Ganze, muß Vorbilder stellen, große Beispiele geben und entweder durch geistig moralische Qualitäten direkt wirken oder diese Qualitäten aus reichen Mitteln unterstützen".[39] Das war der Adel, wie er sein *sollte*, und der fand seine Gestalt zum guten Teil im „Stechlin".

Zudem gab es noch den Adel, wie er war und seit Jahrhunderten anderthalb Quadratmeilen im Havelland besaß, bewohnte und bewirtschaftete. Diesem Inbegriff des märkischen Landadels, den Bredows, gehörte Fontanes letzte Passion. So modern der alte Fontane der Romane war, mit diesem Widerspruch müssen wir leben – wie er selbst mit ihm bis zuletzt gelebt hat. Was ihn von seinen Zeitgenossen unterscheidet: Er bekannte sich *offen* zu seinen „alten Göttern", nachdem er, ernüchtert und enttäuscht, mit herber Kritik fast schon von ihnen Abschied genommen hatte. Andere hingegen hegten eine *geheime* Bewunderung, obwohl sie sich nach außen hin unerhört fortschrittlich und freisinnig gaben. Das hat Alfred Kerr in einem seiner „Berliner Briefe" mit Scharfsinn und Einfühlungsvermögen deutlich gemacht. Über diesen, die wilhelminische Bürgerseele reizenden Punkt war Fontane längst hinaus. Kerr schrieb mit Blick auf die widersprüchliche Gefühlslage nach dem Tod Bismarcks:

„Wenn man die Lebensäußerungen sämtlicher märkischer Agrar-Edelleute verzeichnen wollte, [...] so käme ein diesem [Bismarck] gar verwandtes Persönlichkeitsbild recht oft zustande. Diese Leute fluchen, kommandieren, reiten, rauchen, jagen, wirtschaften alle ungefähr auf dieselbe Weise. Ist das wirklich so wundersam? Es hat freilich für deutsche Durchschnittsseelen, namentlich aus dem Bürgerstand, trotz der freiheitlichen Gesinnungen ihres Programms, einen wonnigen Reiz, wilde, stürmische Gutsbesitzersöhne von Adel zu sehen, sie als Ideale von Lebensenergie und -flottheit zu bestaunen. Nicht nur die Helden des ehemaligen Achtundvierzigers Friedrich Spielhagen – sie heißen recht gern ,Malte' – gehören in dieses Kapitel; sondern auch gewisse Gestalten des erfolgreicheren H. Sudermann. Alle die koketten Burschen, vom Grafen Trast bis zum Junker Röcknitz und bis zu Leo v. Sellenthin aus dem Schundroman ,Es war' […], haben […] dieselben flotten, rücksichtslosen Züge, auch den falschen ,großen Zug', und die Autoren bewundern sie heimlich. Selbst der Bürgersmann Gustav Freytag, der abseits von jenen steht, bewundert ein bißchen den ,tollen' Herrn von Finck. Sie sagen sich: es sind doch unerhörte Kerls; eigentlich wohl schädliche Individuen, aber wir fühlen uns so angenehm geehrt in ihrer Gesellschaft, so hochgemut."[40]

Kerrs Resümee lautete am 7. August 1898: „Allen ist der Junker etwas uneingestanden Köstliches." Das war er für Fontane nicht. Diese „Liebe mit seligem Gruseln, bei welcher die Leibwäsche nicht sauber bleicht",[41] teilte er nicht, und er mußte sie nicht teilen, weil er dieses Stadium bürgerlicher Pubertät längst hinter sich hatte.

VII.

Begonnen hatte alles mit dem „Alten Derfflinger", der, so Fontane in „Von Zwanzig bis Dreißig", „nicht bloß einschlug, sondern mich für die Zukunft etablierte".[42] Das war 1846. Aber nicht Fontane hat mit diesem Bataillenhelden begonnen, sondern ein Unbekannter, der zwischen 1841 und 1843 „Feldmarschall Derfling" verfaßte. Mit diesem vergessenen Vorgänger der „Preußischen Feldherrn" ist hier zu schließen – in Gusow, wo nach Fontane „alles Beste […] an den alten Derfflinger [erinnert]"[43]:

Zu Friedrich Wilhelms, des großen Kurfürsten, Zeiten
Alle Dragoner mußten reiten,
    Alle Regimenter rückten aus.
Rings umher die Kriegesflammen
Schlugen lichterloh zusammen
    Ueber dem Brandenburger Haus'.

Und an des großen Kurfürsten Seiten
Einen Ritter sah man reiten
    Hoch auf muth'gem Ross' daher.
In der Schlacht voran, verwegen,
Führte tapfer seinen Degen
    Der Feldmarschall Derflinger.

Im Osten waren die Polen eingedrungen,
Hatten Marienburg bezwungen
    Und der deutschen Ritter Heer.
„Solche Schmach ist nicht zu tragen;
„Auf, die Polen zu verjagen!"
    Und bei Warschau siegten wir.

Am Rheinstrom haus'ten die Franzosen;
Den Feldmarschall hat's verdrossen,
    Daß sie tranken unser'n Wein.
D'rauf bei Straßburg auf die Schanzen
Thät er seine Fahnen pflanzen,
    An dem freien deutschen Rhein.

Unterdessen war es den Schweden eingefallen,
In die Mark hereinzufallen,
    Streiften schon bis bei Berlin.
Wollten sich noch weiter wagen,
Wurden auf das Haupt geschlagen;
    O du schöne Schlacht bei Fehrbellin!

Die Stettiner hatten sich unterfangen,
Eine Scheere auszuhangen,
    Dem Feldmarschall nur zum Hohn'.
Wart't, ich will euch auf der Stelle
Nehmen Maaß mit meiner Elle;
    Jetzt bekommt ihr euer'n Lohn!

D'rauf war die Kriegsfuria los im Norden;
Harter Winter war geworden,
    Und es fiel ein tiefer Schnee,
Geht es nicht zu Ross' und Wagen,
Woll'n wir sie zu Schlitten schlagen,
    Stolzer Schwede, nun Ade!

Als der große Kurfürst die Feinde allzumal bezwungen,
Und den Frieden kühn errungen,
    Sprach er zu dem Feldmarschall:
„Wählt für eu're alten Tage
In dem Lande nach Behagen
    Euch ein Ruheplätzchen aus."

„Euer Durchlaucht haben nur zu befehlen;
Sollt' ich mir nun eines wählen,
    Sei mein Wunsch Euch nicht verhehlt.
An der Oder schön gelegen,
Reich an Feld und Jagdgehegen,
    Hätt' ich Gusow mir erwählt."

Der Kurfürst sprach: „Ihr sollt Gusow haben!"
In dem Dörflein, still begraben,
    Ruht vom Tagewerk' er aus.
Sein Gedächtniß soll uns mahnen:
Haltet treu zu euer'n Fahnen,
    Treu zum Brandenburger Haus'![44]

1 Vortrag Schloß Gusow am 25. Oktober 1998 auf Einladung der Sektion Berlin-Brandenburg der Theodor Fontane Gesellschaft; die Vortragsform wurde beibehalten.

2 Günter de Bruyn: *Melancholie und Verklärung.* In: *Der Spiegel*, Nr. 28, 6. Juli 1998, S. 82–85, hier S. 82.

3 Theodor Fontane an Emilie Fontane, Berlin, 10. Juni 1862. In: Emilie und Theodor Fontane: *Der Ehebriefwechsel.* Hrsg. v. Gotthard Erler unter Mitarb. v. Therese Erler. Bd. 2: *Geliebte Ungeduld, 1857–1871.* GBA *Ehebriefwechsel 2.* Berlin 1998, S. 204–209, hier S. 207 [Hervorh. im Orig.].

4 Vgl. Hubertus Fischer: *„Mit Gott für König und Vaterland!" Der politische Fontane der Jahre 1861 bis 1863.* 1. Teil. In: *Fontane Blätter* 58 (1994), S. 62–88; 2. Teil. In: *Fontane Blätter* 59 (1995), S. 59–84. – Siehe ferner: Theodor Fontane: *Unechte Korrespondenzen.* 2 Bde. Hrsg. v. Heide Streiter-Buscher (= Schriften der Theodor Fontane Gesellschaft, Bd. 1/1–2). Berlin, New York 1996, Bd. 1, S. 1–66.

5 Emilie Fontane an Theodor Fontane, Neuhof, 7. Juli 1862. In: GBA *Ehebriefwechsel 2*, wie Anm. 3, S. 233–235, hier S. 233–234.

6 Theodor Fontane an Emilie Fontane (Mutter), Berlin, 28. Mai 1860. In: Theodor Fontane: *Briefe.* 1. Bd.: *1833–1860.* Hrsg. v. Otto Drude u. Helmuth Nürnberger. München 1976, S. 705–706, hier S. 706 [künftig zit. HFA IV mit Bandangabe].

7 Theodor Fontane an Bernhard von Lepel, Berlin, 12. Oktober 1848. In: HFA IV/1, S. 44–50, hier S. 48. – Theodor Fontane: *Preußens Zukunft.* In: *Berliner Zeitungs-Halle*, Nr. 200, 31. August 1848; abgedruckt in: Theodor Fontane: *Aufsätze und Zeichnungen. Politische Korrespondenzen. Aufsätze und Berichte aus England.* Hrsg. v. Jürgen Kolbe. Frankfurt/M., Berlin, Wien 1979, S. 9–10, hier S. 9.

8 Theodor Fontane: *Der Stechlin. Roman.* Hrsg. v. Walter Keitel u. Helmuth Nürnberger. Frankfurt/M., Berlin, Wien 1985, S. 161.

9 *Der Demokrat*, No 17, Sonntag, 13. August 1848, S. 134; zit. nach dem fotomechanischen Nachdruck im Friedrich Meinecke-Institut der Freien Universität Berlin, Sign. 7 C12.

10 Eda Sagarra: *Symbolik der Revolution im Roman „Der Stechlin".* In: *Fontane Blätter* 43 (1987), S. 534–543, hier S. 535.

11 So in den Briefen an Paul Schlenther vom 21. Dezember 1895, Carl Robert Lessing vom 8. Juni 1896 und Ernst Heilborn vom 12. Mai 1897; abgedruckt im Anhang zu: Fontane: *Der Stechlin*, wie Anm. 8, S. 421, 422, 424.

12 Ebd., S. 273–274.

13 Preis 1 Sgr. Zu haben: Mauerstraße 17, eine Treppe hoch. Druck von Marquardt & Steinthal, Mauerstraße 53 [im Besitz des Verf.].

14 Theodor Fontane an Georg Friedlaender, Berlin, 5. April 1897. In: Theo-

dor Fontane: *Von Dreißig bis Achtzig. Sein Leben in seinen Briefen.* Hrsg. v. Hans-Heinrich Reuter. München 1970, S. 405–407, hier S. 407 [Hervorh. im Orig.].

[15] Dieser Absatz folgt der Formulierung in: Hubertus Fischer: *Gegen-Wanderungen. Streifzüge durch die Landschaft Fontanes.* Frankfurt/M., Berlin 1986, S. 17.

[16] Hans Rosenberg: *Die Pseudodemokratisierung der Rittergutsbesitzerklasse* [zuerst 1958]. In: Ders.: *Probleme der deutschen Sozialgeschichte.* Frankfurt/M. 1969, S. 7–49, hier S. 48.

[17] Karl Mannheim: *Das konservative Denken. Soziologische Beiträge zum Werden des politisch-historischen Denkens in Deutschland* [zuerst 1927]. In: *Konservativismus.* Hrsg. v. Hans-Gerd Schumann. Köln 1974, S. 24–75, hier S. 39.

[18] De Bruyn: *Melancholie,* wie Anm. 2, S. 83.

[19] Mannheim: *Konservatives Denken,* wie Anm. 17, S. 39.

[20] Theodor Fontane an Ernst Kossak, Berlin, 16. Februar 1864. In: Theodor Fontane: *Briefe an Wilhelm und Hans Hertz.* Hrsg. v. Kurt Schreinert, vollendet u. mit einer Einf. versehen v. Gerhard Hay. Stuttgart 1972, S. 450–451.

[21] Zit. nach der deutschen Ausgabe: Klaus Epstein: *Die Ursprünge des Konservativismus in Deutschland. Der Ausgangspunkt: Die Herausforderung durch die Französische Revolution 1770–1806.* Aus dem Engl. v. Johann Zischler. Frankfurt/M., Berlin, Wien 1973, S. 36 [engl. Originalausgabe: *The Genesis of German Conservatism.* Princeton, New Jersey 1966].

[22] De Bruyn: *Melancholie,* wie Anm. 2, S. 82.

[23] [Anon.:] *Der Sontag [sic!] der Tagelöhner.* In: *Evangelische Kirchen-Zeitung.* Hrsg. v. [Ernst Wilhelm] Hengstenberg. No 97, Mittwoch, 3. Dezember 1862, Sp. 1153–1160; No 99, Mittwoch, 10. Dezember 1862, Sp. 1177–1184; No 100, Sonnabend, 13. Dezember 1862, Sp. 1185–1188; No 101, Mittwoch, 17. Dezember 1862, Sp 1201–1207. – Vgl. Hanna Schissler: *Die Junker. Zur Sozialgeschichte und historischen Bedeutung der agrarischen Elite in Preußen.* In: *Preußen im Rückblick.* Hrsg. v. Hans-Jürgen Puhle u. Hans-Ulrich Wehler. Göttingen 1980, S. 89–122, bes. S. 105–106.

[24] Karl Marx: *Das Kapital. Kritik der politischen Ökonomie.* 1. Bd., Berlin 1971, S. 96 Anm. 33.

[25] Theodor Fontane an Georg Friedlaender, Berlin, 2. November 1896. In: Fontane: *Von Dreißig bis Achtzig,* wie Anm. 14, S. 403–404, hier S. 404 [Hervorh. im Orig.].

[26] Theodor Fontane an Georg Friedlaender, Berlin, 12. April 1894. In: Fontane: *Von Dreißig bis Achtzig,* wie Anm. 14, S. 375.

27 Theodor Fontane an Emilie Fontane, Norderney, 12. August 1882. In: GBA *Ehebriefwechsel* 3, wie Anm. 3, S. 273–275, hier S. 273–274 [Hervorh. im Orig.].

28 Theodor Fontane an Emilie Fontane, Thale, 20. Juni 1884. In: GBA *Ehebriefwechsel* 3, wie Anm. 3, S. 412–414, hier S. 414.

29 Theodor Fontane an Emilie Fontane, Thale, 10. Juni 1884. In: GBA *Ehebriefwechsel* 3, wie Anm. 3, S. 387–388, hier S. 388.

30 Zit. nach: Fontane: *Von Dreißig bis Achtzig*, wie Anm. 14, S. 316.

31 Theodor Fontane an Heinrich Jacobi, Berlin, 5. Januar 1895. In: Fontane: *Von Dreißig bis Achtzig*, wie Anm. 14, S. 383–384, hier S. 383.

32 Theodor Fontane an Martha Fontane, Berlin, 26. Mai 1889. In: Fontane: *Von Dreißig bis Achtzig*, wie Anm. 14, S. 317–318, hier S. 317.

33 Theodor Fontane: *Gedichte. Bd. 2: Einzelpublikationen. Gedichte in Prosatexten. Gedichte aus dem Nachlaß*. Hrsg. v. Joachim Krueger u. Anita Golz. GBA *Gedichte* 2. 2., durchges. u. erw. Aufl. Berlin 1995, S. 466–467, hier S. 467.

34 De Bruyn: *Melancholie*, wie Anm. 2, S. 83.

35 Theodor Fontane: *Wanderungen durch die Mark Brandenburg. 3. Bd..* Hrsg. v. Walter Keitel u. Helmuth Nürnberger, Anmerkungen v. Jutta Neuendorff-Fürstenau. 2., im Text u. in den Anm. rev. Aufl. München, Wien 1977, S. 667.

36 Theodor Fontane an Georg Friedlaender, Berlin, 28. Februar 1892. In: Fontane: *Von Dreißig bis Achtzig*, wie Anm. 14, S. 354.

37 Theodor Fontane an Georg Friedlaender, Berlin, 12. April 1894. In: Fontane: *Von Dreißig bis Achtzig*, wie Anm. 14, S. 375.

38 Theodor Fontane an Martha Fontane, Berlin, 29. Januar 1894. In: Fontane: *Von Dreißig bis Achtzig*, wie Anm. 14, S. 371–373, hier S. 372.

39 Theodor Fontane an Georg Friedlaender, Berlin, 6. Mai 1895. In: Fontane: *Von Dreißig bis Achtzig*, wie Anm. 14, S. 388–389, hier S. 388.

40 Unter dem Titel *Grob war es lange genug. Nach dem Kanzler kommt die Zeit der Grazie* abgedruckt in: *Frankfurter Allgemeine Zeitung*, Nr. 181, Freitag, 7. August 1998, S. 35.

41 Ebd.

42 Theodor Fontane: *Von Zwanzig bis Dreißig. Autobiographisches. Nebst anderen selbstbiographischen Zeugnissen*. Hrsg. v. Kurt Schreinert u. Jutta Neuendorff-Fürstenau. München 1973, S. 161.

43 Fontane: *Wanderungen*, wie Anm. 35, 1. Bd., S. 747.

44 *Funfzig [sic!] / Lieder / zum Gebrauch der / Kampf=Genossen / von / 1813–1814–1815 / bei ihren Festen*, Potsdam 1843. Gedruckt im Decker'schen Geheimen Ober=Hofbuchdruckerei=Etablissement, No 58, S. 145–147.

„Du bist der Mann der Jagow …"

Eine Spurensuche bei Fontane und anderen Zeitgenossen

I.

In Fontanes „Wanderungen durch die Mark Brandenburg" spielen die Jagows nur am Rande eine Rolle, was einfach zu erklären ist: Von kurzen Seitenblicken abgesehen, gehören weder die Altmark noch die Uckermark zu den ‚historischen Landschaften' des Wanderers. (Dasselbe gilt für die Neumark, wenngleich es hier gelegentlich zu ‚Grenzüberschreitungen' kommt, und zwar im Band „Oderland"). In „Spreeland" taucht einmal kurz der Erbjägermeister der Kurmark Brandenburg, Carl von Jagow-Rühstädt (1818–1888), auf, der im Herbst 1859 die Güter Groeben und Siethen im Teltow für 120.000 Taler an sich brachte, diese aber schon 1879 für 180.000 Taler an den Engroskaufmann Badewitz in Berlin wieder verkaufte. Er blieb ohnedies die ganze Zeit über auf der väterlichen Besitzung Rühstädt bei Wilsnack in der Westprignitz.[1] Auch Rühstädt war freilich erst seit 1780 in Jagowschem Besitz, gehörte also nicht zu den alten Gütern des Geschlechts.[2]

Im Band „Die Grafschaft Ruppin" wird bei Gelegenheit des Trauerzugs für die Königin Luise am 24. Juli 1810 des „Oberstallmeisters von Jagow"[3] gedacht, der, mit vollem Namen Ludwig Friedrich Günther Andreas von Jagow (1770–1825), zum engsten Vertrautenkreis um Friedrich Wilhelm III. gehörte.[4] Dann muß der Leser schon zu „Fünf Schlösser" greifen, die nicht mehr zu den „Wanderungen" zählen, um im ersten Teil „Quitzöwel" wenigstens in einer längeren Anmerkung die Jagows als Besitznachfolger der Quitzows in Quitzöbel und Rühstädt zu finden, die aber dort eigentlich nur ihrer schönen Monumente und Bildwerke in der Rühstädter Kirche wegen erwähnt werden.[5] Später fällt dann das Stichwort „*Noblesse oblige*", und in diesem Zusammenhang heißt es verallgemeinernd: „Aber auch die Gegenwart empfindet im wesentlichen ebenso und die Jagows, die Itzenplitze, die Zietens, Massows, Hertefelds und Rombergs etc. haben ihre Schlösser, Parks und Begräbnisstätten mit dem Besten geziert, womit man sie zieren konnte."[6]

Ebenso hielten sich die persönlichen Beziehungen in Grenzen. Mit Carl von Jagow-Rühstädt hat es eine Begegnung und eine Korrespondenz im Februar und Mai 1882, mit Eugen Alfred von Jagow (1849–1905), der den Beruf des Offiziers gegen den des Schriftstellers tauschte, 1880 eine Begegnung und 1882 sowie 1887 (?) einen kurzen Briefwechsel gegeben.[7] Viel hielt Fontane nicht von dessen Publikationen. „Die Dulderin" fand er „nicht uninteressant weil lebensvoll, aber doch sehr unerquicklich".[8] Das eigentliche „Jagow-Land", um eine Parallelprägung zu Fontanes „Sparren-Land"[9] und „Pfulen-Land"[10] zu gebrauchen, lag jenseits der Elbe, zwischen Aland, Uchte und der Wische. Es ist zu Fontanes Zeit in „Wanderungen"-Manier von Hermann Dietrichs in Zeichnungen dargestellt und von Ludolf Parisius eindrücklich beschrieben worden.[11] Fontanes Land war das nicht, auch wenn er in „Grete Minde. Nach einer altmärkischen Chronik" ein altes „Fräulein von Jagow" als Domina des Klosters Arendsee auftreten läßt.[12] Sie paßte in diesen Umkreis, Fontane war sehr genau bei der Namenswahl.[13] Wir wechseln zu den Jagows selbst und zu ihrer Verwandtschaft.

II.

Im „Jahrbuch des Deutschen Adels" 1896 heißt es: „Die *von Jagow* gehören zum Uradel der Uckermark und zu den ältesten und angesehensten Geschlechtern der Mark Brandenburg. Sie nennen sich nach dem gleichnamigen Orte bei Prenzlau, auf welchem sie von 1250 bis 1396 nachweisbar sind und sind Stammesgenossen der *von Uchtenhagen*."[14] Das Geschlecht war in der Altmark schloßgesessen und hatte das Amt des Erbjägermeisters der Kurmark Brandenburg am Fideikommiß Rühstädt inne.

Aus dem Haus Aulosen stammte *Wilhelm* Ernst Heinrich Gottlob Sigismund von Jagow, der am 31. Januar 1770 in Kalberwisch (heute Calberwisch) geboren wurde und am 2. April 1838 in Crevese (heute Krevese) starb. Er besaß Kalberwisch, Scharpenhufe (heute Scharpenhofe), Natewisch, Stresow, Vielbaum, Uchtenhagen, Pollitz, Kalenberge, Groß-Garz, Oevelgünne, Althaus Aulosen, Neuhaus Aulosen, Groß-Kapermoor, Hackenheide, die Schäferei Bömenzien, die Meierei Drösede und das Forstrevier die Garbe in der Altmark. Dies darf ein recht ausgedehnter Besitz genannt werden.

Der Landrat des Kreises Osterburg, Deichhauptmann und Ehrenritter des Johanniterordens saß ab 1819 auf Crevese, einem ehemals Bismarckschen Gut, das diese 1562 von Kurfürst Johann Georg zusammen mit Schönhausen und Fischbeck gegen das stattliche Gut Burgstall erhalten hatten. Crevese selbst war ursprünglich ein Benediktinerinnen-Kloster und bestand bis 1540, in welchem Jahr es säkularisiert wurde und in kurfürstlichen Besitz kam. Die letzte Domina, Katharina von Jeetze, starb 1569, die letzte Benediktinerin von Crevese 1602. An die Familie von Jagow war Crevese erst 1819 gelangt, die es noch bis 1860 bewirtschaftete. Insofern verbinden sich mit den von Jagow an diesem historischen Ort zwar nur wenige Jahrzehnte, dafür haben sie aber, außer einem bemerkenswerten Zusammenhalt des Grundbesitzes bis in die Zeit des Zweiten Deutschen Kaiserreichs, von Matthias von Jagow Anfang des 14. Jahrhunderts bis zu dem gleichnamigen Bischof von Brandenburg während der Reformationszeit märkische Geschichte schon früh mitgeschrieben.

Wilhelm von Jagow heiratete am 22. April 1801 in Berlin *Louise* Juliane Amalie von Schladen, geboren zu Berlin am 13. Juni 1785, gestorben zu Hohennauen am 23. Oktober 1853. Sie war die jüngere Schwester von *Wilhelmine* Karoline Johanna von Schladen, geboren am 24. Dezember 1774 und gestorben zu Berlin am 8. März 1856, die mit Ernst Freiherr von Ledebur (1768–1833), Landrat des Kreises Ravensberg, verheiratet war. Aus dieser Ehe ging Leopold Freiherr von Ledebur (1799–1877), der bekannte Berliner Sammlungsdirektor und brandenburgische Landeshistoriker,[15] hervor, der sich als junger Mann und Offizier in Berlin in einer Art verwandtschaftlicher Mitverantwortung für die nur wenige Jahre jüngeren Söhne des Onkels befand.[16]

Es waren dies *Friedrich* ("Fritz") Wilhelm Heinrich Leopold, geboren zu Stresow am 16. Mai 1802 und gestorben zu Pollitz am 19. Februar 1858, sowie *Wilhelm* Eduard Karl Ludwig August, ebenfalls zu Stresow am 14. September 1803 geboren und gestorben mit achtzig Jahren am 26. Dezember 1883 zu Aulosen. Friedrich, Herr auf Pollitz, Kalenberge, Oevelgünne, Groß-Kapermoor, der Garbe und Groß-Garz mit Forstparzelle Haferland (heute Haverland) sowie Gollensdorf, trat als ältester Sohn in die Fußstapfen des Vaters. Er wurde Landrat des Kreises Osterburg, Deichhauptmann und Ehrenritter des Johanniterordens. Am 24. Oktober 1832 heiratete er zu Horst in der Ostprignitz *Louise* Ernestine Elisabeth von Ribbeck, geboren in Segefeld am 13. April 1808 und gestorben in Pollitz am 2. September 1872. Wilhelm war Herr auf Alt- und Neuhaus Aulosen mit der Garbe, Groß-Kapermoor und Hackenheide. Er heiratete am 18. August 1836 in Berlin Klementine von L'Estocq, die am 26. Oktober 1808 in Königsberg i. Pr. geboren worden war und am 8. Januar 1883 in Berlin starb.

Die etwas umständliche Auseinandersetzung der Familien- einschließlich der Amts- und Besitzverhältnisse sollte den Hintergrund andeuten, vor dem ein hier wiederzugebendes Briefzeugnis zu lesen und zu verstehen ist. Es stammt von der Hand Leopold von Ledeburs in Berlin und ist an den Onkel Wilhelm zu Crevese gerichtet. Der Inhalt bezieht sich, wie vielleicht schon vermutet, auf die beiden Söhne "Fritz" und Wilhelm. Dazu ist noch zu erwähnen, daß Wilhelm, der jüngere Sohn, zunächst eine militärische Laufbahn einschlug, es wie so viele seiner Standesgenossen zu einem zwar achtbaren, in diesen Kreisen aber eher durchschnittlichen Offiziersrang brachte, im Magdeburgischen Husarenregiment Nr. 10 stand und sich dann als Rittmeister a. D. auf seine Güter zurückzog. Das am 19. November 1813 gestiftete Regiment in Stendal war so etwas wie das ,Hausregiment' der Familie – ähnlich (um ein berühmtes literarisches Beispiel aus der Zeit zu nennen) wie für Dubslav von Stechlin die „brandenburgischen Kürassiere […], bei denen selbstverständlich auch schon sein Vater gestanden hatte".[17] Hier nun der Brief[18]:

„Berlin d. 24ten Februar 1823

Lieber Onkel! Du scheinst vergessen zu haben, daß meine Mutter Dir schrieb: daß <u>ich</u> dem Schuhmacher *Zweidorf* Deine Adresse gegeben habe, damit dieser die Schuld Deines Sohnes *Wilhelm* für ein Paar Stiefel von Dir einfordern möge; denn Du machst *Fritzen* deshalb den Vorwurf: wie er die <u>Dummheit</u> haben könne, dem *Zweidorf* Deine Adresse zu geben. –

Da jedoch dieser Vorwurf ganz allein mich trifft, und da ich aus allen Umständen annehmen muß, daß dieses ungerechter Weise gegen *Fritz* ausgesprochene Urtheil, in der Absicht gefällt ist, damit solches mittelbar auf mich zurückfalle, so darf ich die Sache nicht mit Stillschweigen übergehn und muß Dir frei bekennen, daß es mich befremdet hat, statt des Dankes eine <u>solche</u> Aeußerung von Dir zu vernehmen. Denn wenn der p. *Zweidorf* mich mit Mahnen bestürmt, drohend *Wilhelm* bei seinem Regiments=Commandeur verklagen zu wollen, und ich ihn lieber <u>an den Vater</u> verweiß, so glaubte ich allerdings hier eher des Dankes als eines so harten, <u>übereilten</u> Vorwurfes gewiß zu sein. –

Uebrigens wirst Du es *Fritzen* nicht übel nehmen können daß er in dem schmerzlichen Gefühle, unverdienter Weise der Dummheit beschuldigt worden zu sein, hierüber sich, wie Du es berechnet zu haben scheinst, gegen mich geäußert hat; eben so wenig wirst Du, als Mann von Ehre, es mir verargen können, wenn ich so empfindlich gekränkt, diese Zeilen niederschrieb, die nie dem Verhältnisse der Achtung zu nahe treten können, welches stets statt findet zwischen Dir und Deinem

gehorsamen Neffen
Leopold v. Ledebur."

Der Brief trägt auf der Rückseite die Anschrift: „An / den Königl. Landrath des Osterburgischen / Kreises und Deichhauptmann / Herrn v. Jagow Hochwohlgeboren / zu / *Crevese* / bei *Osterburg* i. d. *Altmark*". Er war mit dem Ledeburschen Wappen versiegelt, das Siegel aber nachträglich wieder aufgebrochen worden, um auf der linken Innenseite am oberen Rand zu vermerken: „nicht abgeschickt". So empfand der Neffe am Ende wohl doch, daß er mit diesen Zeilen „dem Verhältnisse der Achtung zu nahe" getreten war, das gegenüber dem Onkel – wider das eigene Empfinden und die eigene Überzeugung – zu wahren war.

Im Hintergrund stand einerseits das seit 1808 geltende Militär-Straf- und Disziplinarrecht und andererseits die „Ehre", in der sich der Neffe durch den Onkel „empfindlich gekränkt" fühlte, was dieser ihm – „als Mann von Ehre" – nicht verargen sollte. Tatsächlich folgten beide unterschiedlichen Ehrbegriffen. Während dieser für den Neffen wie selbstverständlich Rechtlichkeit und Zahlungsmoral einschloß, also gewissermaßen bereits verbürgerlicht war, huldigte der Onkel noch dem älteren, exklusiven Ehrbegriff des Adels, dem solche Moral und das Handeln danach schlicht für „Dummheit" galt. Daß er dies den Neffen nur indirekt spüren ließ, machte die Sache nicht leichter. Man ahnt aber auch, in welchem Geist der Vater die Söhne erzogen hatte. „*Noblesse oblige*"?

Nach diesem privaten Zeugnis, das privatim blieb, folgt eine Begegnung öffentlicher Art, und zwar für das Berliner Zeitungspublikum, das sich daraufhin gefragt haben wird, ob die Devise „*Noblesse oblige*" noch immer für die Jagows galt.

III.

Fünfundzwanzig Jahre später, inzwischen war der Sohn „Fritz" dem Vater im Amt des Landrats des Kreises Osterburg gefolgt, hatte es dieser nicht mehr mit Zahlungsforderungen der bürgerlichen ‚Crapule', sondern mit den politischen Forderungen einer bürgerlichen Revolution zu tun, was ihn zu öffentlicher Reaktion veranlaßte. ‚Reaktion' ist in diesem Fall als erwidernde Handlung *und* als politischer

Kampfruf zu verstehen. Es war eine der frühesten und entschiedensten Reaktionen, wollte dieser Jagow zu Crevese sich doch an die Spitze einer märkischen Vendée, einer Erhebung des Landes gegen die aufsässige Hauptstadt, stellen, wenigstens kündigte er es an. „[…] ernstgemeinte Drohungen werden von Anderen an die Hauptstadt und ihre Bevölkerung gerichtet: Verheißungen furchtbarer Rache der Provinzen an Berlin. Einer der Rächer, Hr. v. Jagow auf Crewese [sic!], sucht mit einem ‚Nota bene für Berlin' zu schrecken. (V[os-sische] Z[eitung] 21. Mai [1848].)":

„‚Wenn die Provinzen', lautet dieses Nota bene, ‚bis jetzt mit Mäßigung über Schritte geschwiegen haben, wie sie sich die Berliner in vielfacher Beziehung, ganz besonders aber in Bezug auf Se. kön. Hoheit den Prinzen von Preußen erlaubt habe[n], so ist das geschehen, weil man hoffte, daß nach dem Verschwinden der ersten Aufregung die Berliner ihr Unrecht einsehend selbst alle Schritte thun würden, um dieses gegenüber dem ganzen Vaterlande, gegenüber Personen, gut zu machen. Mit Bedauern sehen wir, daß wir uns in der guten Meinung, die wir von den Berlinern hatten, getäuscht haben, und ganz besonders thut es uns leid, wenn wir erfahren müssen, daß jetzt von den Berlinern sogar Schritte vorbereitet werden und selbst schon gethan sind, um die von Sr. Majestät dem Könige auf Antrag des Staatsministeriums ausgesprochene Zurückberufung des Prinzen von Preußen Königl. Hoheit zu hintertreiben. Hierin erblicken wir eine Anmaßung der Berliner und eine usurpirte Suprematie, die wir in den Provinzen durchaus nicht gewillt sind anzuerkennen. Wir erklären deswegen den Berlinern, daß wir jeden gewaltsamen Schritt der Berliner in dieser Beziehung, jede massenhafte Demonstration derselben, die darauf abzielen soll, das Ministerium überhaupt zu Entschlüssen zu bestimmen, vom heutigen Tage ab (17. Mai) als eine M a r s c h o r d r e für uns ansehen, daß wir fest entschlossen sind der ungesetzlichen Gewalt, Gewalt entgegenzusetzen, und wünschen aufrichtig, Berlin möge nicht Verantwortung für Ereignisse auf sich laden, die aus einem massenhaften Zuzug des Landes nach der Residenz entstehen könnten.'"[19]

Daß diese Drohung nicht ohne Erwiderung blieb, versteht sich. „Die berliner Blätter ließen Hrn. v. Jagow nicht unberücksichtigt. Ein ‚Eingesandt' fordert, daß der Verfasser des Nota bene ‚wegen directen Aufrufs zum Bürgerkriege' verhaftet und in Anklagestand versetzt werde. ‚Geschieht dies nicht, so müssen wir überzeugt sein, daß der gesetzliche Zustand zu Gunsten der Reaction suspendirt ist, und daß Leute wie dieser v. Jagow […] und Consorten im Sinne der verantwortlichen Minister handeln.'"[20] Angesichts der Unwahrscheinlichkeit, einen „massenhaften Zuzug des Landes nach der Residenz" binnen kurzem zustande zu bringen, reagierten andere Inserenten weniger ernst und nutzten abwechslungshalber das Mittel der Satire. So in dem „Schlachtruf" des „kassubischen Adels" (womit speziell der Adel Hinterpommerns gemeint war, aus dessen Kreisen ähnliche Pamphlete in die Welt hinausgegangen waren[21]):

Wir reichen Dich die Bruderhand,
Von Jagow auf Crewese,
Auch wir hier in's Kassubenland
Sind auf Berlin sehr böse.
Das Bürgerpack im märk'schen Sand
Möcht' alles reformiren,
Die Ritterschaft im ganzen Land
Muß so was sehr crepiren.
Für uns vom Adel wärs 'ne Schand',
Da wir von besserm Blute,
Zu dulden solchen Bürgerverband;
Nein, lieber unter die Knute. etc.[22]

„Du bist der Mann der Jagow …"? 1848 hätte das kaum einer gesagt, allenfalls ein paar Standesgenossen. Fontane hatte in dieser Zeit anderes im Sinn, als sich um die alten Familien der Mark zu kümmern. „Was kommen muß, wird kommen. […] Diese Auferstehung Deutschlands wird schwere Opfer kosten. Das schwerste unter allen bringt Preußen. Es stirbt."[23] Was dann aus dem Land- und Landesadel geworden wäre, ist zumindest eine offene Frage. Wil-

helmine von Ledebur, die vor den Berliner Unruhen zu ihrem jüngeren Sohn Wilhelm nach Köslin geflohen war, schrieb über ihre
Schwester Louise von Jagow, die Frau des Landrats: „Um die Jagow
bin ich auch nicht ohne Sorgen. Sie war bey ihrem Abschiede von
mir so bewegt wie ich sie nie gesehen; so als ob sie die Besorgniß
hegt, daß wir uns nie wiedersehen würden."[24]

IV.

Es scheint, als hätten die Jagows eher schlecht abgeschnitten in dieser bewegten Zeit. Die nächste Herausforderung waren die Januar-
und Februarwahlen (Wahlmänner- und Abgeordnetenwahlen) 1849
für die Zweite Kammer, nachdem mit dem Novemberstaatsstreich
und dem Verfassungsoktroi vom 5. Dezember 1848 bereits die ersten Schritte zur Wiederherstellung der alten Machtverhältnisse getan
waren. Fontane geißelte die Maßnahmen.[25] Nun trat als Kandidat
für den Wahlkreis Torgau-Wittenberg der mit der Autorität und dem
Einfluß seines Amtes ausgestattete Landrat des Kreises Wittenberg,
Otto Heinrich von Jagow, an – und mußte eine Niederlage hinneh-
men. Auch wenn sie in dem folgenden Inserat eines Parteigängers
umgedeutet wurde, *blieb* sie eine Niederlage, die um so empfind-
licher für den kreisgesessenen Landrat war, als sie ihm ein Rechts-
kundiger der „ultra=demokratischen Richtung" zugefügt hatte.

„B e i t r a g   z u r   C h a r a c t e r i s t i k   d e r   W a h l e n
a m   5. F e b r u a r
Bei der auf dem Schlosse zu Pretzsch an der Elbe [auf halbem Weg
zwischen Wittenberg und Torgau] stattgefundenen Wahl waren die
Kreise Torgau und Wittenberg vereinigt, und wurden, wie bekannt,
für den erstern der Just.=Commiss. M o r i t z gewählt, welcher
Mitglied der aufgelösten National=Versammlung war, und zur
Fraction Unruh gehörte. Für den Kreis Wittenberg wählte man den
durch die Vertheidigung des Wislicenus bekannt gewordenen
Kammergerichts=Assessor E b e r t y, welcher der ultra=demo-
kratischen Richtung angehört. Man würde sich aber sehr irren, wenn

man von dieser Wahl auf die politische Gesinnung des ganzen Kreises schließen wollte. Die Bewohner desselben haben nie in der Treue zu ihrem Könige gewankt, und gehören mit sehr wenigen Ausnahmen der conservativen Richtung an. Mehr als 2/3 der Wahlmänner gaben ihre Stimme dem Landrath des Kreises, dem Herrn v. J a g o w, welcher als ein Ehrenmann allgemein bekannt ist. Ein kleiner Theil derselben hatte sein Augenmerk auf einen Mann des Handwerkerstandes gerichtet, welcher aber zu wenig Chancen für sich hatte. Allein die Wahlmänner des Torgauer Kreises, an Zahl jenen überlegen und zum großen Theil demokratisch gesinnt, waren so rücksichtslos, auf die so vielseitig sich zeigenden Sympathien für Herrn v. J a g o w nicht zu achten, warfen, nachdem die Wahl des M o r i t z durchgesetzt war, ihre Stimmen auf E b e r t y und zwangen somit dem Wittenberger Kreise einen Mann zum Deputirten auf, welcher in demselben nur wenig oder gar keine Sympathien hat. Man verbreitete, um diesen Zweck zu erreichen, vor der Wahl gedruckte Zettel, auf welchen M o r i t z und E b e r t y als die alleinigen Wahlcandidaten bezeichnet waren, und wirkte, besonders am Abende vor der Wahl, möglichst auf die Wahlmänner, vorzüglich auf die vom Lande und aus dem Gewerbestande ein, und suchte diese für die Genannten zu gewinnen. Eine beabsichtigte Berathung und Vereinigung der Wittenberger Wahlmänner kurz vor dem Wahlact machten die Torgauer durch ihr Dazwischentreten unmöglich, und so kam es, daß diese den Sieg davon trugen. Doch hatte Herr v. J a g o w trotz aller dieser Manöver 144 Stimmen, E b e r t y 192; die absolute Majorität war 173 Stimmen. – Die Wahl des Wittenberger Kreises ist daher unstreitig ein Beweis für die auch anderwärts gemachte Erfahrung, daß der Abgeordnete die Gesinnungen und Wünsche seiner Commitenten nicht immer vertritt.

Ein Wahlmann des Wittenberger Kreises.“[26]

Interessant ist dieses „Eingesandt“ nicht nur, weil es zeigt, wie die konservative Seite bestrebt war, ein eindeutiges Wahlergebnis als grob manipulativ darzustellen, um so dem gewählten, aber politisch unliebsamen Vertreter im nachhinein die Legitimation zu entziehen.

Dieser Felix Eberty, am 26. Januar 1812 als Sohn des Bankiers und Kaufmanns Hermann Eberty (1794–1856) und seiner Frau Babette (Bela) Mosson (1788–1831) in Berlin geboren, führt auch, und zwar von der Gegenseite, wieder zu Fontane zurück.[27] Obwohl sich diese Verbindung erst später und dann eher indirekt herstellte, ist sie doch wegen der Persönlichkeit und der Lebensumstände Ebertys einer genaueren Darstellung wert.

Jahre vor Fontane, am 19. Juni 1836, war Eberty in den Berliner Dichter- und Künstlerverein „Tunnel über der Spree" eingetreten. Er stammte aus der bekannten Ephraim-Familie, von der einige Mitglieder nach dem Erhalt der Bürgerrechte beziehungsweise der Taufe die Namen Eberty oder Ebers annahmen. Der Komponist Giacomo Meyerbeer (1791–1856) war Felix Ebertys Onkel, der Schriftsteller und Ägyptologe Georg Ebers (1837–1888) gehörte zur weiteren Verwandtschaft. Der Vater verkehrte mit Varnhagen von Ense und Chamisso und nahm über die Mitgliedschaft in Gesellschaften und Vereinen intensiv am geistigen und geselligen Leben der preußischen Hauptstadt teil. Der Sohn besuchte die nach Pestalozzis Vorbild gegründete Cauersche Pensions- und Erziehungsanstalt und später das Friedrich-Wilhelm-Gymnasium. 1826 wurde er in der Berliner Jerusalemkirche getauft, wodurch ihm wohl das berufliche und gesellschaftliche Fortkommen erleichtert werden sollte. Künstlerisch vielfältig begabt, entschied er sich erst auf Drängen des Vaters für das Brotstudium der Jurisprudenz in Bonn und Berlin, das er 1834 mit einer Dissertation abschloß. Seinen künstlerischen Neigungen schwor er jedoch nicht ab.

Nach zweijährigem Referendariat am Kammergericht und der Ernennung zum Kammergerichtsassessor wurde Eberty 1840 an das Amtsgericht Hirschberg in Niederschlesien versetzt. Er heiratete im Jahr darauf Marie Hasse, eine Gutsbesitzertochter aus der Nachbarschaft, mit der er vier Töchter, Elisabeth, Margarethe, Babette und Marie, hatte. Von diesen wurde Babette von Bülow (1850–1927) unter dem Pseudonym Hans Arnold eine bekannte Novellendichterin, die Fontane persönlich gekannt und mit viel Zustimmung gelesen hat.[28] Überhaupt ist hier zu bemerken: „Die Kinder und Enkelkinder des *Tunnelianers* Eberty waren über seine Besuche in Schmie-deberg bei Georg Friedlaender – entfernte Verwandtschaft der Eber-tys – freundschaftlich mit Theodor Fontane verbunden. "[29] Am inten-sivsten und dauerhaftesten gestaltete sich der persönliche und briefliche Verkehr mit Marie (1858–1945), die mit dem Papierfabri-kanten Heinrich Richter in Arnsdorf bei Krummhübel verheiratet war.[30]

Eine Begegnung mit dem 1884 verstorbenen Eberty hat es offen-sichtlich nicht gegeben, dafür las Fontane dessen „Jugenderinne-rungen eines alten Berliners", die 1878 bei seinem Verleger Wilhelm Hertz herausgekommen waren, nicht ganz ohne Gewinn. In einem Brief an Hertz bezeichnete er sie als „ein *recht nettes* Buch; nicht apart, noch weniger bedeutend, aber unterhaltend",[31] während er sie in der ausführlichen Rezension für die ‚Vossische Zeitung" doch um einiges positiver besprach: „[…] ein wahres ‚Schatzkästlein' von Anekdoten aus der damaligen Zeit. Sie sind alle *sehr gut* erzählt, *deshalb* sehr gut, weil sie im *Ton* richtig getroffen sind".[32]

Seine berufliche Laufbahn setzte Eberty zunächst ab 1846 am Appellationsgericht in Breslau fort, schied jedoch um 1849/50 aus dem juristischen Staatsdienst aus, um sich seiner vielfältigen schrift-stellerischen Tätigkeit zu widmen – aber wohl auch, um die Konse-quenz aus der beruflichen Benachteiligung zu ziehen. Sein Eintreten für den Hallenser evangelischen Theologen und Prediger Gustav Adolph Wislicenus (1803–1875) trug gewiß nicht zu seinem Fort-kommen im Staatsdienst bei. Wislicenus war der Anführer der ge-gen das preußische Kirchenregiment und die lutherische Orthodo-xie aufbegehrenden „Lichtfreunde" und wurde 1844 seines Amtes entsetzt.[33] Über ihn schrieb ein sympathisierender Zeitgenosse:

„Mit seinem Vortrage ‚Ob Schrift ob Geist' hatte er den offenen und unzweideutigen Bruch mit aller und jeder Autorität, mit der Bibel nicht minder wie mit den Symbolischen Büchern, proclamirt, und jede Schranke niedergeworfen, die durch Überlieferung der freien Vernunft gesetzt worden war. Der publicistische Kampf, den diese Schrift hervorrief, die Disciplinaruntersuchung, die in Folge derselben gegen ihn verhängt war, drängte den Mann von unbefleckter Ehre, von lauterer Wahrheit und von unerschütterlicher Treue gegen sich selbst zur freien und unverhüllten Anerkennung der letzten Consequenzen dieses Grundsatzes nicht nur vor der Welt, sondern, was mehr ist, auch vor sich selbst. Seine Amtsentsetzung gab ihm endlich auch die volle Freiheit des Handelns; und so entstand die Freie Gemeinde zu Halle, deren Grundsätze und Zwecke in der That der widerspruchslose Ausdruck des Gedankens sind, von dem die religiöse Bewegung unserer Zeit getrieben wird. Aber eben darum, glauben wir, kann dieselbe auch nicht mehr ein lebendiges Element dieser Bewegung selbst sein, weil sie bereits das letzte Ziel zu ergreifen versucht, in welchem die Bewegung ihr Ende findet.["]34

Da die sogenannten „Freien Gemeinden" 1848/49 nicht bloß fortlebten, sondern infolge der freien Entwicklung sich rasch vermehrten, teilweise politisierten und besonders in Halle, Halberstadt, Magdeburg und Nordhausen, also in der Nachbarschaft von Torgau und Wittenberg, verbreitet waren, ist die Formulierung „wählte man den durch die Vertheidigung des Wislicenus bekannt gewordenen Kammergerichts=Assessor E b e r t y" eine auch aktuell gemeinte Charakterisierung. Wer für Wislicenus eintrat, stand im Verdacht, der Entkirchlichung Vorschub zu leisten, und brachte sich selbst in den Ruch der Irreligiosität und ‚kalten' Vernunftgläubigkeit. Das verstärkte natürlich die Insinuation, ein derart vorbelasteter, „ultra= demokratischer" Abgeordneter könne unmöglich der Anwalt der „Gesinnungen und Wünsche" der braven Männer aus Wittenberg und Umgebung sein.

Als deren ‚wahrer' Vertreter wird sich der Wittenberger Landrat und Lieutenant von Jagow aus dem Hause Dallmin in der Westprignitz – am 20. März 1810 zu Berlin geboren und ebendort am 24. Mai 1894 gestorben – gefühlt haben. Er hatte am 22. Dezember 1840 in Dessau *Klara* Wilhelmine von Morgenstern (1820–1892) geheiratet und saß auf Wachsdorf nordwestlich von Wittenberg, einem Gut, das einmal Luthers Witwe, Katharina von Bora, gehört hatte. Dallmin war erst 1809 an die von Jagow-Rühstädt gelangt, der Wachsdorfer Besitz wohl noch jünger. *Einen* Trost gab es für den Landrat: Lange konnte sich Eberty des Mandates nicht erfreuen. Friedrich Wilhelm IV. löste die widersetzliche Kammer Ende April 1849 auf und ließ am 30. Mai 1849 das Dreiklassenwahlrecht einführen. Fontane sprach nach erfolgter Neuwahl in einer Korrespondenz für die radikaldemokratische „Dresdner Zeitung" unumwunden von den „Dreithaler-Männer[n] in den Kammern"[35]. Unter diesen Bedingungen rückte der Landrat von Jagow dann für den 2. Merseburger Wahlbezirk Wittenberg/Schweinitz in das Preußische Abgeordnetenhaus ein.

Eberty habilitierte sich 1850 über die Rezeption der Julianischen Gesetze (nach dem um 100 n. Chr. geborenen und 160/70 gestorbenen berühmten römischen Juristen und Staatsmann Salvius Julianus) und übernahm an der Universität Breslau eine außerordentliche Professur. Er hat sich als juristischer Autor, Biograph und Historiker einen Namen gemacht.[36] Seine erstmals 1846 anonym verlegte Schrift „Die Gestirne und die Weltgeschichte. Gedanken über Raum, Zeit und Ewigkeit" kam im Jahr 1925 noch einmal mit einer Einleitung von Albert Einstein heraus.[37] Beachtung verdiente auch seine siebenbändige „Geschichte des preußischen Staates", die heute so gut wie vergessen ist.[38] Und zu bedauern ist, daß es keine neuere biographische Studie über Eberty gibt.

V.

Ein gutes Dutzend Jahre nach der letzten *gleichen* Wahl in Preußen, Fontane war inzwischen bei der hochkonservativen „Kreuzzeitung" und Wohnungsnachbar Leopold von Ledeburs in der Tempelhofer Straße 51 (heute Mehringdamm), erschien mit Datum vom 18. August 1862 in derselben Zeitung ein Artikel, der Militärisches aus „Wittenberg" zum Inhalt hatte. Er war im Stil der Hofberichterstattung abgefaßt und könnte der Sigle nach zu urteilen (Kreuz mit zwei Sternchen zur Seite) von Fontane redigiert worden sein. „Se. Maj. der *König* trafen heute früh halb 10 Uhr auf der Anhaltischen Eisenbahn in hiesiger Umgegend ein, um eine Besichtigung der hierselbst zu den Brigade-Übungen versammelten 14. Inf.-Brigade abzuhalten. Allerhöchstdieselben verließen in der Nähe des bei dem Dorfe Euper belegenen Exerzierplatzes den Bahnzug und begaben Sich mittels der bereitgehaltenen Equipage, geführt von dem Kommandanten der hiesigen Festung, Oberst v. Owstien, und dem Kreislandrat v. Jagow, zu den in Parade aufgestellten Truppen. "[39]

Das Ganze wäre wohl kaum der Berichterstattung wert gewesen, wenn es nicht angesichts des sich zuspitzenden Heereskonflikts um eine doppelte Demonstration gegangen wäre: daß entgegen den Kundgebungen der liberalen Fortschrittspartei ‚König und Volk eins seien‘, und daß das Volk draußen im Land nicht nur seinem König, sondern auch dem Heer in ‚Liebe und Treue‘ anhing. „Aus der Umgegend hatten sich, obgleich die Anwesenheit Sr. Maj. nur erst am Abend vorher bekannt geworden war, eine große Menge Zuschauer von Stadt und Land eingefunden, welche trotz des heftigen Regenwetters es sich nicht versagen wollten, Ihren König und Herrn bei dem schönen militärischen Schauspiele zu sehen. "[40] Es war ein Schauspiel zu *beiderseitiger* Freude, das König *und* Volk aufleben ließ: „Laute Hurrahs der versammelten Menge empfingen und geleiteten Se. Maj. Die allgemeinste Freude erregte das sichtbare Wohlsein des Königs und die Frische und Kraft, mit welcher der Königliche Kriegsherr alle Bewegungen der Truppe begleitete. Zugleich sah man aber auch die Freude auf allen Gesichtern ausgeprägt, über die für die Leistungen der Truppen Allerhöchst ausgesprochene Zufriedenheit. "[41]

Es kommt freilich noch besser: Einquartierung, für gewöhnlich eine Last, wird hier zur *reinsten* Freude. „Man betrachtet […] diese Truppen als alte liebe Freunde und freut sich um so mehr der ihnen zuteil gewordenen Zufriedenheit, als mancher Sohn, mancher Verwandter Anteil an diesem Lobe erworben hat. Diese Liebe, diese Sorgfalt für die Truppen hat sich allenthalben auch bei ihrer Aufnahme in den Kantonnements der Umgegend ausgesprochen. Allenthalben herrscht bei den Wirten das beste Einvernehmen mit ihrer Einquartierung. "[42] In diesem Militärmärchen aus dem Sommer der ‚Konflikts‘ hat der Wittenberger Landrat am Ende noch einen weiteren Auftritt, indem er den Abstand zwischen Seiner Majestät und dem Dorfschullehrer überbrücken hilft. „Als nach beendetem Exerzieren Se. Maj. den Platz verlassen wollten, gewahrten Allerhöchstdieselben die Schuljugend des Dorfes Euper, welche geschmückt mit preußischen Fahnen unter Führung des Lehrers aufgestellt war. Auf Allerhöchsten Befehl durfte der Landrat Sr. Maj. den Schullehrer vorstellen, und huldreiche Worte des Landesvaters beglückten diesen und die andrängende Schuljugend. Begleitet von den Segenswünschen vieler Tausende bestiegen Se. Maj. den auf der Anthaltischen Bahn bereitgehaltenen Extrazug und kehrten nach 12 Uhr nach Berlin zurück."[43]

Diese zweieinhalb Stunden im Leben des Landrats dürften zu seinen besten gezählt haben. Es ist wie gesagt letztlich nicht ausgemacht, ob Fontane diesen Artikel redigiert hat, aber möglich ist es schon. So hätte es denn, seine Mitwirkung vorausgesetzt, wenigstens eine flüchtige, wenn auch nur indirekte Berührung mit Otto von Jagow gegeben. Daß dieser einmal Eberty unterlegen war, dürfte längst vergessen gewesen sein. Es war übrigens um dieselbe Zeit, daß Eberty seinen „Lord Byron" (1862) und seinen „Walter Scott" (1860) herausbrachte, welch letzteren Fontane seinen „Lieblings-Dichter, noch mehr Lieblings-*Menschen*"[44] nannte, während Byron ihn schon früh zur Übersetzung anregte und in einem seiner Lieblingszitate – „A straw shows where the wind blows" – bis in seinen letzten Roman fortlebte.[45] Jedoch hat Fontane offensichtlich weder die eine noch die andere Biographie gekannt. Zeit, zu den wenigen Jagow-Erwähnungen in seinem Werk zurückzukehren.

VI.

Am 23. Februar 1808 schrieb – wie Fontane in einem Aufsatz für die „Vossische Zeitung" 1881 mitteilte – Friedrich Leopold von Hertefeld (1741–1816) aus Liebenberg im Kreis Templin an seine Tochter Gräfin Alexandrine von Danckelmann (1772– 1850): „Als der Adjutant *von Jagow* hier die Niederkunft der Königin ankündigte, war ich in Berlin und sah ihn auf der Straße; hätte man mir nicht gesagt, daß er es wäre, so hätt ich ihn nicht erkannt, dermaßen hat er an Volumen zugenommen. Hier nehmen die Leute nicht zu, sondern ab; ja unglaublich viel sind vor Gram gestorben."[46] Dieser bereits eingangs als „Oberstallmeister" erwähnte Ludwig Friedrich Günther Andreas von Jagow war 1782 als Zwölfjähriger in das Regiment Prinz von Preußen eingetreten und hatte 1792/93 am Feldzug gegen Frankreich teilgenommen. Im selben Jahr wurde er Adjutant des Kronprinzen Friedrich Wilhelm, der ihn 1798, sechs Wochen nach seiner Thronbesteigung, zum Flügeladjutanten ernannte. 1807 verlieh ihm der König als Beweis seines Vertrauens die hohe Hofcharge eines Wirklichen Oberstallmeisters, beförderte ihn zum Generalmajor mit dem Charakter eines Generaladjutanten und übertrug ihm drei Jahre später die Oberaufsicht über alle königlichen Gestüte.[47]

Graf Ernst Ahasverus Heinrich von Lehndorff (1727–1811) zählte den „Hauptmann Jagow" schon 1799 zu den „wichtigsten Persönlichkeiten"[48] am Hof des jungen Königspaares. Am 25. Juli 1810, „in glühender Sonnenhitze"[49], führte Jagow dann den Kondukt der Leiche der Königin Luise von Hohen-Zieritz nach Gransee und weiter über Oranienburg nach Berlin an. Verewigt ist er auf einem Gouachebild von Heinrich Anton Dähling (1773–1850), das „die Zusammenkunft des preußischen Königspaares und des Kaisers von Rußland in Memel, 1802"[50] zeigt, im Kreis der „recht eigentlich Paretzer Personen, Gestalten, die dem Schloß ‚Still-im-Land' in der Epoche von 1795 bis 1805 angehörten".[51] Bis 1807 hat es nur dieser eine von Jagow in der kurfürstlich brandenburgischen und in der königlich preußischen Armee zu einem Generalsrang gebracht, dank besonderer Protektion des Königs, wie ergänzt werden muß.[52] Persönlicher Adjutant bei einem Preußenprinzen ist auch ein Leutnant von Jagow 1859 bis 1864 gewesen, und zwar bei Prinz Friedrich Karl.[53] Damit wird zusammenhängen, daß der Prinz in den Jahren 1856 bis 1865 regelmäßig zur Fasanenjagd nach Aulosen kam.[54]

Interessanter scheint da für Fontane die Antwort der Sage auf die Frage gewesen zu sein: „[…] wie kamen die Uchtenhagen nach Freienwalde *hin*?"[55] Hier nur der Schluß jener fabulösen Geschichte um Henning von Jagow, der angeblich aus dem markgräflichen Land verbannt worden war und sich in die damals noch völlig unwirtlichen Sumpf- und Waldreviere an der Oder zurückgezogen hatte: „[…] Jagow aber, vor den Markgrafen geführt, wurde mit dem Lande belehnt, auf dem er so glücklich gekämpft hatte, und empfing, auf daß sein Name nicht fürder mehr an alte Zeit und alten Groll erinnere, den Namen *Uchtenhagen*, weil er ‚uht dem Hagen', d. h. aus dem Walde, zu seiner, des Markgrafen, Rettung herbeigekommen war".[56] Aber auch hier interessierten Fontane nicht eigentlich die Jagows, sondern die „märkischen Percys":

> Ach, daß er jetzt fehlt in der Sänger Reihn,
> Wer hält ihn doch fest am Kragen?
> Es sind die märkischen Percys allein,
> Es sind die von Uchtenhagen.[57]

Es gab nicht nur *eine* Jagow-Sage, zwei andere teilt Ludolf Parisius mit, und er begründet ihr Aufkommen so: „Beim Mangel geschichtlicher Urkunden hat die Sage in dem Jagowschen Geschlechte und dessen Besitzungen einen weiten Spielraum gewonnen."[58] Er schließt daran die Geschichte des Bischofs Matthias von Jagow (1490–1544) und der Einführung der Reformation im Kurfürstentum Brandenburg an. Gegenüber der Poesie der Sage scheint diese jedoch durch die Prosa des Geldes befördert worden zu sein. Der Bischof hatte „als einziger hoher märkischer Prälat die lutherische Lehre begünstigt. Der Kurfürst hatte dem Bischof und seinen Erben die stolze Summe von 12 000 (!!!) rh. Gl. [rheinische Gulden] verschrieben. Auf diese Art hatte der Landesherr seinem Bischof die Entscheidung zugunsten der Reformation erleichtert […]".[59]

VII.

Als Fontane Ende Mai 1887 Wilsnack, Quitzöbel und Rühstädt aufsuchte,[60] tat er das – insoweit mit der Anführung der Sage um Henning von Jagow vergleichbar – nicht der Jagows, sondern der Quitzows wegen, die sein Interesse noch stärker beanspruchten als das bereits im 17. Jahrhundert erloschene Geschlecht von Uchten-

134

hagen. Was dann im Kapitel „Quitzöwel" aus „Fünf Schlösser" an freundlichen Bemerkungen auf die Rühstädter Kirche entfiel, war sicherlich auch als eine Artigkeit gegenüber dem hilfreichen Erbjägermeister Carl von Jagow-Rühstädt zu verstehen. Bis ins Herz des Jagow-Landes von Aulosen bis Calberwisch ist Fontane jedoch nicht vorgedrungen. Anders Ludolf Parisius (1827–1900), der Politiker der liberalen Fortschrittspartei, Publizist und Schriftsteller, mit dem Fontane wegen eines geplanten, aber dann nicht mehr ausgeführten Vorworts zur zweiten Auflage von „Grete Minde" Ende Juli 1887 kurzzeitig in Briefwechsel stand.[61] Dieser muß Anfang der achtziger Jahre die dortige Gegend teilweise zu Fuß durchstreift haben; besonders beeindruckt zeigte er sich von Calberwisch. „Von Uchtenhagen geht man etwa ein Stündchen zwischen Wiesen und Feldern bei stattlichen Höfen der Ortschaften Uchtenhagen und Calberwisch vorbei zum Schloß Calberwisch. Der Fußpfad führt zuletzt einen Wiesenbach entlang durch einen langen und schmalen Waldstreifen, der durch eine Reihe mehrhundertjähriger Eichen mit daneben aufgeschossenem Unterholz von Sträuchern und jungen Bäumen gebildet wird. Dieser Pfad endet mitten in dem eigentlichen Park des neuen Schlosses."[62]

Bei dieser Abgeschiedenheit war zunächst nicht zu erwarten, daß hier bereits die architektonische Moderne Einzug gehalten hatte. „[…] mitten im Park, dessen Rasen und Blumenbeete und Kieswege von den Riesenkronen alter Eichen beschattet werden, erhebt sich ein prächtiges Schlößchen, ein Herrenhaus, ganz modern, aber guten alten Mustern nachgebildet. Zwei hervorragende Berliner Baumeister, der inzwischen verstorbene Professor Gropius und der Baurath H. Schmieden (Firma Gropius und Schmieden) errichteten das Haus für Bernhard von Jagow und dessen kunstsinnige Gemahlin, eine Tochter des durch die Kunstschätze seines in der Universitätsstraße zu Berlin belegenen Hauses allen Künstlern und Kunstfreunden wohlbekannten Grafen Pourtalès. Über der Hausthür steht der Spruch: *Gottes Ruh und Frieden Sei dem Haus beschieden.*"[63]

Martin Gropius und Heino Schmieden waren durch ihren Entwurf für das Kunstgewerbemuseum in Berlin bekanntgeworden. Sie hatten es offensichtlich auch hier getroffen. Mit Gropius (1824–1880) hatte Fontane in den siebziger Jahren wiederholt Begegnungen, mit Schmieden 1882 Briefe gewechselt.[64] Auch mit dem Historienmaler Ferdinand Graf von Harrach (1832–1915), seiner Frau und Tochter traf er später zusammen.[65] Und da dessen Frau Helene eine geborene Gräfin Pourtalès war, schließt sich auch hier der Kreis. Parisius schreibt nämlich weiter über Schloß Calberwisch: „Zwei Medaillon-Reliefs, hoch oben an der Wand, geben dem Fremden Aufschluß über die Bewohner. Gegenüber dem Bilde des Besitzers nimmt den Ehrenplatz ein das vom Grafen Harrach entworfene Bild eines von der Familientradition als ältesten Ahnen bezeichneten Ritters Matthias von Jagow; die auf dem ersteren Bilde zu lesende Zahl 1875 bestimmt das Jahr der Erbauung des Hauses, die dem zweiten Bilde beigefügte Zahl 1175 das erste Auftreten der Familie von Jagow in der Geschichte."[66]

Bernhard Erasmus von Jagow, geboren zu Calberwisch am 2. April 1840, Herr auf Calberwisch und Uchtenhagen, war Major a. D. und zuletzt Eskadronkommandeur im Regiment Gardes du Corps. Seine zehn Jahre jüngere, am 12. Oktober 1850 geborene Frau *Johanne* Albertine Friederike Guillemette Antoinette Gräfin von Pourtalès, die er am 19. Juli 1870 in Berlin geheiratet hatte, starb bereits am 24. April 1883, wohl bald nach Parisius' Besuch auf Calberwisch. Auf die „kunstsinnige" Gräfin mag wiederum die Devise *Noblesse oblige* zutreffen.

VIII.

Möglich, daß Fontane sich bei Parisius Anregung geholt hätte, wenn seine 1882/83 geplanten und bereits zu verschiedenen Stoffdispositionen gediehenen „Geschichten aus Mark Brandenburg" zur Ausführung gekommen wären. In einer Disposition für den ersten von vier Bänden sah er folgende Kapitel vor: „[…] 4. Die Bredows / 5. Die Putlitz / 6. Die Jagow".[67] Sicher ist, daß „Das Ländchen Friesack und die Bredows" seine „letzte märkische Liebe"[68] war. Da taucht aber nur einmal schemenhaft als Randfigur ein angeheirateter „Herr

v. Jagow vom 3. Garde Ulanen-Regiment"[69] auf. Insofern bleibt es bei der Eingangsbemerkung, wenigstens was das Historische betrifft. In der Literatur hingegen, in „Grete Minde", gewinnt mit der bald 95jährigen Domina von Arendsee jenes „Fräulein von Jagow" Gestalt, das gegenüber dem lutherisch strenggläubigen Pfarrer „Roggenstroh" – ein sprechender Name – die menschlich mitfühlende Seite des Christentums verkörpert.[70] Daß Fontane dabei das Bild der 91jährigen Domina von Quitzow (1779–1875) von seinem Sommerbesuch 1870 im mecklenburgischen Kloster Dobbertin vor Augen hatte, geht aus einem Brief an Mathilde von Rohr vom 3. Februar 1879 hervor.[71]

Der Name zu dem erinnerten Bild hat insofern seine Berechtigung, als im Glockenturm der Klosterkirche von Arendsee einmal ein Wappenschild prangte: „An dieser Stelle erinnert dasselbe an eine Äbtissin Anna von Jagow, welche im Jahre 1481 den Thurm erbaut hat."[72] Oskar Schwebel stellte sie sich weniger alt und hinfällig als die spätere Domina Fontanes vor, im Gegenteil: „Es muß eine thatkräftige, rührige, kirchlicher Verwaltung wohl kundige Dame gewesen sein, diese Äbtissin; auch muß sie einen ächt künstlerischen Geschmack besessen haben; denn wir zweifeln nicht, daß der prächtige mittelalterliche Altar der Klosterkirche von ihr aufgerichtet worden ist."[73]

Da Fontane auf der gemeinsam mit dem Kunsthistoriker Wilhelm Lübke (1826–1893) unternommenen Reise durch die Altmark vom 22. bis 27. September 1859 auch Arendsee aufgesucht hat, konnte er bei der Beschreibung des Städtchens und Klosters in „Grete Minde" auf länger zurückliegende Eindrücke zurückgreifen. Ob ihm dabei auch eine Jagow-Reminiszenz untergekommen ist, wissen wir nicht. Wenn jedoch im Prosafragment „Storch v. Adebar" ein „Lieutenant v. Jagetzow"[74] auftaucht, dann ist dieser Name *nicht* „nach v. Jagow"[75] gebildet, sondern nach dem ehemaligen Gut Jagetzow in Vorpommern, das topographisch zu den gedachten Orten der Handlung dieser Novelle paßt. Die Familie „Storch von Adebar" ist im Vorpommersch-Uckermärkischen anzunehmen.

Fontane verwandte wie gesagt viel Sorgfalt auf die Namen, selbst bei Nebenfiguren; sie gehörten für ihn zum Lokalton, aber auch zum regionalen Kolorit einer „Novelle" oder eines Romans. „Storch v. Adebar" spielt etwa in der Zeit von 1858 bis 1866. Ein an die Jagows erinnernder Name hätte sich in diesem regionalen und temporalen Kontext fremd ausgenommen. Daß ein Zweig des Geschlechts vor fünfhundert und mehr Jahren auf der Burg Jagow zwischen Prenzlau und Strasfurt angesessen war,[76] lag und liegt viel zu weit zurück, um von seinen Lesern noch erinnert zu werden.

Anders verhält es sich jetzt mit dem altmärkischen Kloster als Schauplatz in „Grete Minde". In Arendsee steht seit dem 26. Oktober 2002, beinahe auf den Tag genau hundertzweiundzwanzig Jahre nachdem die erste Auflage von „Grete Minde" in Druck ging, ein wuchtiger Findling, der einen gemeißelten Grabspruch aus der altmärkischen Erzählung trägt. Errichtet wurde der Findling zur Erinnerung an Fontanes Aufenthalt in Arendsee vor damals hundertdreiundvierzig Jahren.[77] So verbindet sich wenigstens an diesem Ort der Name des Dichters mit dem Namen jenes „Fräulein von Jagow", das als literarische Figur durch Empathie und Mitmenschlichkeit für sich einnimmt. Doch sollte nach dem Streifzug auch deutlich geworden sein, daß Fontane nicht jederzeit und unbedingt beim Wort zu nehmen ist. Noch weniger als die Jagows können die Lochows einen prominenten Platz in seinem Werk beanspruchen, Romane, Novellen, Gedichte eingeschlossen. Aber es klingt runder, voller, und es beschwört eindringlicher jene Welt herauf, die bis heute mit dem Autor der „Wanderungen" verbunden wird – wenn es heißt:

[…]
Du bist der Mann der Jagow und Lochow,
Der Stechow und Bredow, der Quitzow und Rochow…[78]

1 Theodor Fontane: *Wanderungen durch die Mark Brandenburg.* 3 Bde. Hrsg. v. Walter Keitel u. Helmuth Nürnberger (= Th. F., Werke, Schriften und Briefe, II/1–3). 2., im Text u. in den Anm. rev. Aufl. München 1977, Bd. 2, S. 817, 818, 821 [künftig zit. HFA II mit Bandangabe].

2 Peter-Michael Hahn u. Hellmut Lorenz (Hrsg.): *Herrenhäuser in Brandenburg und der Niederlausitz. Kommentierte Neuausgabe des Ansichtenwerks von Alexander Duncker (1857–1883).* 2 Bde. Berlin 2000, S. 524.

3 HFA II/1, S. 499; HFA II/2, S. 332.

4 Ernst Ahasverus Heinrich von Lehndorff: *Am Hof der Königin Luise. Das Tagebuch vom Jahre 1799.* Übers. u. eingel. v. Eva Ziebura. Biografisch kommentiertes Personenregister v. Ingolf Sellack u. Eva Ziebura. Berlin 2009, S. 411–412.

5 HFA II/3, S. 91.

6 Ebd., S. 124.

7 Roland Berbig: *Theodor Fontane Chronik.* Projektmitarbeit 1999–2004: Josefine Kitzbichler. 5 Bde. Berlin, New York 2010, Bd. 3, S. 2446–2447, 2474 (Carl von Jagow-Rühstädt); Bd. 3, S. 2254, 2462, 2465–2467 u. Bd. 4, S. 2852 (Eugen Alfred von Jagow). – Der zu Aulosen geborene Eugen Alfred war Lieutenant a. D, zuletzt im 3. Garde-Ulanen-Regiment, und ließ sich in Paris nieder.

8 Ebd., Bd. 4, S. 2853.

9 HFA II/1, S. 982–1006.

10 Ebd., S. 1014–1025.

11 Hermann Dietrichs u. Ludolf Parisius: *Bilder aus der Altmark.* 2 Bde. Hamburg 1883, Bd. 2, S. 177–191 („Die Herren von Jagow", Text v. Ludolf Parisius).

12 Theodor Fontane: *Grete Minde. Nach einer altmärkischen Chronik.* Mit einem Nachw. neu hrsg. v. Helmuth Nürnberger. 2. Aufl. München 1998, S. 80–84, S. 101–102.

13 Vgl. Renate Böschenstein: *Caecilia Hexel und Adam Krippenstapel. Beobachtungen zu Fontanes Namengebung.* In: Dies.: *Verborgene Facetten. Studien zu Fontane.* Hrsg. v. Hanna Delf von Wolzogen u. Hubertus Fischer (= Fontaneana, Bd. 3). Würzburg 2006, S. 329–360. – Dies.: *Namen als Schlüssel bei Hoffmann und bei Fontane.* In: Ebda., S. 300–328.

14 *Jahrbuch des Deutschen Adels.* Hrsg. v. der Deutschen Adelsgenossenschaft. 3 Bde. Berlin 1896–1898, Bd. 1, 1896, S. 838 [Hervorh. im Orig.].

15 Hubertus Fischer: *Leopold Freiherr von Ledebur (1799–1877), Landeshistoriker, Archäologe, Genealoge und Museologe.* In: Friedrich Beck u. Klaus Neitmann (Hrsg.): *Lebensbilder brandenburgischer Archivare und Landeshistoriker* (= Brandenburgische Historische Studien, Bd. 16; zu-

gleich Veröffentlichungen des Landesverbandes Brandenburg des Verbandes Deutscher Archivarinnen und Archivare e.V., Bd. 4). Berlin 2013, S. 31–39.

[16] Der Enkel Leopold von Ledeburs, der spätere General der Infanterie Leopold von Ledebur (1868–1951), heiratete wiederum eine Jagow, Anna Bertha Klara von Jagow (geboren zu Kassel am 19. Oktober 1873), und zwar am 21. September 1895 zu Pollitz, als Ledebur Premierleutnant und Regimentsadjutant des 2. Garderegiments zu Fuß war.

[17] Theodor Fontane: *Der Stechlin. Roman.* Hrsg. v. Klaus-Peter Möller. GBA *Das erzählerische Werk* 17. 2. Aufl. Berlin 2011, S. 8.

[18] Leopold von Ledebur an Wilhelm von Jagow auf Crevese, Berlin, 24. Februar 1823 [im Besitz des Verf.]. – Der Brief wird wort- und buchstabengetreu einschließlich der alten Interpunktion gegeben; die Unterstreichungen folgen der Handschrift, die Kursivierungen geben lateinisch geschriebene Eigennamen wieder.

[19] Adolf Wolff: *Berliner Revolutions-Chronik. Darstellung der Berliner Bewegungen im Jahre 1848 nach politischen, socialen und literarischen Beziehungen von A. W.* 3 Bde. Berlin 1851–1854. Unveränderter Nachdruck Vaduz/Liechtenstein 1979, Bd. 2, S. 538–539 [Sperrung im Orig.]. – Zur „Rückkehr des Prinzen von Preußen" vgl. Rüdiger Hachtmann: *Berlin 1848. Eine Politik- und Gesellschaftsgeschichte der Revolution.* Bonn 1997, S. 322–344.

[20] Wolff: *Berliner Revolutions-Chronik*, wie Anm. 19, Bd. 2, S. 539.

[21] Ebd., S. 39–40; vgl. ebd., Bd. 3, S. 187–195.

[22] Ebd., Bd. 2, S. 539.

[23] Theodor Fontane: *Preußens Zukunft. 31. August 1848* [*Berliner Zeitungs-Halle*, Nr. 200, 31. 8. 1848]. In: Ders.: *Aufsätze und Aufzeichnungen. Politische Korrespondenzen. Aufsätze und Berichte aus England.* Hrsg. v. Jürgen Kolbe. Frankfurt/M., Berlin, Wien 1979, S. 9. – Allgemein zu Fontanes politischer Haltung und seinen politischen Aktivitäten während der Märzrevolution: Hubertus Fischer: *Theodor Fontane, der „Tunnel", die Revolution: Berlin 1848/49.* Berlin 2009, S. 17–38.

[24] Wilhelmine von Ledebur an Leopold von Ledebur, Köslin, 6. Mai 1848 [im Besitz des Verf.]. – Vgl. Hubertus Fischer: *„Berlin steht hier im sehr schlechten Ruf". Revolutionsbriefe aus Hinterpommern 1848.* In: Roland Berbig, Iwan-M. D'Aprile, Helmut Peitsch u. Erhard Schütz (Hrsg.): *Berlins 19. Jahrhundert. Ein Metropolen-Kompendium.* Berlin 2011, S. 107–118.

[25] Vgl. die Briefe Theodor Fontanes an Bernhard von Lepel, Berlin, 17. November 1848 und 22. November 1848. In: Theodor Fontane und Bernhard von Lepel: *Der Briefwechsel. Kritische Ausgabe.* 2 Bde. Hrsg. v. Gabriele

Radecke (= Schriften der Theodor Fontane Gesellschaft, Bd. 5/1–2). Berlin, New York 2006, S. 97–102, bes. S. 97; S. 108–112, bes. S. 108–110.

26 Zeitungsausschnitt Nachlaß Ledebur [Ablichtung; Original im Besitz von Walter Wescher, Garbsen] [Sperrungen im Orig.].

27 Zu Eberty: Anike Rössig: *Juden und andere ,Tunnelianer'. Gesellschaft und Literatur im Berliner ,Sonntags-Verein'.* Heidelberg 2008, S. 142–145

28 Berbig: *Theodor Fontane Chronik,* wie Anm. 7, Bd. 4, S. 2725, 2738, 2742, 2750–2752, 2755, 2757–2758, 2793, 2798, 2852.

29 Rössig: *Juden und andere ,Tunnelianer',* wie Anm. 27, S. 145 [Hervorh. im Orig.]. – Vgl. Michael Fleischer: *„Kommen Sie, Cohn." Fontane und die „Judenfrage".* Berlin 1998, S. 228–234.

30 Berbig: *Theodor Fontane Chronik,* wie Anm. 7, Bd. 4, S. 2725, 2738, 2740–2744, 2757, 2771 [?], 2774 [?], 2777, 2784 [?], 2801, 2803 u. ö.; Bd. 5, S. 3586. – Fotos von Heinrich und Marie Richter bei Fleischer: *„Kommen Sie, Cohn",* wie Anm. 29, S. 230–231.

31 Berbig: *Theodor Fontane Chronik,* wie Anm. 7, Bd. 3, S. 2143 [Hervorh. im Orig.].

32 Theodor Fontane: *Berlin vor fünfzig Jahren.* In: Ders.: *Wanderungen durch die Mark Brandenburg. Das Ländchen Friesack und die Bredows. Unbekannte und vergessene Geschichten aus der Mark Brandenburg II: Arbeiten und Entwürfe zum thematischen Umfeld.* Hrsg. v. Gotthard Erler unter Mitarb. v. Therese Erler. AFA *Wanderungen* 7. Berlin, Weimar 1991, S. 368–385, hier S. 385 [Hervorh. im Orig.].

33 [Anon.:] *Die kirchlich=religiöse Bewegung der Gegenwart. Erster Abschnitt. Die Bewegung innerhalb der protestantischen Kirche.* In: *Die Gegenwart. Eine encyklopädische Darstellung der neuesten Zeitgeschichte für alle Stände.* Bd. 8. Leipzig 1853, S. 423–468, hier S. 449–450.

34 Ebd., S. 461.

35 Fontane: *Aufsätze und Aufzeichnungen,* wie Anm. 23, S. 17.

36 Rössig: *Juden und andere ,Tunnelianer' ,* wie Anm. 27, S. 145.

37 Ebd.

38 Felix Eberty: *Geschichte des preußischen Staates.* 7 Bde. Breslau 1867–1872.

39 Theodor Fontane: *Unechte Korrespondenzen.* 2 Bde. Bd. 1: 1860–1865. Bd. 2: 1866-1870. Hrsg. v. Heide Streiter-Buscher (= Schriften der Theodor Fontane Gesellschaft, Bd. 1/1–2). Berlin, New York 1996, Bd. 1, S. 259 [Hervorh. im Orig.].

40 Ebd.

41 Ebd.

42 Ebd., S. 260.

43 Ebd.

44 Theodor Fontane an Julius Rodenberg, Berlin, 9. Juni 1871. In: Ders.: *Briefe*. 2. Bd.: 1860–1878. Hrsg. v. Otto Drude, Gerhard Krause u. Helmuth Nürnberger. Unter Mitw. v. Christian Andree u. Manfred Hellge (= Th. F., Werke, Schriften und Briefe IV/2). München 1979, S. 377 [Hervorh. im Orig.; künftig zit. HFA IV mit Bandangabe].

45 Fontane: *Der Stechlin*, wie Anm. 17, S. 418: „[…] denn an einem Strohhalm sieht man eben am besten, woher der Wind weht". – Vgl. Helmuth Nürnberger u. Dietmar Storch: *Fontane-Lexikon. Namen – Stoffe – Zeitgeschichte*. München 2007, S. 81–82.

46 HFA II/3, S. 576 [Hervorh. im Orig.].

47 Lehndorff: *Am Hof der Königin Luise*, wie Anm. 4, S. 411–412.

48 Ebd., S. 163.

49 HFA II/1, S. 499.

50 HFA II/2, S. 332.

51 Ebd.

52 Vgl. Paul Mebes: *Geschichte des Brandenburgisch=Preußischen Staates und Heeres*. 1. Bd. Berlin 1861, S. 546–603: „Nachweisung der 259 Brandenburgisch=Preußischen Generale von 1578-1740, nebst kurzen Biographien der berühmtesten dieser Generale"; 2. Bd. Berlin 1867, S. 1169–1187: „Nachweisung der Königl. Preuß. Generale von 1740 bis 1807".

53 HFA II/3, S. 333 Anm.

54 Dietrichs/Parisius: *Bilder aus der Altmark*, wie Anm. 11, Bd. 2, S. 185.

55 HFA II/1, S. 624 [Hervorh. im Orig.].

56 Ebd., S. 625 [Hervorh. im Orig.].

57 Fischer: *Theodor Fontane, der „Tunnel"*, wie Anm. 23, S. 71.

58 Dietrichs/Parisius: *Bilder aus der Altmark*, wie Anm. 11, Bd. 2, S. 178; die Sagen ebd., S. 178–179. – Vgl. Wilhelm Schwartz: *Sagen und alte Geschichten der Mark Brandenburg. Aus dem Munde des Volkes gesammelt u. wiedererzählt v. W. S.* 10. Aufl. Berlin o. J., S. 202–203 („Die beiden Frauen zu Aulosen").

59 Peter-Michael Hahn: *Struktur und Funktion des brandenburgischen Adels im 16. Jahrhundert* (= Historische und Pädagogische Studien, Bd. 9). Berlin 1979, S. 278 Anm. 448.

60 Berbig: *Theodor Fontane Chronik*, wie Anm. 7, Bd. 4, S. 2852.

61 Ebd., S. 2864–2865, 2868.

62 Dietrichs/Parisius: *Bilder aus der Altmark*, wie Anm. 11, Bd. 2, S. 188.

63 Ebd. [Hervorh. im Orig.].

64 Berbig: *Theodor Fontane Chronik*, wie Anm. 7, Bd. 2, S. 1567; Bd. 3, S. 1802, 2014, 2034, 2036, 2092, 2296.

[65] Ebd., Bd. 4, S. 2985; siehe auch Bd. 2, S. 1597–1598; Bd. 3, S. 2336.

[66] Dietrichs/Parisius: *Bilder aus der Altmark*, wie Anm. 11, Bd. 2, S. 188–189.

[67] Fontane: *Das Ländchen Friesack und die Bredows*. In: AFA *Wanderungen* 7, S. 44.

[68] Theodor Fontane an Heinrich Jacobi, Berlin, 5. Januar 1895. In: HFA IV/4, S. 415.

[69] HFA II/3, S. 733. – Es dürfte sich um *Matthias* Eduard Eugen Alexander von Jagow gehandelt haben, der am 11. Oktober 1839 zu Aulosen geboren wurde und am 20. Februar 1887 in Breslau starb. Er war Herr auf Tarnau im Kreis Glogau, Major a. D., zuletzt im 2. Schlesischen Dragoner-Regiment Nr. 8, und hatte am 16. September 1869 in Berlin die am 11. Oktober 1847 zu Kleeßen geborene Margarethe Klothilde Gertrud *Olga* Sophie Gräfin von Bredow geheiratet.

[70] Fontane: *Grete Minde*, wie Anm. 12, S. 80–84.

[71] Christian Grawe: *Führer durch die Romane Theodor Fontanes. Ein Verzeichnis der darin auftauchenden Personen, Schauplätze und Kunstwerke.* Frankfurt/M., Berlin, Wien 1980, S. 126. – Siehe auch: Theodor Fontane: *Tagebücher 1866–1882. 1884–1898.* Hrsg. v. Gotthard Erler unter Mitarb. v. Therese Erler. GBA *Reise- und Tagebücher* 1. 2. Aufl. Berlin 1995, S. 37.

[72] Dietrichs/Parisius: *Bilder aus der Altmark*, wie Anm. 11, S. 137 („Arendsee", Text von Oskar Schwebel).

[73] Ebd.

[74] Theodor Fontane: *Storch v. Adebar*. In: Ders.: *Sämtliche Romane, Erzählungen, Gedichte und Nachgelassenes* Bd. 7. Hrsg. v. Walter Keitel, Helmuth Nürnberger u. Hans-Joachim Simm (= Th. F., Werke, Schriften und Briefe, I/7). 2. Aufl. München 1984, S. 391, 392. – Vgl. Hubertus Fischer: *Eine Novelle über den „pietistischen Conservatismus": Theodor Fontanes Fragment „Storch von Adebar" im zeitgeschichtlichen Kontext betrachtet.* In: Stiftung Europäische Akademie Külz-Kulice (Hrsg.): *Reflexionen über Pommern und Polen im Werk Theodor Fontanes* (= Zeszyty Kulickie/Külzer Hefte 6). Kulice 2010, S. 79–109; in diesem Bd. S. 179–214.

[75] Fontane: *Storch v. Adebar*, wie Anm. 74, S. 723.

[76] Gerd Heinrich (Hrsg.): *Berlin und Brandenburg* (= Handbuch der historischen Stätten Deutschlands, Bd. 10). Stuttgart 1973, S. 227–228.

[77] [Bernd Thiemann:] *Fontane-Gedenkstein in Arendsee enthüllt*. In: *Mitteilungen der Theodor Fontane Gesellschaft*. Nr. 23, Dezember 2002. Neuruppin 2002, S. 47–50.

[78] Theodor Fontane: *Gedichte*. 3 Bde. Hrsg. v. Joachim Krueger u. Anita Golz. GBA *Gedichte*. 2., durchges. u. erw. Aufl. Berlin 1995, Bd. 2, S. 467.

Barfuß oder Barfus

Zwischen Barnim, Beeskow und Berlin –
Ein Kapitel aus den „Wanderungen" im Lichte
unbekannter Zeugnisse

I.

„Nach einem alten Notizbogen über die Familie Barfus (die beiläufig bemerkt wüthend ist wenn man ihren Namen mit einem ‚ß' statt mit einem ‚s' schreibt) hab' ich 2 Glockenstunden gesucht", schrieb Fontane am 22. April 1862 aus Berlin an die Schwester Elise in Neuruppin. Damit und mit der im Nebenzimmer wartenden Familie Roquette[1] wollte er die Kürze seines Geburtstagsbriefes entschuldigen.[2] Wahrscheinlich war er mit dem Aufsatz „Predikow" für den Band „Oderland" der „Wanderungen" beschäftigt. In ihm hat er Sagenhaftes und mehr oder weniger Historisches aus der Geschichte dieser einstmals reich begüterten und mächtigen Familie des Barnim berichtet.[3] Nicht zur Hand dürften ihm die folgenden Notizen gewesen sein, die sein damaliger Wohnungsnachbar in der Tempelhofer Straße 51[4] Jahrzehnte früher angefertigt hatte (eigentümlich der Gedanke, daß sie für den „Wanderungen"-Autor direkt hinter der Wand gelegen haben müssen):

„Die v. Barfuß betreffend

Tom. 2.

Tom. 3.   In einer Einigung der Gebrüder Friedrich Erzkämmerers u. Friedrich Markgr. v. Brandenburg, der Herzoge Wartslaff Barnim des ältern u. jüngern von Stettin, gegeben zu Prentzlow am Mittwoch nach St. Urbani Tag 1448[5] wird unter den Zeugen genannt: Cone Barfutt. S. 81.

In einer Verschreibung des Rathes der Städte Berlin u. Cöln a. d. Spree gegen den Markgr. Friedrich von Brandenburg, in dessen

Ungnade sie gekommen, geschehen zu Berlin am Mittwoch decollationis Johannis Anno 1442[6] erscheint als Zeuge <u>Cone Barfud</u> S. 175.

Bschf. Steffen v. Brandenburg, Adolff Fürst v. Anhalt, Albrecht Graf v. Lindow u. Nickel Trebach Meister des Johann.-Ordens in der Mark schließen zu Spandow am Sonnabend Urbani anni 1448 einen Vergleich zwischen dem Markgrafen von Brandenburg u. d. Städten Berlin u. Cöln.[7] Dabei war als Zeuge zugegen <u>Cone Barfuss</u> S. 177.

Derselbe ist zu Berlin am Mittwoch nach Vili Anno 1448 bei einer anderen Verschreibung der Städte Berlin u. Cöln, worin sie alle ihre Briefe bestätigen, zugegen. S. 178.

Tom. 5.

Tom. 6.

Tom. 8.

<u>Tom. 12.</u> In einem Landfriedens-Briefe des Markgrafen Joachim von Brandenburg, gegeben zu Cöln a/S. 1593 ist Zeuge: <u>Hans Barvot</u>. (nicht paginirt)

Tom. 13.

<u>Tom. 14.</u>"[8]

Fontanes Nachbar war Leopold Freiherr von Ledebur (1799–1877), Direktor der Königlichen Kunstkammer zu Berlin und der Sammlung vaterländischer Altertümer im Schloß Monbijou.[9] Er hatte sich schon früh einen Namen als Historiker, Genealoge und Heraldiker gemacht und wurde deshalb von Standesgenossen für familiengeschichtliche Nachforschungen mehr als ihm lieb war in Anspruch genommen. Einer von ihnen war Major von „Barfuß" (so schrieb Ledebur den Namen). Für diesen hatte Ledebur die Notizen auf Anfrage zusammengestellt. In *einem* Punkt hätten sie Fontane interessieren können, doch gerade in diesem Punkt wollte er ausdrücklich keine Partei ergreifen: „[...] die *Barfuse* [...] kommen zuerst 1280 in den Marken vor.[10] In ihre Vorgeschichte steigen wir aber *nicht* zurück und leisten namentlich darauf Verzicht, den alten Streit wegen ‚Barfus' mit einem s und ‚Barfuß' mit einem ß an dieser

Stelle entscheiden zu wollen. Die Genealogen schreiben ‚Barfuß‘, einfach auf das Wappen der Familie deutend, das drei unverkennbare *Barfüße* zeigt; die Familie selbst aber verwirft die Ableitung von einem niedersächsischen Geschlecht der Baarfoote, Barfuße oder Nupides und schreibt sich Barfus, ihren Ursprung auf das alt-römische Patriziergeschlecht der Parvus zurückführend, das mit bei der Gründung der Colonia Agrippina war und durch endlose Generationen hin den noch existierenden Parvusenhof in Köln innehatte.“[11]

Die Extremitäten, welche die Familie im Wappen führte, waren ihr Stolz und ihr Ärger zugleich. Einerseits bezeugten die drei *Barfüße* in sinnfälliger Weise die „Würde“ des „durch *die Geburt prädestinierten Körper*[s]“[12] mittels eines sehr brauchbaren Körperteils. Andererseits stellten die drei *Barfüße* den ‚Barfusen‘ selbst ein Bein bei dem Versuch, sich Ahnen aus der Römerzeit zuzulegen. „Gleichviel ob Barfuß oder Barfus“, fuhr Fontane fort, „für unsere Zwecke genügt es, daß die Barfuse, wie wir in Huldigung gegen die Familie aber ohne direkte Parteiergreifung schreiben wollen, schon ausgangs des dreizehnten Jahrhunderts auf dem Oberbarnim sässig waren und bald darauf bereits dieselben Güter erworben hatten, die später den Kern ihres ausgebreiteten Besitzes bildeten: Cunersdorf, Batzlow, Predikow und Möglin.“[13]

Nach dem Gesagten kann es nicht verwundern, daß der Genealoge von Ledebur stets an den „Herrn Major v. Barfuß“ schrieb, während dieser mit „v. Barfus“ unterzeichnete – selbst da die mitgeteilten Urkunden wohl einen „Barfutt“ oder Barfud“, auch einen „Barfuss“ oder „Barvot“, jedoch niemals einen „Barfus“ nannten. Zweifellos war ein römischer „Parvus“ reputierlicher als ein niedersächsischer Barfuß, der seinen Fuß ‚erst‘ vor sechshundert Jahren auf die märkische Scholle gesetzt hatte. Den Grund hat der junge Marx einmal mit einem unverkennbaren Anflug von Sarkasmus benannt: „Es ist daher bei dem Adel natürlich der Stolz auf das Blut, auf die Abstammung, kurz die *Lebensgeschichte ihres Körpers*; es ist natürlich diese *zoologische* Anschauungsweise, die in der *Heraldik* die ihr entsprechende Wissenschaft besitzt. Das Geheimnis des Adels ist die *Zoologie*.“[14]

146

II.

An der Lebensgeschichte *seines* Körpers war der Herr Major vor allem deshalb interessiert, weil die Familie von ihrer einstigen Bedeutung, wie damals gesagt wurde, ‚stark zurückgekommen' war. Nach dem Schock der Französischen Revolution und dem Zusammenbruch des alten Preußen 1806 hatte sich unter dem preußischen Adel das genealogische Fieber geradezu epidemisch ausgebreitet, so daß sich der Herr Major durchaus in bester Gesellschaft befand, als er seinen Ahnen nachspürte. Ledeburs ausgedehnter Briefwechsel mit Angehörigen des preußischen Adels gibt beredt Zeugnis davon. Im Begleitbrief an den „Major v. Barfuß" vom 16. Februar 1826 wies dieser aber auch auf die Mühen und mißlichen Umstände solcher „Nachsuchung" hin:

„Mit der Unmöglichkeit früher als jetzt an die Nachrichten in dem Lehnsarchive in Betreff Ihrer Fam. Angelegenheit gehen zu können, muß ich mich vor Ew. Hochwohlgeboren wegen der so lange schuldig gebliebenen Beantwortung Ihrer Fragen entschuldigen – da habe ich endlich einige Tage abgewinnen können – um sie ganz Ihnen zu widmen – ich habe in denselben mir die Theile 2, 3, 5, 6, 8, 12, 13 u. 14 durchsehen können und habe leider wie sich aber bei der schon von Ihnen selbst u. Kriegsrath Wolbrück [Sigmund Wilhelm Wohlbrück (1762–1834), märkischer Historiker] angestellten Nachsuchung erwarten ließ nur eine sehr unbedeutende Ausbeute gefunden. Fürs Erste muß ich Sie aber aus doppeltem Grunde ersuchen mit den hierbei erfolgenden Notizen fürlieb zu nehmen, da es mir so sehr an Zeit gebricht und der Hofrath Steinsdorf Sie ersuchen läßt, im Fall Sie fernerhin das Archiv zu benutzen wünschten, deshalb bei dem Collegio darum, mit specieller Bezeichnung der noch zu vergleichenden Volumina einzukommen – das schien aber nur in dem ersten Unmuth, den ihm mein wiederholtes Erscheinen verursacht haben mußte, gesagt zu sein; denn er versicherte mich bald wieder seiner Gefälligkeit und Bereitwilligkeit; um aber hier nicht zu ermüden u. anhaltender dort arbeiten zu können, wo es in dieser Zeit wegen

Ueberfüllung des Lokals sogar an Platz fehlt – ist es daher gerathen, die längern Tage abzuwarten – u. bis dahin die weitere Nachsuchung in Ihrer Angelegenheit zu verschieben."[15]

Zufriedengeben wollte sich der Major aber nicht, wie gleich noch zu sehen ist. Statt der mühsamen Suche im Lehnsarchiv oder in anderen Archiven hat Fontane es vorgezogen, in erster Linie Gedrucktes und mündlich Berichtetes heranzuziehen. Für ihn und seine Zwecke Brauchbares hätte er dort wohl ohnehin kaum gefunden, eher schon in einem der Kirchenbücher, wie in dem der Schöneicher Kirche, die auch selbst etwas Aufschlußreiches enthielt. „Schöneiche gehörte zu den wenigen Lehnstücken, die der einst mächtigen Familie von Krummensee nach dem Dreißigjährigen Krieg noch verblieben waren; für kurze Zeit wurde es so zum Stammsitz des Geschlechts. Hans Adam von Krummensee († 1708), der letzte Inhaber, ließ 1665 neben den [...] Grabsteinen in der Kirche die Ahnentafel seines Vaters mit zwanzig auf Blech gemalten Wappen anbringen. Einige Jahre später mußte er aber zunächst das Pertinenzgut Tasdorf (1681), schließlich auch Schöneiche (1690) veräußern."[16] Diese einstmals auf dem Barnim ähnlich reich begüterte Familie war schon vor den Barfußen ‚stark zurückgekommen'. So mußten es hier zwanzig Blechwappen tun.

Mit dem wappenseligen Hans Adam von Krummensee war nicht gut Kirschen essen, das sollte ein Junker von Barfuß am eigenen Leib erfahren. Im Schöneicher Kirchenbuch stand nämlich zu lesen, und das hätte gewiß Fontanes Interesse gefunden: „1673 Donnerstag nach Pfingsten, früh um 3 Uhr, ward Junker Dietlof von Barfuß, noch unverheiratet, von Junker Hans Adam von Krummensee, vor der Schöneichschen Brücke im Duell erstochen, daß er fünft Stunden drauf im Blute ersticken und sterben mußte, worauf der von Krummensee sich davon machte."[17] Ob der Major von Barfuß auch *solche* Nachrichten gesammelt hat, wissen wir nicht. Er war vorübergehend mit anderen Angelegenheiten befaßt und wollte, wie aus dem folgenden Brief hervorgeht, gleichwohl von den Nachforschungen nicht lassen.

148

„Frankfurth den
14 März 1826

Mein bester Ledebur.

Haben Sie ja einige Nachsicht mit mir, daß ich so lange mit meinem Dank für Ihre große Bemühung gezögert habe, allein ich war die ganze Zeit mit meiner Divisionsschule und der Prädikowschen Lehnsangelegenheit so beschäftigt, daß ich nicht dazu kommen konnte. Der Theil 3 hat ja nun recht schöne Ausbeute geliefert, übrigens verspreche ich mir noch eine Menge Nachrichten aus dem Archiv, da der Wohlbrück doch nur oberflächlich nachsah und ich von rechts wegen jeden von ihm besehenen Theil noch einmal vornehmen sollte. Steindorf muß wieder mit goldnen Reden gekirrt werden, sonst ist er nicht traitabel. Leben Sie wohl bester Leopold und gedenken Sie meiner gelegentlich, Ihrer Frau Mutter bitte ich meinen Respekt zu versichern. Nochmals mein herzlichster Dank.

Ihr

ergebenster Freund
u. Diener
v. Barfus"[18]

Daß die „Prädikowsche Lehnsangelegenheit" noch bis in die 1820er Jahre einen Barfuß beschäftigte, obwohl schon seit Generationen kein Barfuß mehr auf „Prädikow" saß, erfährt der Leser bei Fontane nicht. Er schreibt nur: „List und Gewalt hatte den Barfusen ihr altes Erbe genommen. In Predikow ist wenig oder nichts was an jene Zeiten erinnerte."[19] Überhaupt gab es von den Barfuß, mit Ausnahme des Feldmarschalls Hans Albrecht Graf – Reichsgrafenstand vom 10. September 1699 durch Kaiser Leopold I. – von Barfuß[20] (1635–1704), nicht viel zu erzählen. In der fast dreihundertjährigen brandenburgisch-preußischen Armee- und Kriegsgeschichte von 1578 bis 1840 hat es kein zweiter aus der Familie auch nur zum untersten Generalsrang gebracht.[21] Selbst Pauli, der so gut wie keine Tat der friderizianischen Kriege unerwähnt läßt, weiß nichts Bemerkenswertes von einem Barfuß zu berichten (auch er schreibt fast durchgängig „Barfuß").[22]

III.

Als der Major von Barfuß sich wieder bei Ledebur meldete, hatte er Frankfurt a. O. verlassen und in dem freundlichen Oder- und Boberstädtchen Crossen Quartier genommen. Die damals rund viertausend Einwohner zählende Kreisstadt lebte vor allem von Bierbrauerei, Weinbau und Tuchmacherei, das geräumige Schloß, im 16. und 17. Jahrhundert häufig Witwensitz der Herrschergattinen, wurde im 19. Jahrhundert als Kaserne genutzt. Obwohl die erst kürzlich, 1819 bis 1821, fertiggestellten Kunststraßen nach Berlin und Breslau den Verkehr förderten, kam sich der Major doch recht einsam vor:

„Mein theuerster Ledebur.

Seyn Sie nur ja nicht böse, wenn ich mich wieder in ihre Erinnerung zurückrufe und um Ergänzung meiner Nachrichten bitte. Die Tage sind jetzt so schön lang, aber so heiß, daß man eigentlich Niemandem eine solche Arbeit anmuthen seyn [sic!] darf. Dagegen ist die Nähe Ihrer Wohnung [Ledebur wohnte damals in der Friedrichstraße 12] am Kammergericht und die Höhe und Kühle der Säle, wo die alten reichhaltigen Schätze ruhen, auch wieder ermuthigend für den Forscher. Seit Anfang Aprill lebe ich jetzt in Krossen, wo ich mich [sic!] ganz fern von meinen vaterländischen Erinnerungen vorkomme. Erfreuen Sie doch gütigst meine Einsamkeit mit einigen Nachrichten und erinnern sich gefälligst, daß nur die Mittelmärkischen Folianten Ausbeute geben. /Nro. 4 kenne ich nur bis Seite 27./

Empfehlen Sie mich gütigst Ihrer Frau Mutter und bleiben mein Freund.

| Crossen | der Ihrige |
| den 14 Juni 1826, | v. Barfus"[23] |

So einsam hätte der Major sich gar nicht fühlen müssen, war es doch bei Crossen, wo unter Führung seines berühmten Vorfahren Hans Albrecht von Barfuß, des Generalleutnants Hans Adam von Schöning und des Generals von der Marwitz die Brandenburger sich gesammelt hatten, um am 17. April 1686 vor dem Ausmarsch vom

Kurfürsten gemustert zu werden. Es war der Ausmarsch zum Türken-zug, bei dem dann die Brandenburger entscheidenden Anteil an der Eroberung Ofens hatten. Fontane hat dies ausführlich unter Berück-sichtigung der Crossener Musterung in demselben Band „Oderland" im Kapitel „Hans Adam von Schöning" dargestellt. Er ist dabei auch auf Barfuß und vor allem auf den Haß zwischen ihm und Schöning eingegangen.[24]

Daß der Major sich „fern von seinen vaterländischen Erinne-rungen" vorkam, muß in jenem älteren Wortsinn verstanden wer-den, wonach „Vaterland" oder „patria" noch die Stadt oder Land-schaft meinte, aus der man stammte.[25] In Frankfurt a. O. war er natürlich näher an Prädikow und Batzlow[26], an Kunersdorf[27] und Möglin[28], Niederschönhausen[29], Blankenfelde und Malchow[30], alles einmal Barfuß-Besitzungen, aber auch näher am ehemaligen Klos-ter Friedland, zu dessen letzten sechs Insassinnen vor dem erzwun-genen Auszug im Jahr 1568 die Priorin Ursula von Barfuß und die Nonne Ursula von Barfuß gehört hatten.[31] Die Macht dieser „Erin-nerungen" scheint den Offizier noch an einen anderen Gedächtnis-ort der Familie geführt zu haben. Wir kommen darauf zurück.

IV.

Das größere, *preußische* „Vaterland" hatte gut zwanzig Jahre spä-ter, nach der Märzrevolution von 1848, „Natalie von Barfus" im Sinn, als sie sich nach des „Irrthum's Nacht" zu einem aufmunternden Preußenlied veranlaßt sah. Es ist schon bei den ersten Versen klar, daß es nach der Melodie „Heil Dir im Siegerkranz" zu singen war:

Heil dir, o Vaterland,
Für das wir All' entbrannt
  In Lieb' und Treu'!
Hat dir des Irrthum's Nacht
Auch Leid und Schmerz gebracht,
Preußen! verzage nicht,
  Denn es wird Licht!

In tiefer Leidensnacht
Stets Gottes Auge wacht,
    Lenkend die Welt!
Sein Wille trägt den Wurm,
Ruft und erlaubt den Sturm,
Hält auch mit starker Hand
    Den treu er fand.

D'rum laßt mit Herz und Mund
Uns treu sein unser'm Bund'
    Für's Vaterland!
Wirken ohn' Ruh' noch Rast,
Zu mindern jede Last,
Die es noch heut' bedrückt.
    Glaub't nur, es glückt!

Denn, wo der Wille gut,
Jeder das Seine thu't,
    Kommt man an's Ziel.
Doch nur auf *rechter* Bahn
Strebt man das *Rechte* an,
Und nicht in Leidenschaft
    Wohnet die Kraft.

Wer seinen König liebt,
Ihm auch von Herzen gibt,
    Was ihm gebührt;
Wer's mit dem Volk' gut meint,
Zur Hilfe sich vereint;
Zu lindern And'rer Leid,
    Ist er bereit.

Ja! unser Wahlspruch sei:
Stets unser'm König treu,
    Und treu dem Volk'!

Bleiben wir so gesinnt,
Dann auch den Sieg gewinnt
Treue und Willenskraft,
    Die Gutes schafft.[32]

Es könnte sein, denn darauf deuten der Tenor des Liedes und die
Rede von „unser'm Bund" hin, daß Natalie von Barfuß Mitglied
des „Treubunds für Preußens Frauen und Jungfrauen"[33] war. Dabei
handelte es sich um einen nach dem Muster des (Männer-)„Treubunds für König und Vaterland"[34] gebildeten konservativen und
wohltätigen Verein, dessen Stifter Otto Graf Schlippenbach (1806–
1888), Gardekürassierleutnant und Kammerherr, sich manchen Spott
für diesen „getreubündelten Damenorden"[35] gefallen lassen mußte.
Veit Valentin hat dazu geschrieben: „Der ‚Treubund' wird durch eine
besondere Organisation für Preußens Frauen und Jungfrauen ergänzt, deren Zweck es ist, Liebe und Verehrung für die Hohenzollern
zu pflegen; ein ‚Musterhaus' wird geplant zur ‚Erzielung wohlfeileren
und sittlicheren Lebens' sowie zur Erziehung der Kinder der ärmeren Volksklassen."[36]
Wer sich daraufhin das Lied noch einmal genauer anschaut,
wird feststellen, daß diese Ziele mit dem Stropheninhalt gut zusam-
menpassen. „Vier Grade werden unterschieden: Henriettengrad
(grün), Sophiengrad (weiß), Luisengrad (rosenrot), Elisabethgrad
(himmelblau). Das Organ dieses Frauenbundes heißt ‚Gott mit uns'.
Graf Otto Schlippenbach, der Redakteur, spricht darin erbaulich
vom ‚neuen Gigantenkrieg', veröffentlicht süßliche Gedichte und
orakelt über den Gesellschaftsaufbau, der wie die äußere Natur aus
einem Oben und Unten bestehen müßte."[37] Graf Schlippenbach
hat in dieser Zeit die preußischen Prinzen mit wahrer Inbrunst besungen, besonders den Favoriten des Adels und Militärs, den Prinzen von Preußen (späteren König und Kaiser Wilhelm I.). Das klang
dann so:

[…]
So lange deutscher Frauen Huld und Minne
Noch Kränze flicht ächt=ritterlichem Sinne,

So lang der Ehre strahlend reiner Schild
Den deutschen Frau'n als höchster Schmuck noch gilt,
Bleibst Du, o ritterlicher Prinz, ihr Ruhm
Und ihrer Herzen schönstes Eigenthum.[38]

Letzeres spielte auf eine der spektakulärsten Aktionen der Berliner Märzrevolution an: die Erklärung des Palais' des Prinzen von Preußen am 19. März 1848 zum „National-Eigenthum".[39] Nach dem Staatsstreich und der Verhängung des Belagerungszustands über Berlin bekam dann die Polizei alle Hände voll zu tun. Das dem preußischen Innenminister unmittelbar unterstellte Berliner Präsidium, das dieses Polizeiregiment exekutierte, war in einem Gebäude untergebracht, das sinnigerweise eine Barfuß-Vergangenheit hatte. „Doch nur auf *rechter* Bahn / Strebt man das *Rechte* an", hatte Natalie von Barfuß gesungen.

V.

Das Haus Nr. 1 am Molkenmarkt hatte in der Vorderfront noch bis gegen Ende des 19. Jahrhunderts jenen ehrwürdigen Charakter bewahrt, der an die Seefassade des Jagdschlosses Grunewald erinnerte. Es soll von demselben Baumeister, Caspar Theiß (um 1510–1550), erbaut worden sein. Bei Betrachtung seiner Bewohner wird ersichtlich, daß es ein wahrer *lieu de mémoire* brandenburgisch-preußischer Geschichte war: „„Von 1572 ab bewohnte dasselbe der um das Salzwesen in Berlin und in der Mark Brandenburg hochverdiente Graf Lynar, sowie der kurfürstliche Kanzler Lamprecht Distelmeier. Nachher besaß es der Obermarschall von Grumbkow. Als dieser verstorben war, gelangte das Gebäude an den General = Feldmarschall Reichsgrafen von Barfuß, welcher Vieles daran bauen und den damaligen großen, bis zur Spree reichenden Garten verschönern ließ.'"[40]

An derselben Stelle, wo einstmals Barfuß' großer Garten stand, fand sich später eine recht gemischte Gesellschaft ein. Nachdem das Gelände an den Fiskus gelangt war, schenkte dieser es 1791 dem Magistrat zur Einrichtung eines Stadtgefängnisses. „Das letztere ist auf dem hinteren Theile des Grundstückes erbaut und unter dem Namen Stadtvogtei bekannt; das Vorderhaus aber wurde für die Polizei=Verwaltung bestimmt."[41] Die Stadtvogtei sei der Ort, bemerkte Friedrich Saß gut fünfzig Jahre später, „wo die Kloaken unseres gesellschaftlichen Lebens zusammenfließen, wo Vagabunden, Bettler, Diebe, liederliche Mädchen, Obdachlose usw. zusammengeworfen werden und die Polizei sich bemüht, im Namen der bürgerlichen Gesellschaft zu ordnen, zu untersuchen und Strafe zu verhängen".[42] Also doch kein *lieu de mémoire*? Aber warum eigentlich nicht, denn im September 1848 gab der „Kladderadatsch" die satirische Parole aus: „Wollt Ihr, daß endlich Ruhe sei – / Sperrt ganz Berlin in die Stadtvoigtei."[43] Fontane hat im Band „Oderland" unter „Der alte Derfflinger" nicht versäumt, die „historische Rolle" des ehemaligen Derfflinger-Palais', Cöllnischer Fischmarkt 4, bei den Kämpfen des 18. März 1848 hervorzuheben – „keine, die dem alten Derfflinger gefallen haben würde", da hier der „Blusenmann Sigrist" kommandierte.[44] Es wäre nur ausgleichende Gerechtigkeit gewesen, die *entgegengesetzte* Rolle, die das ehemalige Barfuß-Haus in der Revolution 1848/49 spielte, bei dieser Gelegenheit mit zu erwähnen. Dies um so mehr, als Fontane an derselben Stelle in „Oderland" von den ostpreußischen Gütern und dem Königsberger Haus Derfflingers spricht, die eben jener Hans Albrecht von Barfuß 1695 für 30.000 Taler an sich brachte.[45]

Die bis heute nicht ersetzte Biographie Hans Albrechts, die auch Fontane reichlich benutzt hat, stammt aus der Feder von Franz Wilhelm von Barfuß. Sie erschien 1854 in Berlin.[46] Der Autor ist aber kein anderer als unser „Major von Barfuß", da eben dieser Major Franz Wilhelm von Barfuß (1788–1863) in der fraglichen Zeit Direktor der Divisionsschule der 5. Division in Frankfurt a.O. war. Als solcher war er von 1826 bis 1828 auch Vorgesetzter Helmuth von Moltkes, der ihn seinen „sehr große[n] Gönner"[47] nannte. 1829 wurde Barfuß zum Infanterie-Regiment Nr. 17 (später 4. Westfälisches Graf Barfuß) nach Düsseldorf versetzt. Bei ihm brachte Moltke drei Jahre später, 1832, seinen jüngsten Bruder Victor unter, „aber es ist mit

ihm nicht viel zu machen. Seine Blödigkeit ist unüberwindlich".[48]
Am 18. August 1837 wurde Franz Wilhelm von Barfuß Komman-
deur des 28. Infanterie-Regiments, später Infanterie-Regiment von
Goeben (2. Rheinisches) Nr. 28. Er beschloß seine militärische Laufbahn als Kommandant von Graudenz.[49]

Wenn gesagt wurde, daß es „von 1578 bis 1840 kein zweiter
aus der Familie auch nur zum untersten Generalsrang gebracht" hat:
Franz Wilhelm hat diesen Bann gebrochen, aber erst unter Friedrich
Wilhelm IV., der ihm 1842 den Rang eines Generalmajors verlieh.
Der General hat aber nicht nur über den Feldmarschall geschrieben,
sondern auch dessen Nähe gesucht, und zwar in dem bei Beeskow
gelegenen Kossenblatt. Hans Albrecht hatte es 1699 gekauft und mit
einem Schloßneubau versehen. Genauer gesagt hatte er mit der
Aufführung des Schlosses auf einer Spreeinsel im Jahr 1700 oder
1701 begonnen, aber erst seine Witwe Eleonore (1674–1726), eine
geborene Gräfin Dönhoff, sollte 1711 oder 1712 den Bau vollenden.
Schon 1736 erstand Friedrich Wilhelm I. Kossenblatt für den Preis
von 125.000 Talern, nicht ohne Druck gegenüber seinem neuen
Besitzer, dem jüngsten Sohn des Feldmarschalls, Karl Friedrich Ludwig von Barfuß, auszuüben. So war die Familie durch königliche
Macht um ihren ansehnlichsten Sitz gebracht. Was blieb, war die
„Macht der ‚Erinnerungen'".

Darüber hat Fontane im Kapitel „Schloß Cossenblatt", verfaßt
Ende Mai 1862 in seiner konservativsten Zeit,[50] einige adelsfromme
Sätze zu Papier gebracht, dem Generalmajor Franz Wilhelm von
Barfuß geradewegs ins Gemüt geschrieben: „Drei Generationen
waren seit jenem Tage vergangen, da, während der fünfziger Jahre
dieses Jahrhunderts, trat wieder ein Barfus in das alte Barfusschloß
ein. Aber freilich nur als Gast. War es romantischer Herzenszug
oder Pietät gegen die Stätte wo sein Ahnherr gelebt und einen Denk-
stein seines Ruhms und seines Reichtums hinterlassen hatte,
gleichviel, ein Enkel des Feldmarschalls hatte das Ansuchen an
König Friedrich Wilhelm IV. gestellt, einen Sommer lang in Schloß
Cossenblatt residieren zu dürfen und diesem Ansuchen war nach-
gegeben worden."[51]

156

Manche Unbilden stellten sich bei diesem Aufenthalt ein. „Nur das romantische Herz des Generals trug alles was ihm Schloß Cossenblatt an Entbehrungen auferlegte mit Freudigkeit. Ja, es hob ihn mehr, als daß es ihn niederdrückte."[52] Schließlich taucht der „Wanderungen"-Autor das Ganze noch in ein spukhaftes, schauerromantisches Licht, um sich und dem General einen guten Abgang zu verschaffen: „Aber plötzlich war es, als fiel' ein Feuer vom Himmel und der Schloßhof stand wie in Flammen und die Dienerin schrie laut auf: ,Dort sitzt sie!'… Es war ihr, als habe sie die alte Reichsgräfin gesehen, im Rollstuhl, unter der Balkontür und in die Flammen des Hofes starrend. Dieser Nachmittag entschied. Die Gäste verließen Schloß Cossenblatt und alles war wieder wie zuvor."[53]

Ganz falsch scheint es mit dem „romantische[n] Herzenszug" nicht zu sein. Generalmajor Franz Wilhelm von Barfuß wurde Besitzer der Burg Reichenstein am Rhein, wegen der den Wohnturm umfliegenden Falken in Falkenburg umbenannt,[54] und erhielt am 27. März 1853 die Erlaubnis zur Annahme des Beinamens „Falkenburg".[55] Die Führung dieses Beinamens blieb freilich an den Besitz der Burg geknüpft. Könnte es sein, daß er auf seine alten Tage seinem „Ursprung" näher sein wollte, den Parvusen, die angeblich schon bei der Gründung der Colonia Agrippina mit dabei waren? „In ihre Vorgeschichte steigen wir aber *nicht* zurück", hatte Fontane erklärt. Doch gilt auch für ihn, als er am 2. Mai 1862 mit dem Linienwagen der Post in Kossenblatt eintrifft: „Eigentlich kommt er an diesem Maitag gar nicht in Kossenblatt, sondern in dessen Vergangenheit an."[56] Nur lag *diese* Vergangenheit nicht gar so weit zurück.

---

[1]   Otto Roquette (1824–1896), Schriftsteller („Waldmeisters Brautfahrt") und Literarhistoriker; Professor an der Kriegsakademie in Berlin; Toni Roquette, seine Frau.

[2]   Theodor Fontane an Elise Fontane, [Berlin], 22. April [1862]. In: HFA IV/2, S. 64.

[3]   Theodor Fontane: *Wanderungen durch die Mark Brandenburg.* HFA II/1. 2. Aufl. 1977, S. 938–954. – Vgl. Rudolf Schmidt: *Das Geschlecht derer von Barfus.* Freienwalde 1912.

4 Vgl. Hubertus Fischer: „*Potsdamer Geschichts-Dilettirungen*". *Unveröffentlichte Briefe Louis Schneiders und Theodor Fontanes an Leopold von Ledebur mit Antwortkonzepten des Empfängers*. In: *Jahrbuch für brandenburgische Landesgeschichte* 47 (1996), S. 105–130. – Ders.: „*Mit Gott für König und Vaterland!*". *Zum politischen Fontane der Jahre 1861 bis 1863*. In: *Fontane Blätter* 58 (1994), S. 62–88 [1. Teil] und *Fontane Blätter* 59 (1995), S. 59–84 [2. Teil].

5 Vgl. Wolfgang Neugebauer: *Die Hohenzollern*. Bd. 1. *Anfänge, Landesstaat und monarchische Autokratie bis 1740*. Stuttgart, Berlin, Köln 1996, S. 55. – Werner Buchholz (Hrsg.): *Deutsche Geschichte im Osten Europas: Pommern*. Berlin 1999, S. 181.

6 Vgl. Neugebauer: *Hohenzollern*, wie Anm. 5, S. 48.

7 Vgl. ebd.

8 Leopold Freiherr von Ledebur: *Die v. Barfuß betreffend*. [Eigenhändige Abschrift der Beilage zum Brief an Major von Barfuß, Berlin, 16. Februar 1826; Hervorh. im Orig.; im Besitz d. Verf.; die Tomus-Angaben beziehen sich auf die Bände des Lehnsarchivs].

9 Zu Leben und Werk vgl. die bibliographischen Angaben bei Hubertus Fischer: „*Der unverkennbare Falke …*" *Der Briefwechsel zwischen Theodor Stenzel und Leopold von Ledebur zum Frecklebener Münzfund von 1860*. In: *Der Herold* N. F. 11 (2006), S. 71–72 Anm. 3. – Ders.: *Leopold Freiherr von Ledebur (1799-1877). Landeshistoriker, Archäologe, Genealoge und Museologe*. In: Friedrich Beck u. Klaus Neitmann (Hrsg.): *Lebensbilder brandenburgischer Archivare und Historiker* (= Brandenburgische Historische Studien, Bd. 16; zugleich Veröffentlichungen des Landesverbandes Brandenburg des Verbandes Deutscher Archivarinnen und Archivare, Bd. 4). Berlin 2013, S. 31–39.

10 Das Adelslexikon gibt 1251 bzw. 1253 an; *Adelslexikon*. Bd. 1 (= Genealogisches Handbuch des Adels, Bd. 53 der Gesamtreihe). Limburg a.d. Lahn 1972, S. 222.

11 Fontane: *Wanderungen*, wie Anm. 3, HFA II/1, 2. Aufl. 1977, S. 938 [Hervorh. im Orig.].

12 Karl Marx: *Zur Kritik der Hegelschen Rechtsphilosophie* [1843]. In: Karl Marx/Friedrich Engels: *Werke*. Bd. 1. Berlin 1972, S. 201–333, hier S. 311 [Hervorh. im Orig.].

13 Fontane: *Wanderungen*, wie Anm. 3, HFA II/1, 2. Aufl. 1977, S. 938.

14 Marx: *Kritik*, wie Anm. 12, S. 311 [Hervorh. im Orig.].

15 Leopold Freiherr von Ledebur an Major von Barfuß, Berlin, 26. Februar 1826 [Konzept] [im Besitz d. Verf.].

16 *Herrenhäuser in Brandenburg und der Niederlausitz. Kommentierte Ausgabe des Ansichtenwerks von Alexander Duncker (1857–1883)*. Bd. 2.

Katalog. Hrsg. v. Peter-Michael Hahn u. Hellmut Lorenz. Berlin 2000, S. 531

[17] Ebd., S. 534, Anm. 4; Zitat aus: Felix Havenstein: *Schöneiche*. In: *Zwischen Schorfheide und Spree*. Berlin 1940, S. 487-492, hier S. 487–488.

[18] Major von Barfuß an Leopold Freiherr von Ledebur, Frankfurt a. O., 14. März 1826 [im Besitz d. Verf.].

[19] Fontane: *Wanderungen*, wie Anm. 3, HFA II/1, 2. Aufl. 1977, S. 941.

[20] Vgl. Erdmannsdörffer: *Barfus: Hans Albrecht Graf v. B*. In: *Allgemeine Deutsche Biographie*. 2. Bd. Neudruck der 1. Aufl. von 1875. Berlin 1967, S. 60–65. – Hans Bellée: *Barfus, Johann Albrecht Graf v. (seit 1699)*. In: *Neue Deutsche Biographie*. 1. Bd. Berlin 1953, S. 588–589. – *Barfus, Hans Albrecht Reichsgraf von*. In: *Deutsche Biographische Enzyklopädie (DBE)*. Hrsg. v. Walther Killy. Bd. 1. München, New Providence, London, Paris 1995, S. 294. – Frank Göse: *Barfus (Barfuß), Johann Albrecht (1699 Graf) v*. In: *Brandenburgisches Biographisches Lexikon (BBL)*. Hrsg. v. Friedrich Beck u. Eckart Henning in Verb. mit Kurt Adamy, Peter Bahl u. Detlef Kotsch. Potsdam 2002, S. 35. – In den Artikeln herrscht ein gewisses Durcheinander. So wird einmal 1631, ein andermal 1635 als Geburtsjahr, einmal Möglin, ein andermal Mögelin, letzteres auch mit dem irrtümlichen Zusatz „bei Rathenow", als Geburtsort angegeben.

[21] Vgl. Julius Mebes: *Beiträge zur Geschichte des Brandenburgisch-Preußischen Staates und Heeres*. 1. Bd. Berlin 1861, S. 537–553; 2. Bd. Berlin 1867, S. 1169–1187. – Es soll aber nicht verschwiegen werden, daß der Vater des Generalfeldmarschalls, Georg Henning von Barfuß (1611–1673), und der Großvater, Dietloff von Barfuß (1566–1621), beide brandenburgische Obristen waren und damit avancierte Positionen innehatten; vgl. dazu auch Peter-Michael Hahn: *Aristokratisierung und Professionalisierung. Der Aufstieg der Obristen zu einer militärischen und höfischen Elite in Brandenburg-Preußen von 1650–1725*. In: *Forschungen zur Brandenburgischen und Preußischen Geschichte (FBPG)* N. F. 1 (1991), S. 161–209.

[22] Vgl. *Leben / grosser Helden / des / gegenwärtigen Krieges / gesamlet / von / Dr. Carl Friedrich Pauli / des Staatsrechts und der Geschichte Lehrer*. Dritter Theil. Halle 1759, S. 261 (bei Zorndorf gefallener Lieutenant von Barfuß), S. 278 (bei Großjägerndorf verwundeter Lieutenant von Barfuß). Vierter Theil, nebst Zusätzen und Verbesserungen aller vier Theile. Halle 1759, S. 163 (bei Collin gefallener oder vermißter Fähnrich von Barfuß).

23 Major von Barfuß an Leopold Freiherr von Ledebur, Crossen, 14. Juni 1826 [im Besitz d. Verf.].

24 Fontane: *Wanderungen*, wie Anm. 3, HFA II/1, 2. Aufl. 1977, S. 873–893.

25 Vgl. Axel Gotthard: *Vormoderne Lebensräume. Annäherungsversuch an die Heimaten des frühneuzeitlichen Mitteleuropäers*. In: *Historische Zeitschrift* 276 (2003); dazu Marion Lühe: *Sehnsucht nach Breslau, meinem Vaterland. Lebensräume der Menschen der Frühen Neuzeit: Wie groß kann, wie klein muß Heimat sein?* In: *Frankfurter Allgemeine Zeitung*, 5. November 2003.

26 Vgl. Hahn/Lorenz (Hrsg.): *Herrenhäuser*, wie Anm. 16, S. 128 u. 129 Anm. 16.

27 Vgl. *Handbuch der historischen Stätten Deutschlands*. 10. Bd.: *Berlin und Brandenburg*. Hrsg. v. Gerd Heinrich. Stuttgart 1973, S. 248.

28 Ebd., S. 282.

29 Vgl. Hahn/Lorenz (Hrsg.): *Herrenhäuser*, wie Anm. 16, S. 409.

30 Ebd.

31 Fontane: *Wanderungen*, wie Anm. 3, HFA II/1, 2. Aufl. 1977, S. 702.

32 Natalie von Barfus: *Heil dir, o Vaterland*. In: *Preußen=Buch, / enthaltend: / Gesänge, Lieder und Gedichte / für/ ächte Preußen, / – die ja immer ächte Deutschen [sic!] sind, – / besonders für das stehende Heer, die Landwehr, die Ve- / teranen aus den Jahren 1813/15 und für die Mitglieder / des Treu=Bundes mit Gott für König und Vaterland etc.* Gesammelt u. hrsg. v. Ferdinand Kohlheim, p. Königlichem Gymnsial= Oberlehrer. 2. Sammlung. Berlin 1850, S. 17–18 [Hervorh. im Orig.]. – Wohl von derselben Autorin ist auch ein Roman bekannt: *Ida und Clara. Ein Roman von Natalie von Barfuß. Ihro Majestät/ der/ Königin Elisabeth/ von Preußen/ unterthänigst zugeeignet.* 3 Bde. Berlin 1854.

33 Vgl. Veit Valentin: *Geschichte der deutschen Revolution von 1848–1849.* 2. Bd. Köln, Berlin 1970, S. 473–474 u. S. 672 Anm. 47. – Hubertus Fischer: *„Gegen Demokraten helfen nur Soldaten" – Wilhelm von Merckel und die Revolution von 1848/49. Ein politisches Zeitbild.* In: *Fontane Blätter* 82 (2006), S. 60–87, hier S. 86 Anm. 75; wieder in: Ders.: *Theodor Fontane, der „Tunnel", die Revolution: Berlin 1848/49.* Berlin 2009, S. 231–253.

34 Vgl. Hubertus Fischer: *Der „Treubund mit Gott für König und Vaterland". Ein Beitrag zur Reaktion in Preußen.* In: *Jahrbuch für die Geschichte Mittel- und Ostdeutschlands* 24 (1975), S. 60–127.

35 [Plakat] *Erinnerungen an den 9monatl: Berliner Belagerungszustand.* Verlag v. L. Weyl & Co. in Berlin. Druck v. R. Kretschmer, Berlin, Friedr: str. 34 [1849] [im Besitz d. Verf.].

36 Valentin: *Geschichte*, wie Anm. 33, S. 473.

37 Ebd.

38 Otto Graf Schlippenbach: *National=Eigenthum. An Se. Königl. Hoheit den Prinzen von Preußen. (Bei seinem Abgange nach dem Rhein.)*. Componirt von F. Hoff. In: *Preußen=Buch*, wie Anm. 32, S. 21–22, hier S. 22.

39 Vgl. Rüdiger Hachtmann: *Berlin 1848. Eine Politik- und Gesellschaftsgeschichte der Revolution*. Berlin 1997, S. 185–186. – Siehe auch die Abbildungen in: *Kunst der bürgerlichen Revolution von 1830 bis 1848/49*. Neue Gesellschaft für bildende Kunst (NGBK) Berlin, Dezember 1972. 3., verb. Aufl. Berlin, Mai 1973, S. 64.

40 Oskar Schwebel: *Aus Alt-Berlin. Stille Ecken und Winkel in der Reichshauptstadt in kulturhistorischen Schilderungen von O. S.* Berlin 1891, S. 28 (Schwebel zitiert hier Fidicin).

41 Ebd. S. 28–29.

42 Friedrich Saß: *Berlin in seiner neuesten Zeit und Entwicklung 1846*. Neu hrsg. u. mit einem Nachw. vers. v. Detlef Heikamp. Berlin 1983, S. 15.

43 *Kladderadatsch*, Nr. 18, Sonntag, den 3. September 1848, S. 69.

44 Fontane: *Wanderungen*, wie Anm. 3, HFA II/1, 2. Aufl. 1977, S. 745–746 Anm.

45 Gerd-Ulrich Herrmann: *Georg Freiherr von Derfflinger* (= Preußische Köpfe). Berlin 1997, S. 226. – Zu Quittainen vgl. Malgorzata Jackiewicz-Garniec/Miroslaw Garniec: *Schlösser und Gutshäuser im ehemaligen Ostpreußen (Polnischer Teil) – Gerettetes oder verlorenes Kulturgut?* Mit einem Vorwort v. Marion Gräfin Dönhoff, Adelheid Gräfin Eulenburg, Kamila Wroblewska. Übers. aus dem Poln.: Teresa Demuth-Kaiser. Olsztyn 2001, S. 78–82.

46 Franz Wilhelm von Barfus-Falkenburg: *Johann Albrecht Graf von Barfus*. Berlin 1854. – Vgl. Jutta Fürstenau: *Fontane und die märkische Heimat*. Berlin 1941, S. 199. – Der Graf Hans Albrecht hat als „alter General Barfus" noch ein literarisch-anekdotisches Nachleben gehabt; vgl. Theodor Fontane: *Frau Jenny Treibel oder „Wo sich Herz zum Herzen find't"*. Roman. In: HFA I/4. 2. Aufl. 1974, S. 297–478, hier S. 349–350.

47 Helmuth von Moltke an die Mutter, Berlin, 10. Mai 1831. In: Helmuth von Moltke: *Briefe 1825–1891. Eine Auswahl*. Hrsg. v. Eberhard Kessel. Stuttgart o. J. [1959], S. 69–73, hier S. 71.

48 Helmuth von Moltke an die Mutter, Berlin, 15. Juni 1832. In: Ebd, S. 74–82, hier S. 78.

49 Günter Wegner: *Die Stellenbesetzung der aktiven Infanterieregimenter sowie Jäger- und MG-Bataillone, Wehrbezirkskommandos und Ausbil-*

dungsleiter von der Stiftung bzw. Aufstellung bis 1939 (= Formations-
geschichte und Stellenbesetzung der deutschen Streitkräfte 1815–1990,
hrsg. v. Günter Wegmann, Bd. 2). Osnabrück 1992, S. 111.

[50] Vgl. Fischer: *„Mit Gott für König und Vaterland!"*, wie Anm. 4.

[51] Fontane: *Wanderungen*, wie Anm. 3, HFA II/1, 2. Aufl. 1977, S. 960.

[52] Ebd.

[53] Ebd., S. 961.

[54] Auf diese Burg war schon früh das Auge der neuen preußischen Herren
gefallen, namentlich hatte sich Friedrich Wilhelm IV. bereits als Kronprinz
für diese Zeugen der Vergangenheit interessiert: „Seine Begeisterung für
die Burgen in den neuen preußischen Provinzen schlug sich in vielfacher
Aktivität nieder. Von dem Koblenzer Regierungsbaubeamten Lassaux ließ
er im Jahr 1825 eine Art Burgeninventar anfertigen. Sieben Burgen wurden tabellarisch unter verschiedenen Aspekten untersucht und aufgelis-
tet: einer Beschreibung ihres Zustands folgen die Möglichkeiten ihrer Er-
schließung und am Ende eine Stellungnahme ‚in wiefern solche zu einer
Herstellung oder sonstigen Anlage geeignet‘." Die sieben Burgen waren:
Falkenburg, Sonneck, Niederheimbach, Fürstenberg, Stahleck, Schön-
berg und Rheinfels. Rita Mohr de Peréz: *Die Anfänge der staatlichen Denkmalpflege in Preußen. Ermittlung und Erhaltung alterthümlicher Merk-
würdigkeiten* (= Forschungen und Beiträge zur Denkmalpflege im Land
Brandenburg, Bd. 4). Worms 2001, S. 162.

[55] *Adelslexikon.* Bd. 1 (= Genealogisches Handbuch des Adels, Bd. 53 der
Gesamtreihe). Limburg a.d. Lahn 1972, S. 222. – Bereits 1834 soll der
„General von Barfuß-Falkenberg [sic!]" das Schloß Lagow im neumär-
kischen Kreis Sternberg von den Erben des Generals Friedrich Wilhelm
von Zastrow gekauft haben; vgl. Hahn/Lorenz (Hrsg.): *Herrenhäuser*, wie
Anm. 16, S. 337.

[56] Günter de Bruyn: *Zum Beispiel Kossenblatt. Über den Wanderer Fontane.* In: Ders.: *Jubelschreie, Trauergesänge. Deutsche Befindlichkeiten.*
Frankfurt/M. 1991, S. 85–113, hier S. 90 [zuerst in: Theodor Fontane:
Die schönsten Wanderungen durch die Mark Brandenburg. Hrsg. v. Günter de Bruyn. Berlin 1988, S. 247–272].

„Zietenhusarenschaft"

Nicht nur eine Regimentsgeschichte

Es ist kein Zufall, daß für die Kommentierung des „Stechlin" gleich mehrere preußische Regimentsgeschichten herangezogen worden sind.[1] Regimenter spielen im Erzählwerk Fontanes eine besondere Rolle, am prägnantesten wohl in „Schach von Wuthenow" mit dem programmatischen Untertitel „Erzählung aus der Zeit des Regiments Gensdarmes".[2] Sie stiften historische, topographische, soziale, symbolische und interpersonale Beziehungen, ohne daß dies hier im einzelnen ausgeführt werden kann.[3] Regimenter sind jedenfalls ein strukturbildendes Element der Gesellschaft, die Fontane in seinen Romanen darstellt; sie machen sich daher auch auf unterschiedliche Weise im Vorder- oder Hintergrund der Romanhandlung geltend. Es geht dabei nicht zuerst um die Ursachen und Folgen der Militarisierung des Soziallebens,[4] obwohl auch dies eine wichtige und aufs Ganze gesehen die wichtigere Frage ist. Es geht dabei zunächst nur um die Frage, ob diesem Umstand immer angemessen Rechnung getragen wird, zumal er der heutigen Gesellschaft und Leserschaft relativ fremd ist. Der folgende Versuch will zeigen, daß es lohnend sein kann, diesen Weg zu verfolgen. Im übrigen führt er dann wie von selbst auf die ‚wichtigere' Frage, aber auch durch weitere Zeugnisse bis in unsere Gegenwart hin.

I.

Es gibt *ein* Regiment, das unabhängig von Fontanes Kriegsbüchern in seinem Werk besonders präsent ist: durch den Namensgeber, auf den Fontane sein lange Zeit populärstes Gedicht verfaßt hat; durch Fontanes bekanntesten Roman, in dem dieses Regiment gleich auf den ersten Seiten genannt wird; schließlich durch die Tatsache, daß Fontane über die Geschichte dieses Regiments einen dreiteiligen Aufsatz für die „Vossische Zeitung" verfaßt hat. Es handelt sich um das „Husaren-Regiment von Zieten (Brandenburgisches) Nr. 3", kurz „Rathenower" genannt. Das am 30. September 1730 in Berlin gestiftete Regiment trug anfangs die Bezeichnung „Husars du Corps", bis es 1741/42 nach seinem Chef Hans Joachim von Zieten (1699–1786) benannt wurde, deshalb auch bis 1786 und dann wieder ab 1861 als „Zieten-Husaren" bekannt war. Schon 1759 hieß es in einem in Amsterdam erschienenen Büchlein: „Les Memoires des Campagnes de Boheme & Silesie parlent avec eloge de ce Regiment, qui s'est signalé entre autres dans les batailles de Hohenfriedberg, Prague, et Collin."[5] Das Regiment lag von 1851/60 bis 1919 in Rathenow an der Havel in Garnison, einer Stadt, die mit einem Denkmal des Großen Kurfürsten von 1738, aber auch mit mehreren Fabriken, vor allem einer bedeutenden optischen Industrieanstalt ausgestattet war.

Der beste Beginn ist der Roman. Einer der ersten Sätze, die Effi sagt, stellt bereits eine ungewöhnlich direkte, aber auch recht heikle Beziehung zu dem in der Nachbarschaft stehenden Regiment her. „[...] und wenn dann die Rathenower herüber kommen, setze ich mich auf Oberst Goetze's Schoß und reite hopp, hopp. Warum auch nicht? Dreiviertel ist er Onkel und nur ein Viertel Kourmacher".[6] (Wie heikel, unterstreicht die spätere Szene: „[...] Cora, die sich mittlerweile mit ihrem rotblonden Wellenhaar auf ‚Onkel Crampas" Schoß gesetzt hatte [...]".[7]) Daß eine solche Nachbarschaft, die in der ständisch stratifizierten Gesellschaft sozial durchaus erwünscht war, auch folgenreich sein konnte, erfährt der Leser einige Seiten später, wiederum aus Effis Mund: „Also Baron Innstetten! Als er noch keine Zwanzig war, stand er drüben bei den Rathenowern und verkehrte viel auf den Gütern hier herum, und am liebsten war er in Schwantikow drüben bei meinem Großvater Belling."[8]

Daß Regiment und Rittergut als adliger Heiratsmarkt interagieren und geregelte, vor allem gesellschaftlich akzeptierte Formen der Annäherung generieren, ist Effi geläufig. „Natürlich war es nicht des Großvaters wegen, daß er so oft drüben war, und wenn die

Mama erzählt, so kann jeder leicht sehen, um wen es eigentlich war. Und ich glaube, es war auch gegenseitig."[9] Daß es dann anders kam und der Ritterschaftsrat von Briest dem jungen Offizier den Rang ablief, hatte natürlich mit der *Konkurrenz* zwischen Regiment und Rittergut auf demselben Heiratsmarkt zu tun. Da Effi durch gehäuften Gebrauch der Lokaldeixis („herüber", „drüben", „hier herum" und vier weitere Male „drüben") einen Verweisraum zwischen Nähe und naher Ferne konstituiert, bewegt sie sich offenbar mühelos in diesem Raum des topographisch und familiengeschichtlich Vertrauten, der freilich durch die Namen, Personen und Konstellationen auch schon mit latenter Vorbedeutung aufgeladen ist.

Durch den „Großvater Belling" wird gleich noch ein zweites Regiment, das 1758 in Halberstadt durch Oberstlieutenant Wilhelm Sebastian von Belling (1719–1779) errichtete Husaren-Regiment Nr. 8, auch „Belling'sche Husaren" genannt, in Erinnerung gerufen.[10] Wie einer Anekdote aus Johann Gottfried Schadows (1764–1850) frühen Jahren entnommen werden kann, bildeten sie ein Dreigestirn, das zu dieser Zeit auch in Rußland sofortige Verständigung ermöglichte: „Belling, Zieten, Fridericus Rex."[11] „Effi Briest" ist überhaupt so etwas wie ein ‚Husaren-Roman'. Außer den „Belling'schen" und „Zieten-Husaren" kommen mit den „Blücher'schen Husaren"[12] das 1758 gestiftete „Husaren-Regiment Fürst Blücher von Wahlstatt (Pommersches) Nr. 5", mit den „Bonner Husaren"[13] das „Husaren-Regiment König Wilhelm I. (1. Rheinisches) Nr. 7", auch „Königs-Husaren" genannt, sowie mit der beiläufigen Wendung „in Lissa bei den Husaren"[14] das in einigen Schwadronen in der gleichnamigen Stadt der Provinz Posen liegende „2. Leib-Husaren-Regiment Königin Victoria von Preußen Nr. 2" vorübergehend ins Spiel.[15]

Ein ‚Husaren-Roman'? Das gilt zuerst für Effi selbst, die in den Husaren sogar Hüter der Unschuld sieht. Als Innstetten im Gespräch mit Gieshübler erfahren hat, daß „bei nötigem Entgegenkommen, also bei Bereitwilligkeit zu Stall- und Kasernenbauten", der Stadt Kessin seitens des Kriegsministeriums „zwei Schwadronen Husaren zugesagt werden [könnten]", fragt er: „Nun, Effi, was sagst Du dazu? –' Effi war wie benommen. All' das unschuldige Glück ihrer Kinderjahre stand mit einemmal wieder vor ihrer Seele, und im Augenblick war es ihr, als ob rote Husaren – denn es waren auch rote wie daheim in Hohen-Cremmen – so recht eigentlich die Hüter von Paradies und Unschuld seien. Und dabei schwieg sie noch immer."[16] Nicht umsonst war soeben im Zusammenhang mit den „Rathenowern" von einem „Raum des Vertrauten" die Rede, und rot, genauer karmesinrot, waren auch die hier gemeinten „Blücher'schen Husaren", die im hinterpommerschen Stolp garnisonierten.

Innstetten fährt fort: „‚Du sagst ja nichts, Effi.' ‚Ja, sonderbar, Geert. Aber es beglückt mich so, daß ich vor Freude nichts sagen kann. Wird es denn auch sein? Werden sie denn auch kommen?'"[17] Was zwischen Regiment und Rittergut sozial erwünscht ist und zwischen Regiment und Landratshaus sogar herbeigesehnt wird, kann seitens der Bürgerschaft durchaus unerwünscht sein: „[…] Pfefferküchler Michelsen habe sogar gesagt, es verderbe die Sitten der Stadt, und wer eine Tochter habe, der möge sich vorsehen und Gitterfenster anschaffen".[18] Daß Innstetten die drei Töchter Michelsens für „sämtlich hors concours"[19] erklärt, ist ein etwas maliziöser Scherz, ein Urteil von oben herab, das Effi gleichwohl herzlich lachen läßt. Es läßt unzweideutig erkennen, wofür die Bürgerstöchter eigentlich ‚da sind', wenn es um Husarenregimenter geht.

II.

Nun könnte der Eindruck entstehen, daß Fontane ein Faible für Husaren, zumal für Zietenhusaren gehabt hätte, aber nichts weniger als das. Als er sich auf Bitten Hermann Kletkes (1813–1886), des Chefredakteurs der „Vossischen", an den Aufsatz „Das Zieten'sche Husaren-Regiment von 1730 bis 1880"[20] macht, schreibt er ihm: „Freue mich aufrichtig, Ihnen zu Diensten sein zu können, so furchtbar mir diese ‚Zietenhusarenschaft' ist. Eigentlich wird mir schon weh ums Herz, sowie ich dies Wort blos höre. Die ‚Idolatrie', von der der Abg. Brüel neulich sprach, spukt bei uns an hundert Stellen, und einer der tollsten Spuke heißt ‚Zietenhusaren'." Fontane greift dabei auch auf Erfahrungen in der eigenen Familie zurück: „Zwei meiner Söhne sind zur Zeit Soldat, aber ich bekenne offen, daß mich die alleinseligmachende Militairhose nachgerade zur Verzweiflung bringt. Spartanerthum! Bah, Maschinenthum ist es. Und jeden Tag wird es toller. / Dennoch! / Es lebe Zietenhusaren."[21]

Da zeigt sich der scharfe Kritiker der „Militarisierung des Soziallebens", der besonders den ‚Götzenkult' um die „Zietenhusaren" geißelt. Er hält auch sonst mit seiner Meinung nicht zurück. Gegenüber Karl Eggers (1826–1900) beklagt er das ewige Einerlei der Regimentsanbetung: „Man ist eben ‚sick of it'."[22] Und in einem Brief an seine Frau Emilie vom 26. März 1880, als er noch mitten in der Arbeit steckt, steigert er seinen Sarkasmus ins Grundsätzliche. Die wöchentliche Rütli-Sitzung müsse ausfallen, bemerkt er, „da eine große Bachsche Musik in der Garnisonkirche ist. Ich werde mich derweilen mit ‚Zieten-Husaren' beschäftigen; von einem ächten Preußenstandpunkt aus, ist das wichtiger als Passionsmusik. Der preußische Standpunkt ist einer der dummsten und langweiligsten in der Weltgeschichte. Das Meiste daran wirkt pauvre und prosaisch, und zum Schluß: Dickethun ist mein Reichthum."[23] Gemeint war die Garnisonkirche in der Neuen Friedrichstraße, in der die 1869 gegründete Hochschule für Musik zu Berlin Kirchenkonzerte gab, seit 1875 übrigens regelmäßig Johann Sebastian Bachs Weihnachtsoratorium. In diesem Fall gelangte dort am „Karfreitag 1880 […] die Johannes-Passion zur Aufführung, im November 1881 die h-Moll-Messe".[24] Musik und Militär, Passionsmusik und Pauvreté – der „ächte Preußenstandpunkt" hätte kaum besser zur Kenntlichkeit entstellt werden können.

Fontanes wesentlicher Anteil an diesem „unsterblichen Artikel"[25] ist der des Eindampfens und Glättens: „Gott sei Dank bin ich mit dem Zieten-Husaren-Aufsatz so gut wie fertig; ich habe das 670 Seiten dicke Buch des Lieutenants v. Ardenne (Deines Tischnachbars bei Lessings) danach auch noch Droysen und W. Hahn durchlesen und mit einem immer dicker werdenden Kopf Notizen und Auszüge machen müssen."[26] Der Name des Verfassers gibt auch die Verbindung zu „Effi Briest", denn es war bekanntlich die Ardenne'sche Eheaffäre, die Fontane den Stoff zu seinem Roman bot, und die

„roten Husaren" dürften ihren Platz im Roman eben dieser Verquickung der Ehegeschichte mit der Regimentsgeschichte verdanken. Armand Léon von Ardenne (1848–1919), selbst ein „Rathenower" und Verfasser der „Geschichte des Zietenschen Husarenregiments" (Berlin, E. S. Mittler & Sohn, 1874), hatten die Fontanes bei einem Diner im Hause von Carl Robert Lessing (1827–1911), Landgerichtsdirektor in Berlin und Haupteigentümer der „Vossischen", kennengelernt.

Im Grunde war der Aufsatz ein Familienprodukt und, wie Fontane meinte, weit unter jenem Wert bezahlt, der in Form von Geld, Zeit, Wissen und Talent in ihn eingeflossen war: „Nun sind Friedel und Martha beim Abschreiben der von mir notirten Stellen. Morgen Mittag ist, denk ich, alles ins Reine geschrieben und kann abgeschickt werden. Ich erzähle Dir das so ausführlich, weil man daran das lächerlich Miserable des literarischen Erwerbes studiren kann." [27] Und dann zählte er haarklein auf: „Ich kaufe ein Buch, das wenigstens 4 Thaler kostet, arbeite drei Tage lang und lese drei Tage lang bis Nachts um 2, zwei Kinder schreiben viele, viele Seiten ab und zum Schluß mache ich mich an eine Correctur und Glattfeilung des Ganzen und dafür erhalte ich 20 oder wenn es hoch kommt 24 Thlr." [28] Wird erwogen, daß nur der Absatz „Die Rettung des Königs bei Kunersdorf" eine intensivere Bearbeitung Fontanes erkennen läßt, scheint die Klage doch etwas übertrieben zu sein: „Wobei ich mein Wissen und mein Talent noch gar nicht rechne; weiß nämlich einer von diesen Sachen wenig oder nichts, so kann er freilich auch denselben Aufsatz schreiben. Aber wie? Ich würde sagen zum weinen, wenn nicht der Masse des Publikums ‚gut' oder ‚schlecht' ganz gleich wäre." [29]

III.

Es verdient festgehalten zu werden: Während der Aufsatzverfasser seine Arbeit mit Sarkasmen begleitet und schonungslose Kritik an der „Zietenhusarenschaft" als Ausgeburt wilhelminischer Militärvergötzung übt, läßt der Romancier seine weibliche Hauptfigur von eben jenen „roten Husaren" als den „Hüter[n] von Paradies und Unschuld" träumen. Der Gegensatz könnte kaum größer sein; er belehrt aber auch darüber, daß der Leser sich in verschiedenen Sphären bewegt, ob er dem Briefautor in die gesellschaftliche Wirklichkeit seiner Zeit oder dem Erzähler in seine Romanwelt folgt. Außerdem sind Romanfiguren bei Fontane immer Figuren eigenen Rechts, die ihren Neigungen und Leidenschaften leben, und der jungen Havelländerin stehen solche an die Kindheit erinnernden Husarenträume gut zu Gesicht, auch wenn sie bald wieder verflogen sind.

Zu dieser notwendigen Unterscheidung tritt eine zweite: Zwischen der „Zietenhusarenschaft" und dem Namensgeber des Regiments hat Fontane stets zu differenzieren gewußt. Vorangegangen war dem Aufsatz in der „Vossischen" das Auftragswerk „Vaterländische Reiterbilder aus drei Jahrhunderten", in dem Zieten insofern einen besonderen Platz einnahm, als Fontane die Textvorlage Albert Emil Brachvogels (1824–1878) nach eigener Aussage gründlich umarbeitete: „Mit meinen ‚Feldherrn' werd' ich morgen fertig; beim alten *Zieten* sind nicht zwei Zeilen unverändert stehen geblieben. O Stil des deutschen Doktors und Professors. Oder gar Brachvogels!"[30] *Diesem* „Feldherrn" wenigstens glaubte er das schuldig zu sein. Die Zieten-Biographie besteht überwiegend aus dem legendären „Zietenritt" und dem „Tag von Torgau", gerahmt von der militärischen Laufbahn bis zur Übernahme des Regiments und der anekdotisch angelegten letzten Begegnung mit Friedrich dem Großen. Die Memorabilien in Wustrau, Berlin und Rheinsberg bilden den Schluß.[31]

Zieten und sein Geburtsort Wustrau standen freilich auch schon am Anfang der „Wanderungen durch die Mark Brandenburg". Am 4. Dezember 1859 erschien nämlich in der „Neuen Preußischen [Kreuz-] Zeitung" unter dem Sammeltitel „Märkische Bilder" das Reisefeuilleton „Wustrau".[32] Es schließt mit dem Satz „‚Ahnherr aller Husaren' – ein Poet hätt' es nicht besser machen können".[33] In „Effi Briest" ist davon übrigens so wenig die Rede, daß nur von den „roten Husaren", den „Rathenower Husaren"[34] oder einfach von den „Rathenowern", aber an keiner Stelle von den „Zieten-Husaren" gesprochen wird. Der Name Zieten taucht im ganzen Roman nicht auf. Das läßt sich auch so verstehen: „‚Dickethun‘ is’ nicht.“ Aber selbst mit dem Namen geht Fontane durchaus freizügig um.

Geradezu als Karikatur fällt jener Namensträger aus, der in „Schach von Wuthenow“ auf der Wachtstube des Regiments Gensdarmes den Vorschlag der skandalösen Schlittenfahrt Unter den Linden macht: „[…] ein schon älterer Lieutenant von Zieten, ein kleines, häßliches und säbelbeiniges Kerlchen, das durch entfernte Vetterschaft mit dem berühmten General und beinahe mehr noch durch eine keck in die Welt hineinkrähende Stimme zu balancieren wußte, was ihm an sonstigen Tugenden abging“.[35] Was die *äußere* Erscheinung betrifft, ist dieser „schon ältere Lieutenant“ jedoch von der Gestalt des jungen Zieten so weit nicht entfernt, jedenfalls nach jenem Urteil nicht, das Fontane eigens von dem späteren Feldmarschall Curt Christoph Graf von Schwerin (1684–1757) anführt: „‚Der Fähnrich von Zieten ist eine kleine, unansehnliche Gestalt, hat eine dünne, schwache Stimme und ist ganz untauglich zum Kommandieren.‘“[36] Mag sein, daß Fontane dem „Lieutenant von Zieten“ auch etwas von dem einzigen Sohn des alten Zieten, Friedrich Christian Emil (ab 1840) Graf von Zieten (1765–1854), beigegeben hat: „Selber eine Kuriosität, bracht’ er es über die Kuriositätenkrämerei nie hinaus.“[37]

Der Name „Zieten“ war für Fontane also keineswegs sakrosankt. Besonders muß ihm aber die Geschichte von der zufälligen Eisenbahnbegegnung gefallen haben, die Philipp Graf zu Eulenburg (1820–1889) im Januar 1882 bei einem Diner am Leipziger Platz erzählte. Sie sollte sich „vor ein paar Wochen bei den Rathenower-Husaren“ zugetragen haben und wirkt gerade deshalb so erhellend, weil *beide* Seiten die Situation verkennen und sich deshalb unfreiwillig komisch verhalten. „Drei junge Offiziere steigen in ein Coupé erster Klasse, um nach Berlin zu fahren; in einer Ecke des Coupé’s sitzt ein militairisch aussehender alter Herr und die drei jungen Lieutenants stellen sich ihm vor: v. Seydlitz, … v. Winterfeld, … v. Zieten. Der alte Herr denkt, sie wollen ihn zum Besten haben, streicht seinen Schnauzbart und sagt: ‚na, dann bin ich der alte Fritze.‘“[38]

IV.

Mit Blick auf die „Zieten-Husaren" muß nicht nur die Romanwelt
Fontanes von seiner Realwelt, es muß auch, wie bereits angedeutet,
Zieten selbst vom „Husarentum" unterschieden werden, wie Fontane das anläßlich der Kritik des bekannten Schadow-Denkmals auf
dem Wilhelmsplatz in Berlin getan hat. Er spricht sogar von einem
„Tendenzdenkmal". „Schadow hat nicht den Husarenvater als Por-
trait, sondern das *Husarentum* als solches dargestellt. Von dem Moment ab, wo man den *wirklichen* alten Zieten (den Tassaertschen)
gesehen hat, wird einem das mit einem Male klar."[39] Fontane begründet das mit der von Schadow gewählten Körpersprache: „Dies
übergeschlagene Bein, diese Hand am Kinn, als ob mal wieder ein
lustiger Husarenstreich ersonnen und ausgeführt werden sollte, das
alles ist ganz im Charakter des Husarentums, aber durchaus nicht
im Charakter Zietens, der von Jugend auf etwas Ernstes, Nüchter-
nes und durchaus Schlichtes hatte. Er hatte ein verwegenes Husaren*herz*, aber die Husaren*manieren* waren ihm fremd."[40]

„Tendenzdenkmal", „Husarentum", „Husaren*manieren*", sie
stehen ausdrücklich im Gegensatz zu dem, was Fontane den „*wirklichen* alten Zieten" und eine „*realistische* Auffassung"[41] nennt. Drückt
sich darin bereits ein Vorbehalt, eine Skepsis gegenüber dem bloß
angenommenen, veräußerlichten Habitus aus, so steigert Fontane
nicht zufällig im selben Jahr, als er den Regimentsaufsatz verfaßt,
seine Kritik exemplarisch an den „Zieten=Husaren" ins Grundsätzliche: zur Kritik an dem immer noch verbreiteten „Scheinwesen",
das ihn in seiner täglich erlebten und beobachteten Gesellschaft
umgibt. Er schreibt in einem Brief an die Tochter Martha: „Nun aber
sind wir aus dem Gröbsten heraus und es muß nun mit dem Scheinwesen ein Ende haben. Ein Lieutenant darf eben nur ein Lieutenant
sein und muß darauf verzichten, selbst wenn er bei Zieten=Husaren
steht oder gar wohl einen großen Todtenkopf an der Pelzmütze trägt,
ein Halbgott oder überhaupt was Exceptionelles sein zu wollen."[42]

Zu den genannten Unterscheidungen ist also noch die zwischen
Real- und Scheinwelt hinzuzunehmen, soweit es jedenfalls die ‚offi-

zielle' Welt der Wilhelminischen Gesellschaft betrifft, die nach Fontane in fortgesetzter Selbstüberschätzung und folglich auch in fortgesetzter Selbsttäuschung begriffen ist. „Aber wir arbeiten immer noch *mit falschen Werten* und stecken immer noch im ‚Wichtig= nehmen' drin, wo längst schon nichts mehr wichtig zu nehmen ist."[43] Daraus leitet Fontane den Appell ab, diese Welt des Scheins hinter sich zu lassen, die nicht nur vorgestrig ist, sondern auch und vor allem der Gesellschaft weder Freiheit noch sittlichen Halt gibt. „Wir müssen jetzt anfangen mit *wirklichen* Größen zu rechnen und die Dinge zu nehmen als das was sie *sind*, nicht als das was sie *scheinen*. Kraft und Vermögen, sie mögen nach einer Seite hin liegen, wohin sie wollen, sind immer *eine wirkliche* Macht, Titulaturen, Orden und andre Wichtigthuns=Attribute sind aber Alfanzereien, gehören der *Vergangenheit* an und haben mit Freiheit und Gesittung nichts zu schaffen."[44] Man glaubt, das Exposé zum „Hauptmann von Köpenick" zu lesen – Carl Zuckmayers (1896–1977) Erfolgsstück von 1930 hat vergleichbare Wurzeln. Im Grunde wies schon die Eulenburg-Anekdote auf eine solche Verkennung von Sein und Schein hin.

Fontanes ebenso hellsichtige wie fundamentale Kritik an dieser Welt des Scheins ist ihrer Zeit voraus, denn sie sollte noch lange ihre Faszination ausüben, Jahrzehnte über Fontanes Lebenszeit hinaus, wie Stefan Malinowski erst jüngst wieder bestätigt hat. „Wo die Sehnsucht nach Wiederverzauberung der Welt nicht auf die Angebote der radikalen Linken zurückgreifen konnte, lag es nahe, sich von der eindrucksvollen Symbolsprache des Adels faszinieren zu lassen. Die Burgen und Schlösser, der Glanz des Berliner Hofes unter Wilhelm II., die Paraden der Gardekavallerie und der formenprächtige Aufmarsch des Kaisers mit seinen Söhnen zur ‚Parolenausgabe' lassen sich als ‚militaristische' und unzeitgemäß ‚feudale' Formen adliger Prachtentfaltung beschreiben."[45] Und doch kann dies nach Malinowski nicht das letzte Wort sein: „Dies waren sie auch. Um ihre bleibende Attraktivität erklären zu können, müssen sie jedoch auch als Angebote an die menschliche Bildersucht gelesen werden, der die republikanische Bildersprache nichts Vergleichbares anzubieten hatte."[46]

Daß für Fontane der „Lieutenant" bei den „Zieten=Husaren" exemplarisch für das „Scheinwesen" steht, weil er sich für etwas „Exceptionelles" hält, stimmt mit der anderen Aussage überein: „[…] und einer der tollsten Spuke heißt ‚Zietenhusaren'". Wie ist es zu bezeichnen, wenn das am 30. Mai 1919 aufgelöste Zieten-Regiment im Jahr 2013 in der „Interessengemeinschaft Zietenhusaren in Rathenow" seiner Auferstehung vor zwei Jahrzehnten, 1993, gedenkt? Hätten Fontane dafür die Worte gefehlt? Die Formulierung „einer der tollsten Spuke" war ja kaum noch zu übertreffen. Oder sollte nicht einfach gesagt werden: nachdem es kein ‚wirkliches' Regiment mehr gibt, ist der „Spuk" zu sich selbst gekommen.

V.

Es gab schon einmal eine Auferstehung – in der Zeit der Not, als die Stadt Rathenow Notgeldscheine mit den Zieten-Husaren im Wert von 50, 75, 80 und 90 Pfennig drucken ließ. Diese Serienscheine erfreuten sich großer Beliebtheit, so daß viele gar nicht mehr für den Umlauf, sondern für den Sammler ausgegeben wurden. Das Husaren-Notgeld hatte 1921 der vom Wandervogel beeinflußte Rathenower Künstler W[illy] H[orsa] Lippert (1898–1981) entworfen[47] und damit einen solchen Erfolg gehabt, daß er bis Ende 1922 zehn weitere Städte in Brandenburg, Schlesien und Pommern mit Notgeldentwürfen beliefern konnte, in Pommern etwa die Stadt Belgard mit dem „Belgarder Totenkopfreiter vor dem Leibhusaren in Danzig" und die Stadt Stolp mit den „Stolper Blücher-Husaren" sowie – als Vorgänger – einem „Belling-Husaren". Nicht, daß damals ein „Husaren-Fieber"[48] ausgebrochen wäre, aber bezeichnend ist diese Rückversicherung wohl doch, zumal sie von einer früheren Garnisonstadt der preußischen Kernprovinz ausgegangen war.

Und als Nothelfer wurde in dieser Zeit auch Fontane aufgerufen. So schrieb der spätere Berliner Bezirksschulrat Dr. Friedrich Zillmann (1892–1968), der noch eine zweideutige Rolle bei der Gründung der „Heinrich-von-Kleist-Gesellschaft" 1960 in Berlin spielen sollte,[49] „am Tage von Fehrbellin 1919" in Berlin-Pankow: „Und mit dieser kraftvollen Persönlichkeit, die in einer besseren Zeit wurzelt, stehe er, der Vaterlands- und Spruchdichter, nunmehr als Vorbild wie ein ‚rocher de bronce' vor dir, du armes Vaterland, vor den Alten und Jungen; den Alten, die alles versinken sehen, als ein Trost, den Jungen als ein Vorbild, und eine Mahnung zur Arbeit und Wiederaufbau."[50] Da konnte es nicht ausbleiben, daß wieder einmal auf Fontanes Feldherrnlieder zurückgegriffen wurde: „Das Gedicht von dem Heldentode Schwerins bei Prag und noch mehr ‚Der alte Zieten' sind am bekanntesten, und es gibt wohl kaum einen deutschen Jungen, der nicht einmal gesungen hätte: Joachim Hans von Zieten, / Husarengeneral, / [...]".[51]

Damit sind wir denn auch bei Fontanes „lange Zeit populärstem Gedicht" angelangt. In einem der ersten überlieferten brieflichen Zeugnisse zwischen Theodor und Emilie Fontane von Ende April 1847 hatte er dieses Gedicht für seine damalige Braut abgeschrieben und erwartungsvoll hinzugesetzt: „Schreibe mir Dein Urtheil; ich bin neugierig [...]".[52] Dreiunddreißig Jahre später konnte er Emilie berichten: „‚Der alte Zieten' wird völlig als Volkslied angesehn und jeder änderts und verbesserts."[53] Was dazwischen lag, wie aus Fontanes „Gedichten" auf einige preußische Feldherrn zuerst „Soldatenlieder", dann „Preußenlieder" und beim „Alten Zieten" schließlich sogar ein ‚Volkslied" wurde, ist an anderer Stelle dargestellt worden.[54] Daß aber dieser Funktionswandel nicht unabhängig von den politischen Entwicklungen und den entsprechenden Veränderungen im mentalen Haushalt der preußisch-deutschen Gesellschaft war, sollte hinzugefügt werden. So kam endlich nicht nur Fontane, sondern auch der „Alte Zieten" nach 1918/19, als eine ganze Partei die „Flucht in den Mythos"[55] antrat, in die Nothelferrolle – auf dem Notgeldschein der Stadt Rathenow, posierend in Husarenmanier nach Adolph Menzels bekannter Zeichnung:

> Joachim Hans von Zieten,
> Husaren-General,
> Dem Feind die Stirne bieten,
> Er tat's wohl hundert Mal;
> [...]

Ob Fontane diese Inanspruchnahme gutgeheißen hätte, ist eine müßige Frage, auf ein „Volkslied" hat der Autor keinen Anspruch mehr. Fontane hatte freilich von „*falschen Werten*" gesprochen, und welchen Wert der Zieten-Schein *tatsächlich* hatte, ist unsicher, aber viel wird es nicht gewesen sein. Kritik am Zieten-Notgeld? Je länger darüber nachgedacht wird, desto mehr gewinnt die gegenteilige Auffassung an Plausibilität: Fontane hätte es wahrscheinlich amüsiert und vermutlich sogar gefallen, den alten Zieten auf „90 Pfennig" taxiert zu sehen. „Unsre großen Dichter, Philosophen, Feldherrn und Staatsmänner waren arme Leute. Was bleibt vom alten Zieten, von Kant und Schiller übrig, wenn man sie mit der Geld-Elle mißt?"[56]

[1]   Theodor Fontane: *Der Stechlin. Roman.* Hrsg. v. Klaus-Peter Möller. GBA *Das erzählerische Werk* 17. 2. Aufl. Berlin 2011, S. 697–698.

[2]   Theodor Fontane: *Schach von Wuthenow. Erzählung aus der Zeit des Regiments Gensdarmes.* Bearb. v. Gotthard Erler. Berlin 1996.

[3]   Lohnend sind in dieser Hinsicht *Irrungen, Wirrungen* mit dem beim Kürassier-Regiment der Gardes du Corps stehenden Botho von Rienäcker und weiteren Kürassier-, Füsilier-, Husaren-, Dragoner- und Ulanenregimentern, sowie *Die Poggenpuhls* mit verschiedenen historischen und dem (fiktiven) Grenadier-Regiment von Trzebiatowski in Thorn. Aber auch *Cécile* mit dem ehemaligen Oberst und Regimentskommandeur St. Arnaud und *Der Stechlin* mit der Figur des Rittmeisters Woldemar von Stechlin vom 1. Garde-Dragoner-Regiment Königin Viktoria von Großbritannien und Irland kommen in Teilaspekten in Betracht; von den Prosafragmenten sei besonders *Maier von den gelben Husaren* genannt.

[4]   Vgl. die klassische Studie von Eckart Kehr: *Zur Genesis des Königlich Preußischen Reserveoffiziers* [zuerst 1932]. In: Ders.: *Der Primat der Innenpolitik. Gesammelte Aufsätze zur preußisch-deutschen Sozialgeschichte im 19. und 20. Jahrhundert.* Hrsg. u. eingel. v. Hans-Ulrich Wehler. Frankfurt/M., Berlin, Wien 1976, S. 53–63; zur Vorgeschichte: Otto Büsch: *Militärsystem und Sozialleben im Alten Preußen 1713–1807. Die Anfänge der sozialen Militarisierung der preußisch-deutschen Gesellschaft.* Durchges. u. erw. Taschenbuchaufl. Frankfurt/M., Berlin, Wien 1981.

[5]   *Memoirs pour servir a l'histoire de l'armée prussienne, continués jusqu'au mois de janvier 1759, accompagnés de l'etat general de toutes les trou-*

pes prussiens, peint et gravés en taille douce, et redigés en ordre par J. F. S. Amsterdam, Aux Depens de la Compagnie, o. J. [1759], S. 106.

6   Theodor Fontane: *Effi Briest. Roman.* Hrsg. v. Christine Hehle. GBA *Das erzählerische Werk* 15. Berlin 1998, S. 7. – Auch „Goetze" ist ein historischer Name: Der an seinen in der Schlacht bei Kesselsdorf empfangenen Wunden am 19. Dezember 1749 gestorbene Generalmajor Ernst Ludwig von Goetze hatte 1743 als Obrist das Kommando über das im selben Jahr in Berlin errichtete Füsilierregiment erhalten.

7   Ebd., S. 181.

8   Ebd., S. 11.

9   Ebd.

10 Bereits 1688 hatte der Obrist Johann Georg von Belling in Heiligenbeil in Ostpreußen ein Feldregiment errichtet; er fiel schon im Folgejahr 1689 vor Bonn.

11 Theodor Fontane: *Wanderungen durch die Mark Brandenburg.* 2. Bd. Hrsg. v. Walter Keitel u. Helmuth Nürnberger. HFA II/2. 2. Aufl. München 1977, S. 774.

12 Fontane: *Effi Briest*, wie Anm. 6, S. 203

13 Ebd., S. 294.

14 Ebd., S. 102.

15 Dazu kommen in *Effi Briest* noch die „Treptower Ulanen", das 1. Pommersche Ulanen-Regiment Nr. 4, das Kaiser-Alexander-Garde-Grenadier-Regiment Nr. 1 und das 2. Brandenburgische Ulanen-Regiment Nr. 11, das zeitweilig in Perleberg in der Prignitz in Garnison lag.

16 Fontane: *Effi Briest*, wie Anm. 6, S. 197–198.

17 Ebd., S. 198.

18 Ebd.

19 Ebd.

20 Erschienen in: *Königlich privilegirte Berlinische Zeitung von Staats- und gelehrten Sachen* [Vossische Zeitung], Nr. 101, 11. April 1880, Morgenausgabe, 1. Beilage; Nr. 103, 13. April 1880, Morgenausgabe, 2. Beilage; Nr. 104, 14. April 1880, Morgenausgabe, 2. Beilage; wieder abgedruckt unter dem Titel *Das Zietensche Husarenregiment von 1730 bis 1880* in: GBA *Wanderungen durch die Mark Brandenburg 6. Dörfer und Flecken im Lande Ruppin. Unbekannte und vergessene Geschichten aus der Mark Brandenburg.* Hrsg. v. Gotthard Erler unter Mitarb. v. Therese Erler. Berlin, Weimar 1991, S. 527–556; zu Fontane und Zieten vgl. auch Irina Rockel: *„Allergnädigster König und Herr! Ich bin Euer Knecht v. Zieten." Die Familie Hans Joachim von Zieten.* Berlin 2012, S. 227–240.

21 Theodor Fontane an Hermann Kletke, Berlin, 27. Februar 1880. In: Ders.: *Briefe.* 3. Bd.: 1879–1889. Hrsg. v. Otto Drude, Manfred Hellge u. Hel-

muth Nürnberger unter Mitwirkung v. Christian Andree. HFA IV/3. München 1980, Nr. 60, S. 63.

22 Zit. nach GBA *Wanderungen* 6, wie Anm. 20, S. 732 (Anmerkungen).

23 Theodor Fontane an Emilie Fontane, Berlin, 26. März 1880. In: Emilie und Theodor Fontane: *Der Ehebriefwechsel*. Hrsg. v. Gotthard Erler unter Mitarb. v. Therese Erler. GBA *Ehebriefwechsel* 3: 1873–1898. Berlin 1998, Nr. 560, S. 199–201, hier S. 200.

24 Dietmar Schenk: *Die Hochschule für Musik zu Berlin: Preußens Konservatorium zwischen romantischem Klassizismus und Neuer Musik, 1869– 1932/33*. Wiesbaden 2004, S. 209.

25 Theodor Fontane an Emilie Fontane, Berlin, 5. April 1880. In: GBA *Ehebriefwechsel* 3, wie Anm. 23, Nr. 562, S. 204–208, hier S. 204.

26 Theodor Fontane an Emilie Fontane, Berlin, 7. April 1880. In: GBA *Ehebriefwechsel* 3, wie Anm. 23, Nr. 563, S. 208–210, hier S. 208.

27 Ebd.

28 Ebd.

29 Ebd.

30 Theodor Fontane an Emilie Fontane, Berlin, 8. Juni 1879. In: GBA *Ehebriefwechsel* 3, wie Anm. 23, Nr. 543, S. 167–170, hier S. 169 [Hervorh. im Orig.].

31 Theodor Fontane: *Vaterländische Reiterbilder aus drei Jahrhunderten*. In: Ders.: GBA *Wanderungen* 6, wie Anm. 20, S. 415–526, hier S. 440–447.

32 Te. [= Theodor Fontane:] *Märkische Bilder. 5. Wustrau*. In: *Neue Preußische [Kreuz-]Zeitung*, Nr. 284, 4. Dezember 1859, Beilage.

33 Theodor Fontane: *Wanderungen durch die Mark Brandenburg*. 1. Bd. Hrsg. v. Walter Keitel u. Helmuth Nürnberger. HFA II/1. 2. Aufl. München 1977, S. 28.

34 Fontane: *Effi Briest*, wie Anm. 6, S. 38–39.

35 Fontane: *Schach von Wuthenow*, wie Anm. 2, S. 79.

36 Fontane: *Vaterländische Reiterbilder*, wie Anm. 31, S. 440.

37 Fontane: *Wanderungen*, wie Anm. 33, S. 27; vgl. dagegen Rockel, wie Anm. 20, S. 336–350.

38 Theodor Fontane: *Tagebücher 1866–1882. 1884–1898*. Hrsg. v. Gotthard Erler unter Mitarb. v. Therese Erler. GBA *Tage- und Reisetagebücher* 2. 2. Aufl. Berlin 1995, S. 153 (21. Januar 1882).

39 Fontane: *Wanderungen*, wie Anm. 33, S. 21–22 [Hervorh. im Orig.].

40 Ebd., S. 22 [Hervorh. im Orig.].

41 Ebd. [Hervorh. im Orig.].

42 Theodor und Emilie Fontane an Martha Fontane, Wernigerode, 4. September 1880. In: Theodor Fontane und Martha Fontane: *Ein Familienbriefnetz*. Hrsg. v. Regina Dieterle. Berlin, New York 2002, Nr. 36, S. 81–84, hier S. 83.

43 Ebd. [Hervorh. im Orig.].
44 Ebd. [Hervorh. im Orig.].
45 Stefan Malinowski: *Vom König zum Führer. Sozialer Niedergang und politische Radikalisierung im deutschen Adel zwischen Kaiserreich und NS-Staat.* Berlin 2003, S. 495.
46 Ebd., S. 495–496.
47 Gedruckt wurde das Notgeld bei Flemming und Wiskott in Glogau; Lippert betätigte sich auch als Bildhauer und mußte, als er 1933 im KZ Oranienburg inhaftiert war, das Lagergeld entwerfen; bekannt wurde er als Heraldiker, denn er entwarf beginnend mit dem amtlich anerkannten Wappen und Siegel der Stadt Brunsbüttel für weitere Städte und Familien insgesamt 240 Wappen.
48 So der Titel eines Lustspiels in vier Akten von Gustav Kadelburg (1851–1925) und Richard Skowronnek (1862–1932), das 1906 in Berlin herauskam und 1925 von Georg Jacoby verfilmt wurde (1926 in Berlin im Verlag Bloch Erben veröffentlicht). Das Stück war recht erfolgreich; die Göttinger Inszenierung von 1907 hat Theodor Lessing (1872–1933) positiv besprochen; Theodor Lessing: *Nachtkritiken. Kleine Schriften 1906–1907.* Hrsg. v. Rainer Marwedel. Göttingen 2006, S. 126–127.
49 Vgl. Klaus Kanzog: *Die Gründung der Heinrich-von-Kleist-Gesellschaft. Dokumentation.* In: *Kleist-Jahrbuch* 2011, S. 3–13.
50 Friedrich Zillmann: *Theodor Fontane als Dichter. Er über ihn.* Mit 4 Bildern u. 3 Faksimiles. Stuttgart, Berlin 1919, S. 8.
51 Ebd., S. 23–24.
52 Theodor Fontane an Emilie Rouanet-Kummer, [Letschin, Ende April 1847]. In: GBA *Ehebriefwechsel* 1: 1844–1857. Berlin 1998, Nr. 3, S. 4–5, hier S. 5.
53 Theodor Fontane an Emilie Fontane, Berlin, 13. April 1880. In: GBA *Ehebriefwechsel* 3: 1873–1898. Nr. 566, S. 214–215, hier S. 215.
54 Hubertus Fischer: *Theodor Fontane, der „Tunnel", die Revolution: Berlin 1848/49.* Berlin 2009, S. 289–316. – Als Fontane 1859 in München weilte, trug Paul Heyse dem bayerischen König Maximilian II. Joseph neben dem „Louis Ferdinand" und dem „Alten Dessauer" auch den „Alten Zieten" vor: „Der König und sein Adjutant (eine Art Louis Ferdinand) sollen sehr enchantirt gewesen sein." Theodor Fontane an Emilie Fontane, München, 15. März 1859. In: GBA *Ehebriefwechsel* 2. Nr. 277, S. 157–158, hier S. 157.
55 Vgl. Annelise Thimme: *Flucht in den Mythos. Die Deutschnationale Volkspartei und die Niederlage von 1918.* Göttingen 1969.
56 Theodor Fontane an Emilie Fontane, Thale am Harz, 25. Juni 1884. In: GBA *Ehebriefwechsel* 3. Nr. 675, S. 424–426, hier S. 425.

Eine „Novelle" über den „pietistischen Conservatismus"

Das Fragment „Storch von Adebar" im zeitgeschichtlichen Kontext betrachtet[1]

I.

„Ulkereien mit den Namensgebungen"[2] hat Fontane mehr als einmal in seinen Romanen getrieben. In dem zwischen 1881 und 1882 entstandenen Romanfragment „Storch von Adebar" heißt es nach dem Stichwort „Der Maler kommt. Ahnensaal": „Ein Jahr ist vergangen. […] Das Jahr hatte ein kleines Crèvecœur [Herzeleid] gebracht, den Spottartikel über den Storch v. Adebar. Der Ahnensaal gibt die Veranlassung. Es wäre nur in der Ordnung bei einer *so* alten Familie. Nun *wie* alt sie wären. Sie wären in Urzeiten mit den Störchen ins Land gekommen. Die meisten Störche hätten ihr Wanderleben, ihr Hin und Her zwischen Afrika und Brüssow fortgesetzt, *ein* Paar aber sei seßhaft geworden, habe sich unter den Regierungen guter Fürsten immer mehr entwickelt, sei vor allem zuerst zum Christentum übergetreten und habe seitdem der Adel aufkam, über den es historisch weit hinausrage, den Namen Storch von Adebar angenommen. Der Alte hatte diesen Artikel mit einer großen Gesellschaft beantwortet, in der er beim Nachtisch den Artikel vorgelesen, in größter Heiterkeit aber mit Zitterstimme."[3]

Welcher, wenn nicht *dieser* Name sollte eine Erfindung, eine „Ulkerei" Fontanes sein? Er ist es mitnichten. Gut zweihundertsechzig Jahre früher, im Juni 1619, schrieb der Prediger, Theologe und Historiker Paulus Bolduanus aus Stolp in Hinterpommern an den in der Historie seines Vaterlandes bewanderten „Hochgelahrten Doctor" und Stettiner Herzoglichen Rat Jürgen Valentin Winter (auch Georg Valentin von Winther [1578–1623]) in örtlichen Adelsangelegenheiten:

179

„Die Ritzen und Grumkoen[4] (denn so achte ich, daß im Umschreiben *Gramboen* vor *Grumkoen* gesetzt) so in der Land=Vogtey Stolp belegen, und nebst andern von Adel, vom Herrn Land=Vogt den 7. Junii jüngst wegen Ausstafirung herein verschrieben, aber wieder hoffen nicht erschienen, habe aber an sie geschrieben, und ihre Wapen einzuschicken, ermahnet, was sie thun werden, giebt die Zeit. Sind sehr nachläßig, ihre eigene Ehre und Wohlfarth zu befördern. Die Andere in den Ämtern Löbenburg[5] und Bütow, sind mir, ausgenommen *Pomoisken*, fast unbekannt: werde berichtet, daß es Freye seyn sollen. Der Adebahren geadeltes Geschlecht ist neu (ausgenommen auf den Zimmern): denn, wie ich berichtet, ist *Caspar Adebar* wegen seines wohlverhaltens in Krieg, erstlich geadelt, ist aber neulich ohne männliche Erben verstorben."[6]

Auf welchem Wege Fontane dieser historisch und geographisch einigermaßen entlegene Name zugekommen ist, wird sich kaum mehr ermitteln lassen. Immerhin, und das könnte eine Quelle sein, führt der Siebmacher ihn und gibt außerdem das Adebar-Wappen mit Storch,[7] so daß in der Tat ein „Storch von Adebar" vor dem Betrachter steht. Fontane hat aus dem hinterpommerschen Adel kürzerer Dauer eine alte uckermärkisch-vorpommersche Familie gemacht, die nach dem Willen der „Störchin" endlich heraus soll „aus dieser Ohnmacht, diesem Nichts"[8]. Folgt man ihren Worten, dann ist der Name *dieser* Adebars (wir haben sie uns als erbgesessen im Raum Pasewalk-Prenzlau-Stettin vorzustellen[9]) trotz alten Herkommens kaum weniger obskur als der des „*Capar Adebar*": „Ich bekenne dir, wir haben nun lange genug unbeachtet in diesem Erdenwinkel gesessen. [...] Nimm die Reihe unsrer alten Familien durch[,] alle waren einmal daran, alle haben einmal geherrscht bei Hofe, in der Armee, in der Kirche. Nur die Adebars sind die einzigen[,] die siebenhundert Jahre darauf gewartet haben. Es kommt jeder einmal an die Reihe und ich glaube, wir sind nahe daran."[10]

„Das Geheimnis des Adels ist die *Zoologie*", hat der junge Marx erklärt.[11] Nun ist der Mensch nach alter Staatslehre aber auch ein „zoon politikón", ein von Natur nach der staatlichen Gemeinschaft strebendes Lebewesen. Nennt Fontane seinen „Storch von Adebar" eine „*politische* Novelle"[12], dann darf bei der „Zoologie" nicht stehengeblieben werden; der Storch ist vielmehr als „zoon politikón" ins Auge fassen, und in welcher Richtung dieses „politikón" zu suchen ist, hat Fontane selber angegeben: „Der Titel soll sein: *Storch von Adebar* und die Tendenz geht dahin, den *pietistischen* Conservatismus, den Fr[iedrich] W[ilhelm] IV. aufbrachte und der sich bis 1866 hielt, in Einzel-Exemplaren (Potsdam) auch *noch* vorhanden ist, in seiner Unächtheit, Unbrauchbarkeit und Schädlichkeit zu zeichnen."[13]

Demnach zielt diese „Novelle" – Fontane verwendet den Begriff synonym mit Roman – auf jene eigentümliche Transformation des Konservatismus ins „Christlich-Germanische"[14], die der „Romantiker auf dem Throne der Cäsaren"[15] hof- und staatsfähig gemacht hatte. Das fügte sich in den umfassender angelegten Versuch des von seinem Gottesgnadentum erfüllten Monarchen, der preußischen Staatsmaschine samt der Armee eine fromme christliche Seele einzupflanzen.[16] In der Zeit jedoch, in der „Storch von Adebar" spielt, von Beginn der Regentschaft Wilhelms I. 1858 bis etwa zum Krieg gegen Österreich 1866,[17] war nicht nur Friedrich Wilhelm IV. infolge wiederholter Schlaganfälle handlungsunfähig geworden und dann, am 2. Januar 1861, gestorben. Mit seinem geistigen und physischen Ende hatte auch der „pietistische Conservatismus" den Zenit seines Einflusses und seiner stilbildenden Macht überschritten. Statt mit ihm aufwärts zu gehen bei Hof und im Staat, wie die Störchin es will, kann es eigentlich immer nur abwärtsgehen, und so kommt es denn auch.

„Storch von Adebar" wäre nach den vorliegenden Entwürfen ein facettenreicher politischer Roman der ‚Ungleichzeitigkeit' geworden, und an dieser Ungleichzeitigkeit geht letztlich auch der alte Storch zugrunde. Die im folgenden versuchte Annäherung über einige ‚Ähnlichkeiten' betrifft eine christlich-konservative Adelsfamilie, die im Unterschied zu den Störchen ihren Aufstieg unter Friedrich Wilhelm IV. rechtzeitig vollzog (wenngleich diese Karriere dann ebenfalls im finanziellen Desaster endete). Eine solche historische

Folie will nicht auf Gleichsetzungen hinaus, sie will nur die Realitätsbezüge des Prosafragments verdeutlichen und an einzelnen Stellen vertiefen, um es auf diese Weise in jenen Kontext zurückzuversetzen, dem es seine Entstehung verdankt. Dabei wird dann auch erkennbar werden, in welch beachtlichem Maße Züge, Haltungen und geschichtliche Momente des „pietistischen Conservatismus" modellbildend auf die Entwürfe eingewirkt haben.

II.

Wer mit der preußischen Geschichte der 1820er bis 1860er Jahre einigermaßen vertraut ist, dem fallen zu „Storch von Adebar" zahlreiche Parallelgeschichten ein. Er denkt an die Thadden und Below, die Blanckenburg, Puttkamer und Oertzen, die Gerlach und Thile, die Raumer und Rauch, die Stolberg und Krassow, die Mühler, Kleist-Retzow und andere mehr. Vor allem aber drängt sich *ein* Name auf, der an sich schon eine gewisse Parallele darstellt: Senfft von Pilsach.[18] Fontane selbst erwähnt die Familie im Romanfragment,[19] neben den von Hahn und Lepel-Wieck, und führt als ihre charakteristischen Züge auf: „Sie bauen Kirchen und Schulhäuser, interessieren sich für innere Mission, kümmern sich um Wichern und das Rauhe Haus, schicken ihre Frieda als ‚Schwester' nach Bethanien etc. haben Pastoral-Konferenzen, erörtern die Frage von der Union, als ob die Welt davon abhinge, sind auch nicht ohne wirkl. Gutmütigkeit u. Hülfebereitschaft, au fond aber doch nur hohle Sechser-Aristokraten von der dümmsten Sorte. Alles ist doch schließlich Eitelkeit, Dünkel, Aufgeblasenheit, Wichtigtuerei. Dazwischen brennt denn eine Tochter durch und ein Sohn muß nach Amerika. Das ist dann *Läuterung u. Prüfung.*"[20]

Fontane wußte, wovon er sprach. Da schlug sich – außer der einen oder anderen „Wanderungen"-Begegnung – das „Kreuzzeitungs"-Jahrzehnt 1860 bis 1870 nieder, aber wohl auch das, was er durch Bekannte, Freunde und Freundinnen (Bernhard von Lepel[21], die Merckels, Mathilde von Rohr) und nicht zuletzt aus der Zeitungslektüre erfahren hatte. „Ich habe", schrieb er an den Redakteur von

„Westermanns Illustrierten Deutschen Monatsheften" Gustav Karpeles (1848–1909), „alle diese Dinge erlebt, diese Figuren gesehn, und freue mich darauf, sie künstlerisch gestalten zu können."[22] Aus dem Abstand von mehr als zehn Jahren seit dem Ausscheiden aus der „Kreuzzeitung" und der kürzer zurückliegenden Trennung vom „Wochenblatt der Johanniter-Ordens-Balley Brandenburg"[23] war dies wohl auch eine Art Selbstverständigung über das politisch-religiöse Milieu, mit dem er einst engere Berührung hatte – so auch mit der folgenden „Figur".[24]

Das Profil, das Fontane von den christlich-konservativen Adelsfamilien zeichnet, trifft zu Teilen wenigstens auf Adolph Freiherr Senfft von Pilsach (1797–1882) und seine recht zahlreiche Familie zu. Der Oberstleutnant a. D. und Rechtsritter des von Friedrich Wilhelm IV. 1852 erneuerten (evangelischen) Johanniterordens saß auf Sandow und Bergen (4075 ha) im neumärkischen Kreis Weststernberg, nicht allzuweit vom Johanniter-Ordensschloß Sonnenburg mit angegliedertem Krankenhaus entfernt, war zweimal verheiratet und hatte sechs Kinder.[25] Er führte im preußischen Herrenhaus die Stimme der äußersten Rechten und fiel auf der parlamentarischen Bühne durch antisemitische Ausfälle auf.[26] In letzterem steht ihm die Störchin nicht nach: „Am meisten haß ich den Judengott – er ist das Geld an sich, die Beugung vor dem Golde, bloß weil es Gold ist. Mittel, Mittel. Worin liegt denn die Macht der Judenwelt? In ihren Mitteln. Das müssen wir erkennen und daran lernen."[27]

Wie in der Politik lebte der Freiherr auch auf seiner ausgedehnten Scholle an der Pleiske das „Christlich-Germanische" in Reinkultur. Sein Wirken im heimatlichen Wahlkreis machte die „Spenersche Zeitung" publik. Danach stand Adolph Senfft im Jahre 1853 nicht an, dem dort gewählten Abgeordneten brieflich die Nichtannahme der Wahl dringend anzuraten, „da dieselbe dem Assessor Wagener doch nur durch zufällige Abwesenheit einiger Wähler entgangen sei, und droht[e] ihm im Weigerungsfalle mit Vorhaltung früherer Reden und Abstimmungen".[28] Hermann Wagener (1815–1889), über Jahre der redaktionelle Kopf der „Kreuzzeitung" und ein scharfer Antisemit,[29] mußte natürlich der Wunschkandidat des frommen Gutsherrn sein.

Seine Interessen als agrarischer Großunternehmer hat Adolph Senfft über dem Einsatz für den christlichen Staat nicht vergessen. 1848 unterzeichnete er eine geharnischte Adresse gegen die Grundsteuerpläne des Finanzministers David Hansemann (1790–1864),[30] und in den 1850er Jahren fungierte er als Vorstandsmitglied des „Landes-Ökonomie-Collegiums".[31] Es war nicht zuletzt diese Bigotterie, unter dem Mantel der Frömmigkeit den eigenen Vorteil zu suchen und bei vorgeblicher Demut dem Dünkel zu frönen, die Fontane am „pietistischen Conservatismus" geißeln wollte. So notierte er zur Redeweise des alten Storch: „Der Grundklang ist immer: Abstinenz, man muß entsagen können; die irdischen Güter bedeuten nichts; Geld und Gut, Ruhm und Ehre, Ansehn vor den Leuten, Macht, Einfluß – all das hat keinen Wert, nur darauf kommt es an[,] uns der Gnade Gottes wert zu machen, uns ihrer zu versichern. So spricht er vor den *Leuten* und im *Beginn* seiner Rede auch immer vor seiner Frau; spricht er dann aber weiter, so kommt das Eselsohr seiner krassen Selbstsucht, seiner Eitelkeit, seines Familiendünkels hervor."[32]

Während die drei Töchter Adolph Senffts unverheiratet blieben, heirateten die drei Söhne wiederum in fromme Familien hinein. Und wie der Johanniterorden[33] und die „Herstellung einer ‚christlichen Ritterschaft'"[34] im Romanfragment eine Rolle spielen, so folgten dem Vater Adolph Senfft Wilhelm Senfft als Rechtsritter und Günther Senfft als Ehrenritter des Johanniterordens nach.[35]

III.

Was von dem „Freiherr[n] Adolar Storch v. Adebar, Kammerherr[n]", „erbgesessen auf Brüssow, Laabs-Lübs und Nassenheide"[36] gesagt wird, trifft freilich mehr noch auf Adolphs älteren Bruder, den Freiherrn Ernst Senfft von Pilsach (1795–1882), zu, Herr auf Gramenz, Schofhütten, Alt-Hütten, Zechendorf und Kathen im hinterpommerschen Kreis Neustettin, wo er als Guts- und Bauherr ganz im ‚Storchschen' Sinne wirkte. Sein Weg bedarf einer eingehenderen Darstellung, da die Annäherung an „Storch von Adebar" mit ihm, seinen

Glaubensfreunden und Verwandten wohl am besten gelingt. Dazu muß freilich auf seine Anfänge zurückgegangen werden.[37]

1813 Freiwilliger Jäger, schloß Senfft sich nach den Befreiungskriegen in Berlin der „Maikäferei" an, einer Art Fortsetzung der „Christlich-Deutschen Tischgesellschaft" um Achim von Arnim.[38] Das verband ihn freundschaftlich mit Ernst Ludwig von Gerlach (1795–1877), dem späteren Führer der preußischen Hochkonservativen,[39] sowie mit Adolph von Thadden (1796–1882), dem bald äußerst rührigen Führer der pommerschen Piestisten.[40] Um 1818/19 durch den Baron Ernst von Kottwitz[41] (1757–1843) und den früheren Weber Johannes Jaenicke[42] (1748–1827), einen urwüchsigen Eiferer gegen die Rationalisten, ‚erweckt', diente Senfft noch bis 1821 in der Armee. Nach seiner Verabschiedung wurde er Landwirt auf dem Gut Rottnow bei Greifenberg in Pommern und hielt dort Abendandachten der pommerschen Erweckten ab. „Auch unmittelbar an den Strand verpflanzte er seine religiöse Wirksamkeit. So predigte er in einer Scheune des Stranddorfes Revahl."[43]

„Morgen- und Abendandachten"[44] notierte Fontane gleichermaßen für das Storchsche Gut, und bei der Aufstellung der „Personen[,] die zum Missionsfest kommen", sah er unter der „Land-Gruppe von den Gütern" „alt-lutherische Leineweber" sowie unter der „kleine-Stadt-Gruppe" „die Leineweber und Tuchmacher" vor.[45] Nun war das Städtchen Greifenberg an der Rega mit Rasch-, Tuch- und Leinwandfabriken gerade so für seine Leinwand bekannt wie der gleichnamige Ort in Schlesien.[46] Und das Weberhandwerk, dem auch der Prediger Jaenicke entstammte, galt als besonders konventikelanfällig – im Unterschied zu den Bauern, die als „Hofbesitzer" keine Freunde gleichmacherischer Schwärmerei waren. Sie hielten sich im Gegenteil zu den „gelehrten Predigern" und waren auf die genaue Einhaltung der Rang- und Sitzordnung sowohl in der Kirche wie bei festlichen Gelegenheiten bedacht.[47]

Fontane hatte wieder einmal gut recherchiert, als er die „alt-lutherischen Leineweber" ausdrücklich hervorhob, und es frappiert, daß gerade dieses Gewerbe auch im Umkreis des Senfftschen Gutes verbreitet war. Haupt der im Kreis Greifenberg ansässigen Alt-

Lutheraner war übrigens Alexander Graf von Wartensleben (1807–1883), Gutsherr auf Schwirsen und 1848 Paulskirchenabgeordneter als Mitglied der Fraktion „Landsberg".[48] Eine seiner Töchter heiratete den Mecklenburg-Schweriner Erblandmarschall Cuno Graf Hahn (1832–1885) auf Schloß Basedow. Fontane klebte die Geburtsanzeige des „siebenten gesunden Sohne[s]" des mit der Wartensleben-Tochter Editha (geb. 1837) verehelichten Hahn auf eine der „Storch von Adebar"-Manuskriptseiten auf. Sie muß ihm ob der dem Haus von Gott geschenkten „neue[n] Gnade" und des „neuen Segen[s]" als bezeichnend für den Geist nicht nur dieses Hauses erschienen sein.[49] Denn unter der Überschrift „Storch v. Adebar" – aus „D. von Hadebar" [Gestrichen: „Basedow"] – ist zu lesen: „Schilderung einer Familie – namentlich des alten Ehepaares – das gut und brav und respektabel und *beschränkt* ist und seinen *Platz im Himmel sicher* hat. Also Leute wie die *Hahns*, die *Lepel-Wiecks*, die *Senfft-Pilsachs* auf Sandow."[50]

Daß Fontane zu den „alt-lutherischen Leinewebern" die noch ärmeren „*Spielzeug*schnitzer, die *Schwefel*holz-Kinder [...] die Kinder mit selbstgemachten Trommeln – dies war gestattet, ‚die lieben Kleinen' –"[51] zu dem „Missionsfest" hinzunahm, weist in eine ähnliche Richtung. Denn auf dem flachen Lande gehörten sowohl „Leineweber" wie „Spielzeugschnitzer" zu den untersten und ärmsten Schichten. Ihr Erscheinen auf dem „Missionsfest" soll wohl andeuten, daß die frommen Honoratioren „dem armen Mann [...] den Traktätchen-Stein an Stelle des Brot[es] des Lebens geben".[52]

Als Ernst Senfft von Pilsach im Jahr 1825 Ida von Oertzen (1799–1849), eine Erweckte und Tochter einer Erweckten,[53] heiratete, verband er sich seinen Freunden verwandtschaftlich. Adolph von Thadden war seit 1820 mit der Schwester Henriette von Oertzen (gest. 1846) verehelicht, während Ernst Ludwig von Gerlach am 1. Dezember 1825, ein dreiviertel Jahr nach Ernst Senfft, die Ehe mit der zweiten Schwester Auguste von Oertzen schloß. Sie verstarb jedoch schon vier Monate später. Das alles spielte sich im engsten Kreise ab. Gleichwohl gehörte Senfft nun zu der größeren pommersch-märkischen ‚Pietisten-Familie', denn sie reichte über weitere Konnubien zu den Belows und Puttkamers, den Kleist-Retzows und Blanckenburgs.[54]

Für eine solche Familiarität hatte sich Ernst Senfft schon vor seiner Zeit als Gutsherr und -nachbar empfohlen. Wie nur wenige traf er den rechten Ton – und manchmal mitten ins Herz des unter Anfechtungen leidenden Freundes. Am 9. März 1819 notierte Ernst Ludwig von Gerlach in seinem Tagebuch die für die Wirkung des jungen Senfft auf seine Umgebung charakteristische Episode: „Vorher hatte Senfft gesagt, da er eine Bibel auf dem Tische liegen sah: ‚Wie kalt man doch das aufnimmt, wie heilig müßte jedes Wort sein, das man aufschlägt und aus dem man so viele Schätze der Weisheit und Erleuchtung nehmen kann. Wenn man die neuen Gemeinden in Süddeutschland nimmt, denen nichts über das Evangelium geht und die ganz zufrieden sind, wenn sie nur das haben!‘ – Ich war ganz erschüttert und immer innerlicher beunruhigt und bewegt.“[55]

Biblizismus, brüderliche Ermahnung und Erleuchtung, so etwa nahmen sich die Anfänge der Erweckungsbewegung in Preußen aus, in denen aber auch schon der Keim für Späteres lag. Was Fontane für die 1860er Jahre schildern und erzählen wollte, hatte hier seinen Anfang genommen, und nicht Friedrich Wilhelm IV. hatte den „*pietistischen* Conservatismus" aufgebracht, wiewohl er als junger Kornprinz mit dieser Bewegung sympathisierte;[56] sie war in einem Kreis junger Adliger (und einiger Bürgerlicher) gleichsam von unten entstanden, als Reaktion auf den kirchlichen Rationalismus, die Ideen der Aufklärung und der Französischen Revolution. Ihren eigentlichen Mutterboden bildeten die Romantik, der Neupietismus und die Hallerschen Restaurationsideen.[57]

Diese Vorgeschichte kommt in „Storch von Adebar" auch deshalb kaum zur Sprache, weil Fontane seine „Novelle" so anlegen wollte, daß der alte Storch erst infolge der Revolution von 1848 zum ‚Neubekehrten‘ wird. In dieser Zeit hat er das Gut übernommen, und nach dieser Zeit hat er dann unter dem bestimmenden Einfluß der Störchin den modischen Habitus der Frommen angenommen. Das schlägt ihm derart ins Gemüt, daß er ein tragikomisches Ende nimmt. Hätte er zu einer anderen, früheren und weniger frommen, der friderizianischen Zeit, gelebt, wäre ihm ein derartiges Schicksal erspart geblieben. Fontane läßt den liberalen Gutsnachbarn Graf „Attinghaus" – den Namen entlehnt er aus Schillers „Tell" – nach dem Tod des alten zu dem jungen Storch sagen: „Er war ein guter Mann, brav, gütig, ehrlich und hätte vor 100 Jahren mit einer lebenslustigen Frau vom Schwedter oder Prinz Ferdinandschen Hof glücklich gelebt und wär in die Kirche gegangen und hätte nichts geglaubt. Und seine Dörfler etc. hätt er glücklich gemacht und Gutes für sie getan. Er ist ein Opfer der modischen Geschraubtheiten unsrer Zeit, die Dinge will oder wenigstens wollte, die man nicht wollen soll oder die nur immer der soll, der innerlich darauf eingerichtet ist. So wie es Mode wird, wird es furchtbar. Und an dieser Mode, zu der Ihr Papa nicht taugte, ist er zu Grunde gegangen."[58]

IV.

Im Unterschied zum alten Storch schwamm Senfft auch „innerlich" von Anfang an in der neupietistischen Strömung mit, und im Unterschied zum alten Storch machte er auf diese Weise in Preußen sein Glück. Was daran „echt" oder „unecht" war, wird gleich noch zu klären sein. Vorweg aber läßt sich sagen, und darin kommen Senfft und Storch dann wieder zusammen, daß Gutsherrlichkeit und Proselytenmacherei eine schwer verdauliche Mischung ergeben. So wollte Fontane offenbar seinen projektierten Roman mit dem Ehepaar Storch und Störchin als Mittelpunktgestalten verstanden wissen. Um die Zusammenhänge besser erfassen zu können, müssen jedoch die Hintergründe noch etwas eindringlicher betrachtet werden.

Trotz mancher Erfolge ist zunächst festzuhalten: Selbst in Pommern, wo die besagte Erweckungsbewegung die breiteste Ausdehnung erfuhr, war sie kein Massenphänomen. Die Kirchenunion[59] behielt allezeit ein klares Übergewicht. Die 4500 Kirchenaustritte von Pietisten und Lutheranern in den 1840er Jahren bedeuteten zahlenmäßig wenig angesichts der knapp eine Million Protestanten in der ganzen Provinz Pommern im Jahr 1843.[60] Nach der Märzrevolution 1848 sahen aber auch die meisten pietistischen Grundbesitzer ein, daß es für die Aufrechterhaltung ihrer Stellung besser sei, sich an die etablierte Ordnung anzulehnen. Sie wahrten ihr Gesicht jedoch dadurch, daß sie zu den Alt-Lutheranern innerhalb der Kirchenunion übergingen. „[Sie] erörtern die Frage von der Union[,] als ob die Welt davon abhinge", hatte Fontane bekanntlich zu den von Lepel-Wieck und Senfft von Pilsach bemerkt.

Den Mittelpunkt der Erweckungsbewegung in Pommern bildeten anfangs die Brüder von Below im Kreis Stolp.[61] Gustav von Below (1790–1843) schloß sich 1816/17 der „Maikäferei" an, heiratete eine von Puttkamer aus frommer Familie und wurde Gutsherr auf Reddentin. Durch August Wilhelm Goetze (1792–1876), der unter Friedrich Wilhelm IV. eine Justiz- und Staatskarriere machte,[62] erweckt, gingen Gustav von Below und sein Bruder Carl von Below (1783–1842) auf Gatz weiter als die meisten ihrer frommen Adelsgenossen. Waren sie zunächst bestrebt, ihre Patronatspfarrer im neupietistischen Geist zu beeinflussen, richteten sie schon bald, wie zeitweise auch Adolph von Thadden auf seinem Gut Trieglaff, Hausgottesdienste mit Abendmahlsausteilungen in ihren Herrenhäusern ein.[63] Nach heftigen Auseinandersetzungen mit den landeskirchlichen Behörden trieb sie ihr frommer Eifer schließlich zum Gichtelianismus, benannt nach dem Jakob Böhme-Schüler und Theosophen Johann Georg Gichtel (1638–1710), der das in theologischer Orthodoxie erstarrte lutherische Kirchenwesen aus dem Geist der Mystik hatte erneuern wollen. Das führte die Brüder zu einem schwärmerischen Quietismus und zum Rückzug von der Bewegung.

Unter dem Stichwort „Die Gichtelianer" notierte Fontane im Romanfragment: „Frau v. Storch interessiert sich für diese Sekte."[64] Bevor sich die Belows auf den Weg in diese „neue Sekte"[65] begaben, schrieb der Theologiestudent Otto von Gerlach (1801–1849) am 17. November 1821 an seinen Bruder Ernst Ludwig aus Berlin: „Die Lage unserer Pommerschen Brüder, besonders Belows, wird jetzt sehr traurig. […] Die Belows stehen in offenem Kriege […] gegen das Konsistorium und ihre Prediger."[66] Mag sein, daß Fontane auch *diese* „Schädlichkeit" im Auge hatte, als er seinen „Storch" entwarf: „Man taufte sich selbst, hielt in den Versammlungen Abendmahlsfeiern, man traute sich selbst und gab bei den Vernehmungen vor dem Landratsamt an, Christus hätte die Trauung vollzogen."[67] Noch einen Schritt weiter als Gustav und Carl von Below ging ihr Bruder Heinrich von Below-Seehof (1792–1855), der ursprünglich unter dem Einfluß des erwähnten Baron von Kottwitz stand. Er gründete auf seinem Gut eine enthusiastisch-separatistische Erweckungsgemeinde mit Glossolalie (Zungenreden).[68] Unter der Bezeichnung „Separierte Evangelisch-lutherische Gemeinde", kurz „Belowianer" genannt, hatte sie noch 1933 an verschiedenen Orten Pommerns Bestand.[69]

Zu der Zeit, als „Storch von Adebar" spielt, also überwiegend in den 1860er Jahren, war vor allem ein vierter von Below als „Gichtelianer" bekannt. Alexander von Below-Hohendorf[70] (1801–1882), „der seit 1848 als ein so bedeutendes Glied unserer Partei hervortrat", wie Ernst Ludwig von Gerlach bemerkte, unterhielt auf seinem Gut bei Elbing das „Gichtelsche Quasi-Kloster Hohendorf"[71], in dem preußische Gichtelianer Aufnahme und Wohnung fanden. 1848 gehörte Alexander von Below zu den Initiatoren der großagrarischen Sammlungsbewegung gegen die von der Regierung Auerswald-Hansemann geplanten Reformen, vor allem gegen die (keineswegs unentgeltliche) Ablösung der Reste feudaler Verpflichtungen und namentlich gegen die Abschaffung der Grundsteuerbefreiung. In der Person dieses „Gichtelianers" sind charakteristische Züge des „pietistischen Conservatismus" vereinigt: robuste Vertretung der Gutsbesitzerinteressen, hochkonservative Politik und konventikelhafte Frömmigkeit, Züge, die mehr oder weniger ausgeprägt auch Fontanes Romanfragment charakterisieren.

Es ging den frommen Guts- und Patronatsherren nicht allein um ihr persönliches religiöses Verinnerlichungsbedürfnis; sie wollten das flache Land auch durch ein Zusammenwirken von Patronen, Predigern und Lehrern in ihrem Sinne geistig beeinflussen – wie es Adolph von Thadden einmal formulierte: „Seinem Nächsten in wahrer Liebe dienen, indem man sich in der siegreichen Gewohnheit des Herrschens behauptet."[72] Die Leute sollten nach der Gutsherren Façon selig werden und nicht durch rationalistische oder gelehrte Prediger ‚verdorben' werden. Wollten die Prediger nicht so wie sie, nahmen sie sich andere oder setzten sich gleich selbst als Prediger ein: „Es sieht so aus, als ob sie dächten, der Herr werde keine anderen Mittel haben als sie, das Evangelium zu verbreiten."[73]

Die Piestisten wollten Proselyten machen, und es entsprach ihrem Selbstbewußtsein, sich als „kleine König[e]"[74] auf dem eigenen Grund und Boden zu fühlen. Sie wußten sich darin durch Carl Ludwig von Hallers (1768–1854) Staatstheorie bestätigt, die ihnen entsprechend der Aufgliederung des Staates in eine Vielzahl autonomer Macht- und Herrschaftsbereiche ihr patrimoniales Regiment zusicherte.[75] Als die von Gott gesetzte Obrigkeit nahmen sie sich außerdem das Recht, als dessen auserwählte Werkzeuge zu handeln und auf ihren Höfen und Feldern das Wort Gottes zu verkünden. Nach Luthers Lehre war dies jedoch nicht ihr Beruf, sie hatten nur „christliche Hausväter" zu sein.

Das spiegelt das Fragment insofern wider, als auch dort die Berufenen von den Unberufenen geschieden werden. Nach Storchs Tod schreibt der alte Kürassiermajor: „Da war Ziegendorf [wohl verlesen aus Zinzendorf], da war Kottwitz, da war ...; wer wird über diese Leute lachen? Nur ein Narr. Aber das Dilettieren ist verwerflich und auch wer hier was will, der sei vom Metier."[76] Gemeint ist mit Sicherheit Nikolaus Ludwig Reichsgraf von Zinzendorf und Pottendorf (1700–1760), der auf seinem Gut in der Oberlausitz die weit wirkende Herrnhuter Brüdergemeinde gestiftet hatte. In „Vor dem Sturm" hat Fontane in Tante Schorlemmer das Bild einer solchen Herrnhuterin gezeichnet.[77] In ihrer Geschichte (und ihren Geschichten) spiegelt sich die Frühzeit der Erweckungsbewegung in Preußen. Eine bedeutendere Rolle aber spielte in diesem Zusammenhang der erwähnte Baron von Kottwitz, der in Berlin im Armenhaus lebte und zur zentralen Gestalt der Berliner Erweckungsbewegung wurde. Um 1819 war er für Ernst Ludwig von Gerlach und den Thaddenschen Freundeskreis mit Ernst Senfft ein „christlicher Mittelpunkt"[78], der auch einigen Einfluß auf die Oertzen-Schwestern ausübte.

V.

„Alt-Lutheraner", „Gichtelianer", „Belowianer": Ernst Senfft war mit
Gustav und Heinrich von Below seit den Tagen der Berliner Erweckungsbewegung bekannt. Sie schieden freilich durch ihren Se-
paratismus schon bald aus der Bewegung aus. Seit 1829 weitete
dann Senffts Schwager Adolph von Thadden seine Aktivitäten aus.
Er hielt auf Gut Trieglaff im Kreis Naugard „Pastoral-Konferenzen"[79]
ab, von denen Fontane auch im Romanfragment spricht.[80] 1843 und
1844 kamen dort Pastoren und Parteigänger aus verschiedenen Provinzen zusammen. Im letztgenannten Jahr belief sich die Zahl auf
108 Personen, darunter sechs Superintendenten, 64 Prediger, Rek-
toren und Kandidaten.[81] Welcher Geist dort herrschte, ist Carl Büch-
sels (1803–1889) „Erinnerungen aus dem Leben eines Landgeistlichen" zu entnehmen, die Fontane außerordentlich geschätzt hat:
„[…] ein Prachtstück unserer märkischen Spezialliteratur"[82]. Der
spätere Berliner Generalsuperintendent (die Hofgesellschaft ging zu
ihm in die „Polka"-, sprich Matthäikirche) hatte als junger Land-
prediger an einer „Trieglaffer Konferenz" teilgenommen und kommentierte nun im Rückblick: „Eine neue Welt ging mir auf in der
Gemeinschaft und in der brüderlichen Liebe. *Herr von Thadden* mit
seinem ritterlichen Wesen, das von dem Evangelium geheiligt war,
war für mich eine imponierende Gestalt, die alle Mitglieder wahrhaftig vereinigte, gab mir ein lebendiges Zeugnis davon, daß der
Herr wahrhaft und fühlbar bei uns ist."[83]

In „Storch von Adebar" sollte Büchsel insofern eine Rolle spielen,
als Fontane den „lutherisch-strenggläubige[n] Geistliche[n]"[84] auf dem
Storchschen Nachbargut des Grafen Attinghaus teils nach seinem, teils
nach dem Vorbild des Berliner Archidiakons Julius Müllensiefen (1811–
1893) formen wollte. Dagegen sollte der Storchsche Geistliche dem
Charakterbild des pietistischen Pfarrers Martin Stephan (1777–1846)
nachgezeichnet sein, der nächtliche „Erbauungsstunden" veranstaltete
und nach der Verfolgung 1838 mit 700 Anhängern nach Amerika floh.
Dort ließ er sich zum „Bischof" wählen, wurde aber schon ein Jahr
später wegen schwerer Delikte von seiner Gemeinde abgesetzt.[85]

Der Leser möchte meinen, Büchsel hätte besser auf das Storchsche Gut gepaßt, zumal Fontane diesem Pfarrer die Rolle der
„rechte[n] Hand", des „Berater[s]" der Störchin zugedacht hatte
und dieser „kluge Geistliche" der Störchin auch einmal den Kopf
wäscht und sich dabei als „Mann von Geist und Charakter" erweist.[86]
Einen weiteren Zug hat Fontane den christlich-konservativen Gutsbesitzern von der Richtung Thaddens entlehnt: die „Korrespondenz
mit frommen Geistlichen"[87], die im Fragment die Störchin pflegt. Sie
ist die treibende Kraft, der „Hauptcharakter": *„Sie regiert, sie bestimmt alles, sie* gibt dem Hause den zu Fr[iedrich] W[ilhelms] IV.
Zeiten modischen christlich-konservativen Stempel mit Bethanien,
innrer Mission, Wichern (wird von einem mit Ernst Wichert verwech-
selt), Asylen, Magdalenen-Stiften etc. Sie ist nur hochmütig, ganz
kalt, ganz nüchtern, ganz berechnend, und bei Hofe sein und im
christlichen germanischen Hofedienst aufgehen und auch Vorteile
ziehen (Ackerbau-Minister, Mitglied des Staatsrats, Oberst-Kämme-
rer, Oberst-Gewandschneider [muß Oberstgewandmeister heißen]
etc. etc.) ist das Ziel und Glück ihres Lebens."[88]

Ein vergleichbares Ziel hat Ernst Senfft von Pilsach im Unterschied zu Storch von Adebar tatsächlich erreicht, wie überhaupt die
Frommen unter Friedrich Wilhelm IV. am Hof, im Staat und teils in
der Armee, wie Leopold von Gerlach (1790–1861) oder Graf Karl
von der Groeben (1788–1876), eine beachtliche Gruppenkarriere
machen konnten. Entscheidend für Senffts Karriere war der Umstand, daß er bereits zum Kronprinzen und dann zum König in einem nahen Vertrauensverhältnis stand.[89] Ohne dessen Gunst und
Protektion hätte es den Großlandwirt und hohen Staatsbeamten nicht
gegeben.

Senfft besaß ursprünglich ein Vermögen von 15.000 Talern und
erwarb, nachdem er Rottnow aufgegeben hatte, 1830 das öffentlich
versteigerte, ehemals von Glasenappsche Rittergut Gramenz für
65.950 Taler.[90] Dort kaufte er die Bauern aus und begann mit umfangreichen Meliorationen, was ihm den Namen „Riesler" eintrug.[91]
Und da er, wenigstens in jüngeren Jahren, auch sein vielfach be-
zeugtes Predigertalent sowohl in Hausandachten als auch in christ-

lichen Versammlungen betätigte, kam zu dem „Riesler" der „Scheunenprediger" hinzu.[92] Noch als Kronprinz gewährte ihm Friedrich Wilhelm eine großzügige Bürgschaft (300.000 Taler) vor den drängenden Gläubigern, damit er sein segensreiches Wirken fortsetzen konnte.[93] Senffts Kapitalhunger stieg jedoch mit den Jahren in derart schwindelerregende Höhen, daß es schon einigen Gottvertrauens bedurfte, um in dieser Weise fortzuwirtschaften.[94]

Sein Verständnis für die „materiellen Interessen"[95] gründete auf dem Umstand, daß er diese als betriebswirtschaftlich engagierter „Projectemacher"[96] selbst mit Konsequenz verfolgte. Er betätigte sich im „Landwirtschaftlichen Verein zu Regenwalde", in dem unter dem „Marschall Vorwärts der norddeutschen Landjunkerei", dem Agrarpolitiker, Gutsbesitzer und Publizisten Ernst von Bülow-Cummerow[97] (1775–1851), etwa dreißig Rittergutsbesitzer zusammentrafen. Senfft ragte aus diesem Kreis offensichtlich heraus; wenigstens hielt der junge Bismarck, der zu dieser Zeit auf den pommerschen Gütern der Familie im Kreis Naugard lebte, große Stücke auf ihn. Er schrieb 1845 an seinen Vater: „Er wird gewiß über kurz oder lang Ober= Präsident, wenn nicht mehr; übrigens ist er auch ein Mann von ganz außerordentlichen Fähigkeiten und ein bessrer Präsident, als 20 examinirte Assessoren sein würden."[98]

Das war klug vorausgesehen. Aber was stand hinter diesen „außerordentlichen Fähigkeiten", und wie setzte Senfft sie ein? Es ist sehr fraglich, ob Bismarck genauere Kenntnis von den Bedingungen hatte, die Senfft so augenscheinlich hervortreten ließen. Die neuere Forschung hat zu dem „Riesler" Bemerkenswertes herausgefunden: „1840 wurde Senfft von Pilsach zum kgl. Kommissar bei den Allensteiner Meliorationen zur Regulierung von Alle und Pissa ernannt. Diese gehaltlose Position, für die nur Aufwandsentschädigungen gezahlt wurden, übte er erst dann weiter aus, als ihm 1844 nach mehreren Scheinrücktrittsgesuchen die Ernennung zum Geheimen Oberfinanzrat (ohne je in der Verwaltung tätig gewesen zu sein!) und eine entsprechende rückwirkende Gehaltszahlung für vier Jahre gewährt wurde! Neben der sporadischen Tätigkeit als kgl. Kommissar bzw. als Geheimer Finanzrat durfte er auf seinem eigenen

Gut mit Staatsmitteln riesige Berieselungen durchführen, um den Boden in fruchtbare Wiesen zu verwandeln. Dafür erhielt er ohne jede Sicherstellung und hypothekarische Eintragung drei Darlehen über 60.000 Taler (im Jahre 1840), 100. 000 Taler (1843) und 35.000 Taler (1846)." [99]

Das hat eine so auffällige Parallele in „Storch von Adebar", daß an einen bloßen Zufall nicht zu glauben ist. So notierte Fontane an einer Stelle des Prosafragments, um es wohl für die Endfassung genauer auszugestalten: „Austrocknung eines Sumpfes im Interesse des Nachbardorfes; aber ihm [Storch] fließt das Wasser davon auf die Sandscholle. (Es muß also eine Melioration sein, die scheinbar im Allgemein-Interesse unternommen wird und lediglich ihm zu gute kommt.)" [100] Woher Fontane diese „Meliorations"-Kenntnisse hatte, ist ungeklärt; jedenfalls war er auch in diesem Punkt ein guter Rechercheur. Denkt man weiter zurück, an die Tage der Berliner Märzrevolution, so war damals einiges publik geworden. In einem Flugblatt konnte die Berliner Bevölkerung lesen: „Der Geheime Ober= Finanzrath im Ministerio des Königl. Hauses, Baron *Senfft* von *Pilsach*, Freund des Ex-Schatzministers *von Thile*, Schwager von *Thadden-Trieglaff*, der am 13ten März bereits zum Minister des Innern ernannt war, hatte früher die Oberleitung von Berieselungs-Angelegenheiten. Als die dazu verwendeten, großen Summen von der Ober-Rechungskammer geprüft wurden, konnte sie über die Summe von 300.000 Thalern durchaus nicht in's Klare kommen. Die Ober-Rechungskammer fand die 300.000 Thaler durchaus nicht belegt. Weder Herr *Senfft von Pilsach*, noch die Ober-Rechnungskammer haben die 300.000 Thaler in's Reine gebracht. An wem liegt die Schuld?" [101]

Die Trockenlegung der Sümpfe hatte offenbar andere Sümpfe zur Folge, die selbst die Oberrechnungskammer in Potsdam nicht mehr trockenlegen konnte. Hatte Fontane Kenntnis von diesem Flugblatt? Erinnerte er sich noch während der Niederschrift von „Storch von Adebar" daran? [102] Immerhin weiß auch die Störchin, wo Barthel den Most holt: „Der Hof ist Gott sei Dank immer noch das Bestimmende, *sein* Wille gilt und das Räderwerk der Regierungsmaschinerie geht nach seinem Willen und der Bestimmung derer, die diese Maschine schuf. Und das ist der Hof und die das Ohr des Königs haben."[103] Senfft *hatte* „das Ohr des Königs" und saß im Ministerium des Königlichen Hauses gewissermaßen an der Quelle. Das zahlte sich auch weiterhin aus.[104] 1851 erhielt Senfft vom König noch einmal 180.000 Taler, „die nicht eingetragen [waren] und von denen Massow [der Hausminister] sagt[e], er gebe nicht 10.000 Thaler dafür [...]".[105]

Es ist müßig, die Summen zusammenrechnen zu wollen. Trotz reichlicher Liebesgaben und kräftiger Selbstversorgung hatte Ernst Senfft schließlich 3.391.000 Mark Hypotheken auf seinen Gütern stehen, nicht gerechnet die persönlichen Schulden von mehreren hunderttausend Mark. Der gesamte Besitz mußte nach seinem Tod mit staatlicher Hilfe veräußert werden.[106] Andere hätten mehr als einmal Bankrott gemacht. Ökonomisch gesehen lebte der „Riesler" und „Scheunenprediger" die längste Zeit seines Lebens auf Pump, nur hat ihm das nicht geschadet; es hat ihn sogar nicht gehindert, zu höheren Ämtern und Ehren aufzusteigen.[107] Adolar Storch von Adebar lebt jedoch nicht in „der Gnadensonne Scheine"[108], für seine „Verlegenheiten", seine „Geldnot" und den „Hereinbruch des Bankrutts"[109] muß er nach anderen Auskunftsmitteln suchen.

VI.

Zweimal im Romanfragment fällt das Stichwort „Bethanien"[110], und da Bethanien zugleich eine Lebensstation Fontanes war[111] und Senfft auch hier eine Rolle spielte, lohnt es, einen kurzen Blick auf diese „Normalkrankenanstalt" zu werfen. Senfft wurde von Friedrich Wilhelm IV. zum Vorsitzenden des Kuratoriums bestellt, ein Beweis „Allerhöchsten" Vertrauens.[112] Wie das Ehepaar Storch eine Tochter („Scholastica oder Mercedes") als „Schwester" nach Bethanien schickt (wo sie wohl „Oberin" wird[113]), haben es viele der christlichkonservativen Familien mit *ihren* Töchtern getan. Und damit sich das Bild der frommen Dulderin recht früh in das kindliche Herz senkte, verschenkten Zugehörige dieser Kreise „niedliche Puppe[n] in Diakonissentracht"[114].

Auch Fontane hatte eine erste Senfft-Begegnung in Bethanien, und zwar am Abend des 1. Mai 1848 nach der Wahlmännerwahl in Preußen. Da außer Senfft vermutlich Otto von Dewitz-Wussow (1805–1881) und Hans-Hugo von Kleist-Retzow (1814–1892) zugegen waren, kann wohl von einer ersten einschlägigen Begegnung mit dem „pietistischen Conservatismus" gesprochen werden.[115]

Warum sich die „Pommerschen von Adel" dort trafen, wird gleich zu klären sein. Vorerst nur dies: 1848, der Wendepunkt preußischer Geschichte, sollte nach Fontanes gedachtem Romanverlauf auch der Wendepunkt im Leben Storch von Adebars sein. Die politische Geschichte sollte hier wie an anderen Stellen eng mit der Lebensgeschichte verknüpft werden. An diesem Punkt tut sich aber auch die entscheidende Divergenz zum Leben Senffts auf. Denn während dessen große Zeit als „Christlich-Germanischer" jetzt erst eigentlich begann, geht es mit Storch von Adebar eben dieses „Christlich-Germanischen" wegen zusehends bergab. Der Kürassiermajor schreibt nach dem Tod des Alten: „Storch ist nun hinüber. Eine konfuse Natur, ein Halber, Wirrer, ist weniger in der Welt: Storch ist tot. Er war eigentlich ein guter Kerl und in vielem Betracht gar nicht übel, aber die zweite Hälfte seines Lebens – in seiner Jugend war er ein flotter, netter Kerl gewesen – war verfehlt. Die 48er Zeit, in der er gerade das Gut übernahm und die nun folgende Reaktions-Periode waren entscheidend für ihn. Er wurde christlich-konservativ, faselte beständig vom Christlich-Germanischen, und ist für mein Gefühl an dieser Rolle zu Grunde gegangen."[116]

So wie Senfft ausgerüstet war, konnte er diese Rolle spielen, ohne Schaden an Leib und Seele zu nehmen, und er spielte sie so perfekt, daß er in der „Reaktions-Periode" in Pommern ganz nach oben kam. Auch dazu gab es eine Vorgeschichte. Die Bethanien-Zusammenkunft der „Pommerschen von Adel" diente vermutlich vorbereitenden Maßnahmen zur Gründung der „Neuen Preußischen [Kreuz-] Zeitung".[117] Senfft stellte finanzielle Mittel bereit, und der engere Freundes- und Gründerkreis um die Brüder Gerlach kam überein, durch den Ankauf größerer Aktienanteile „die Majorität unter den Aktionären festzuhalten".[118] Sollte die „Kreuzzeitung" die versprengten Konservativen um ein Organ scharen, so bedurfte es, um eine Partei zu bilden, auch einer geeigneten Organisation. Im Sommer 1848 trat Senfft wiederum bei der konservativen Sammlungspolitik im „Verein für König und Vaterland" hervor.[119] Nach dem Zeitungs- und Vereinsgründer meldete sich schließlich der „Junker" zu Wort, und zwar am 18. August 1848 bei der in Berlin tagenden Generalversammlung des „Vereins zum Schutze des Eigenthums und zur Förderung des Wohlstands aller Volksklassen", kurz „Junkerparlament" genannt.[120] Die dort gehaltenen Reden geißelten die agrar- und steuerpolitischen Gesetzesinitiativen des Finanzministers Hansemann. Senfft machte sich dafür stark, sie als illegale Übergriffe von Regierung und Nationalversammlung öffentlich zu brandmarken, da durch sie die „Säulen der Ordnung" unterminiert würden.[121]

Senfft trat also 1848 bei allen Konstituierungsakten des organisierten Konservatismus in Erscheinung; im Ratgeberkreis um Friedrich Wilhelm IV. stärkte er die kompromißlose Linie gegenüber der Frankfurter Nationalversammlung.[122] Wie aber dachten Adlige und Gutsbesitzer außerhalb seines Freundes- und Verwandtenkreises, außerhalb der Führungsgruppe der Konservativen über ihn?[123] Wilhelmine Freifrau von Ledebur (1774–1856) kannte die Senfft-Familie, da ihr Mann Ernst Freiherr von Ledebur (1763–1833) wie der Vater Senfft Landrat in Westfalen gewesen war. Nach der Berliner Märzrevolution flüchtete die Witwe aufs Land und verlebte die Monate April bis Juli 1848 bei ihrem Sohn und dessen Familie in Hinterpommern. Sie bewegte sich teils im Beamtenadel, da ihr Sohn Wilhelm (1807–1871) als Regierungsrat bei der Kösliner Regierung tätig war, teils im Landadel, dem die Schwiegertocher, eine von Kleist aus dem Hause Tychow, entstammte. Das Urteil dieser Kreise fiel eindeutig ist: „Uebrigens steht Herr von Senf [sic!] hier in dem allerschlechtesten Ruf, er wird allgemein für einen Heuchler, und einen schlechten Menschen gehalten."[124]

So wenig wie die gutsbesitzerliche Umgebung dem alten Storch sein Frommsein abnimmt, haben dies die Standesgenossen bei Ernst Senfft getan. Ein „Heuchler"[125] aber soll Storch deshalb noch nicht sein, ein „schlechte[r] Mensch" schon gar nicht, sondern „eigentlich ein guter Kerl"[126], der lediglich das Opfer einer frommen Mode geworden ist. Stand Senfft „in dem allerschlechtesten Ruf", fuhr er doch beim König allerbestens damit. Denn – Bismarck hatte richtig vorausgesehen – am 12. September 1852, auf dem Höhepunkt der „Reaktions-Periode", wurde Ernst Senfft von Friedrich Wilhelm IV. „eigenwillig gegen den Rath der Minister"[127] zum Oberpräsidenten der Provinz Pommern ernannt – „ein Stück Holz würde ein besserer Oberpräsident sein",[128] soll der Ministerpräsident Otto Freiherr von Manteuffel (1805–1882) gesagt haben. Senfft hatte das erreicht, worauf die Störchin hinaus wollte: Mitglied des Staatsrats, Oberpräsident, Wirklicher Geheimer Rat, Präsident der Pommerschen General-Landschafts-Direktion etc. Höher ist der „Riesler" und „Scheunenprediger" nicht mehr gestiegen, aber er ist Oberpräsident bis 1866 geblieben, also bis zu jenem Jahr, in dem die Romanhandlung enden sollte. Merkwürdig ist, daß in dem Jahr, in dem Fontane sein Romantableau des „pietistischen Conservatismus" beendete, die alte Garde von der Bühne abtrat. 1882 starben Adolph von Thadden-Trieglaff, Alexander von Below-Hohendorf, Adolph Senfft von Pilsach und Ernst Senfft von Pilsach.

VII.

Fontane hat dem Ehepaar Storch einen Sohn „Dagobert" beigegeben. Nach den Plänen der Störchin „muß [er] eine einflußreiche Partie machen. Haben wir das erreicht, sind wir aus den Verlegenheiten heraus [...]".[129] Der alte Storch ist wie Senfft in Geldnöten, der „Versuch[,] den reichen Pächter des 2. Gutes anzupumpen (oder vielleicht auch eines Nachbargutes, dem er (Storch) aber früher aufgeholfen hat)", schlägt fehl.[130] Erst die Verlobung des Sohnes mit einer reichen Jüdin reißt den Vater aus der pekuniären Misere heraus, während die Störchin darüber an „gedemütigtem Hochmut"[131] stirbt, oder, nach einer anderen von Fontane erwogenen Version, „stockreaktionär" bleibt und den Alten durch „beständige Kontrolle [...] völlig [ruiniert]".[132]

Wie immer Fontane die Geschichte zu Ende erzählt hätte, sie hat wiederum eine Parallele in der Senfft-Familie, und Fontane kannte sie gut. Der zweite Sohn Ernst Senffts, Gottfried *Arnold*[133], wurde am 15. März 1834 auf dem erwähnten Rittergut Gramenz geboren. Er wuchs dort unter der Obhut der frommen Mutter Ida[134] und des streng konservativen Hauslehrers Dr. Tuiscon Beuter (1816–1882), nachmaligen Chefredakteurs der „Kreuzzeitung", zwischen Hausandachten und Meliorationsarbeiten auf. Arnold studierte, promovierte zum Dr. jur. und heiratete etwa um dieselbe Zeit, als sich im Roman der Storch-Sohn mit der „Freiin Rebecca Gerson von Eichroeder"[135] verlobt, die in Warschau geborene Henriette Braumann (1842–1936) aus jüdischer Familie. Fontane entwirft folgendes Charakterbild von ihm: „Er war – trotz ganz unjunkerlicher Anschauungen – in Erscheinung und Sprechweise der Typus eines pommersch-märkischen Junkers, groß und stark, humoristisch und derb bis zum Zynismus. Er war als Gymnasialschüler bei dem Chefredakteur der Kreuzzeitung in Pension gewesen und hatte sich bei der Gelegenheit, wie das oft geschieht, von *dem* abgewandt, dem man ihn zuwenden wollte. Als ich ihn kennenlernte, war er, glaub' ich, Referendar und einige zwanzig Jahre alt. Wir plauderten miteinander, und er merkte, daß ich Fühlhörner ausstreckte, um über das konservative Hochmaß seiner Gesinnung ins klare zu kommen. Er lachte. ‚Meinetwegen brauchen Sie sich nicht zu genieren. Ich denke über alles anders.' Sein Leben bewies das. Er verheiratete sich mit einer polnisch-jüdischen Dame von großer musikalischer Bedeutung, ich glaube Pianistin von Beruf, und trat in Lebenskreise, die dem seiner Familie weitab lagen. Irgendeiner Aktien- oder Kommanditgesellschaft als Agent oder Berater beigegeben, ging er in den ihm verbleibenden Mußestunden in der Musik auf."[136]

Es liegen keine Zeugnisse vor, wie der Oberpräsident in Stettin auf diese ‚Mesalliance' reagierte; die zeitlichen und familiären Umstände sprechen freilich dafür, daß Fontane diese Heirat im Auge hatte, als er „Storch von Adebar" entwarf. Für diese These könnte ferner geltend gemacht werden, daß „eine ‚Matinée musicale' bei Fontanes" mit Arnold Senfft und dessen Vortrag des „Archibald

200

Douglas" – „er singt wie ein Pommer (wo er her ist)" – erst wenige Jahre zurücklag. Fontane berichtet darüber in einem Brief an Clara Stockhausen vom 27. Dezember 1878 und kommt dabei auch auf das Thema „Juden= und Junkerthum" zu sprechen: „Senfft hat ohnehin beides in ‚glücklichem Familienkreise' zu verschmelzen gewußt."[137] *Wie* „glücklich" darüber der Rest der Familie war, ist nicht bekannt. Arnold Senfft aber wird gewußt haben, daß bei dem Vater nichts zu holen war, im Gegenteil: Wer wollte schon eine Hypothekenlast erben?

Fontane traf Arnold Senfft gelegentlich im Tiergarten, ging dann „eine Strecke neben ihm her und ließ [sich] von ihm erzählen".[138] Es ist sehr gut möglich, daß er auf diesen Spaziergängen mehr über die Senfft-Pilsach in Erfahrung gebracht hat. So skizzierte er etwa die „Stiftungs- und Gründungspläne" auf dem Storchschen Gut mit Kapellenneubau, Kirchenausstattung, Einrichtung eines „Missionsplatzes zur Predigt im Freien unter dichten Bäumen" etc.[139] Ähnlich hatte Ernst Senfft die Gramenzer Kirche wiederherstellen und mit Emporen und vielen Bibelsprüchen, die ein zusammenhängendes Glaubensbekenntnis ergaben, ausstatten lassen. Was bei einem ‚frommen Gutsbetrieb' an Kosten anfallen konnte, hat Fontane in einer Übersicht angedeutet: „Die folgenden Kapitel: Konventikel, Liebesmahle, Missionsfeste, Diakonissen, Grönlandmissionen, Herrnhuter, innre Mission[140], Kirchenfonds, Kirchenbau, Krankenhaus, Leichenhalle mit Kapelle und Fresko-Bild. Immer Ausgaben. Verlegenheiten."[141]

In solchen „Verlegenheiten" hatte sich auch Ernst Senfft befunden. Während aber dieser Schuldenmacher en gros mehr als einmal durch des Königs milde Hand behütet wurde, steuert bei Storch alles auf den „Bankrutt"[142] zu. Am Ende war es bei dem Gramenzer nicht anders: nur Hypotheken und ein Berg Schulden. „Unächtheit, Unbrauchbarkeit und Schädlichkeit" waren bekanntlich die Stichworte, mit denen Fontane die fromme Mode charakterisierte. Zur Storch-Senfft-Parallele nur noch dies: Eine der drei Töchter Senffts mit dem Namen „Frieda" kehrt womöglich im Romanfragment wieder: „Sie [...] schicken ihre Frieda als ‚Schwester' nach Bethanien [...]".[143] Und mit *einem* Senfft, ob mit Adolph oder Ernst ist unklar, war Fontane im Dezember 1863, zu seiner besten „Kreuzzeitungs"-Zeit, noch einmal in größerer Runde zusammengetroffen, auf einem Diner des Oberpräsidenten a. D. der Provinz Brandenburg, August Friedrich Werner von Meding (1792–1871).[144]

Die partielle Ähnlichkeit der Figurenkonstellation, das Thema „Juden- und Junkerthum", die zeitgeschichtlich-politischen Umstände, die Einbettung des Ganzen in den Kontext des „pietistischen Conservatismus", Fontanes persönliche Bekanntschaft mit Arnold Senfft sowie die Begegnungen mit Ernst Senfft und Adolph Senfft von Pilsach – all dies dürfte in einem engeren Zusammenhang mit der „politische[n] Novelle" stehen. Wollte man weitergehen, müßte man nach Vorpommern wechseln, zu der anderen Referenzfamilie, die Fontane in seinem Romanfragment nennt, den „Lepel-Wiecks" und ihrem Umfeld. Und tatsächlich lassen sich sowohl Namen (die Figuren nach vorpommerschen Orten „v. Gnitz", „v. Jagetzow", „v. Zingst") wie einzelne Züge der Entwürfe auch diesem Umfeld entnehmen. Hier mag es mit ein paar Sätzen sein Bewenden haben. Fontane schrieb sie in Erwiderung auf Lepels Schilderung der „Heringsdorfer Conventikel" 1858 aus London: „Ich kann Dir gar nicht sagen, welchen lächerlichen Eindruck das alles auf mich macht. Es ist ein krasses Mißverhältnis zwischen der Wichtigkeit der Gesichter und der Wichtigkeit der Sache selbst. [...] wenn die Vorgänge des engsten Kreises *nicht relativ sondern absolut bedeutend* gefunden und die Fragen: ‚glaubt Lepel mehr als Rodbertus oder Rodbertus mehr als Lepel' mit einer Wichtigkeit behandelt werden, wie die Einnahme von Sebastopol oder die Oeffnung China's für den Welthandel, so wendet man sich achselzuckend von dem ‚demüthigen' Treiben dieser Leute ab, deren Aufrichtigkeit ich nicht geradezu bestreiten will, deren Tick und Dünkel ich aber schönstens kenne und die wenigstens zum Theil heutzutage aus demselben Motive glauben aus dem sie vor 100 Jahren *nicht* glaubten – um sich von der Canaille zu unterscheiden."[145]

[1] Der Beitrag geht im wesentlichen auf zwei jüngere Veröffentlichungen des Verf. zurück: Fontanes „Storch von Adebar" (miscellanea zoologica). In: Fontane Blätter 70 (2000), S. 142–145. – „Riesler" und „Scheunenprediger". Versuch über Familienähnlichkeiten in Theodor Fontanes „Storch von Adebar". In: Jahrbuch für brandenburgische Landesgeschichte 51 (2000), S. 156–185. – In stark gekürzter Fassung wurde das Thema als Vortrag auf dem Akademieseminar „Die pommersche Erweckungsbewegung" der Stiftung Europäische Akademie Külz-Kulice (Polen) vom 1.–5. Mai 2008 in Kulice behandelt.

[2] Theodor Fontane an Theodor Wolff, Berlin, 28. April 1890. In: HFA IV/4, S. 38.

[3] Theodor Fontane: Storch v. Adebar. In: HFA I/7, S. 375–427, hier S. 395 [Hervorh. im Orig.] – Vgl. Julius Petersen: Fontanes Altersroman. In: Euphorion 29 (1928), S. 1–74, hier S. 63–65. – Hans-Gerhard Wegner: Theodor Fontane und der Roman vom märkischen Junker (= Palaestra, 214). Leipzig 1938, S. 107–113.

[4] Gemeint sind die alteingesessenen Geschlechter von Ritze und von Grumbkow.

[5] Lauenburg.

[6] Francisci Wokenii / Der Heiligen Schrifft Doctoris, der Hebr. und anderer Morgen= / Ländischen Sprachen Prof. Publ. Ord. und der Vniversität / Wittenberg itzigen Rectoris, / Beytrag / Zur Pommerischen Historie / Mehrentheils / Aus geschriebenen Urkunden / und / Jahr=Büchern / zusammengetragen. Leipzig 1731. Zu finden in Teubners Buchladen, S. 21 [Hervorh. im Orig.; Exemplar aus dem Besitz des märkischen Historikers und Genealogen Thomas Philipp von der Hagen (1729–1797)]. – Vgl. Leopold von Ledebur: Adelslexicon der preußischen Monarchie. Bd.1, A–K. Berlin 1855, S. 2.

[7] Johann Siebmachers Wappen-Buch. Faksimile-Nachdruck der 1701/05 bei Rudolph Johann Helmers in Nürnberg erschienenen Ausgabe. München 1971, 3. Teil, Tafel 161. – Eine weitere Quelle könnte gewesen sein: Leopold von Zedlitz-Neukirch: Neues preussisches Adels-Lexicon oder genealogische und diplomatische Nachrichten […]. 1. Bd. A–D. Leipzig 1836, S. 80–81: „Das Geschlecht war in Pommern verbreitet und begütert, doch führt es Herr von Gundling nicht unter den Besitzern adeliger Güter in Pommern an, dagegen erwähnt es Micraelius in seinem alten Pommernland, 6. Bd. S. 462, v. Meding giebt S. 1 und Siebmacher im 3. Buch S. 161 das Wappen derselben. Ein Storch steht im blauen Felde des Schildes, in gleicher Höhe auf dem Helme, dessen Decken weiss und blau sind. Die Rahnelowsche Linie starb mit Scholastica Adebar, einer Tochter des Caspar Adebar, aus. Die Güter gingen an die von Günters-

berg und später an die von Wedel und Blankenburg." – Siehe auch: Johann Christian von Hellbach: *Adels=Lexikon oder Handbuch* [...]. 1. Bd. A bis K. Ilmenau 1825, S. 51. – Schon älter war das in Rügenwalde und Kolberg begüterte Patriziergeschlecht der Adebar; vgl. Elsbeth Vahlefeld: *Theodor Fontane in Pommern und in den östlichen Provinzen Preußens.* Schwerin 2007, S. 77–78.

8   Fontane: *Storch v. Adebar*, wie Anm. 3, S. 407.

9   Darauf deuten u. a. die Ortsnamen „Brüssow" (nö. von Prenzlau) und „Nassenheide" (nw. von Stettin) hin.

10   Fontane: *Storch v. Adebar*, wie Anm. 3, S. 407.

11   Karl Marx: *Zur Kritik der Hegelschen Rechtsphilosophie.* In: MEW 1, S. 201–333, hier S. 311 [Hervorh. im Orig.].

12   Theodor Fontane an Gustav Karpeles, Thale, 24. Juni 1881. In: HFA IV/ 3, S. 146–147, hier S. 147 [Hervorh. im Orig.].

13   Ebd., S. 146–147 [Hervorh. im Orig.].

14   Fontane: *Storch v. Adebar*, wie Anm. 3, S. 397, 398, 425.

15   David Friedrich Strauß: *Der Romantiker auf dem Throne der Cäsaren, oder Julian der Abtrünnige. Ein Vortrag.* Mannheim 1847; wieder in Ders.: *Gesammelte Schriften.* Bd. 1. Bonn 1876, S. 174–216.

16   Vgl. David E. Barclay: *Anarchie und guter Wille. Friedrich Wilhelm IV. und die preußische Monarchie.* Berlin 1995. – Ders.: *König, Königtum, Hof und preußische Gesellschaft in der Zeit Friedrich Wilhelms IV.* In: Otto Büsch (Hrsg.): *Friedrich Wilhelm IV. in seiner Zeit. Beiträge eines Colloquiums* (= Einzelveröffentlichungen der Historischen Kommission zu Berlin, Bd. 62. Forschungen zur preußischen Geschichte). Berlin 1987, S. 1–21, bes. S. 12–17. – Frank-Lothar Kroll: *Politische Romantik und romantische Politik bei Friedrich Wilhelm IV.* In: Büsch (Hrsg.): *Friedrich Wilhelm IV.*, S. 94–106. – Ders.: *Friedrich Wilhelm IV. und das Staatsdenken der deutschen Romantik* (= Einzelveröffentlichungen der Historischen Kommission zu Berlin, Bd. 72. Forschungen zur preußischen Geschichte). Berlin 1990. – Dirk Blasius: *Friedrich Wilhelm IV. Psychopathologie und Geschichte.* Göttingen 1992.

17   Vgl. die Jahresangaben in Fontane: *Storch v. Adebar*, wie Anm. 3, S. 380 (1862, 1863, 1865), S. 399 („Tage der Regentschaft"), S. 422 („Anno 65 oder 67"), S. 423 („Der Krieg bricht aus").

18   Vgl. Ledebur: *Adelslexicon*, wie Anm. 6, Bd. 2, L–S, Berlin [1855], S. 441–442.

19   Fontane: *Storch v. Adebar*, wie Anm. 3, S. 393.

20   Ebd., S. 393–394 [Hervorh. im Orig.].

21   Theodor Fontane und Bernhard von Lepel: *Der Briefwechsel. Kritische*

Ausgabe. Hrsg. v. Gabriele Radecke. 2 Bde. (= Schriften der Theodor Fontane Gesellschaft, Bd. 5/1–2). Berlin, New York 2006.

22 Fontane an Karpeles, wie Anm. 12, S. 147.

23 Hubertus Fischer: *In brandenburgisch-preußischer Mission. Fontanes „Wanderungen"-Kapitel im „Johanniterblatt".* In: *„Geschichte und Geschichten aus Mark Brandenburg".* Fontanes *„Wanderungen durch die Mark Brandenburg" im Kontext der europäischen Reiseliteratur.* Hrsg. v. Hanna Delf von Wolzogen (= Fontaneana, Bd. 1). Würzburg 2003, S. 351–372; in diesem Bd. S. 58–82. – Ders.: *„Grenzpfahl mit Ordenskreuz".* *Überlegungen anläßlich unveröffentlichter Dokumente.* In: Andrzej Bzdega, Stefan H. Kaszynski, Hubert Orlowski (Hrsg.): *Studia Germanica Posnaniensia XXIV. Festschrift für Edyta Polczynska zum 40. Arbeitsjubiläum.* Red. Maria Wojtczak. Poznan 1999, S. 67–79, bes. S. 78–79.

24 Fontane traf mit ihr im „Cercle intime" des Chefredakteurs der „Kreuzzeitung" zusammen; Theodor Fontane: *Von Zwanzig bis Dreißig.* Autobiographisches. Nebst anderen selbstbiographischen Zeugnissen. Hrsg. v. Kurt Schreinert u. Jutta Neuendorff-Fürstenau. München 1967, S. 263 u. Anm. S. 580.

25 *Gothaisches Genealogisches Taschenbuch der Freiherrlichen Häuser.* 54. Jg. Gotha 1904, S. 723–725.

26 Herman von Petersdorff: *Ernst Senfft-Pilsach.* In: *Allgemeine Deutsche Biographie.* 54. Bd. Neudruck der 1. Aufl. v. 1908. Berlin 1971, S. 316–329, hier S. 316: „[…] Adolf, der später als Mitglied der äußersten Rechten im preußischen Herrenhaus (berufen aus Allerh. Vertrauen 28. Januar 1855) bekannt wurde." – Karl-August Varnhagen von Ense: *Tagebücher.* 10. Bd. Hamburg 1868, zu Montag, 14. März 1853, S. 65: „Schändlicherbärmliche Rede des Abgeordneten von Senfft-Pilsach gegen die Juden, höhnische Hindeutung auf Meyerbeer's musikalisches Talent."

27 Fontane: *Storch v. Adebar*, wie Anm. 3, S. 406; siehe auch S. 396, 399, 423, 424.

28 Varnhagen: *Tagebücher*, wie Anm. 26, zum 8. Oktober 1853, S. 297.

29 Zu Wagener, der dem Bruder Ernst Senfft von Pilsach [s. u.] bereits bei dessen Meliorationstätigkeiten assistierte, vgl. Henning Albrecht: *Antiliberalismus und Antisemitismus. Hermann Wagener und die preußischen Sozialkonservativen 1855-1873* (= Otto-von-Bismarck-Stiftung, Wissenschaftliche Reihe, Bd. 12). Paderborn 2010 – Siegfried Christoph: *Hermann Wagener als Sozialpolitiker. Ein Beitrag zur Vorgeschichte der Ideen und Intentionen für die große deutsche Sozialgesetzgebung im 19. Jahrhundert.* Phil. Diss. Erlangen 1950. – Wolfgang Saile: *Hermann Wagener und sein Verhältnis zu Bismarck. Ein Beitrag zur Geschichte des konservativen Sozialismus.* Tübingen 1858. – Als Beispiel für seine antisemi-

tische Agitation sei nur verwiesen auf die „Rede des Justiz-Raths Wagener, gehalten in der Zweiten General-Versammlung des Central-Comité's für conservative Wahlen am 7. November 1861". In: Geheimes Staatsarchiv Preußischer Kulturbesitz Berlin, I. Hauptabt., Rep. 92, Nachlaß Karl Wilhelm (v.) Bötticher, Nr. 31. – Vgl. noch Hermann Wagener (Hrsg.): *Das Judenthum und der Staat. Eine historisch-politische Skizze zur Orientierung über die Judenfrage.* Berlin 1857.

30 Geheimes Staatsarchiv Preußischer Kulturbesitz Berlin, I. Hauptabt., Rep. 92, Nachlaß Rudolf v. Auerswald, II, Nr. 3, fol. 36r u. 47v. – Vgl. Gerhard Becker: *Die Beschlüsse des preußischen Junkerparlaments von 1848.* In: *Zeitschrift für Geschichtswissenschaft* 24 (1976), H. 8, S. 889–895. – Hubertus Fischer: *Konservatismus von unten. Wahlen im ländlichen Preußen 1849/52 – Organisation, Agitation, Manipulation.* In: Dirk Stegmann, Bernd-Jürgen Wendt u. Peter-Christian Witt (Hrsg.): *Deutscher Konservatismus im 19. und 20. Jahrhundert. Festschrift für Fritz Fischer zum 75. Geburtstag.* Bonn 1983, S. 69–127, hier S. 87.

31 *Königlich Preußischer Staats-Kalender für das Jahr 1851.* Berlin [1851], S. 251.

32 Fontane: *Storch v. Adebar,* wie Anm. 3, S. 394 [Hervorh. im Orig.].

33 Ebd., S. 425.

34 Ebd., S. 409.

35 *Gothaisches Genealogisches Taschenbuch,* wie Anm. 25, S. 724–725.

36 Fontane: *Storch v. Adebar,* wie Anm. 3, S. 391 u. 394.

37 Vgl. zum folgenden Petersdorff: *Ernst Senfft-Pilsach,* wie Anm. 26. – Ders.: *Ernst Senfft von Pilsach.* In: Hans von Arnim u. Georg von Below (Hrsg.): *Deutscher Aufstieg. Bilder aus der Vergangenheit und Gegenwart der rechtsstehenden Parteien. Mit zahlreichen Bildnissen.* Berlin, Leipzig, Wien, Bern 1925, S. 115–122. – Paul Haake: *Ernst Freiherr Senfft von Pilsach als Politiker.* In: *Forschungen zur Brandenburgischen und Preußischen Geschichte* 53 (1941), S. 43–90 u. S. 296–323. – Ders.: *Ernst Freiherr Senfft von Pilsach 1795-1882.* In: *Pommersche Lebensbilder.* Bd. 4. Bearb. v. Walter Menn (= Veröffentlichungen der Historischen Kommision für Pommern, Reihe V: Forschungen zur pommerschen Geschichte, Bd. 15). Köln, Graz 1966, S. 324–360.

38 Hermann Witte: *Die pommerschen Konservativen. Männer und Ideen 1810-1860. Mit einem Bildnis* (= Gestalten und Geschlechter, Bd. 2). Berlin, Leipzig 1936, S. 8. – Walter Wendland: *Studien zur Erweckungsbewegung in Berlin (1810–1830).* In: *Jahrbuch für Brandenburgische Kirchengeschichte* 19 (1924), S. 5–77, hier S. 24–26.

39 Hans-Christof Kraus: *Ernst Ludwig von Gerlach. Politisches Denken und Handeln eines Hochkonservativen.* 1. u. 2. Teilbd. (= Schriftenreihe der

Historischen Kommission bei der Bayerischen Akademie der Wissenschaften, Bd. 53). Göttingen 1994.

[40] Eleonore Fürstin Reuß: *Adolf von Thadden-Trieglaff. Ein Lebensbild gezeichnet nach den Erinnerungen seiner Kinder und Freunde.* 2. Aufl. Berlin 1894 (1. Aufl. 1890). – Landrat a. D. Adolf von Thadden-Trieglaff: *Adolf von Thadden-Trieglaff.* In: Arnim/Below (Hrsg.): *Deutscher Aufstieg,* wie Anm. 37, 111–113. – Hermann Petrich: *Adolf und Henriette Thadden und der Trieglaffer Kreis. Bilder aus der Erweckungsbewegung in Pommern.* Stettin 1931. – Wendland: *Studien,* wie Anm. 38, S. 28–30. – Witte: *Konservative,* wie Anm. 38, S. 30–38, S. 60–68. – Hellmuth Heyden: *Kirchengeschichte Pommerns.* 2. Bd.: *Von der Annahme der Reformation bis zur Gegenwart* (= Osteuropa und der deutsche Osten, III,5). 2., umgearb. Aufl. Köln, Braunsfeld 1957, S. 183–185.

[41] Peter Maser: *Hans Ernst von Kottwitz. Studien zur Erweckungsbewegung des frühen 19. Jahrhunderts in Schlesien und Berlin* (= Kirche im Osten: Monographienreihe, Bd. 21). Göttingen 1990. – Wilhelm Baur: *Hans Ernst Freiherr von Kottwitz (1757–1843).* In: *Allgemeine Deutsche Biographie.* Bd. 16. Nachdruck der 1. Aufl. von 1882. Berlin 1969, S. 765–772. – Friedrich Wilhelm Kantzenbach: *Baron Hans Ernst von Kottwitz.* In: Martin Greschat (Hrsg.): *Gestalten der Kirchengeschichte.* Bd. 9,1: *Die neueste Zeit* I. Stuttgart, Berlin, Köln, Mainz 1985, S. 73–86. – Wendland: *Studien,* wie Anm. 38, S. 10–12. – Haake: *Senfft,* wie Anm. 37, S. 44.

[42] [Karl Friedrich] Ledderhose: *Johann Jänicke (1748-1827).* In: *Allgemeine Deutsche Biographie.* Bd. 13. Neudruck der 1. Aufl. von 1881. Berlin 1969, S. 699–700. – Wendland: *Studien,* wie Anm. 38, S. 16–18.

[43] Petersdorff: *Ernst Senfft-Pilsach,* wie Anm. 26, S. 317. – Vgl. Heyden: *Kirchengeschichte,* wie Anm. 40, S. 184. – Siehe noch Hermann Theodor Wangemann: *Geistliches Regen und Ringen am Ostseestrande. Ein kirchengeschichtliches Lebensbild aus der ersten Hälfte des XIX. Jahrhunderts.* Berlin 1861. – Friedrich Weigand: *Eine Schwärmerbewegung in Hinterpommern vor hundert Jahren.* In: *Deutsche Rundschau* 189 (1921), S. 323–336.

[44] Fontane: *Storch v. Adebar,* wie Anm. 3, S. 394, Anm. 55.

[45] Ebd., S. 380–381 [Hervorh. im Orig.].

[46] Dr. F. H. Ungewitter: *Neueste Erdbeschreibung und Staatenkunde, oder geographisch=statistisch=historisches Handbuch.* In zwei Bänden. 1. Bd. 2., verm. u. verb. Aufl. Dresden 1848, S. 382.

[47] Otto von Gerlach an Ernst Ludwig von Gerlach, Berlin, 17. November 1821. In: Hans Joachim Schoeps (Hrsg.): *Aus den Jahren preußischer Not und Erneuerung. Tagebücher und Briefe der Gebrüder Gerlach und*

ihres Kreises 1805-1820. Berlin 1964, S. 620-622, hier S. 621: „[...]
nach dem ohnehin starken Anhängen der Bauern an die Kirche und ‚gelehrte Prediger'". – Carl Büchsel: *Erinnerungen aus dem Leben eines Landgeistlichen.* Neue wohlfeile Ausgabe. Der Gesamtausgabe 10. Aufl. Berlin 1925, S. 37–38.

48 Wilfried Fiedler (Hrsg.): *Die erste deutsche Nationalversammlung 1848/ 49. Handschriftliche Zeugnisse ihrer Mitglieder.* Königstein/Ts. 1980, S. 188. – Kammergerichtsassessor Schneider an Karl Wilhelm Bötticher, Cammin, 5. Februar 1849. In: Geheimes Staatsarchiv Preußischer Kulturbesitz Berlin, I. Hauptabt., Rep. 92, Nachlaß Karl Wilhelm (v.) Bötticher, Nr. 31. – Petition Wartenslebens im Namen der lutherischen Gemeinde Schwirsen auf Wiederherstellung der lutherischen Kirche „im Gegensatz zu den Maßnahmen des Staats-Regiments". In: *Stenographische Berichte über die Verhandlungen der durch das Allerhöchste Patent vom 5. December 1848 einberufenen Kammern.* Berlin 1849, 2. Kammer, Petition Nr. 2613.

49 Fontane: *Storch v. Adebar,* wie Anm. 3, S. 724, Anm. zu S. 393.

50 Ebd., S. 393 [Hervorh. im Orig.].

51 Ebd., S. 381 [Hervorh. im Orig.].

52 Ebd., S. 403.

53 Wendland: *Studien,* wie Anm. 38, S. 53.

54 Das Konnubialverhalten dieser Familien, zu denen noch die Stolbergs, Roons und Rombergs hinzuzunehmen wären, bedürfte einer gesonderten Untersuchung.

55 Schoeps (Hrsg.): *Not und Erneuerung,* wie Anm. 47, S. 307–308. – Vgl. Friedrich Wilhelm Kantzenbach: *Ausstrahlungen der bayerischen Erweckungsbewegung auf Thüringen und Pommern.* In: *Zeitschrift für Ostforschung* 5 (1956), S. 323–336.

56 Wendland: *Studien,* wie Anm. 38, S. 60. – Haake: *Senfft,* wie Anm. 37, S. 43–57.

57 Witte: *Konservative,* wie Anm. 38, S. 15–18. – Schoeps (Hrsg.): *Not und Erneuerung,* wie Anm. 47, S. 15. – Vgl. noch Friedrich Wilhelm Kantzenbach: *Die Erweckungsbewegung. Studien zu ihrer Entstehung und ersten Ausbreitung in Deutschland.* Neuendettelsau 1957. – Zu den sozialen Aspekten des pietistischen Konservatismus siehe Robert M. Bigler: *The Politics of the German Protestantism. The Rise of the Protestant Church Elite in Prussia, 1815–1848.* Berkeley, Los Angeles, London 1972, S. 125 ff.

58 Fontane: *Storch v. Adebar,* wie Anm. 3, S. 400–401. – Wendland: *Studien,* wie Anm. 38, S. 69: „Man mag tadeln, daß die christliche Liebestätigkeit schließlich einfach Modesache in vornehmen Kreisen wurde oder

daß die innere Mission vielfach einen kleinlichen Geist der Engigkeit aufwies, mag man noch andere Dinge kritisieren –, es bleibt doch Tatsache, daß die christliche Liebestätigkeit die beste und lebendigste Tat der evangelischen Kirche im 19. Jahrhundert gewesen ist."

59 Zu ihrer Entstehung vgl. Erich Foerster: *Die Entstehung der Preußischen Landeskirche unter der Regierung König Friedrich Wilhelms des Dritten nach den Quellen erzählt von E. F. Ein Beitrag zur Geschichte der Kirchenbildung im deutschen Protestantismus*. 1. Bd. Tübingen 1905. 2. Bd. Tübingen 1907.

60 Heyden: *Kirchengeschichte*, wie Anm. 40, S. 118 u. 201.

61 Ebd., S. 181–183, 193–195. – Witte: *Konservative*, wie Anm. 38, S. 25–30. – Wendland: *Studien*, wie Anm. 38, S. 30–32. – Gustav Adolf Benrath: *Die Erweckungsbewegung der deutschen Landeskirchen 1815–1888. Ein Überblick*. In: Gustav Adolf Benrath u. Ulrich Gäbler (Hrsg.): *Der Pietismus im neunzehnten und zwanzigsten Jahrhundert* (= Geschichte des Pietismus, Bd. 3). Göttingen 2000, S. 169–172.

62 Er wurde 1856 Vizepräsident des Obertribunals und von Friedrich Wilhelm IV. zum Mitglied des Herrenhauses und des Staatsrats berufen.

63 Heyden: *Kirchengeschichte*, wie Anm. 40, S. 183–184.

64 Fontane: *Storch v. Adebar*, wie Anm. 3, S. 419.

65 Clemens Brentano an August Wilhelm Goetze, Dülmen, 19. März 1822. In: Schoeps (Hrsg.): *Not und Erneuerung*, wie Anm. 47, S. 623.

66 Ebd., S. 620.

67 Heyden: *Kirchengeschichte*, wie Anm. 40, S. 183.

68 Ebd., S. 199. – Witte: *Konservative*, wie Anm. 38, S. 29.

69 Schoeps (Hrsg.): *Not und Erneuerung*, wie Anm. 47, S. 31.

70 Georg von Below: *Alexander von Below-Hohendorf (1801–1882)*. In: Arnim/Below (Hrsg.): *Deutscher Aufstieg*, wie Anm. 37, S. 163–167.

71 Schoeps (Hrsg.): *Not und Erneuerung*, wie Anm. 47, S. 311 Anm. 221.

72 Zit. nach Erich Jordan: *Die Entstehung der konservativen Partei und die preußischen Agrarverhältnisse 1848*. München, Leipzig 1914, S. 140.

73 Otto von Gerlach an Ernst Ludwig von Gerlach, Berlin, 17. November 1821. In: Schoeps (Hrsg.): *Not und Erneuerung*, wie Anm. 47, S. 621.

74 So bereits der zwanzigjährige Adolph von Thadden in einem Brief an seine Mutter; zit. nach Ernst Engelberg: *Bismarck. Urpreuße und Reichsgründer*. Berlin 1985, S. 183.

75 Zur frühen Rezeption Hallers im Kreis der Erweckten vgl. Schoeps (Hrsg.): *Not und Erneuerung*, wie Anm. 47, über Reg. – Ulrich Schrettenseger: *Der Einfluß Karl Ludwig von Hallers auf die preußische konservative Staatstheorie und -praxis*. Jur. Diss. München 1949.

76 Fontane: *Storch v. Adebar*, wie Anm. 3, S. 397–398.

77 Theodor Fontane: *Vor dem Sturm. Roman aus dem Winter 1812 auf 13.* Hrsg. v. Walter Keitel u. Helmuth Nürnberger. Frankfurt/M., Berlin, Wien 1976, Bd. 1, Kap. 3, 5 f., 12–15; Bd. 2, Kap. 13–16, 19; Bd. 4, Kap. 1–5, 7–9, 14, 16, 20, 24 f., 27.

78 Schoeps (Hrsg.): *Not und Erneuerung*, wie Anm. 47, S. 300.

79 Heyden: *Kirchengeschichte*, wie Anm. 40, S. 184–185.

80 Fontane: *Storch v. Adebar*, wie Anm. 3, S. 394.

81 Engelberg: *Bismarck*, wie Anm. 74, S. 189.

82 Fontane: *Von Zwanzig bis Dreißig*, wie Anm. 24, S. 269.

83 Büchsel: *Erinnerungen*, wie Anm. 47, S. 185 [Hervorh. im Orig.].

84 Fontane: *Storch v. Adebar*, wie Anm. 3, S. 409.

85 Ebd., S. 725, Anm. zu S. 398 (mit Literaturhinweisen).

86 Ebd., S. 392, 398.

87 Ebd., S. 398.

88 Ebd. [Hervorh. im Orig.].

89 Haake: *Senfft*, wie Anm. 37, S. 43–90, S. 296–323 (verarbeitet hauptsächlich den Briefwechsel Senffts mit dem Kronprinzen und König, in dem Senfft einen ungewöhnlich offenen Ton anschlägt).

90 Klaus Klatte: *Die Anfänge des Agrarkapitalismus und der preußische Konservatismus.* Phil. Diss. Masch. Hamburg 1974, S. 167. – Vgl. Petersdorff: *Senfft-Pilsach*, wie Anm. 26, S. 318.

91 Petersdorff: *Senfft-Pilsach*, wie Anm. 26, S. 319. – Haake: *Senfft*, wie Anm. 37, S. 56. – Witte: *Konservative*, wie Anm. 38, S. 30.

92 Heyden: *Kirchengeschichte*, wie Anm. 40, S. 184. – Petersdorff: *Ernst Senfft*, wie Anm. 37, S. 116. – Witte: *Konservative*, wie Anm. 38, S. 30. – Petersdorff: *Senfft-Pilsach*, wie Anm. 26, S. 317.

93 Klatte: *Anfänge*, wie Anm. 90, S. 167. – Haake: *Senfft*, wie Anm. 37, S. 52–53 (Brief des Kronprinzen an Senfft vom 9. März 1840 mit Bürgschaftszusage für Gramenz über 300.000 Taler).

94 Petersdorff: *Senfft-Pilsach*, wie Anm. 26, S. 319, S. 327–328. – Petersdorff: *Ernst Senfft*, wie Anm. 37, S. 121–122. – Haake: *Senfft*, wie Anm. 37, S. 56: „Die Schulden verdoppelten sich, schwollen bis zum Revolutionsjahr an auf 1 200 000 Mark. S[enfft] mußte drei Anleihen im Gesamtbetrage von 585 000 Mark aufnehmen [...]".

95 Haake: *Senfft*, wie Anm. 37, S. 49.

96 Petersdorff: *Senfft-Pilsach*, wie Anm. 26, S. 319.

97 Erich Krauß: *Ernst v. Bülow=Cummerow, ein konservativer Landwirt und Politiker des 19. Jahrhunderts* (= Historische Studien, Bd. 313). Berlin 1937, bes. S. 73. – Petersdorff: *Senfft-Pilsach*, wie Anm. 26, S. 318.

98 Otto von Bismarck an den Vater, Kniephof. Pfingstsonntag (11. Mai 1845). In: Bismarck: *Briefe.* Hrsg. v. Wolfgang Windelband u. Werner Frauen-

dienst. 1. Bd. (= Bismarck: Die gesammelten Werke, 14/I). 2. Aufl. Berlin 1933, Nr. 51, S. 34–35, hier S. 35.

99 Klatte: *Anfänge*, wie Anm. 90, S. 167.

100 Fontane: *Storch v. Adebar*, wie Anm. 3, S. 396. – Neben den von zweifelhaftem Erfolg, aber progressiver Verschuldung begleiteten Meliorationsarbeiten bestehen weitere Senfft-Parallelen in den Plänen der Störchin zum Eisenbahn- und Kanalbau: „[…] von dem Augenblick an ist diese Sand- und Sumpfwüste in ihrem Werte verdoppelt und wir haben in Geldsachen freie Bewegung" (Fontane: *Storch v. Adebar*, wie Anm. 3, S. 406). – Zu den ähnlich gelagerten Plänen Senffts vgl. Petersdorff: *Senfft-Pilsach*, wie Anm. 26, S. 321, 322, 327. – Haake: *Senfft*, wie Anm. 37, S. 56.

101 „*Wo ist's gelieben unser Preußisch Courant? und Wie kriegen wir's wieder mit Zinsen?*". Berlin 1848, Verlag von Leopold Schlesinger, Schloßfreiheit No. 8, S. 20. In: Landesarchiv Berlin, Rep. 240, Acc. 685, Nr. 228 [Hervorh. im Orig.].

102 Petersdorff: *Senfft-Pilsach*, wie Anm. 26, S. 327: „Die Geldschwierigkeiten bildeten ein trauriges Capitel in Senfft's Dasein […]. Es kam so weit, daß öffentlich […] darüber gesprochen wurde. So sah sich Kleist-Retzow veranlaßt, Angaben, die Gustav Schmoller im Colleg zu Straßburg gemacht hatte, durch die schriftlichen Aufzeichnungen, die er seinem in Straßburg studierenden Sohne sandte, entgegenzutreten."

103 Fontane: *Storch v. Adebar*, wie Anm. 3, S. 405.

104 Vgl. Senffts Brief an Friedrich Wilhelm IV. vom 25. Juli 1848. In: Haake: *Senfft*, wie Anm. 37, S. 63.

105 Hellmut Diwald (Hrsg.): *Von der Revolution zum Norddeutschen Bund. Politik und Ideengut der preußischen Hochkonservativen 1848–1866.* Teil 1: *Tagebuch 1848-1866* (= Deutsche Geschichtsquellen des 19. und 20. Jahrhunderts, Bd. 46). Göttingen 1970, Tagebucheintragung vom 11. April 1851, S. 287.

106 Das ging für die Erben äußerst glimpflich ab, da es der Hausminister Otto Fürst zu Stolberg-Wernigerode bewerkstelligte, daß die Krone den Besitz am 17. März 1887 für 800.000 Taler übernahm; Petersdorff: *Senfft-Pilsach*, wie Anm. 26, S. 328.

107 Obwohl es bei Standesgenossen starke Bedenken gab; Petersdorff: *Senfft-Pilsach*, wie Anm. 26, S. 321–322.

108 „*Muckerlied*". In: *Tante Voss mit dem Besen. Missionsblatt zur Bekehrung der politischen Heiden*, No. 6 vom 28. Juli 1848. In: Landesarchiv Berlin, Rep. 240, Acc. 125, Nr. 1.

109 Fontane: *Storch v. Adebar*, wie Anm. 3, S. 380, 384, 392.

110 Ebd., S. 393, 398.

[111] Fontane: *Von Zwanzig bis Dreißig*, wie Anm. 24, S. 361–375. – Vgl. Ernst Schering: *Von der Revolution zur preußischen Idee. Fontanes Tätigkeit im Mutterhaus Bethanien und der Wandel seiner politischen Einstellung*. In: *Zeitschrift für Religions- und Geistesgeschichte* 22 (1970), H. 4, S. 289–323.

[112] Petersdorff: *Senfft-Pilsach*, wie Anm. 26, S. 319.

[113] Fontane: *Storch v. Adebar*, wie Anm. 3, S. 392, 393, 395, 396.

[114] Bismarck an seine Frau Johanna, Schönhausen, 1. Oktober 1850. In: Fürst Herbert Bismarck (Hrsg.): *Fürst Bismarcks Briefe an seine Braut und Gattin*. Stuttgart 1900, Nr. 104, S. 189–190, hier S. 190.

[115] Fontane: *Von Zwanzig bis Dreißig*, wie Anm. 24, S. 363–364. – Zu Kleist-Retzow vgl. Herman von Petersdorff: *Kleist-Retzow*. In: Arnim/Below (Hrsg.): *Deutscher Aufstieg*, wie Anm. 37, S. 123–134. – Ders.: *Kleist-Retzow. Ein Lebensbild*. Stuttgart, Berlin 1907. – Carl Jentsch: *Hans von Kleist-Retzow*. In: *Die Grenzboten* 66 (1907), S. 615–623. – Witte: *Konservative*, wie Anm. 38, S. 78–83.

[116] Fontane: *Storch v. Adebar*, wie Anm. 3, S. 397.

[117] Vgl. Hubertus Fischer: *Theodor Fontanes „Achtzehnter März". Neues zu einem alten Thema*. In: *Fontane Blätter* 65–66 (1998), S. 163–187, hier S. 169–170; wieder in: Ders.: *Theodor Fontane, der „Tunnel, die Revolution: Berlin 1848/49*. Berlin 2009, S. 17–38, hier S. 25–26. – Vgl. William J. Orr: *The Foundation of the Kreuzzeitung Party in Prussia 1848–1850*. Phil. Diss. University of Wisconsin 1971. – Kurt Danneberg: *Die Anfänge der „Neuen Preußischen (Kreuz-) Zeitung" unter Hermann Wagener 1848–1852*. Phil. Diss. Masch. Berlin 1943.

[118] Wolfgang Schwentker: *Konservative Vereine und Revolution in Preußen 1848/49. Die Konstituierung des Konservatismus als Partei* (= Beiträge zur Geschichte des Parlamentarismus und der politischen Parteien, Bd. 85). Düsseldorf 1988, S. 61.

[119] Ebd., S. 87–99, bes. S. 88, 91, 97.

[129] Ebd., S. 100–110. – Die Protestadresse des „Junkerparlaments" unterzeichneten von den pommerschen pietistischen Gutsbesitzern: Alexander Andrae, Herr auf Randow und Roman im Fürstentums-Kreis; Gustav von Below, Herr auf Reddentin und Symbow im Kreis Stolp; Heinrich von Below, Herr auf Seehof im Kreis Stolp; Moritz von Blanckenburg, Herr auf Zimmerhausen und Cardemin im Kreis Regenwalde; Hans Hugo von Kleist-Retzow, Herr auf Kieckow und Kl. Krössin im Kreis Belgard; Ernst Freiherr Senfft v. Pilsach, Herr auf Gramenz im Kreis Neustettin; Adolph von Thadden, Herr auf Trieglaff im Kreis Greifenberg. In: Geheimes Staatsarchiv Preußischer Kulturbesitz Berlin, I. Hauptabt., Rep. 92, Nachlaß Rudolf von Auerswald, II, Nr. 3, fol. 37–48.

121 Schwentker: *Konservative Vereine*, wie Anm. 118, S. 108–109.

122 Ebd., S. 299.

123 Vgl. die Urteile Leopold von Gerlachs, Albrecht von Roons, Hermann Wageners und Anton Graf zu Stolbergs bei Petersdorff: *Senfft-Pilsach*, wie Anm. 26, S. 320. – Varnhagen nannte ihn einen „Kreuzzeitungs-Ultra"; Karl August Varnhagen van Ense: *Tagebücher*. 9. Bd. Hamburg 1868, zum 5. Oktober 1852, S. 376.

124 Wilhelmine Freifrau von Ledebur an Leopold Freiherr von Ledebur (Sohn), Köslin, 6. Mai 1848 [im Bes. d. Verf.].

125 Fontane: *Storch v. Adebar*, wie Anm. 3, S. 427.

126 Ebd., S. 397.

127 Varnhagen: *Tagebücher*, wie Anm. 123, 9. Bd., zum 5. Oktober 1852, S. 376. – Vgl. Petersdorff: *Senfft-Pilsach*, wie Anm. 26, S. 321–322. – Haake: *Senfft*, wie Anm. 37, S. 90.

128 Varnhagen: Tagebücher, wie Anm. 123, 9. Bd., zum 4. November 1852, S. 402. – Vgl. Haake: *Senfft*, wie Anm. 37, S. 315.

129 Fontane: *Storch v. Adebar*, wie Anm. 3, S. 380.

130 Ebd., S. 384 [Hervorh. im Orig.].

131 Ebd., S. 399.

132 Ebd., S. 426.

133 M. Runze: *Arnold Freiherr Senfft von Pilsach (1834–1889)*. In: *Allgemeine Deutsche Biographie*. 34. Bd. Nachdruck der 1. Aufl. von 1892. Berlin 1971, S. 23-26 (weist auf Gegensätze und starke Spannungen mit dem Vater Ernst hin).

134 Wie aus einem Brief Senffts an den Generallandschaftsrat von Köller auf Cantreck vom 13. Dezember 1851 hervorgeht, gehörte sie – im Unterschied zu Senfft selbst – zu den separierten Alt-Lutheranern; Haake: *Senfft*, wie Anm. 37, S. 53.

135 An anderer Stelle „Rahel" oder „Sarah"; Fontane: *Storch v. Adebar*, wie Anm. 3, S. 391, 393, 396, 397, 423, 424.

136 Fontane: *Von Zwanzig bis Dreißig*, wie Anm. 24, S. 267 [Hervorh. im Orig.]. – Arnold Senfft war 24 Jahre bei der Berlinischen Lebensversicherungs-Gesellschaft, die letzten 15 Jahre hat er ihr als Direktor vorgestanden.

137 Theodor Fontane an Clara Stockhausen, Berlin, 27. Dezember 1878. In: HFA IV/2, S. 643-646, hier S. 645–646.

138 Fontane: *Von Zwanzig bis Dreißig*, wie Anm. 24, S. 268. – Vgl. Fontanes Brief an seine Frau Emilie, Berlin, 15. August 1878. In: GBA *Ehebriefwechsel* 3, S. 150–152, hier S. 150–151.

139 Fontane: *Storch v. Adebar*, wie Anm. 3, S. 407–408.

[140] Petersdorff: *Senfft-Pilsach*, wie Anm. 26, S. 321: „An dem Wittenberger Kirchentage im September 1848, auf dem Wichern das Werk der Inneren Mission organisierte, war S[enfft] einer der Wortführer. Stand er doch schon seit Jahren mit Wichern in Beziehungen. Wichern besuchte ihn im Juli 1850 längere Zeit in Gramenz und erfreute sich an dem erbaulichen Leben in seinem Hause." – Vgl. Heyden: *Kirchengeschichte*, wie Anm. 40, S. 186–187.

[141] Fontane: *Storch v. Adebar*, wie Anm. 3, S. 392.

[142] Ebd., S. 392, 399–400.

[143] Ebd., S. 393. – Ob sie dort tatsächlich zunächst Diakonisse gewesen ist, ließ sich nicht ermitteln; jedenfalls heiratete sie erst spät, 1877, den Pastor Otto Wolfgramm, der als Superintendent in Kolberg starb. Daß die Tochter – so oder so – der Kirche erhalten blieb, wird dem betagten Vater recht gewesen sein; eine „Partie" war das freilich nicht.

[144] Theodor Fontane an Wilhelm Hertz, 18. Dezember 1863. In: Ders.: *Briefe an Wilhelm und Hans Hertz 1859–1898*. Hrsg. v. Kurt Schreinert, vollendet u. mit e. Einf. vers. v. Gerhard Hay. Stuttgart 1972, S. 107–108.

[145] Theodor Fontane an Bernhard von Lepel, London, 2. und 4. März 1858. In: Fontane/Lepel: *Briefwechsel*, wie Anm. 21, S. 489–494, hier S. 493–494 [Hervorh. im Orig.].

Berlinisches

Englische und preußische Revolution

„Karl Stuart" und „Ein Blatt aus der Weltgeschichte" im politischen Kontext 1848/49

Das im Revolutionsjahr 1848/49 entstandene Dramenfragment „Karl Stuart" hat bisher nur geringes Interesse in der Forschung gefunden.[1] Außer in Helmuth Nürnbergers Darstellung „Der frühe Fontane", die das Fragment vor allem als biographische Quelle vor dem Hintergrund des Revolutionsgeschehens liest, erfährt „Karl Stuart" eine eingehendere Berücksichtigung lediglich in einem älteren Aufsatz, der die darin ausgesprochene Haltung gegenüber England in den Mittelpunkt der Betrachtung rückt.[2] Als rares Beispiel eines Fontaneschen Versuchs in der dramatischen Dichtkunst verdiente der im 1. Akt, der 2. Szene und Teilen des 2. Aktes ausgeführte Entwurf eine sowohl editorische wie gattungsanalytische Aufarbeitung. Ein Vergleich mit der sechs bis sieben Jahre früher entstandenen „Hamlet"-Übersetzung könnte überdies zu neuen Erkenntnissen in dramen- und verstechnischer Hinsicht führen.[3] Das alles kann und soll hier nicht geleistet werden.[4] Stattdessen soll es um einen kleinen Archivfund gehen, der einen interessanten Kontext zu Fontanes Fragment bildet. Um diesen Fund einordnen zu können, müssen jedoch die zeitgeschichtlichen Bezüge freigelegt werden.

Unabhängig von der Frage, ob der „Stoff schon lange in Fontane [umging], die unmittelbare Anregung für das geplante Drama ergab sich aus der politischen Situation 1848. Plan und Ausführung zeigen deutlich, wie unbefangen Fontane historische Stoffe aktualisierte".[5] Am 17. November 1848, eine Woche nach dem preußischen Staatsstreich, schrieb er an Bernhard von Lepel: „Es ist schlimm!" Aber er schrieb auch, und das läßt den direkten Zusammenhang zwischen Politik und Dramenprojekt erkennen: „Ich will die englische Revolution [sic!] dramatisch behandeln: bewegende

Ideen, Leben, Handlung, Charaktere und die Seele der Tragödie –
die Schuld – ist da, aber der Stoff ist so reichhaltig, das eine so sehr
die Folge irgend eines andren Vorhergegangenen, daß ich nicht recht
weiß, wo ich meine Springstange zum kecken Wagniß einsetzen
soll."[6]

Seine Ausführungen zum Verhalten der historischen Akteure
lesen sich wie Kommentare zum Verhalten der Akteure seiner Gegenwart, Karl Stuart wird zu einer Art Doppelgänger Friedrich Wilhelms IV.;[7] zumindest deckt sich die Charakteristik des englischen
Königs weitgehend mit dem, was damals die Opposition dem preußischen König vorwarf: „Nicht das Schaffott Straffords baute dem
König sein eignes, sondern sein Hochmuth, sein Nichtverstehn alles
dessen, was die Zeit forderte, sein Eigensinn mit Schwäche gepaart,
seine Doppelzüngigkeit, seine Volksverrätherei, sein lächerliches Hin-
überschielen nach den angemaaßten u. dann eingebüßten Prerogativen der Krone."[8] Und wenn es etwas später heißt: „Schon unter
den Tudors [...] begann die Krone in ähnlicher Weise zu operiren,
wie die Hohenzollern z. B. in der Person des großen Kurfürsten. Die
Prerogativen sollten auf Kosten der Volksfreiheit wachsen",[9] dann ist
damit zugleich der größere politisch-dynastische Zusammenhang
zwischen Vergangenheit und Gegenwart, zwischen England und
Preußen-Brandenburg hergestellt.

Selbst die Unterscheidung zwischen „Privatmann" und „König"
folgt jenem Muster, das auch das Urteil über Friedrich Wilhelm IV.
prägte. „Er [Karl Stuart] wäre als Privatmann liebenswürdiger gewesen als sein Vater; als König blieb er noch hinter ihm zurück. Der
Hang nach Kron-Prerogativen, der alte Glaube an Unfehlbarkeit und
Gottesgnadenschaft, die ganze Unverschämtheit eines absoluten
Herrschers besaß er in demselben Maße wie sein Vater, aber obschon minder despotisch, obschon edler und muthiger als dieser,
fehlte ihm doch die Kraft und kluge Beharrlichkeit desselben, die
ihm 20 Jahre lang den Thron unangefochten gelassen hatte."[10] Am
eindrücklichsten ist freilich die Übereinstimmung in jenem Urteil,
das sich direkt auf die Haltung Friedrich Wilhelms IV. in den Auseinandersetzungen über die Frage der Volksrechte und der Verfassung

beziehen läßt: „Karl war gutmüthig; er wollte nicht nur leben, sondern auch leben <u>lassen</u>, er hatte nichts dagegen, daß es dem Volk gut erginge, er wollte sogar was dafür thun. Aber sein Grundsatz war: <u>manches für</u> das Volk, <u>nichts durch</u> das Volk. Er wollte ihm <u>geben</u>, und sie sollten's nicht schlecht haben, aber von <u>Fordern</u>, von Bestehn auf wohlerworbenen Rechten durfte keine Rede sein."[11]

Im weiteren stellt Fontane Freund Lepel die möglichen Akteinteilungen vor und kommt dann mit den Stichworten zu einzelnen Akten, wie „Steuerverweigerung des Parlaments", „Treubruch", „Bürgerkrieg" und „Landesverrath", wiederum nah an seine Gegenwart und den möglichen Ausgang des preußischen Revolutionsdramas heran. Diese Engführung von Vergangenheit und Gegenwart gemahnt an Karl Marx' prägnante und nach wie vor erhellende Sätze: „Die Menschen machen ihre eigene Geschichte, aber sie machen sie nicht aus freien Stücken. Nicht unter selbstgewählten, sondern unter unmittelbar vorgefundenen, gegebenen und überlieferten Umständen. Die Tradition aller toten Geschlechter lastet wie ein Alp auf dem Gehirne der Lebenden."[12]

Das hat Folgen für diejenigen, die vom revolutionären Elan erfaßt werden und die sich selbst und ihre Zeit unter diesen neuen Umständen begreifen wollen. Bei einem Dichter führt der Weg zunächst über die Literatur, in diesem Fall über eine dramatische Komposition, die der Bewegtheit der Zeit besser gerecht wird als eine Erzählung oder ein Roman. Der Politiker nutzt das Medium der Rede, ob in der Volksversammlung oder im Parlament, um seine „Götzenbilder aus der Zeit der ersten französischen Revolution"[13] hervorzuholen; der bildende Künstler greift zur Zeichnung oder Graphik, vielleicht auch einmal zur rasch hingeworfenen Skizze, um den revolutionären Augenblick in das heroische Licht vergangener Epochen zu rücken. Hier wie dort ist es oft dieser historische Rückgriff, durch den sich die Beteiligten über ihre Ziele verständigen und den Mut zur Tat gewinnen wollen: „Und wenn sie eben damit beschäftigt scheinen, sich und die Dinge umzuwälzen, noch nicht Dagewesenes zu schaffen, gerade in solchen Epochen revolutionärer Krise beschwören sie ängstlich die Geister der Vergangenheit zu ihrem

Dienst herauf, entlehnen ihnen Namen, Schlachtparole, Kostüm, um in dieser altehrwürdigen Verkleidung und mit dieser erborgten Sprache die neue Weltgeschichtsszene aufzuführen."[14]

Eine solche „weltgeschichtliche Totenbeschwörung"[15] stellt auch „Karl Stuart" dar. Daß das mit der „Totenbeschwörung" bereits bei der von Cromwell geführten Revolution nicht ganz anders war, bemerkt Marx im Anschluß an Beispiele aus der Französischen Revolution, die sich bekanntlich als römische Republik drapierte: „So hatten auf einer andern Entwicklungsstufe, ein Jahrhundert früher, Cromwell und das englische Volk dem Alten Testament Sprache, Leidenschaft und Illusionen für ihre bürgerliche Revolution entlehnt. Als das wirkliche Ziel erreicht, als die bürgerliche Umgestaltung der englischen Gesellschaft vollbracht war, verdrängte Locke den Habakuk."[16] Für diesen biblischen Ton, das alttestamentliche Kostüm der Epoche, hatte Fontane jedoch wenig Sinn, wie das Fragment und die brieflichen Kommentare belegen. Es hätte auch nicht zum Charakter der Berliner Märzrevolution gepaßt.

Für Marx gab es jedoch einen *grundsätzlichen* Unterschied zwischen den alten und neuen Revolutionen: „1848–1851 ging nur das Gespenst der alten Revolution um [...]. Die soziale Revolution des neunzehnten Jahrhunderts kann ihre Poesie nicht aus der Vergangenheit schöpfen, sondern nur aus der Zukunft."[17] Für Fontane mochte es jedoch für einen Moment verlockend sein, die sich abzeichnende Farce der Revolution noch einmal auf die Höhe der geschichtlichen Tragödie zu heben. Dieser Ansporn hatte sich freilich in dem Augenblick erschöpft, als der Elan des März in Apathie und Witzelei erstarb und die alten Mächte neue Realitäten schufen. Der Umschlagpunkt zeigt sich in jenem kleinen Fund, der eingangs angekündigt wurde und jetzt vorzustellen ist. Dazu noch eine Vorbemerkung, die wir Nürnbergers Darstellung entnehmen: „Im übrigen stehen Fontane die angenommenen Übereinstimmungen zwischen der gegenwärtigen Situation in Preußen und der englischen Revolution so deutlich vor Augen, daß er es nicht für nötig hält, ausführlich darüber zu schreiben."[18] Damit stand Fontane nicht allein. Anfang Dezember 1848, in direktem zeitlichen Zusammenhang mit Fontanes

Arbeit an seinem Dramenfragment, konnte man in der satirischen Zeitschrift „Berliner Großmaul" „Ein Blatt aus der Weltgeschichte" lesen:

> „Die englische Revolutions-Geschichte unter Carl I. bis zum Jahre 1649 zerfällt in 9 Haupttheile:
> 1) Conflikt der Kirche mit dem Volke.
> 2) Weigerung des Parlaments der Krone die verlangten Gelder zu bewilligen.
> 3) Auflösung des Parlaments.
> 4) Steuerverweigerung des Parlaments.
> 5) Oxforder Gegenparlament der Krone.
>
> Darauf folgte:
> 6) Die bewaffnete Erhebung der Unzufriedenen – und die Truppenwerbungen des Parlaments.
> 7) Die Schlacht bei Naseby.
> 8) Die Erhebung Cromwell's.
> 9) Heute über 2 Monate wurde vor 200 Jahren, am 30. Januar 1649, der König Karl von England, wegen Hochverraths am Volke, öffentlich hingerichtet."[19]

Die Nemesis der Gegenwart kündigt sich im letzten Akt an, deutlich markiert mit dem „Heute über 2 Monate [...]". Das „Blatt aus der Weltgeschichte" stand, wie gesagt, im „Berliner Großmaul", einem kurzlebigen Organ jener Witzpresse, die zusammen mit dem „Kladderadatsch", dem „Berliner Krakehler" und dem „Berliner Charivari", um nur einige Blätter zu nennen, die Dinge von der humoristisch-satirischen Seite nahm. Die Übertragung der Stuart-Tragödie auf die Gegenwartssituation und die nächste Zukunft war damit von vornherein unter Satirevorbehalt gestellt – sehr wahrscheinlich sogar, daß vor dem Hintergrund der „9 Haupttheile" der Cromwellschen Revolution dem Leser die sich abzeichnende Farce der Revolution in Preußen recht eigentlich zu Bewußtsein kam. Die Preußische Nationalversammlung hatte nämlich am 10. November 1848 die politische Phrase vom „passiven Widerstand"[20] in die Welt gesetzt, ohne ihm in irgendeiner Weise konkrete Formen zu geben, und sich damit nicht nur in den Augen der Demokraten lächerlich gemacht. „Von jetzt ab wurde sie aus den verschiedensten Lokalen verjagt: – die Geschichte erzählt von keiner kläglicheren Stellung der Volksvertreter."[21]

Fontane bediente sich hingegen noch Ende Januar 1850, als bereits Fakten der Revision und Reaktion geschaffen waren, der „Totenbeschwörung", um die „Leidenschaft auf der Höhe der großen geschichtlichen Tragödie zu halten".[22] Er schrieb als Berliner Korrespondent in einem Artikel für die radikaldemokratische „Dresdner Zeitung", wiederum mit Blick auf England und die Versuche, das Königtum zu stabilisieren: „Es erheischt keine Sehergabe, um den Spruch zu tun: die besten Freunde des Königs sind seine größten Feinde und die des Königtumes überhaupt. Die Leute, die da glauben, durch Pairie und Sternkammer den Thron befestigt zu haben, mögen in die Bücher der Geschichte blicken; an der ‚hohen Kommission' und der Sternkammer Jacobs I. ging sein Nachfolger, der beklagenswerte Karl zu Grunde."[23]

Im weiteren Verlauf scheute Fontane vor der direkten Parallelisierung nicht zurück und spitzte den Vergleichspunkt auf das vermeintlich Gemeinsame beider Revolutionen zu: „Man bange vor diesen Ausnahmegerichten, man gebe den glühenden Wunsch auf, die Waldecks, Jacobys und Temmes zu den Pryennes, Burtons und Bastwicks unserer Partei zu machen. Gleichwohl, wie verschieden in sich das Puritanertum des siebzehnten Jahrhunderts von der Demokratie unserer Tage sein mag, die tiefen Wurzeln im Herzen des Volkes, den Haß gegen ihre Unterdrücker, und die Überzeugungskraft, die Märtyrer und Helden macht, *haben sie beide* gemein. Die letzten Tage haben keine gute Saat gestreut; wer mag sagen, als was sie aufgeht!"[24]

Daß Fontane im Sommer 1849 ernsthaft beabsichtigt hatte, in die „Einöde"[25] des Dorfes Falkenberg bei Bad Freienwalde sich zurückzuziehen, um dort das Revolutionsdrama fortzuschreiben, ist für den Nachlebenden nicht ohne Komik. Die Inkommensurabilität von Tragödienstoff und Dorfidylle – „pickende Hühner um uns her und

Sommerfäden in der Luft"[26] – ist mit Händen zu greifen und wäre dem Drama wahrscheinlich nicht gut bekommen. Schließlich nahm Fontane aus dem „fragmentarischen K. Stuart"[27] den 1. Akt in den Band „Gedichte" auf, der 1851 bei Reimarus in Berlin herauskam. Von der „Tunnel"-Lesung dieses Aktes am 21. Oktober 1849 hat sich keine Abschrift erhalten. Über den genauen Anteil Lepels und seiner kritischen Einlassungen am „Karl Stuart"-Fragment könnte erst eine Neuedition Gewißheit bringen.[28]

Klar scheint zu sein, daß dem zeitgebundenen Drama „die Veränderungen in der politischen Wirklichkeit und in Fontanes Gedanken längst die Grundlage für einen Abschluß im ursprünglichen Sinne entzogen hatten".[29] Anfang 1852 verliert sich die Dramenspur, aber „Karl Stuart" lebte weiter, beim Dichter, Journalisten und Reiseschriftsteller. Insofern könnte es sich lohnen, nicht nur den eingangs angesprochenen Fragen des Fragments, sondern auch dem Wandel der Gestalt in Fontanes Werk nachzugehen – und sei es, um die Physiognomie dieses Stuarts näher zu studieren: „[…] und wer einmal in die feinen Züge Karl Stuarts geblickt, der ist sicher, daß ihm die Traube von Bordeaux über die von Oporto ging".[30]

*

Der Dramenautor Fontane ist Episode geblieben, der Theaterkritiker hat hingegen in den zwei Jahrzehnten zwischen 1870 und 1890 rund 780 Vorstellungen absolviert. Er blieb also dem Drama verbunden, jedoch in dem eigenständigen literarischen Medium der Kritik. Außer diesem Wechsel vollzog sich schon früher ein politisch-publizistischer Wechsel, der Fontane 1860 für ein Jahrzehnt in die Redaktion der hochkonservativen „Neuen Preußischen [Kreuz-] Zeitung" führte. In diesem Umfeld befaßte er sich außer mit den „Wanderungen" auch mit Auftragswerken, von denen eines im nächsten Kapitel in den Mittelpunkt rückt. Daß es über das „Berlinische" hinaus Beziehungen zum „Märkischen" aufweist, liegt in der Natur der Sache, da diese das *agrarische* Preußen berührt.

[1] Abdruck in: GBA *Gedichte 3*. Hrsg. v. Joachim Krueger und Anita Golz. 2., durchges. u. erw. Aufl. Berlin 1995, S. 407–431, Kommentar S. 571–578.

[2] Helmuth Nürnberger: *Der frühe Fontane. Poesie, Politik, Geschichte 1840 bis 1860.* Ungek., in den Anm. durchges., neu einger. Ausg. Frankfurt/M., Berlin, Wien 1971, S. 139–147; Ders.: *Fontanes Welt.* Berlin 1997, S. 122–123. – William A. Packer: *Karl Stuart: A neglected phase in the development of Theodor Fontane's attitude toward England.* In: *Papers of the Michigan Academy of science, arts and letters.* Ann Arbor, Mich. Vol. 38, 1953, S. 467–474. – Vgl. noch: Karl-Heinz Habersetzer: *Dichter und König. Fragmente einer politischen Ästhetik in den Carolus Stuardus-Dramen bei Andreas Gryphius, Theodor Fontane und Marieluise Fleisser.* In: Richard Brinkmann, Karl-Heinz Habersetzer, Paul Raabe u. Blake Lee Spahr (Hrsg.): *Theatrum Europaeum. Festschrift für Elida Maria Szarota.* München 1982, S. 291–310.

[3] Abdruck in: GBA *Gedichte 3*, wie Anm. 1, S. 283–395. – Vgl. Hugo Aust: *Fontanes Poetik.* In: *Fontane-Handbuch.* Hrsg. v. Christian Grawe u. Helmuth Nürnberger. Stuttgart 2000, S. 412–465, hier S. 425, S. 436–437, S. 458–461.

[4] Auf der Frühjahrstagung der Theodor Fontane Gesellschaft „Junges Fontane-Forum II" vom 14.–17. April 2010 im School of Oriental and African Studies, University of London, beschäftigte sich Michael J. White (St. Andrews) sehr anregend mit Fontanes Hamlet-Übersetzung: Michael J. White: *Theodor Fontanes Übersetzung von Shakespeares Hamlet.* In: Patricia Howe (Hrsg.): *Theodor Fontane. Dichter des Übergangs* (= Fontaneana, Bd. 10). Würzburg 2013, S. 43–55.

[5] Nürnberger: *Der frühe Fontane*, wie Anm. 2, S. 141–142.

[6] Theodor Fontane an Bernhard von Lepel, Bethanien, 17. November 1848. In: Theodor Fontane und Bernhard von Lepel: *Der Briefwechsel. Kritische Ausgabe.* 2 Bde. Hrsg. v. Gabriele Radecke (= Schriften der Theodor Fontane Gesellschaft, Bd. 5/1–2). Berlin, New York 2006, Nr. 53, S. 97–102, hier S. 97–98 [Hervorh. im Orig.].

[7] Vgl. David E. Barclay: *Frederick William IV and the Prussian Monarchy 1840–1861.* Oxford 1995 (deutsch: *Anarchie und guter Wille: Friedrich Wilhelm IV. und die preußische Monarchie.* Berlin 1995).

[8] Fontane und Lepel: *Briefwechsel*, wie Anm. 6, S. 98.

[9] Ebd., S. 99.

[10] Ebd., S. 100.

[11] Ebd. [Hervorh. im Orig.].

[12] Karl Marx: *Der achtzehnte Brumaire des Louis Bonaparte.* In: Karl Marx/ Friedrich Engels: *Werke.* Bd. 8. Berlin 1969, S. 115.

[13] Robert Springer: *Berlin's Strassen, Kneipen und Clubs im Jahre 1848.* Berlin 1850, S. 123.

14 Marx: *Der achtzehnte Brumaire*, wie Anm. 12, S. 115.

15 Ebd.

16 Ebd., S. 116.

17 Ebd., S. 117.

18 Nürnberger: *Der frühe Fontane*, wie Anm. 2, S. 143–144.

19 *Berliner Großmaul*. No. 9. Montag, den 4. Dezember 1848, letzte Seite. Redaktion: Ferdinand Reichardt. In: Landesarchiv Berlin. Rep. 240. Acc. 125. Nr. 670. – Zu Reichardt vgl. Springer: *Berlin's Strassen*, wie Anm. 13, S. 139–142.

20 Vgl. Rüdiger Hachtmann: *Berlin 1848. Eine Politik- und Gesellschaftsgeschichte der Revolution* (= Veröffentlichungen des Instituts für Sozialgeschichte e.V., Braunschweig, Bonn). Bonn 1997, S. 749–752.

21 Springer: *Berlin's Strassen*, wie Anm. 13, S. 246.

22 Marx: *Der achtzehnte Brumaire*, wie Anm. 12, S. 116.

23 Theodor Fontane: *Aufsätze und Aufzeichnungen. Politische Korrespondenzen. Aufsätze und Berichte aus England.* Hrsg. v. Jürgen Kolbe. Frankfurt/M., Berlin, Wien 1979, S. 41.

24 Ebd. [Hervorh. im Orig.].

25 Theodor Fontane an Bernhard von Lepel, [Bethanien,] 16. August 1849. In: Fontane und Lepel: *Briefwechsel*, wie Anm. 6, Nr. 86, S. 153–155, hier S. 155.

26 Theodor Fontane: *Wanderungen durch die Mark Brandenburg*. 1. Bd. Hrsg. v. Walter Keitel und Helmuth Nürnberger. 2. Aufl. München 1977, S. 596–601 („Falkenberg"), hier S. 597.

27 Bernhard von Lepel an Theodor Fontane, Bellevue, 21. Oktober 1850. In: Fontane und Lepel: *Briefwechsel*, wie Anm. 6, Nr. 143, S. 221–222, hier S. 221.

28 Vgl. Gabriele Radecke: *Theodor Fontanes literarische Briefgespräche mit Wilhelm Wolfsohn und Bernhard von Lepel*. In: Hanna Delf von Wolzogen u. Itta Shedletzky (Hrsg.): *Theodor Fontane und Wilhelm Wolfsohn – eine interkulturelle Beziehung. Briefe, Dokumente, Reflexionen*. Bearb. v. Hanna Delf von Wolzogen, Christine Hehle u. Ingolf Schwan (= Schriftenreihe wissenschaftlicher Abhandlungen des Leo Baeck Instituts, Bd. 71). Tübingen 2006, S. 373–388, hier S. 381–384. – Siehe auch: Hermann Kunisch: *Julius Petersens Fontane-Nachlaß. Bericht und Edition*. In: *Jahrbuch Preußischer Kulturbesitz* 20 (1983), S. 267–325, hier S. 276.

29 Nürnberger: *Der frühe Fontane*, wie Anm. 2, S. 147.

30 Theodor Fontane: *Unechte Korrespondenzen*. Hrsg. v. Heide Streiter-Buscher (= Schriften der Theodor Fontane Gesellschaft, Bde. 1.1–2). Berlin, New York 1996, S. 125.

„Denkmal Albrecht Thaer's zu Berlin […] Mit Text von Th. Fontane" [1862]

Von den Tücken im Umgang mit Fontane-Texten oder Ein Buch und seine Folgen

I.

Handelt es sich bei Fontane-Texten nicht um Romane, Novellen, Erzählungen, Gedichte, Lieder oder Balladen, kurz, um Texte mit dezidiertem Kunstanspruch, ist von Fall zu Fall Vorsicht geboten. Denn nicht immer stammen sie von ihm, oder genauer gesagt, zur Gänze von ihm. Für die „Wanderungen durch die Mark Brandenburg" ist das an Beispielen aus dem Band „Havelland" gezeigt worden, für das Reisebuch „Ein Sommer in London" sind Übersetzungen aus der „Times" nachgewiesen, für die Kriegsbücher steht die große Arbeit noch aus.[1] „In diesem Werk", wurde kürzlich mit Blick auf „Der Krieg gegen Frankreich 1870–1871" bemerkt, „dem umfangreichsten der drei Kriegsbücher, hat Fontane über weite Strecken nur redigiert, und dies wiederholt nach von ihm *nicht* oder nur undeutlich bezeichneten Quellen."[2]

Daß Fontane auch umgekehrt eigene Texte mittels eines Kunstgriffs gelegentlich wie Fremdtexte aussehen ließ, macht die Sache nicht leichter, läßt vielmehr ahnen, mit welchen Schwierigkeiten man es zu tun hat, sobald man sich auf bestimmte Werke, vor allem auf Auftragswerke oder Parerga, einläßt.[3] Zu diesen muß man zwei wenig beachtete Buchpublikationen der Jahre 1862 und 1880 zählen, die es, auf die eine oder andere Weise, mit brandenburgisch-preußischer Geschichte zu tun haben. Nur die frühere steht, wie der Titel dieser Studie anzeigt, hier in Rede.[4] *Daß* sie aber in Rede steht, geht auf eine öffentliche Vorlesung zurück. Sie zog eine überfällige Quellenforschung nach sich, die zu einem ebenso raschen wie überraschenden Ergebnis führte. Daß dieses Ergebnis jetzt in Auseinanderset-

zung mit einer der Thesen der anregenden Vorlesung kritisch dis-
kutiert werden kann, verdankt sich der freundlichen Überlassung des
Vorlesungsmanuskripts durch den Verfasser.[5]

Die Diskussion hat die „Tücken im Umgang mit Fontane-Texten"
im Blick, zielt aber letztlich darauf, daß eine mit Fontanes Namen
versehene Buchpublikation künftig besser in Biographie und Zeitgeschichte eingeordnet sowie in ihren Folgewirkungen angemesse-
ner beurteilt werden kann. Daß dabei der Mangel an Textkritik zutage
tritt, trifft die Fontane-Philologie, nicht den Kunsthistoriker („Fontane schreibt Berliner Kunstgeschichte"[6]), der sich guten Glaubens
auf einen ihm vorliegenden Buchtext stützt.[7] Wie wenig Beachtung
dieser Text bisher in der Forschung gefunden hat, geht bereits daraus
hervor, daß er in dem tausendseitigen „Fontane-Handbuch" von
2000 nicht einmal erwähnt wird.[8] Dabei könnte die Befassung mit
ihm seit einiger Zeit sogar ein Desideratum sein, seitdem nämlich
mit der Aufnahme des Denkmaltextes in den Band 6 der „Wanderungen durch die Mark Brandenburg" der Aufbau-Ausgabe ein
aus dem Buchzusammenhang herausgelöster Text vorliegt, der durch
die Art seiner Präsentation noch zwingender den Anschein erweckt,
als handle es sich bei ihm ohne jeden Zweifel in allen Teilen um
einen Fontane-Text.[9] Anders verfährt die „Theodor Fontane Bibliographie"; sie führt jeden Teiltext einzeln auf, gibt aber dann für alle
Teiltexte als Autor wiederum „Theodor Fontane" an.[10] Interessanter-
weise rubriziert sie den ersten Teiltext unter der „Textsorte: Kunstkritik"[11]. Nichts dürfte daher verständlicher sein, als daß sich ein
Kunsthistoriker für eine „Kunstkritik" interessiert, die nach Ausweis
der gerade in der „Wanderungen"-Abteilung häufig zitierten Aufbau-
Ausgabe (sowie der hierauf fußenden Großen Brandenburger Ausgabe) und der maßgeblichen Bibliographie „Theodor Fontane" zum
Autor hat.

Auch gibt es einen allgemeineren Grund, sich näher mit dem
Buch zu befassen. 2002 wurde des zweihundertfünfzigjährigen Ge-
burtstags von Thaer an derselben Universität gedacht, an der acht
Jahre später die Vorlesung gehalten wurde. Der „Frankfurter All-
gemeinen Zeitung" war das einen umfänglichen Artikel wert, in dem

es unter anderem hieß: „Theodor Fontane hat in den ‚Wanderungen durch die Mark Brandenburg' Thaer nicht nur ein ganzes Kapitel gewidmet. Er hat auch über das Rauchsche Denkmal ein kleines Buch geschrieben, das man nach heutigen Begriffen als Bildband bezeichnen würde."[12] Danach zu urteilen, glauben viele, die sich für Fontane und den Agrarwissenschaftler interessieren, der ‚Wanderer' hätte „über das Rauchsche Denkmal ein kleines Buch geschrieben". Wie es sich damit im einzelnen verhält, wird sich zeigen, wenn jetzt der Anlaß für die Quellenforschung und ihr Ergebnis in den Blick kommen.

II.

Im Mai 2010 wurde im Rahmen der Ringvorlesung „Theodor Fontane-Forum: Ansichten und Aussichten der Fontane-Forschung – Personen und Institutionen" an der Humboldt-Universität[13] zu den Denkmälern des im April 2010 wiederhergestellten Schinkelplatzes vor der ehemaligen Bauakademie erklärt: „Einen der letzten Pflöcke in dieses bürgerliche Ensemble Berlins trieb unser Fontane."[14] Tatsächlich stand zur damaligen Zeit, 1862, das Schinkel-Denkmal von Friedrich Drake (1805–1882) noch nicht; es wurde erst 1869 eingeweiht. Weiter erfuhr man: „Seine Festschrift Thaer (‚Denkmal Albrecht Thaer's zu Berlin, nach dem Entwurfe von Chr. Rauch ausgeführt von H. Hagen, nach Photographieen von L. Ahrends gezeichnet von Professor Holbein und in Holz geschnitten von C. Glantz. Mit Text von Th. Fontane.' heißt es umständlich) zeigt einmal mehr den offiziellen Schriftführer/Schreiberling. Für Fontane-Liebhaber bietet sie überraschend trockene Kost, ist aber erhellend: ich gebe daher hier längere Zitate wieder."[15]

Es folgten etliche Zitate des „offiziellen Schriftführer[s]/Schreiberling[s]", nur – keines stammt von Fontane, den rekapitulierenden Eingangssatz – „Das Denkmal, wie schon oben angedeutet, besteht aus einer Portraitstatue Thaer's und aus 8 Reliefbildern (alle vom Bildhauer H a g e n herrührend), die an den Seiten des Piedestals angebracht worden sind"[16] – abgerechnet. In den seit 1843 in Berlin

228

erscheinenden „Annalen der Landwirthschaft in den Königlich Preußischen Staaten. Herausgegeben vom Präsidium des Königlichen
Landes-Oekonomie-Collegiums" ist im 18. Jahrgang (1860) der zeit-
nahe Bericht „Die Enthüllung des Thaer=Denkmals" zu Berlin zu
lesen. Aus ihm geht zweifelsfrei hervor, daß es sich nicht um Fontanes Worte, sondern um die Beschreibung des Denkmals aus dem
vom „C o m i t é für das Thaer=Denkmal verfaßte[n] und ausgegebene[n] Gedenkblatt"[17] handelt. Fontane hat diesem nicht nur
die Beschreibung, sondern – mit marginalen Auslassungen und kleinen redaktionellen Änderungen – auch die komplette Entstehungsgeschichte des Denkmals bis hin zu einzelnen Hervorhebungen entnommen.[18] Verwundern kann dies nicht, sollte das „Denkmal Albrecht
Thaer's zu Berlin" doch auch als ein „Supplement der Annalen der
Landwirthschaft in den Königlich Preußischen Staaten" erscheinen,[19]
aus deren herausgebender Behörde, dem 1842 gegründeten „Königlichen Landes-Oekonomie-Collegium", drei der insgesamt vier Mitglieder des Denkmalkomitees stammten.

Allein die Schilderung der Enthüllungsfeier selbst – die Festrede
des Vorsitzenden des Komitees, des Herrenhausmitglieds August von
Meding, liest man genau so auch in den „Annalen"[20] – dürfte aus
einer anderen Quelle stammen. Es könnten ein oder mehrere Zei-
tungsberichte, vielleicht auch die „Probenummer des zu Ehren des
Tages zum ersten Male ausgegebenen Wochenblattes der Annalen"[21]
gewesen sein. Da er das künstlerische Urteil dem befreundeten und
seit 1861 in Zürich Kunstgeschichte lehrenden Wilhelm Lübke (1826–
1893) überläßt, kann buchstäblich kein Satz des eigentlichen Denkmaltextes für Fontane in Anspruch genommen werden.[22] Er „schreibt"
im „Denkmal Albrecht Thaer's" mitnichten „Berliner Kunstgeschichte"[23]; er schreibt Biographien, sechzehn an der Zahl, kürzere Biographien „einige[r] der Gönner, Freunde, Gehülfen und Schüler des
verdienten Mannes, deren Namen unter den Landwirthen des Vaterlandes noch jetzt einen guten Klang haben",[24] voran natürlich die
Biographie „des verdienten Mannes" Albrecht Daniel Thaer selbst.[25]

Notwendigerweise geht der Kommentar zu den „längere[n]
Zitate[n]" ins Leere: „Soweit ein merkwürdig gehemmt, ja verkrampft

formulierender Fontane, der sich am Ende noch hinter Wilhelm Lübke versteckt, wenn es an die künstlerische Qualität geht."[26] Es ist wie gesagt „Comité"- und nicht Fontane-Text, wie bisher stillschweigend angenommen wurde – nach dem Motto: wo „Mit Text von Th. Fontane" draufsteht, muß auch (nur) Fontane-Text drin sein. Insofern kann man leicht ein Opfer unbefragter Textüberlieferung werden. Der öfters bemerkte Mangel einer textkritischen Fontane-Philologie[27] tritt an diesem Beispiel einmal mehr, aber auch besonders deutlich zutage. Ein Mangel, der der Philologie und Editorik, nicht etwa der Kunstgeschichte anzulasten ist, die, wie in diesem Fall, lediglich dazu eingeladen wird, auf vermeintlich sicherer Textgrundlage Thesen zu entwickeln und Wertungen vorzunehmen.

Im Unterschied zu den entlehnten „Comité"-Passagen hat Fontane den Lübke-Text allerdings als Fremdtext gekennzeichnet. Und weiter heißt es im Vorlesungsmanuskript: „Zum vertrauten Fontane-Ton gelangen erst die restlichen Partien der Festschrift."[28] Das ist genau beobachtet, aber diese „restlichen Partien" sind nun freilich die Hauptsache, nicht nur was den Fontane-Anteil, sondern auch was den Umfang des Ganzen betrifft. „Dort folgen (auf den Seiten 7-50) knappe Charakteristiken Thaers und seiner Freunde und Mitstreiter, jeweils auf 3-4 Seiten, wobei am Ende sogar der Schäfer Grabert mit seiner ,Heerde' zu seinem Recht kommt. Nur hier wird der vertraute, schweifend deskriptive Ton der Wanderungen angeschlagen (die gleichzeitig vorbereitet wurden: Das Oderland)."[29] Der aufmerksam registrierte Wechsel im Ton hätte eigentlich mißtrauisch machen müssen, ob denn tatsächlich alles an diesem „Text" ,Fontane' ist.

III.

Es war nicht „[s]eine Festschrift Thaer"[30], sondern ein Auftragswerk, dessen Fontane sich in kurzer Zeit konzentriert entledigen wollte:[31] „Gestern (Montag) Abend sollte eine kleine Reunion in Moritzhof sein, Herr v. Strubberg zugegen, – ich bin aber nicht hingegangen, sondern habe lieber gearbeitet. Ich möchte diese Thaer-Denkmal

Geschichten gern hinter mir haben."[32] Zwei Tage später, am 31. Juli 1862, schrieb er wieder an Emilie: „Erlebt hab ich in diesen Tagen wenig oder gar nichts, ich ging und kam [zur und von der Redaktion der ‚Kreuzzeitung' in der Dessauerstraße 5], arbeitete (Thaer-Denkmal) trank Thee und ging zu Bett. Glücklicherweise störte mich auch niemand."[33] Daß er über die Hälfte der Textmasse der Biographien gleich wieder für den im Entstehen begriffenen Band „Das Oderland" der „Wanderungen" verwendete,[34] zeigt einmal mehr, wie rationell er bei seiner ‚Schreibwirtschaft' verfuhr, in diesem Punkte Thaer, dem Begründer der „rationellen Landwirthschaft"[35], nicht nachstehend. Es wird im Band „Oderland" auch verschiedener Ehrungen, so des im Oktober 1856 gesetzten Denksteins „Zur Erinnerung an das 50jährige Bestehen der landwirthschaftlichen Akademie zu Moeglin" mit Thaers Reliefbild, aber mit keinem Wort des Berliner Denkmals von 1860 gedacht. Die ersten sechs Seiten der Publikation „Denkmal Albrecht Thaer's zu Berlin", die hauptsächlich dem „Gedenkblatt" des Komitees entnommen waren, gingen also nicht einmal andeutungsweise in den „Wanderungen"-Text ein. Auch das hätte als ein indirekter Hinweis auf die separate Provenienz dieses Teils des Denkmalbuches verstanden werden können.

Ist der Textsockel nicht mehr vorhanden, schwebt die weitere Deutung notwendigerweise in der Luft. Sie geht in diesem Fall außerdem von etwas ‚zurechtgerückten' Umständen aus, um die Interpretation in eine bestimmte Richtung zu lenken: „Erst wenn man berücksichtigt, daß der Einweihungszeremonie im November 1860 alle Mitglieder des Königshauses fernblieben, die bürgerliche Leistungsschau also brüskierten, wird die Stoßrichtung des Textes klarer (entschuldigt: Friedrich Wilhelm IV. wegen Krankheit, der Prinz-Regent ebenfalls krank, auch Roon sagt ab; auf der Gästeliste zwar einige Minister, aber kein einziger Hohenzoller)."[36] Der sieche König war infolge wiederholter Schlaganfälle zu öffentlichen Auftritten gar nicht mehr fähig und starb in der Nacht vom 1. auf den 2. Januar 1861. Der Prinzregent Wilhelm war aber nicht erkrankt, sondern er wie alle „übrigen Mitglieder des geliebten Herrscherhauses"[37] waren wegen eines hohen Todesfalls in der Familie am Beisein gehindert.

Nur vier Tage zuvor, am 1. November, war die verwitwete Zarin Alexandra Fjodorowna geb. Prinzessin Charlotte von Preußen (1798–1860), seit 1817 Gemahlin Nikolaus I. von Rußland (1796–1855), eine Schwester Friedrich Wilhelms IV. und des Prinzregenten Wilhelm, gestorben. Ein Blick in das „Trauer-Reglement für den Königlichen Hof" kann darüber belehren, was bei vier Wochen „tiefer" Hoftrauer, die in diesem Fall festgesetzt waren, im einzelnen zu beachten war.[38] Entsprechend heißt es in der Festrede August von Medings: „Ein das ganze Land in Betrübniß setzender Todesfall beraubt uns heute der persönlichen Gegenwart Seiner Königlichen Hoheit des Prinz=Regenten und der übrigen Mitglieder des geliebten Herrscherhauses. Seine Königliche Hoheit der Prinz=Regent wie nicht weniger Seine Königliche Hoheit der Prinz Friedrich Wilhelm, welcher als Protektor mehrerer landwirthschaftlicher Vereine dem Landbau seine besondere Gnade zuwendet, haben aber Höchstdero besondere Theilnahme ausdrücken zu lassen geruht."[39] Angesichts dieser zwingenden Gründe ist es müßig, darüber zu spekulieren, ob und gegebenenfalls welches Mitglied der Königlichen Familie unter anderen Umständen der Denkmalfeier beigewohnt hätte.

Das preußische Staatsministerium war jedoch ungewöhnlich zahlreich vertreten: voran Rudolf von Auerswald (1795–1866) als Minister ohne Geschäftsbereich neben dem amtierenden Ministerpräsidenten Fürst Karl Anton von Hohenzollern-Sigmaringen (1811–1885), sodann der Minister des Innern Maximilian Graf von Schwerin-Putzar (1804–1872), der Finanzminister Erasmus Robert Freiherr von Patow (1804–1890), der Justizminister Ludwig Simons (1803–1870), der Kultusminister Moritz August von Bethmann Hollweg (1795–1877), der Landwirtschaftsminister Erdmann Graf von Pückler (1792–1869) und schließlich der Handelsminister August Freiherr von der Heydt (1801–1874). Außerdem gab sich der sechsundsiebzigjährige Generalfeldmarschall von Wrangel (1784–1877) die Ehre, gleichermaßen Prinz August von Württemberg (1813–1885), General der Kavallerie und kommandierender General des Gardecorps, der General der Infanterie Karl Friedrich von Hahn (1795–1865) als General-Inspekteur der Artillerie, der General der

Infanterie Eduard von Peucker (1791–1876) als General-Inspekteur des Erziehungs- und Bildungswesens der Armee, der Generalleutnant Friedrich Adolf von Willisen (1798–1864) als Generaladjutant und Oberstallmeister sowie der Generalleutnant Gebhard Karl Ludolf von Alvensleben (1798–1867) als Kommandant der Stadt Berlin. Angesichts dieser Präsenz der hohen Generalität (auch der Vizeadmiral Jan Schröder [1800–1885] nahm am Festakt teil) mochte die Abwesenheit des Kriegsministers Albrecht von Roon (1803–1879) nicht sonderlich ins Gewicht gefallen sein.

Ein König wird niemals „entschuldigt"; vor allem wurde in Berlin kein Denkmal aufgestellt ohne „Allerhöchste" Bewilligung. Friedrich Wilhelm IV. hatte noch eigens bestimmt, „daß die Statue T h a e r' s neben dem Standbilde B e u t h' s *seine* Aufstellung auf dem Platze vor der Bauakademie finden sollte" (Fontane übernahm sogar das falsche Genus des Possessivpronomens[40]), der Prinzregent genehmigte den Plan. Davon, daß die „Mitglieder des Königshauses […] die bürgerliche Leistungsschau […] brüskierten", kann keine Rede sein; eher das Gegenteil ist der Fall, wie aus dem „Annalen"-Bericht hervorgeht: „[…] wonach der Minister der landwirthschaftlichen Angelegenheiten Graf P ü c k l e r einige Worte an die Mitglieder des Comités richtete. Das Vaterland, sagte derselbe, spreche demselben durch seinen Mund den Dank aus für die opferwillige Hingebung, mit der es dies Werk gefördert und zur Vollendung gebracht habe, so wie für die Veranstaltung der Feier." Dann folgte der entscheidende Satz des Ministers, der sich in diesem Fall nicht nur als Sprecher des „Vaterland[s]", sondern auch als Sprecher der Krone verstand: „Er freue sich der Anerkennung, welche dem Comité bereits von Allerhöchster Stelle ausgesprochen worden und es gereiche ihm zum besondern Vergnügen, dieselbe nochmals wiederholen zu können."[41]

Und was heißt in diesem Zusammenhang „bürgerlich"? Das „Comité", das die irrtümlich Fontane zugeschriebenen Sätze verfaßt hatte, war mit „Herrn v. M e d i n g, Graf I t z e n p l i t z, K o p p e und v. O l f e r s "[42] recht unbürgerlich besetzt. Von diesen war es der erwähnte *August* Friedrich Wilhelm Werner von

Meding (1792–1871), bis Anfang Mai 1848 Oberpräsident der Provinz Brandenburg, Wirklicher Geheimer Rat und konservatives Mitglied des Preußischen Herrenhauses, der bei Fontane die „Arbeit […] bestellt hat[te]".[43] Demnach schrieb Fontane im Auftrag des Vorsitzenden jenes „Comités", dessen „Gedenkblatt" er in die ersten Seiten der Buchausgabe einarbeitete – ein Vorgehen, das so zwischen ihm und von Meding abgesprochen worden sein dürfte. Außerdem versorgte ihn dieser mit entsprechenden Informationen, unter anderem zu den Biographien August Christoph von Bredow-Schwanebecks (1780–1844), der Frau von Friedland (1754–1803) und des Grafen Peter Alexander von Itzenplitz (1768–1834).[44]

Mit dem zweiten „Comité"-Mitglied, Heinrich Graf von Itzenplitz (1799–1883), preußischer Landwirtschaftsminister von März bis Dezember 1862, wäre es beinahe schon im Juni 1862 auf dessen Rittergut Kunersdorf bei Wriezen (Kreis Oberbarnim) zu der – bereits umsichtig angebahnten – persönlichen Begegnung gekommen.[45] Sie kam dann auf Einladung des Ministers am 6. September 1862 in Berlin bei einem „5 Uhr"-Diner zustande.[46] Der „Kreuzzeitungs"-Redakteur und „Wanderungen"-Autor unterhielt in diesen Jahren vielfältige Beziehungen zum konservativen Milieu des preußischen Land- und Landesadels, bei der Richtung des Blattes und den Zielen des Wanderers gar nicht verwunderlich. Zu Ignaz von Olfers (1793–1872), der nach einer kurzen diplomatischen Laufbahn seit 1839 als Generaldirektor der Königlichen Museen fungierte und außerdem seit 1848 eifrig im konservativen Vereinswesen tätig war, hat es offenbar keine Verbindung gegeben; nur eine spätere Zusammenkunft mit dessen Witwe und Tochter bei Fontanes Verleger Wilhelm Hertz ist bekannt.[47]

Bleibt noch der aus einer Büdnerfamilie, das heißt aus der ländlichen Unterschicht stammende Johann Gottlieb Koppe (1782–1863), der sich als Schüler und Kollege Thaers zu einem der profiliertesten landwirtschaftlichen Experten Preußens und zum veritablen Gutsbesitzer auf Beesdau bei Luckau emporgearbeitet hatte.[48] Der geachtete Schafzuchtexperte und Landesökonomierat gehörte 1849 bis 1852 für den Wahlkreis Frankfurt a. O. der Ersten Preußischen

234

Kammer als konservativer Abgeordneter an.[49] Am 27. Juni 1862, in engem zeitlichen Zusammenhang mit der Auftragserteilung durch von Meding, ließ sich Fontane in Letschin im Oderbruch von dem Prediger August Wilhelm Fordan (1800–1885) „auch über den alten Koppe [erzählen], lauter Dinge die mir ziemlich werthvoll waren".[50]

IV.

Von „bürgerlicher Leistungsschau" in demonstrativer Opposition zum Hohenzollernhof und den traditionellen Eliten kann folglich nicht die Rede sein. Jahrzehnte früher, 1830, dürfte dagegen für die ablehnende Haltung Friedrich Wilhelms III. noch von „Bedeutung gewesen sein, daß [er] fast während seiner gesamten Regierungszeit selbst gegenüber einem Denkmal für Friedrich den Großen eine eher zögerliche Haltung einnahm und daß zusätzlich seiner Auffassung nach Männer auch vom Stande eines Thaer noch nicht mit einem Monument im öffentlichen Raum zu würdigen waren".[51] Drei Jahrzehnte später feierte sich Preußen an diesem Novembertag als das Land der rationellen, nach wissenschaftlichen Methoden betriebenen Landwirtschaft,[52] und erst auf der Basis jener an Rentabilität und Unternehmergewinn orientierten Wirtschaftsweise konnten sich die agrarischen Großunternehmer, adlige wie bürgerliche, im Konkurrenzkampf behaupten.[53] Ihre Stellung als ländliche Elite sollte nach von Medings Worten jedoch vor allem Verpflichtung sein, im christlich-konservativen Sinne als Stütze der Monarchie zu wirken. „Wir wissen aber auch, daß die so gewonnenen materiellen Güter nur dazu dienen sollen, auch die höheren Zwecke der Menschheit desto kräftiger zu fördern, felsenfeste Königstreue, ächte Vaterlandsliebe und wahre Gottesfurcht, Tugenden, in deren Pflege dem übrigen Vaterlande mit seinem Beispiel voranzuleuchten es der hohe und edle Beruf des Landbaus ist."[54]

Am Ende stimmt in der Vorlesungsdeutung tatsächlich nichts zusammen, weil Text und Kontext des Denkmalbuches doch sehr anders gelagert sind; vor allem aber stimmt diese Aussage nicht: „Hier ist ein Fontane zu erkennen, der ungewöhnlich offiziell in den

Ring stieg – was er später, trotz des literarischen Werks und der Zeitungsbeiträge, eher vermied. Dabei schlug er sich auf die Seite einer (maßvoll) fortschrittlichen Denkmalskultur in Berlin, die seitens des Hofes und anderer maßgeblicher Kreise gar nicht gerne gesehen war."[55] In den zum Beweis angeführten Teilen der Denkmalschrift spricht der Schriftsteller nicht. Außerdem handelt es sich um ein Auftragswerk, das von einer am Hof wohlgelittenen Persönlichkeit „bestellt" worden war. Von Meding hatte nicht nur eine Karriere als ein, in bürgerlichen Kreisen offenkundig unbeliebter, hoher Verwaltungsbeamter hinter sich (die Stadtverordnetenversammlung von Frankfurt a. O. hatte bereits Anfang April 1848 vom liberalen Innenminister Alfred von Auerswald [1797–1870] seine Abberufung als Oberpräsident verlangt[56]); er war vor allem auch ordentliches Mitglied des „Landes-Oekonomie-Collegiums", das die schon ältere Denkmalidee mit Tatkraft verfolgt hatte und die Publikation „Denkmal Albrecht Thaer's zu Berlin" als „Supplement der Annalen" herauszubringen gedachte. Darin stand nichts und konnte nichts stehen, was nicht die Billigung von Medings fand, einschließlich der biographischen Skizzen aus Fontanes Feder. Unter solchen Umständen wird man schwerlich davon sprechen können, daß Fontane „ungewöhnlich offiziell in den Ring stieg". Die unterstellte freie Wahl zwischen verschiedenen Textsorten hatte er nicht: „Er griff hierbei zu einer selbständigen Festschrift, also einer stärker reglementierten Textsorte [...]".[57] Fontane hatte von Meding sauber recherchierte und durchformulierte biographische Artikel sowie einen passend zusammengestellten Text zu liefern – *c'est tout*. War die Familie berührt – Frau von Meding war die Enkelin der Frau von Friedland und Tochter des Grafen Peter Alexander von Itzenplitz – hieß es sogar: „Ich will indeß nicht verschweigen, daß auch meine Frau dringend wünscht den passus über Frau v. Friedland u. ihren Vater zu lesen ehe er in die Welt geht."[58]

Da die zum Beleg herangezogenen Teile der Schrift nicht von Fontane stammen, konnte er sich damit auch nicht „auf die Seite einer (maßvoll) fortschrittlichen Denkmalskultur in Berlin" stellen. Das hätte dann das Komitee selbst getan, und wes Geistes Kind die

Verantwortlichen waren, ist der Festrede von Medings zu entnehmen. Daß gerade sie, für die der Vorsitzende des Komitees im Angesicht des Thaer-Denkmals von „felsenfeste[r] Königstreue, ächte[r] Vaterlandsliebe und wahre[r] Gottesfurcht" sprach, einer „fortschrittlichen Denkmalskultur […], die seitens des Hofes und anderer maßgeblicher Kreise gar nicht gerne gesehen war", das Wort geredet hätten, wäre eine mehr als kühne Behauptung. So stellt sich das Buch „Denkmal Albrecht Thaer's zu Berlin" am Ende als ein untaugliches Objekt dar, um an ihm die kunst- und kulturgeschichtlich exponierte These zu demonstrieren: „In den 1860er Jahren ergreift Fontane also für eine fortschrittliche Denkmalskultur Partei – wenn auch die Fortschrittlichkeit weniger in den ästhetischen Mitteln der Rauch-Schule als im bürgerlichen Subtext der Denkmäler am Schinkel-Platz zu suchen ist."[59]

V.

Tatsächlich hat Fontane im April 1862 ‚Partei ergriffen', aber für das konservative Lager der „Mit-Gott-für-König-und-Vaterland-Partei", als Wahlmannskandidat „III. Klasse" im 139. Berliner Urwahl-Wahlbezirk.[60] Die nicht zufällig im selben Jahr geknüpften Verbindungen zu „Excellenz" von Meding hielten übrigens über die kommenden Jahre an. Schon im Februar 1862 hatte Fontane eine vom Chefredakteur der „Kreuzzeitung", Dr. Tuiscon Beutner (1816–1882), vermittelte Einladung für eine Abendgesellschaft bei Familie von Meding angenommen, um „Ausbeute oder wenigstens Zusagen"[61] für die geplanten Itzenplitz-Kapitel seiner „Wanderungen" zu erhalten. Denn Medings Frau Auguste Sophie war wie gesagt eine geborene Gräfin Itzenplitz,[62] Schwester des Landwirtschaftsministers und Komitee-Mitglieds Heinrich Graf von Itzenplitz. Am 4. Januar 1866 empfing Fontane wiederum eine Medingsche Einladung, zwei Tage später war er bei ihm zu Gast. Beim Diner saßen außerdem der Rittergutsbesitzer Heinrich von Meding († 21. Januar 1876), Herr auf Horst am Madü-See in Pommern (Kreis Pyritz), und dessen Frau Auguste Karoline, geb. Gans zu Putlitz (1827–1902), eine Schwester des Dichters Gustav Gans zu Putlitz (1821–1890), sowie der Historien- und Porträtmaler Bernhard Plockhorst (1825–1907), der sich außer mit royaler Bildnismalerei mit frommen (biblischen) Themen beschäftigte.[63]

Ein knappes Jahr später, im Februar 1867, vermerkt Fontanes Tagebuch erneut, wohl mit Bezug auf die Wahlen zum ersten Norddeutschen Reichstag: „Bei Meding's eine Art Reichstags-Diner."[64] Ein Jahr vor dessen Tod, 1870, gab es noch einen kontroversen Briefwechsel mit von Meding über die Beurteilung des Ministers Johann Christoph von Wöllner (1732–1800), bei dem auch ein „heikler Punkt"[65] aus der Itzenplitzschen Familiengeschichte zur Sprache kam. Gemeint war wohl das Gerücht von einem Verhältnis Wöllners mit seiner späteren Schwiegermutter Charlotte (Sophie) Luise von Itzenplitz (1722–1770), das von Meding in einem Wöllner-Aufsatz Fontanes tunlichst ausgespart wissen wollte. Fontane hat es erst in dem 1881 entstandenen Kapitel „Groß Rietz" des Bandes „Spreeland" der „Wanderungen" mitgeteilt. „Auch die Mutter, heißt es, war ihm nicht unhold. ,Nicht unhold' darf man am Ende sagen und ist ein statthafter Ausdruck."[66] August von Meding war Herr auf Barskewitz (vordem Besitz des Grafen Peter Alexander von Itzenplitz), einem Rittergut östlich von Stargard in Pommern (im Saatziger Kreis), was ihn wohl auch häufiger die Ostseebäder aufsuchen ließ.

Bevor es zu diesen persönlichen Begegnungen kam, hatte es schon einmal eine indirekte Berührung zwischen Fontane und von Meding gegeben. Freund Bernhard von Lepel (1818–1885) war damals der Vermittler gewesen. Er trug Anfang September 1854 in der Heringsdorfer ,Sommerfrische' aus Fontanes „Gedichten" vor, darunter „Sir Walter Raleighs letzte Nacht". „Der Schluß des Raleigh", ließ er Fontane wissen, „ist übrigens immer noch nicht gelungen. Auch machte ein alter Herr, der frühere Oberpräsident vMeding, die Bemerkung, daß die Stelle, worin der Stuarts erwähnt wird, nicht zum nachherigen Erscheinen der Elisabeth passe. Ich wußt' es im Augenblick auch nicht recht zusammen zu bringen."[67] Dieser kritische Einwand hat den späteren Begegnungen augenscheinlich nicht im Weg gestanden.

Wird erwogen, daß Fontane zum Zeitpunkt der Beauftragung durch von Meding mit dem ersten Band der „Wanderungen durch die Mark Brandenburg" hervorgetreten war, dann erscheint es nur folgerichtig, wenn der Oberpräsident a. D. der Provinz Brandenburg den „Wanderungen"-Autor nun auch mit der Denkmalschrift betraute. Fontane gab mit dem Abdruck von „Tamsel" in der „Kreuzzeitung" in der letzten Juniwoche 1862 bereits zu erkennen, daß ihn seine nächsten „Wanderungen" ins Oderland und damit in Thaers engeren Wirkungskreis (Möglin südlich von Wriezen nahe dem Oderbruch) führen würden.[68] Die Vernetzungen im konservativen Lager durch Zeitungen, Redaktionen und Vereine, Diners und „Reunions" muß man sich als weiteren Hintergrund der Beauftragung vorstellen, und wie weit die dadurch bewirkten Verbindungen reichen konnten, geht aus den folgenden Zusammenhängen hervor.

Der im zitierten Brief an Emilie vom 29. Juli 1862 erwähnte „Herr v. Strubberg" ist derselbe, den Fontane bereits am 3. Januar 1862 gegenüber seinem Verleger Hertz als Gewährsmann für die Aufnahme des ersten „Wanderungen"-Bandes in den höchsten Kreisen genannt hatte: „Major oder Obristleutnant v. Strubberg (Flügeladjutant Sr. Maj:) hat mir erzählt, daß man bei *Hofe* (wer?) mein Buch vielfach gelesen und sich anerkennend darüber ausgesprochen habe. Haben Prinzen Zeit zum Bücher lesen?"[69] Offensichtlich war der „Wanderungen"-Autor zu dieser Zeit am Hof ein geschätzter Mann, der außer jedem Verdacht stand, mit etwas nicht Genehmem an die Öffentlichkeit zu treten. Die flankierenden Rezensionen George Hesekiels (1819–1874) in der „Kreuzzeitung" und Albert Emil Brachvogels (1824–1878) im „Wochenblatt der Johanniter-Ordens-Balley Brandenburg" trugen mit Sicherheit zur wohlwollenden Aufnahme des ersten „Wanderungen"-Bandes in den höheren und höchsten Kreisen bei.[70]

Die „Reunion in Moritzhof", einem beliebten, von Adolph Menzel (1815–1905) gemalten Gartenlokal und Kaffeehaus südlich des Tiergartens,[71] bei der Ende Juli 1862 der Flügeladjutant von Strubberg zugegen sein sollte, ging auf eine Einladung Mathilde von Rohrs (1810–1889), Fontanes mütterlicher Freundin, zurück, die über ihren älteren Bruder Otto von Rohr (1803–1888) auf Trieplatz, der eine von Strubberg geheiratet hatte, mit dem Flügeladjutanten verwandt war.[72] Zudem ist kaum zu übersehen, wie geschickt sich Fontane bereits im Dezember 1860 gegenüber Heinrich Proehle (1822–1895), dem Herausgeber von „Unser Vaterland", mit der ländlichen Oberschicht in Verbindung zu bringen gewußt hatte: „Allerhand Besuch gutsbesitzerlicher Freunde von ausserhalb, lässt mich erst heut Abend dazu kommen Ihre freundlichen Zeilen zu beantworten."[73] Fontanes Beziehungen zu dem damaligen Flügeladjutanten und späteren General der Infanterie Otto von Strubberg (1821–1908), zuletzt General-Inspekteur des Militärerziehungs- und Bildungswesens der Armee, hielten noch bis Anfang der neunziger Jahre an.[74]

Mit der Thaer-Schrift feierte sich das offizielle Preußen als leistungsfähiger Agrarstaat, feierte sich namentlich die agrarische Elite und nicht zuletzt ihr Kopf, das rührige „Landes-Oekonomie-Collegium". Für die Landwirtschaft und die ländliche Führungsschicht waren es gesegnete Zeiten: „In den 1850er und 1860er Jahren erreichten die Junker den historischen Höhepunkt ihrer wirtschaftlichen Kraft. [...] Die ökonomische Bedeutung der ostelbischen Landwirtschaft war zu keinem Zeitpunkt größer: Über den Export trug der Agrarsektor ganz wesentlich zum gesamtwirtschaftlichen Wachstum und mittelbar zur Industrialisierung bei. Er vermittelte die englische Nachfrage auf dem deutschen Markt. Für den heimischen Markt war er nahezu der alleinige Versorger mit agrarischen Produkten."[75] Vor diesem ökonomischen Hintergrund versteht man besser, was gemeint war, als die „Annalen" ihre „Wünsche für die Landwirtschaft im Geiste T h a e r ' s dahin zusammenfass[t]en":

Hoch Jeder halte,
Das Gute Alte,
Doch gelte daneben
Auch neues Streben!
Was der Wissenschaft
Erprobte Kraft
Im Feld erschafft,

240

Im Haus erbaut,
Dem sei vertraut
Im Großen und Kleinen –

In unsern Vereinen,
In Worten und Thaten,
Und allerwegen.
Dann sicher gerathen,
Erquickt vom Segen,
Die fröhlichen Saaten.
O möcht' es so sein,
Jahr aus, Jahr ein,
Ein herrlich Geheih'n
Gott woll' es verleih'n! [76]

VI.

Das „Denkmal Albrecht Thaer's" hatte offensichtlich noch eine journalistische Arbeit zur Folge gehabt: Im Juli 1863 berichtete Fontane in der „Kreuzzeitung" – einmalig für ihn – von einer landwirtschaftlichen Tier- und Maschinenausstellung in Hamburg.[77] Begeistert war er von der Sache nicht: „Am Donnerstag Abend also nach Hamburg. Ich freue mich auf den kleinen Abstecher nach Ruppin, aber die Fahrt nach Hamburg ist mir eigentlich langweilig und *zu* strapaziös."[78] So sehr hatten es ihm die Fortschritte der Landwirtschaft denn doch nicht angetan, auch die verschiedenen Merinorassen, die Negretti, Infantado, Electorals, nicht, ebensowenig das weitgehörnte podolische oder ungarische Rindvieh und das englische Landvieh von Devonshire. „Ich scheue keine Strapatzen, wenn es sich für mich um Dinge handelt, an denen mein Herz hängt (‚Rom, Rom' wie Grobecker neulich sagte) aber eine Viehausstellung und wenn die Schafe wie Rinder und die Rinder wie Elephanten wären, ist mir eigentlich gleichgültig."[79] Zufriedenstellend war der Bericht denn auch nicht; die „Kreuzzeitung" brachte eine Berichtigung.[80]

Bei der Ausstellung ging es nicht nur um das ‚liebe Vieh‘, auch Landmaschinen wurden gezeigt, die, wiederum zuerst aus England kommend (wie seinerzeit schon die Grundideen für Thaers „rationelle Landwirthschaft“[81]), eine Umwälzung in der Agrarwirtschaft ankündigten. Die erste Weltausstellung 1851 in London hatte den Durchbruch gebracht, wie man in Preußen genau registrierte. „Die dort zu besichtigenden ‚Ackerwerkzeuge‘ – so resümierte 1862 der preußische Statistiker Georg von Viehbahn –, zeigten dem aufmerksamen Beobachter den Übergang des früheren landwirtschaftlichen Betriebes zu einem solchen, der neben der Erzeugungskraft des Bodens auch die Macht des Kapitals und der Wissenschaft zur Produktion benutzt, der neben den Kräften der unbelebten und belebten Natur auch die Einwirkung der Maschinen und künstlichen Mittel in immer ausgedehnterer Weise zu Hilfe nimmt‘.“[82] Wie zum Beweis dafür standen bei der Einweihungsfeier des Thaer-Denkmals am 5. November 1860 außer den Vertretern wissenschaftlicher und Lehrinstitute „hinter dem Denkmal unmittelbar das Musikcorps und hinter diesem die Arbeiter hiesiger landwirthschaftlicher Maschinenfabriken mit ihren Fahnen, geschmückten Marschallstäben und besonderen Musikcorps“.[83] Oft wird vergessen, daß es in Berlin neben den bekannten Fabriken von Borsig, Wöhlert, Egells und Schwartzkopff auch die damals florierenden, wenn auch kleineren landwirtschaftlichen Maschinenfabriken von C. Beermann, H. F. Eckert und Schneitler & Andrée gab.[84]

Mit dem Fortschreiten der „Wanderungen durch die Mark Brandenburg“ in den beiden Jahrzehnten zwischen 1861/62 und 1881/82, bis zum Erscheinen des Bandes „Spreeland“, schritt auch die Kapitalisierung und Mechanisierung der großlandwirtschaftlichen Gutsbetriebe in Brandenburg voran.[85] Das allerdings hat in den „Wanderungen“ kaum Spuren hinterlassen, was insofern nicht verwundern kann, als die „Wanderungen“ überwiegend eine vergangene Welt beschwören, einen mit Geschichte und Geschichten gesättigten Raum, der nur selten vom Maschinenlärm der Gegenwart und dem tieferen Eindringen der Wissenschaft in die landwirtschaftliche Produktion berührt wird.[86] Um so mehr hebt sich das Kapitel

„Albrecht Daniel Thaer" als Reprise der Biographie des Buches „Denkmal Albrecht Thaer's" aus dem Gewohnten heraus. Um so lehrreicher ist es aber auch, zu sehen, wie Fontane durch kluge Rahmungen diese Biographie in den stimmungsmäßigen Grundton der „Wanderungen" integriert.[87]

Ehre jedem Heldentume,
Dreimal Ehre deinem Ruhme,
Aller Taten beste Tat
Ist: Keime pflanzen für künftige Saat.[88]

1862/63, könnte man sagen, war Fontanes ‚agrarisches Jahr'. 1862/63 finden sich in den Notizbüchern auch erste Spuren des Romans „Vor dem Sturm", der überwiegend im ländlichen Milieu des Oderlandes spielt.[89] In diesem Roman kehrt Albrecht Daniel Thaer wieder – aber doch so, daß vor dem großen historischen Augenblick, der Tat des Generals Yorck (ab 1814) „von Wartenburg", diese „beste Tat" mit leiser Ironie zurücktritt: „Auch in dem unmittelbar folgenden Thaerschen Kolleg geschah der Kapitulation mit keiner Silbe Erwähnung, entweder weil der Professor ebenfalls noch ohne Kenntnis war oder voll feinen Taktes empfand, daß das Thema seiner Vorlesung: ‚Der Fruchtwechsel und die landwirtschaftliche Bedeutung des Kartoffelbaues', keine recht passende Anknüpfung gestattete."[90] Der „Roman aus dem Winter 1812 auf 13", wie der Untertitel von „Vor dem Sturm" lautet, zeigt einen informierten Autor. 1810 war Thaer auf eine Professur für Cameralwissenschaften an die gerade gegründete Berliner Universität berufen worden, an der er im Winter über die Grundlagen der Agrarwissenschaften lehrte, während er im Sommer den Betrieb seines Lehrinstituts in Möglin leitete.

Fast scheint es, als nähme Fontane mit diesem Satz auch leisen Abschied von seinem agrarischen Jahr, das ihm mit dem „Denkmal Albrecht Thaer's" zwar einen literarischen Fruchtwechsel beschert hatte, aber außer dem Honorar (60 Taler) und der Wiederverwertung für den „Wanderungen"-Band „Das Oderland" keine großen Erträge brachte.[91] Am 16. September 1862 schrieb er aus „*Cuners-*

dorf bei Wrietzen", dem Itzenplitz-Sitz, an Emilie, die bevorstehende Korrektur des Denkmalbuches berührend: „Der Hauptzweck dieser Zeilen ist, Dich um etwas zu bitten was ich heut früh vergessen habe, nämlich für den Fall daß Bosselmann [der Buchhändler und Verleger Gustav Bosselmann] einen Correkturbogen schickt an diesen zu schreiben (natürlich nur 3 Zeilen, aber artig) daß ich verreist wäre und erst am 21. wiederkäme. Kommt der Bogen erst am 18. so ist es nicht nöthig; 3 Tage kann er warten."[92] Die Korrektur sollte wie das Verfassen und Redigieren der Texte ebenso konzentriert vonstatten gehen.

Es waren genau die Tage im September 1862, in denen das politische Drama der Auseinandersetzungen zwischen Parlament und Krone über die Heeresvorlage, der Auftakt zur sogenannten ‚Konfliktzeit', seinen Höhepunkt erreichte, bevor dann am 22. September 1862 die entscheidende Unterredung zwischen Wilhelm I. und Bismarck auf Schloß Babelsberg stattfand. Davon teilte sich Fontane in der ländlichen Stille märkischer Herrensitze offenkundig wenig mit, obgleich er in den vorangegangenen Monaten einigen Anteil an den politischen Ereignissen genommen hatte, und zwar als „Parthei", wie er seiner Frau Emilie schrieb.[93]

VII.

Mehr Erfolg als mit dem Helden vom Schinkelplatz hatte Fontane mit den Helden vom Wilhelmsplatz, dem alten Zieten, Schwerin und Seydlitz, die er in den „Preußenliedern" besungen hatte und die es in zahllose Anthologien, ja sogar in Schulbücher brachten.[94] Aber ohne Thaer, seine Mitstreiter, die „Königlich preußische Akademie des Landbaus" und die durch sie bewirkten Fortschritte der Landwirtschaft wären die Nachkommen jener Helden der friderizianischen Kriege über kurz oder lang Männer „ohne Ähr und Halm"[95] gewesen. „Es ist ein ebenso eindrucksvoller wie merkwürdiger Tatbestand", bemerkt Hans Rosenberg, „daß die historischen Erben des Gutsherrenadels bis 1918, also auch noch in der Epoche des modernen Industrialismus, eine rechtlich und politisch privilegierte *Herren-*

stellung behauptet haben."[96] Er nennt als Hauptgrund: „Wäre das Landjunkertum in der Epoche der ‚permanenten Revolution' lediglich reaktionär gewesen, wäre es nicht auch fortschrittlich und modern geworden, so hätte es sich unmöglich als eine privilegierte Herrenschicht bis in das 20. Jahrhundert halten können."[97] Zu dieser Fortschrittlichkeit und Modernität gehörte zweifellos die Befolgung der Lehren von Thaers „rationeller Landwirthschaft" sowie im Fortgang des Jahrhunderts die „graduelle Umwandlung der Bodenaristokratie in eine moderne Unternehmerklasse von landwirtschaftlichen Geschäftsleuten".[98] Das ist der materielle Kern jenes agrarischen Lyrismus: „Hoch Jeder halte, / Das Gute Alte, / Doch gelte daneben / Auch neues Streben!"

Wäre es aber nicht so gewesen, wir hätten auch keinen „Stechlin", keinen Roman mit diesen unverwechselbaren Gesellschafts- und Anschauungsformen, denen die Thematik des Alten und Neuen ebenso unverwechselbar eingeschrieben ist. „Nicht ganz so unbedingt mit dem Neuen. Lieber mit dem Alten, soweit es irgend geht, und mit dem Neuen nur, soweit es muß."[99] Möglin und Stechlin liegen bekanntlich in derselben Mark Brandenburg, auch wenn Dubslavs angestammter Rittersitz Stechlin ‚nur' eine schöne Erfindung Fontanes ist, während Möglin tatsächlich ein alter Sitz der Barnim-Familie von Barfuß gewesen ist.[100] Und Möglin stand seinerzeit hoch im Kurs, wie einer launigen Bemerkung des jungen Helmuth von Moltke (1800–1891) zu entnehmen ist (der knapp dreißig Jahre später als Generalleutnant und Generalstabschef der Armee der Enthüllungsfeier am 5. November 1860 beiwohnte und damit den Anteil der Generalität noch verstärkte[101]): „Selbst Ceres ist bei den heutigen Kornpreisen und besonders wegen der Maischsteuer so herunter, daß wenn die Kartoffeln nicht alles gut machten, sie selbst in Möglin bei Geheimrat Thaer keinen Kredit mehr gefunden hätte."[102]

Thaers Mustergut war nach seinem Tod 1828 von seinem Sohn Albrecht Philipp (1794–1863) fortgeführt worden.[103] Im Jahr 1861, zwischen der Denkmaleinweihung und dem Erscheinen des Denkmalbuches, war die „Königlich preußische Akademie des Landbaus" in Möglin aufgelöst worden, einer von Thaers Enkeln jedoch, Albrecht

Conrad Thaer (1828–1906), übernahm die Leitung des neuen Land-wirtschaftlichen Lehrinstituts an der Friedrich-Wilhelms-Universi-tät.[104] Angesichts dieser Beheimatung in der Hauptstadt kam das Buch zum richtigen Zeitpunkt. Außerdem lag die Enthüllung des Denkmals beim Erscheinen des Buches bereits wieder zwei Jahre zurück, und das „Landes-Oekonomie-Collegium" feierte im selben Jahr 1862 sein zwanzigjähriges Bestehen. Das alles dürfte mit im Spiel gewesen sein, als man das Projekt des Denkmalbuches erwog. Daß sich damit auch das Thaer-Komitee beziehungsweise das „Lan-des-Oekonomie-Collegium" ein Denkmal setzte, versteht sich beinahe von selbst. Es ging nicht zuletzt darum, durch intensive Nutzung der Medien – Denkmal, Gedenkblatt, Wochenblatt, „Annalen", Buch und Bild – gegenüber der sich stürmisch entwickelnden Industrie im öffent-lichen Raum ein Zeichen zu setzen. Der nach einer Fotografie wohl noch aus dem Jahr 1860 gefertigte und in Verkehr gebrachte Stahl-stich des Denkmals[105] sollte in dieser Weise zur Popularisierung „Vater Thaers" beitragen. Mit den Kriegen von 1864 und 1866, spätestens aber mit der Reichsgründung, rückte freilich anderes in den Blick, wurden die öffentlichen Räume der Hauptstadt Zug um Zug neu besetzt. Der Denkmalstil veränderte sich, und mit ihm veränderten sich die Formen der Feiern, Kundgebungen und Feste. Das Interesse für die ‚Helden des Friedens' ging zurück, der Schinkelplatz trug allmählich ein anderes Gesicht, und das städtebauliche Umfeld machte einen Wandel zur City mit Geschäftshäusern durch.

Abgesehen von der Erwähnung in „Vor dem Sturm" kam Fon-tane lange Zeit nicht wieder auf Thaer zurück.[106] In einem Brief an Georg Friedlaender bekannte er aber mehr als drei Jahrzehnte nach dem Denkmalbuch: „[…] freue ich mich immer, wenn ich Namen lese wie […] Thaer […] Virchow, Siemens, weil ich mir dabei be-wußt bin, daß in diesen, nun in zweiter und dritter Generation blü-henden Familien, ein neuer Adel, wenn auch ohne ,von' heranwächst, von dem die Welt wirklich etwas hat, neuzeitliche *Vorbilder* (denn dies ist die eigentliche Adelsaufgabe), die, moralisch und intellek-tuell, die Welt fördern und ihre Lebensaufgabe nicht in egoistischer Einpöklung abgestorbener Dinge suchen".[107] Das war 1895, als Fontane drei Thaer-Generationen vor Augen hatte, die er alles in allem wohl besser kannte als die Familien Virchow und Siemens.[108]

Eine Generation weiter und nicht nur das „von" hatte sich mittlerweile eingestellt: Von einem „neuzeitliche[n] *Vorbild*" konnte wohl auch keine Rede mehr sein. Der Oberst i. G. des Gardecorps Albrecht *von* Thaer (1868–1956) wurde Zeuge des Schauspiels, mit dem sich im Zusammenbruch des Reiches 1918 die Oberste Heeresleistung „in die Rolle des Opfers [stilisierte], das durch einen hinterrücks aus der ‚Heimat' geführten Dolchstoß um die Früchte des Sieges geprellt worden sei".[109] Aus dem wiederbelebten Mythos der Nibelungen saugte man das schleichende Gift der kommenden Republik: „Als wir versammelt waren, trat Ludendorff in unsere Mitte, sein Gesicht von tiefstem Kummer erfüllt, bleich, aber mit erhobenem Haupt. Eine wahrhaft schöne germanische Heldengestalt! Ich mußte an Siegfried denken mit der tödlichen Wunde im Rücken von Hagens Speer."[110] Dieser Albrecht hatte noch als Kind bei der Einweihungsfeier am 5. November 1860 mit dem Vater und Großvater vor dem Denkmal seines Urgroßvaters Albrecht Daniel Thaer gestanden.[111]

In demselben Brief an Friedlaender wandte sich Fontane gegen den „Agrariergeist" und reagierte damit auf die aggressiver werdende Agitation des gut zwei Jahre zuvor, im Februar 1893, gegründeten „Bundes der Landwirte", einer schlagkräftigen Interessenvertretung der Landwirtschaft mit überwiegend bäuerlichen Mitgliedern, deren führende Positionen jedoch, zentral und regional, die „kleine Schicht der zumeist adligen Großgrundbesitzer, die preußischen Junker, [bekleidete]".[112] Auch auf diesen in der politischen Öffentlichkeit von Parlament und Parteien sowie in der Tagespresse („Deutsche Tageszeitung") überaus präsenten „Agrariergeist" antwortete Fontane mit seinem Roman: „Im Winter habe ich einen politischen Roman geschrieben (Gegenüberstellung von Adel, wie er bei uns sein *sollte*, und wie er *ist*). Dieser Roman heißt: *Der Stechlin*."[113]

Zwischen dem Mögliner Fortschrittsgeist am Anfang und dem „Agrariergeist" am Ende des Jahrhunderts liegt wie ein Zeichen, das in *beide* Richtungen weist, das Denkmal von 1860. Gewiß, es ging darum, den „Verdiensten T h a e r ' s um die wissenschaftliche Begründung und Ausbildung der Landwirthschaft ein Denkmal zu setzen".[114] Dem entsprach bildkünstlerisch Rauchs „nüchtern dozierende[r] Lehrer im Feiertagsrock"[115]. In Preußen ging es inzwischen aber auch darum (in Leipzig hatte man Thaer bereits 1850 eine Bronzestatue von Ernst Rietschel [1804-1861] errichtet), den Landbau als Stütze von Thron und Altar und als Träger des ‚wahren' Patriotismus („ächte Vaterlandsliebe") herauszustellen. Nach dieser Seite hin hatte die Rede des Herrenhausmitglieds von Meding durchaus Züge einer Demonstration; die politischen Umstände begünstigten das: „Die Harmonie der Neuen Ära [...] wich um 1860 zunehmenden Spannungen, Resultat nun wachsender liberaler Enttäuschungen, auch angesichts einer Reformblockade durch das Herrenhaus."[116] Ab Juni 1862, ungefähr zum Zeitpunkt der Beauftragung Fontanes mit den Biographien des Denkmalbuches, nahm von Meding dann führend am „Preußischen Volks-Verein" (1861–1872) teil.[117] Dieser verfolgte einen strikt antiliberalen Kurs in der deutschen wie in der preußischen Innenpolitik und ging im Bündnis mit dem sich vom Industrialismus bedroht fühlenden Handwerk gegen die vermeintlich „ausschließliche Begünstigung des Kapitals" und die „Preisgabe des Grundbesitzes und des Handwerkes" an.[118] Damit und mit den ebenso antiliberalen wie antisemitischen Kampagnen der Presseorgane des „Preußischen Volks-Vereins" bekam die Öffentlichkeit bereits einen Vorgeschmack auf die Agitation des „Bundes der Landwirte".[119]

VIII.

Zunächst boten sich die Standbilder des Schinkelplatzes als Zeugen einer Zivilisierung des öffentlichen Denkmals dar, genauer gesagt, als ‚Verkörperungen' nicht nur eines zivilen, sondern auch eines zivilisatorischen Fortschritts der geistig-materiellen Kultur in Gewerbe und Industrie (Beuth), Landwirtschaft (Thaer) und Baukunst (Schinkel).[120] Zweifellos ein Fortschritt auch in der Denkmalkultur, der nach Rauchs Äußerung vom April 1857 Friedrich Wilhelm IV. selbst zu verdanken war: „[…] beide Denkmale [von Thaer und Beuth] sollen nebeneinander auf dem Platz der hiesigen Bauschule gegen die Schloßbrücke gewendet, ihre Plätze finden, als die ersten Helden auf öffentlichem Platze ohne Degen!! Ein Fortschritt den wir der Bildung und freierem Sinn unseres Königs verdanken."[121]

Mit jedem öffentlichen Denkmal verbindet sich aber auch eine bestimmte Erinnerung, die sich nach Zeiten und Umständen wandeln und wechselnden Interessen dienen kann.[122] In diesem Sinne hat auch das Thaer-Denkmal seit der Festrede von 1860, ihrer Verbreitung durch die „Annalen der Landwirthschaft" sowie durch das Denkmalbuch unterschiedliche Deutungen erfahren.[123] Eine ‚bekennende' fällt noch in die sechziger Jahre des vorigen Jahrhunderts, als der Fontane-Forscher Joachim Schobeß (1908–1988) im Ostberliner „Bauernecho" über „Theodor Fontane, Albrecht Thaer und die Landwirtschaft" schrieb.[124] Jedoch war zu diesem Zeitpunkt die ruinöse Bauakademie bereits abgetragen, und die Thaer-Statue hatte schon 1952 im Lichthof der Landwirtschaftlich-Gärtnerischen Fakultät der Humboldt-Universität in der Invalidenstraße ihre Aufstellung erhalten.

Der Nachdruck des Thaer-Denkmalbuches von 1992, dem Jahr von Thaers zweihundertvierzigstem Geburtstag, verleugnete dann die geschichtspolitischen Umstände der Vereinigungszeit so wenig, daß er sie gleich in der Einleitung aufgriff: „Es stimmt bedenklich, daß die Bildwerke zu militärischem und dynastischem Ruhm nach und nach die angestammten oder denen nahegelegene Plätze wieder besetzt haben, während das Ensemble des bedeutenden bürgerlichen Dreigestirns vom Schinkelplatz nach wie vor zersprengt bleibt."[125] Dabei ging es offen und erklärtermaßen um Vergangenheits- beziehungsweise Geschichtspolitik mittels aktueller Denkmalpolitik: „Daran wird deutlich, wie schwer wir es mit unserer Vergangenheit haben. Noch immer scheint es einfacher, den überlieferten barocken oder wilhelminischen Mustern von Größe und Macht Tribut zu zollen, als die künstlerische oder wissenschaftliche Leistung anzuerkennen. Wenn auch der Ort nicht mehr zur Verfügung steht: die Generäle Unter den Linden verlangen nach der bürgerlichen Ergänzung, die nach den Befreiungskriegen den militärischen Sieg erst aufbauend vollendet hat."[126]

Die ‚Arbeit am Denkmal' hatte wieder begonnen. Zwei Jahre später erschien im „Jahrbuch des Vereins für die Geschichte Berlins" ein Beitrag mit charakteristischem Untertitel: „Der Schinkelplatz und seine Denkmäler. Ein verschwundenes Ensemble in Berlins Mitte"[127]. Wiederum zwei Jahre darauf fühlte sich ein Fontane-Freund aus Dresden veranlaßt, eine ‚Leerstelle' im Denkmalbuch mit der „Biographie von Fürst Heinrich LXIII. Reuß-Klipphausen" zu füllen.[128] Was aber die Gegenwart betrifft, so scheint die Reflexion aus dem Jahr 2010 auf den wiederhergestellten Schinkelplatz und sein städtebauliches Umfeld des Nachdenkens wert zu sein: „[…] in merkwürdigem Kontrast zur Umgebung […] präsentiert sich jetzt ein Wolkenkuckucksheim einer heilen preußischen Welt um 1860/70, wie sie so nie bestand (vielleicht auch das eine Spätwirkung Fontanes?)".[129] Dabei handelte es sich einmal um einen gut proportionierten, nach einem Plan Peter Joseph Lennés (1789–1866) gestalteten Platz mit klarer Raumwirkung sowie einlässigen Sichtbezügen zu Schinkels Bauakademie auf der einen und – über die Schloßbrücke hinweg – zum Alten und Neuen Museum auf der anderen Seite. Wobei allerdings die Statue Beuths aus der Werkstatt des Rauch-Schülers August Kiß (1802–1865) schon damals manchem als „unglückselig"[130] erschien.

Auch dieser Platz war nicht in einigen Jahren entstanden, er hatte vielmehr eine längere Geschichte der Aus- und Umgestaltung sowie des Aufwuchses der Bäume und Sträucher erlebt. Nach einem Aquarell des Frankfurters Oskar Lindheimer (Lebensdaten unbekannt) zu urteilen, sah er 1862, als Fontane mit dem „Denkmal Albrecht Thaer's" befaßt war, trotz der flankierenden Statuen Beuths und Thaers noch recht unfertig aus.[131] Übrigens geht aus den erhaltenen Briefen dieses Jahres nicht hervor, daß Fontane das Denkmal noch einmal aufgesucht hätte; er brauchte es ja auch nicht, da ihm die Beschreibung aus dem erwähnten „Gedenkblatt" vorlag. Sollte aber die Rekonstruktion der Schinkelplatzes auch nur teilweise und dann in einem schwer meßbaren symbolischen Sinn einer „Spätwirkung Fontanes" geschuldet sein, dann beruhte das wie gesagt auf einem Irrtum, da er sich weder zum Denkmal selbst noch zum „Platz an der Bauschule" oder „Platz der Bauschule" (wie der Schinkelplatz bis 1869 hieß) geäußert hat.

Dagegen ist es gut möglich, daß der als „Secretair des Comités" fungierende Geheime Registrator Böttcher aus dem Landwirtschaftsministerium[132] das vom „C o m i t é für das Thaer=Denkmal verfaßte und ausgegebene Gedenkblatt"[133] entworfen hat. Das erklärte dann auch den vorgeblich „merkwürdig gehemmt, ja verkrampft formulierende[n] Fontane"[134], der dem Blatt aber nur die Entstehung und die Beschreibung des Denkmals entnommen hatte. Vor allem aber sorgte es für die hübsche Pointe, daß die Feder eines Subalternbeamten letztendlich „mitwirksam"[135] bei der Wiedererrichtung des Schinkelplatzes war – sofern die Vermutung einer „Spätwirkung" zutrifft. Sucht man freilich nach einer Legitimation für eine derartige Rekonstruktion in „Berlins vergessener Mitte"[136], dann fällt nur eine Publikation ins Gewicht, die das prestigeträchtige Etikett „Mit Text von Th. Fontane" im Titel trägt (auch wenn diese Formulierung im Unterschied zu „Text von Th. Fontane" nicht ausschließt, daß sich noch ein anderer Text dazugesellt).

IX.

Um das Stichwort ‚Geschichtspolitik als Denkmalpolitik' noch einmal aufzugreifen: Zu einem geschichtspolitischen Manifest wächst sich streckenweise die von der Ernst Freiberger-Stiftung finanzierte Publikation „Helden ohne Degen: Der Schinkelplatz in Berlin" vom Jahr 2000 aus. Die in der Wiederholung von ‚Muß'-Formeln sich erschöpfende nationalkonservative Rhetorik eines Beitrags – Fontane hätte von „Pomposität"[137] gesprochen – tritt in ein Mißverhältnis zur Schlichtheit der bildkünstlerischen Sprache, die zumal die Standbilder des Schinkelplatzes auszeichnet.[138] Da die Publikation jedoch zur Hauptsache einen umfangreichen, sach- und fachkundigen Beitrag zur Genese des Platzes und seiner Denkmäler enthält, hätte man auf dieses Manifest getrost verzichten können. Auf dieselbe Stiftung geht auch die Wiedererrichtung des Thaer-Denkmals zurück, „weil sie es sich zur Aufgabe gemacht hat, bedeutende Zeugnisse der Geschichte zu erhalten und zu pflegen".[139] Ein – nicht als solches gekennzeichnetes – Zitat aus der Thaer-Biographie Fontanes sowie einige kürzere Zitate aus der Festrede und aus Lübkes Kritik sind alles, was unmittelbar auf das Buch „Denkmal Albrecht Thaer's zu Berlin" (im Nachdruck von 1992) verweist.[140] Und doch läßt sich im Rückblick feststellen: Der in der Vereinigungszeit mit diesem nachgedruckten Buch und seiner ausführlichen Kommentierung einsetzende geschichtspolitische Denkmaldiskurs[141] hat sich inzwischen seine eigene Realität geschaffen: in dem rekonstruierten Schinkelplatz mit seinen drei wiedererrichteten Bronzefiguren. Doch um welche ‚Realität' handelt es sich?

Der Platz hat heute etwas Unwirkliches, Künstliches, das auch durch weitere Rekonstruktionen im städtebaulichen Umfeld kaum vergessen gemacht werden kann. Er mutet geradezu wie das ‚Denkmal eines Denkmals' an, soll er doch für etwas stehen, was in der sozial disparaten und kulturell heterogenen Metropole des 21. Jahrhunderts als prägende Kraft so gar nicht (mehr) vorhanden ist: Bürgerstolz und bürgerliches Selbstbewußtsein. Mag man den Platz im nachhinein zu einer Art ‚Heterotopos'[142], „zum bürgerlich liberalen Gegenort zu der im Umfeld des königlichen Palais und der Neuen Wache dem König zugeordneten Generalität",[143] ausrufen: Er wird als solcher weder wahr- noch angenommen. Die Bühne bleibt leer, zwischen den Bronzestandbildern sieht man kein Kommen und Gehen; die ‚Bürger' sind nicht da, die diesen Platz für ihre Zwecke in Gebrauch nehmen.

Aber wurde er überhaupt jemals als „bürgerlich liberale[r] Gegenort" wahrgenommen? Auch in dem Sinne, daß man ihn und seinen Genius loci als Einladung zu einem öffentlichen Gedenken, einer bürgerlichen Versammlung oder einem spontanen Zusammentreffen empfand? Spielte auf ihm ein anderes Spiel als das klingende Spiel mit Trommeln und Fanfaren, ein Gegen-Spiel zum Fest- und Siegesjubel auf anderen Plätzen der Stadt?[144] Die Antwort fällt ernüchternd aus: „Die bürgerliche Gesellschaft scheint ihrer bürgerlichen

Helden offiziell wenig gedacht zu haben."[145] Nimmt man die Berliner Gesellschaftsromane Fontanes als Maßstab für die Bismarck-Ära und die Wilhelminische Zeit, dann hatte sich der Schinkelplatz offenkundig so wenig im Bewußtsein eingebürgert, daß man ihn auf der geistigen Landkarte dieser Gesellschaft vergeblich sucht. Dabei hatte er seine endgültige Gestalt mit einem die drei Denkmäler zusammenfassenden Schmuckpflaster, einer halbkreisförmigen steinernen Bank im Rücken der Dreiergruppe und einem flachen Schalenbrunnen erst in den 1880er Jahren erhalten, und zwar durch den seit 1877 als Stadtgartendirektor und Nachfolger Gustav Meyers (1816–1877) tätigen, künstlerisch durchaus begabten Hermann Mächtig (1837–1909).[146] Trotz dieser aufwendigen Umgestaltung bezeichnet der Schinkelplatz in der reich gegliederten Topographie der Romanwelt, die viele, auch weniger prominente Plätze, wie zum Beispiel den Askanischen oder den Alsenplatz unter den damals rund hundert Plätzen der Hauptstadt kennt, eine Leerstelle. Eine *beredte* Leerstelle, wenn berücksichtigt wird, daß es in Fontanes Romanen ein ausgeprägtes „kognitives Kartographieren" (*Cognitive Mapping*[147]) des urbanen Raumes gibt: von „L'Adultera" und „Cécile" über „Frau Jenny Treibel" und „Effi Briest" bis zu den „Poggenpuhls" und zum „Stechlin"; „Irrungen, Wirrungen", „Stine" und „Mathilde Möhring" nicht zu vergessen.[148]

Es scheint, als hätte diese Leerstelle, zu der sich der Platz in den letzten Jahrzehnten des 19. Jahrhunderts in der öffentlichen Wahrnehmung verflüchtigte, etwas mit der heutigen Atmosphäre des Unwirklichen zu tun, denn auch in der Zwischenzeit sah es, nach einigen Stichproben zu urteilen, nicht anders aus. Das aufwendige „Album von Berlin mit 3 grossen Panoramen und 49 Ansichten nach Momentaufnahmen in Photographiedruck" von 1904 zeigt viele Plätze und Denkmäler, den Schinkelplatz zeigt es nicht.[149] Die Anthologie „Siebenhundert Jahre berlinischen Lebens im Gedicht" von 1926 enthält einen großen Abschnitt „Berlin wird Reichshauptstadt und Weltstadt" mit Gedichten von den 1860er bis in die 1920er Jahre, darunter aber kein Schinkel-, Beuth- oder Thaer-Gedicht, stattdessen nur den aufschlußreichen Satz: „Durch eine Fülle verschiedenster

Denkmäler hat man versucht, künstlich Erinnerungen an die Vergangenheit in unserer Stadt zu schaffen, leider ohne viel Glück."[150] Selbst der vielberufene „Berliner Volkswitz", der sich bis zum Ende der Weimarer Republik noch an ein halbes Hundert Denkmäler heftete, fühlte sich durch den Schinkelplatz und sein bürgerliches Dreigestirn offensichtlich nicht zu einem satirischen Spruch oder wenigstens zu einem ironischen Kommentar (,sprechendes Denkmal') herausgefordert.[151]

Bestand hätten sie wohl auf Dauer nicht gehabt, da sie keiner imperialen Zeit zugehörten:[152] „„Der Führer und der Generalbauinspektor [Albert Speer] legen fest, was und wie gebaut wird. [...] Das heißt aber nicht, daß der Führer alles Alte abreißen läßt, bloß weil es nicht seinem Geschmack entspricht. Die *Siegessäule* findet niemand schön, der Führer ebensowenig wie wir, und die Standbilder an der Siegesallee sind scheußlich. Aber an einem Ort der Erinnerung an die Epoche Wilhelms II. haben sie ihren Platz, dort lassen wir sie stehen'."[153] Deren ,Abriß' beziehungsweise Zerstörung besorgten andere. Als Max Frisch im November 1947 Berlin zum zweiten Mal besuchte, bot sich ihm dieser Anblick: „Einzelne Figuren sind armlos, andere mit versplittertem Gesicht. Einer ist offenbar vom Luftdruck gedreht worden und schreitet nun herrisch daneben. Anderswo ist es nur noch ein Sockel mit steinernen Füßen, eine Inschrift; der Rest liegt im wuchernden Unkraut. [...] Im Hintergrund das Denkmal der Roten Armee, das in der Nacht beleuchtet ist."[154]

X.

Gestürzt oder versehrt waren auch die Denkmäler am Schinkelplatz: Bombenteppiche und Artilleriegranaten machen keinen Unterschied zwischen imperialer Heroik und bürgerlicher Schlichtheit. Vor der ausgebrannten Ruine der Bauakademie lag inmitten von Ziegelschutt- und Pflastersteinhaufen das Standbild Schinkels, während dem Sockel mit der bedrohlich verkanteten Abschlußplatte die bronzenen Eckfiguren fehlten. Thaer hingegen stand noch auf seinem Piedestal, lediglich die acht Reliefplatten waren ihm abhanden gekommen. Womöglich hielt man auch ihn für einen preußischen Potentaten, jedenfalls wies der Natursteinsockel zahlreiche Einschußlöcher auf.[155] Den endgültigen Garaus machte dem Schinkelplatz und der Ruine der Bauakademie der Bau des Außenministeriums der DDR als Teil der Neugestaltung der sozialistischen Staatsmitte. Tabula rasa und die großflächige Besetzung des Terrains erweckten den Eindruck einer raumgreifenden architektonischen Demonstration nach innen und außen, ohne jedoch eine städtebaulich überzeugende neue Struktur auszubilden. Goerd Peschkens Aufruf zur Rettung der Bauakademie verhallte 1961 ungehört.[156]

Der niederländische Schriftsteller Cees Nooteboom, der von Anfang 1989 bis Juni 1990 als Gast des Berliner Künstlerprogramms des Deutschen Akademischen Austauschdienstes (DAAD) in der Stadt lebte, notierte am 21. April 1990: „Berlin war die Stadt, der ‚etwas fehlte‘, die Stadt des Wegbombardierten, des Abgesperrten, des geheimnisvollen Verbotenen. Das Symbol dafür sind die Einschußlöcher, die man noch so häufig sieht, kleine Vertiefungen, Stellen, wo Stein hingehört, der nun nicht mehr da ist, Abwesenheit […]. ‚Alte‘ Gebäude wie der Reichstag oder das Pergamon-Museum muten sonderbar an, als seien sie hier gestrandet, herbeigesegelt aus irgendeiner Vorzeit, als könnten sie sich nur mühsam ihrer Vergangenheit oder Funktion erinnern.“[157] Aber aus der Stadt der „Abwesenheit“ sollte wieder eine Stadt der Anwesenheit werden, der „Erinnerung“ sollte baulich auf- und nachgeholfen werden. Es ging um politische Diskurse und Entscheidungen – nicht wurden 1989 einfach über Nacht „die Kräfte der Erinnerung“ wach, „die sich“, wie es von dieser „Erinnerung“ mystifizierend heißt, „aus der besonderen Empfänglichkeit gegenüber der alten Schönheit der Berliner Stadtmitte und ihrer geschichtlichen Bedeutung der Planung zur Wiederherstellung der historischen Topographie, dem Wiederaufbau der Bauakademie und der Wiedererrichtung der Denkmälergruppe von Thaer, Beuth und Schinkel zuwandte“.[158]

Die wohlmeinende Absicht des Denkmalpflegers ändert nichts daran, daß, wie bereits bemerkt, schon vor vier Generationen ohne viel Glück „durch eine Fülle verschiedenster Denkmäler [...] versucht [wurde], künstlich Erinnerungen an die Vergangenheit [...] zu schaffen". Heute ist von einer potenzierten Künstlichkeit zu sprechen, auch wenn sich diese lediglich als Wiederherstellung versteht. Weit stärker nämlich als vor hundert oder hundertzehn Jahren fehlt der *lebendige* Zusammenhang, denn seinerzeit wußte man wenigstens noch, was einen von Thaers Zeiten *trennte*: „[...] und wenn Thaer über die Felder wandern könnte, die er rationell zu bebauen gelehrt hatte, so würde er staunen, wie viel mehr die Erde dem Fleiße des Landmanns zu spenden gelernt hat".[159] Ulrich von Wilamowitz-Moellendorff (1848–1931), der klassische Philologe vom Gut Markowitz bei Ratibor, rühmte in seiner „Rede zur Feier des Jahrhundertwechsels" jetzt die „selbständige[n] Männer. Sie bauten alle zunächst ein jeglicher sein eigen Haus, mochten sie auf dem festen Grunde ererbten Besitzes und ererbter Familienehre stehn, wie die großen Kaufherren unserer freien Städte und die Besitzer der großen Liegenschaften, mochten sie mit frischer Kraft aus dem Volksgrunde aufstrebend sich selbst ihr Leben und ihren Reichtum und Ruhm zimmern, wie die Borsig und Krupp, deren Namen wir schon als Knaben mit Ehrfurcht zu nennen gelernt haben, und Tausende neben ihnen, Helden im friedlichen Kampfe des modernen Lebens."[160]

Die neuen Helden der Schwerindustrie, Elektrotechnik, Physik, Chemie und Telegrafie traten vor die alten und bestiegen nun die Bühne der Reichshauptstadt: Alfred Krupp (1812–1887) vor dem Hauptportal der Technischen Hochschule in Charlottenburg, Werner von Siemens (1816–1892) auf der Potsdamer Brücke und ebenfalls vor der Technischen Hochschule, Hermann von Helmholtz (1821–1894) im Vorgarten der Universität und gleichermaßen auf der Potsdamer Brücke, Eilhard Alfred Mitscherlich (1794–1863) im Kastanienwäldchen, Conrad Röntgen (1845–1923) auf der Potsdamer Brücke und Heinrich von Stephan (1831–1897) im Lichthof des Reichspost-Museums in der Leipziger Straße. Vom „Königreich Borsig" in der Oranienburger Vorstadt gar nicht zu reden. „Mit Recht werden darum", kommentierte Alfred Kerr (1867–1948), „den neuen

Männern des elektrischen Zeitalters Bildsäulen auf der neuen Postdamer Brücke errichtet, dem Röntgen und dem Helmholtz. Und neben dem alten Heidentum des Buddhismus findet das neue Heidentum der Wissenschaft in dem gottverdammten Spreebabel unverwehrt eine Stätte."[161]

Es kam noch etwas hinzu: „Eine Berliner Denkmäler-Statistik besagt: Nach dem Stand vom 1. Juli 1905, 6 Uhr morgens, gibt es in der Reichshauptstadt 165 Einzeldenkmäler in Stein und Erz, 232 Denkmäler überhaupt, darunter 716 dargestellte Personen, 128 Tiere."[162] Ebenso wie die *neuen* Helden trugen die Inflationierung und Monumentalisierung des Denkmälerkultes[163] dazu bei, daß ein Thaer vollends ins Hintertreffen geriet – wie die Landwirtschaft selbst, die er einst mit seinen Schülern und Mitstreitern auf den Weg des Fortschritts gebracht hatte. So jedenfalls deutet es sich verhalten und doch unübersehbar am Ende des Jahrhunderts im „Stechlin" an.

XI.

Nach Thaers staubtrockener, aber letztlich höchst moderner Definition ist die Landwirtschaft ein Gewerbe, „welches zum Ziel hat, durch Produktion (zuweilen auch fernere Bearbeitung) vegetabilischer und tierischer Substanzen Gewinn zu erzeugen oder Geld zu erwerben".[164] Vor diesem Hintergrund versteht man die Worte der Gräfin Melusine von Barby besser, auch wenn sie einen delikaten Ausgangspunkt haben. Der „Mangel an Disposition und Ökonomie" in der Hochzeitsreiseplanung ihres Schwagers, des jungen Stechlin, macht sie „für Woldemars ganze Zukunft besorgt [...]. Diese Zukunft liegt doch am Ende nach der agrarischen Seite hin und richtige ‚Dispositionen' bedeuten in der Landwirtschaft so gut wie alles."[165] So sicher stehen die Aktien nicht. Als später der alte Stechlin erkrankt und ihm sein Diener Engelke ein Buch in den Gartensalon bringen soll, bemerkt dieser: „Da liegt ja noch das kleine gelbe Buch: ‚Keine Lupine mehr!'", woraufhin der Alte für seine Verhältnisse ziemlich unwirsch reagiert: „Nein, nein; nicht so was. Lupine, davon hab' ich schon so viel gelesen; das wechselt in einem fort, und eins ist so dumm wie das andre. Die Landwirtschaft kommt doch nicht wieder obenauf oder wenigstens nicht durch so was. Bringe mir lieber einen Roman."[166] Die gestörten Befindlichkeiten und mentalen Wechsellagen seiner Zeit nahm Fontane wie ein Seismograph wahr und ließ sie dann beiläufig in die Rede einfließen. Unschwer kann man aus den einfachen, aber sehr subtil gesetzten Worten das stimmungsmäßige Fortwirken der Agrardepression und die eher unfreiwillige Einsicht in den „Verlust der Primatstellung in der Gesamtwirtschaft"[167] für die Landwirtschaft herauslesen. Im alten Stechlin und seiner „märkisch-herkömmlich[en]" Lebensweise bekommen sie indes ein souveränes und heiter-resignatives Gesicht.

„Vater Thaer" hatte seine Rolle als Nothelfer ausgespielt, zumal für den „als „notleidende[n] Bauer[n] verkleidet[en]"[168] Großlandwirt im „Bund der Landwirte". Während Thaer durch und durch ein Kind der Aufklärung war und ausdrücklich für „denkende Landwirthe"[169] schrieb, schlug der „Bund der Landwirte" zur Zeit der Entstehung des „Stechlin", zwischen Spätherbst 1895 und Sommer 1897, in seiner Presse nachgerade entgegengesetzte, irrationale Töne an: Der Landwirt würde sich dadurch auszeichnen, daß er kein „theoretischer Denker" sei, daß er in der Natur lebe und natürlich empfinde. „Natürlich empfinden aber heißt national empfinden, erst das abstrakte Denken führt zum Kosmopolitismus."[170] Zwar ist nicht bekannt, welchen „Roman" Engelke dem alten Stechlin in den Gartensalon brachte: Daß es aber der vom „Bund der Landwirte" empfohlene war, kann man füglich ausschließen. Ausdrücklich wurde „ernsthaften Männern" die Lektüre des kolportagehaften Werks „Magnetismus der Sünde" nahegelegt, auf daß sie immer besser erkennen würden, „daß das platte Land der Jungbrunnen unseres Volkes und – soweit dasselbe bereits krank geworden – sein großes Sanatorium ist".[171] Auch wenn Thaer von Haus aus Arzt war: zu solchen Behauptungen hätte er sich kaum verstiegen.

Und heute? Christopher Clarks viel gelobte Geschichte Preußens kommt erstaunlicherweise nicht ohne den „Stechlin", aber ohne Thaer und Möglin aus.[172] Dagegen haben Preußen-Monographien aus Deutschland (Ost) und Deutschland (West) Thaer bereits Anfang der 1980er Jahre, im Umfeld des ‚Preußen-Jahres‘, irrtümlich in den Adelsstand erhoben.[173] Trotz aller Beschwörungen von Geschichte und Tradition: so sicher und sicher geschrieben ist Thaers Platz und Name in der preußischen Geschichte nicht – wenigstens wenn man diese oder andere Monographien zu Rate zieht. Sebastian Haffners populär gehaltenes, in etlichen Auflagen verbreitetes Bilder-Buch „Preußen ohne Legende" kennt viele Reformer, nur Thaer kennt es nicht.[174] Aber auch schon Hans-Joachim Schoeps’ „Preußen: Geschichte eine Staates" von 1966, das damals die Preußen-Nostalgiker entzückte, erwähnt den Agrarwissenschaftler und Reformer nicht.[175] Wofür Clark knapp neunhundert Seiten in Anspruch nimmt, standen Wolfgang Neugebauer gerade einmal hundertsechzig zur Verfügung. Möglich, daß in diesem Fall der Pionier der Agrarwissenschaft einfach „Disposition und Ökonomie" zum Opfer fiel.[176] Alles in allem eine eher ernüchternde Bilanz, und sicher ist: Die regional ausgerichteten Thaer-Gesellschaften in Hannover und Reichenow-Möglin werden das Denkmal in Berlin auch zu keinem *lieu de mémoire* machen. Die anläßlich der Feiern zum zweihundertsten Geburtstag 1952 gegründete „Albrecht-Thaer-Gesellschaft" in Celle mit Sitz in Hannover sieht sich in der Nachfolge der 1933 aufgelösten „Königlich-Hannoverschen Landwirtschaftsgesellschaft" und beschränkt sich auf den Raum Niedersachen. Die 1991 ins Leben gerufene „Fördergesellschaft Albrecht Daniel Thaer e.V." hat ihren Schwerpunkt im Land Brandenburg.

XII.

Jüngst aber hat die Geschichte um den rekonstruierten Schinkelplatz eine Wendung genommen, die differenzierte Überlegungen womöglich überflüssig macht und selbst die „wohlmeinende Absicht" desavouierte. Die, wie es in der Publikation „Helden ohne Degen" hieß, „sinnstiftende Einheit von Bauwerk, Platz und Denkmälergruppe"[177] wurde von drei Dutzend privaten Investoren, die sich „Berliner Baugesellschaft Am Schinkelplatz" nennen, ins Visier genommen. Erhielten deren Pläne eine Chance, dann läge der ‚Sinn‘ des

Unternehmens ‚Am Schinkelplatz' vor allem in der Privatisierung des öffentlichen Raumes – und in dem daraus zu ziehenden privaten Gewinn. Versprochen wird der Wiederaufbau der Bauakademie für geschätzte 15 Millionen Euro, wenn zuvor die „Bundesanstalt für Immobilienaufgaben" den Privatiers ein 5000 Quadratmeter großes Nachbarareal für ein vergleichsweise niedriges Gebot überläßt. Dieses Filetstück der Stadtentwicklung soll mit vier großen Anlagen bebaut werden, deren über 50 Wohneinheiten die Privatiers selbst beziehen wollen. „Geschäftsführerin Steffi Haubold betreibt zwölf McDonald's-Filialen in Berlin und Brandenburg. Sie hat nach eigenen Angaben schon lange den Wunsch, in Mitte zu wohnen: ‚So geht es vielen von uns'. Zum Netz der Wohltäter gehört auch Architekt Jan Kleihues, verantwortlich für den BND-Neubau in der Chausseestraße."[178] Nicht nur, daß für das Nachbargrundstück gar keine Bebauung mit großen Wohnanlagen vorgesehen ist. Die rekonstruierte Bauakademie soll sich später auch im Besitz jener „Wohltäter" befinden, um etwa im Erdgeschoß Ladenflächen zu vermieten. Die im provisorischen Musterraum der Akademie im Januar 2011 ausgestellten Pläne machten vollends klar, daß das Ziel die ‚freundliche Übernahme' des Komplexes um den Schinkelplatz war.

An dieser Stelle sei noch einmal daran erinnert, daß den ersten denkmalpolitischen Vorstoß 1992 der kommentierte Nachdruck „Denkmal Albrecht Thaer's" unternahm und daß zwei Jahre später durch den Beitrag im „Jahrbuch des Vereins für die Geschichte Berlins" das „Verschwundene Ensemble in Berlins Mitte"[179] wieder ins Bewußtsein einer interessierten Öffentlichkeit kam. Es sei ferner in Betracht gezogen, daß acht Jahre später die Ernst Freiberger-Stiftung mit der Publikation „Helden ohne Degen" die in Gang gekommene Rekonstruktion historisch-politisch zu begleiten begann. Im Jahr 2003 kamen dann die „Karl Friedrich Schinkel. Bauakademie. Essays"[180] heraus, die eine Art Vorspiel zur Installation des Folgejahres bildeten. Denn seit 2004 simuliert ein Metallgerüst mit bedruckter Plane die alte Fassade der Bauakademie, um durch ein *trompe-l'œil* Gewöhnungseffekte zu erzielen.

Mit Simulationen und Modellen wartete auch die „Berliner Bau-gesellschaft Am Schinkelplatz" im provisorischen Musterraum der Akademie auf, und etwas anderes als eine gebaute beziehungsweise noch zu bauende Simulation ist die ganze Rekonstruktion am und um den Schinkelplatz nicht. Um zum Ziel zu kommen, stand freilich schon in der Gründerzeit der 1870er Jahre die am Wilhelms- und Zietenplatz tätige „Berliner Hotelgesellschaft" nicht an, ein Vorhaben „mit glühenden Farben"[181] zu schildern und angesichts der „Ände-rung des Projekts […] mit ebenso glühenden Farben die absolute Nutzlosigkeit und Entbehrlichkeit" darzutun, um es „wieder aus dem Bebauungsplan gestrichen zu sehen".[182]

Es geht nicht um Strategie oder Planungen von langer Hand, sondern um das mehr oder weniger zufällige Ineinandergreifen ver-schiedenster Initiativen, Interessen und Motivlagen. Dazu gehört auch, daß die durch Abriß erzeugte Brachfläche zum Skandalon hochgeredet wird, aber erst neben dem wiederhergestellten Platz nimmt sich die unbebaute Fläche ‚dramatisch‘ aus: „Die Gruppe der 38 Privatleute […] besteht […] aus Freunden und Gleichgesinn-ten, die das Drama um die Brachfläche am Schinkelplatz schon län-ger verfolgen."[183] Ironie der Geschichte: Die nachgebaute und pri-vatisierte Akademie würde in einem Punkt tatsächlich an das Erfolgsrezept des Schinkelschen Originals anknüpfen: „Das untere Stockwerk erschuf eine große Anzahl schöner Kaufläden, welche, da hier der Mittelpunkt des Berliner Handels=Verkehrs befindlich ist, eine äußerst günstige Lage haben und sehr hohe Mieten tra-gen."[184]

Redlicherweise sollte auch daran erinnert werden, daß die Bauakademie keineswegs den ungeteilten Beifall der Nachwelt fand. Der an Honoré Daumier geschulte Berliner Illustrator und Autor Ludwig Löffler (1819–1876) bemerkte 1856 zur „Schinkel'schen Bauschule" spürbar distanziert: „[…] ein großes fast formloses Qua-drat, von dem die Architekten sagen, es sei ausgezeichnet schön. Ob das des Namens ‚Schinkel‘ wegen geschieht, oder der Einzel-heiten (z. B. der Fenster) wegen, weiß ich wirklich nicht".[185] Deut-licher wurde Ludwig Rellstab (1799–1860), der einflußreiche Musikkritiker und Feuilletonist der „Vossischen Zeitung", der neben Romanen und Erzählungen 1852 auch ein Standardwerk der Berlin-Literatur des 19. Jahrhunderts verfaßte. Dort heißt es: „Die Bauschule ist dasjenige von Schinkels Werken, welches uns am wenigsten zusagt, obgleich es sich in der Zeichnung ebenso imposant als zierlich darstellt. Allein in der Wirklichkeit will uns dieser großartige Würfel aus rothen Backsteinen ausgeführt, welche nicht übertüncht sind, und, wie man sich auch eines andern überreden möchte, doch nur das Ansehen von rohen Mauern haben, nicht ganz zusagen."[186] Rellstab wußte, daß die Medialisierung der Bauakademie durch den der Beschreibung beigefügten Stahlstich von F. Hablitscheck (nach einer Zeichnung von C[arl] Würbs [1807–1876]) eine auf die Sehgewohnheiten des bürgerlichen Publikums ausgerichtete, idealisierte Vedute darstellte, die mit der „Wirklichkeit" wenig gemein hatte – eine Differenz, die bei den heutigen Simulationen leicht vergessen wird. Fontane hat sich in dem umfänglichen Schinkel-Kapitel im ersten Band der „Wanderungen" gar nicht zur Bauakademie geäußert.[187] Das kann, muß aber nichts besagen, da er sich beim *Baumeister* Schinkel im Unterschied zum Maler und Menschen Schinkel nicht übermäßig lange aufhält. Das informative Reisehandbuch „Berlin und die Berliner. Leute. Dinge. Sitten. Winke" von 1905 gibt sich dagegen betont lakonisch: „Rohziegelbau oder Ziegelrohbau? Kommt auf den Geschmack an."[188] Es war vor allem ein sachlicher Zweckbau, der Helligkeit, Übersichtlichkeit und Feuersicherheit mit den fortentwickelten technischen Möglichkeiten des Backsteinrohbaus glücklich verband. Und was die Zweckmäßigkeit betraf, war auch Rellstab des Lobes voll: „Können wir nicht die unbedingten Lobredner seiner S c h ö n h e i t sein, diejenige Eigenschaft welche sonst fast in allen Schinkelschen Erfindungen den ersten Platz einnimmt, so dürfen wir mit desto voller Anerkennung von der Z w e c k m ä ß i g k e i t desselben sprechen."[189] Nur bezog Rellstab das weniger auf das Gebäude als auf die geglückte Raumaufteilung: „Gleich in der Wahl des Platzes zeigte sich wieder das Genie Schinkels, Räume zu disponiren; denn wie beim Museum tilgte er häßliche widerwärtige Räumlichkeiten und Bauten aus der Stadt, um schöne herzustellen. Er hätte Berlin durch diesen Bau wesentlich verschönert, selbst wenn das Gebäude gar nicht ausgeführt worden wäre, nur durch dasjenige, was er fortschaffte."[190]

Das ist ein zweischneidiges Lob. Aber auch wenn die Zweckmäßigkeit vor allem auf das Gebäude selbst bezogen wird, und es gibt gute Gründe dafür, dann stellt sich um so nachdrücklicher die Frage nach seinem heutigen Zweck. Es darf als sicher angenommen werden, ein Schinkel hätte die zerstörte Bauakademie auch nach nur einer Generation nicht wieder aufgebaut, da sie den gewandelten Zwecken und Anforderungen bereits in den 1870er Jahren nicht mehr entsprach.[191] Was der Architektur- und Kunstkritiker Karl Scheffler (1869–1951) im Jahr 1905 über Kaiser Wilhelm II. als Bauherrn schrieb, trifft dagegen wieder den heutigen Geist der Zeit: Er „flüchtet zum unzulänglichen Abbild des Vergangenen".[192] Den alten Fontane hätte er nicht auf seiner Seite gehabt, denn „diese unmoderne Persönlichkeit", bemerkte Alfred Kerr 1895, „hat unglaublich moderne Ansichten".[193]

Was bringt die Zukunft? Florian Mausbach, von 1995 bis 2009 Präsident des Bundesamtes für Bauwesen und Raumordnung, erklärte nach dem Vorstoß der „Berliner Baugesellschaft Am Schinkelplatz": „Die Bauakademie ist Allgemeingut. Ihr Wiederaufbau als Baudenkmal und ihre Wiederbelebung als Institution der Bau- und Ingenieurkunst sind eine öffentliche Aufgabe."[194] Kann es einen „Wiederaufbau als Baudenkmal" geben? Und wenn ja, verändert das nicht grundlegend den Denkmalbegriff im Sinne eines jederzeit reproduzierbaren Bildes? Sollten die Bemühungen zur Einrichtung einer Dauerausstellung „Enthüllt. Berlin und seine Denkmäler" auf der Spandauer Zitadelle Erfolg haben, dürfte dort das Dreigestirn an der (virtuellen) Bauakademie als denkmalpolitisches Lehrstück nicht fehlen.

*

Spielte in diesem Beitrag eingangs die Textkritik eine Rolle, um Klarheit über die philologischen Grundlagen des Denkmalbuches zu gewinnen, so erweist sie sich auch im folgenden Kapitel, das es mit der

Zweitfassung eines Fontane-Gedichts zu tun hat, als nützlich. Zeitlich fällt das Gedicht bereits in Fontanes Post-„Kreuzzeitungs"-Ära, inhaltlich noch in seine Kriegsdichtungszeit. Wie gegenüber dem Denkmalbuch hat die Forschung gegenüber diesen Versen Abstinenz geübt. Sie lassen sich jedoch auf interessante Weise zum Sprechen bringen, sobald der zeitgenössische Kontext berücksichtigt wird.

1 „Havelland": Hubertus Fischer: *„Potsdamer Geschichts-Dilettirungen".* *Unveröffentlichte Briefe Louis Schneiders und Theodor Fontanes an Leopold von Ledebur mit Antwortkonzepten des Empfängers.* In: Jahrbuch für brandenburgische Landesgeschichte 47 (1996), S. 105–130, hier S. 110. – Manfred Horlitz: Fontanes Quellennutzung für seine „Wanderungen"-Texte. In: „Geschichte und Geschichten aus Mark Brandenburg". *Fontanes „Wanderungen durch die Mark Brandenburg" im Kontext der europäischen Reiseliteratur.* Hrsg. v. Hanna Delf von Wolzogen (= Fontaneana, Bd. 1). Würzburg 2003, S. 273–301. – „Ein Sommer in London": Stefan Neuhaus: *Zwischen Ruf und Berufung. Untersuchungen zu Theodor Fontanes journalistischen Arbeiten über Großbritannien.* In: Fontane Blätter 54 (1992), S. 75–87. – „Kriegsbücher": Hermann Fricke: *Theodor Fontanes „Der deutsche Krieg 1866" und seine militärgeschichtlichen Helfer. Mit unbekannten Briefen von und an Theodor Fontane.* In: Jahrbuch für die Geschichte Mittel- und Ostdeutschlands 15 (1966), S. 203–224.

2 Helmuth Nürnberger: *„Rouen ist entzückend" oder Auf den ersten Satz kommt es an. Der Journalist Fontane auf Osterreise.* In: Fontane Blätter 90 (2010), S. 27–60, hier S. 23 [Kursivierung im Orig.].

3 Ebd. – Vgl. schon: Christian Grawe: *„Von Krieg und Kriegsgeschrei":* *Fontanes Kriegsdarstellungen im Kontext.* In: Theodor Fontane im literarischen Leben seiner Zeit. Beiträge zur Fontane-Konferenz vom 17. bis 20. Juni 1986 in Potsdam (= Beiträge aus der Deutschen Staatsbibliothek, Bd. 6). Berlin: Deutsche Staatsbibliothek 1987, S. 67–106, bes. S. 74–80 („Die philologische Grundlage"); wieder in: Christian Grawe: *„Der Zauber steckt immer im Detail." Studien zu Theodor Fontane und seinem Werk 1976–2002.* Dunedin: University of Otago, German Department, 2002, S. 53–82, bes. S. 58–62. – Für einen anderen Fall, der sich auf „Der deutsche Krieg von 1866" bezieht: Hubertus Fischer: *„Marseillaise des preußischen Gardelieutenants". Fritz von Gaudy, der Prinz*

von Preußen und ein vergessenes Fontane-Lied. In: *Wirkendes Wort* 51 (2001), S. 26–41, hier S. 37–40; wieder in: Ders.: *Theodor Fontane, der „Tunnel", die Revolution: Berlin 1848/49.* Berlin 2009, S. 140–160, hier S. 154–157.

4 Die andere Publikation, die zum größeren Teil aus umgeschriebenen Textvorlagen Albert Emil Brachvogels (1824-1878), des Verfassers von „Friedemann Bach" (1858) und einer ganzen Reihe historischer Romane, besteht: *Vaterländische Reiterbilder aus drei Jahrhunderten von W. Camphausen. Text von Theodor Fontane. Illustrationen des Textes gezeichnet von L. Burger.* Berlin 1880; vgl. dazu: Hanns Martin Elster: *Der Historiker Theodor Fontane und der Schlachtenmaler Wilhelm Camphausen.* In: *Theodor Fontane: Preußische Generäle. Mit 17 Bildern von Wilhelm Camphausen.* Mit einer Einl. hrsg. v. Hanns Martin Elster. Berlin 1943, S. 7–25; Fritz Gebauer: *Eine unbekannte Quelle. Die „Vaterländischen Reiterbilder" und die Bismarck-Biographie Fontanes.* In: *Fontane Blätter* 51 (1991), S. 77–95.

5 Für die Erlaubnis, aus dem Vorlesungsmanuskript zu zitieren, bin ich Andreas Köstler, Universität Potsdam, Lehrstuhl für Kunstgeschichte, verpflichtet; Brief an den Verf., Potsdam, 19. Juli 2010.

6 Andreas Köstler: *Fontane schreibt Berliner Kunstgeschichte.* Unveröff. Vorlesungsmanuskript. Humboldt-Universität zu Berlin, Ringvorlesung Theodor Fontane-Forum: Ansichten und Aussichten der Fontane-Forschung – Institutionen und Personen, SS 2010, Vorlesung am 11. Mai 2010, S. 1.

7 *Denkmal Albrecht Thaer's zu Berlin. Nach dem Entwurfe von Chr[istian Daniel] Rauch ausgeführt von H[ugo] Hagen. Nach Photographieen von L. Ahrends gezeichnet von Professor Holbein und in Holz geschnitten von C. Glantz. Mit Text von Th. Fontane.* Berlin: Bosselmann [1862], 50 S., 5 Taf., VIII S. [(= Annalen der Landwirthschaft in den Königlich Preußischen Staaten. Supplement.)]; ging noch 1862 an den Berliner Verlag Wiegandt & Hempel über, der Ende 1862 die Firma Bosselmann kaufte, so daß nach Verkauf ein zweites Titelblatt vorgesetzt wurde: *Denkmal Albrecht Thaer's zu Berlin. Entworfen von Chr[istian] Rauch. Ausgeführt von Hugo Hagen. Nach Photographieen von L. Ahrends gezeichnet von Professor Holbein und in Holz geschnitten von C. Glantz. Mit Text von Th. Fontane.* Berlin: Verlag von Wiegand u. Hempel (früher: G. Bosselmann) [1862]; ein Nachdruck des Bandes erschien 1992 in: *Denkmal Albrecht Thaers.* [Mit Beiträgen] von Peter Bloch, Angelika Friderici, Jürgen Gruß [usw.] (= Dahlemer Materialien 3. Schriftenreihe der Domäne Dahlem. Landgut und Museum). Berlin: Domäne Dahlem 1992.

8 Christian Grawe u. Helmuth Nürnberger (Hrsg.): *Fontane-Handbuch.* Stutt-

gart 2000. – Die dreibändige „Fontane-Bibliographie" weist zwar drei kürzere Artikel und einen Zeitungsartikel über das Buch nach, da diese jedoch von derselben unbefragten Textgrundlage ausgehen, sollte auch aus Sicht der Fontane-Forschung eine kritische Befassung mit dem „Denkmal Albrecht Thaer's zu Berlin" nicht unwillkommen sein: Wolfgang Rasch: *Theodor Fontane Bibliographie. Werk und Forschung.* In Verb. mit der Humboldt-Universität zu Berlin u. dem Theodor-Fontane-Archiv Potsdam hrsg. v. Ernst Osterkamp u. Hanna Delf von Wolzogen. 3 Bde. Berlin, New York 2006, hier Bd. 3, S. 2074, Nr. 10868–10871.

[9] Theodor Fontane: *Denkmal Albrecht Thaers zu Berlin.* In: Ders.: *Wanderungen durch die Mark Brandenburg. Bd. 6: Unbekannte und vergessene Geschichten aus der Mark Brandenburg I: Dörfer und Flecken im Lande Ruppin.* Hrsg. v. Gotthard Erler unter Mitarb. v. Therese Erler. Berlin, Weimar 1991, S. 290-358, Anmerkungen S. 697-707; der Text nimmt sich jetzt wie ein geschlossener Aufsatz mit Biographien aus, der nicht wie im Buchtitel den Namen „Th. Fontane" dünn und fein ganz am Ende in der achten Zeile trägt, sondern der von vornherein unter der Autorschaft „Theodor Fontane" steht.

[10] Rasch: *Theodor Fontane Bibliographie,* wie Anm. 8, Bd. 1, S. 879–881, Nr. 4468–4484.

[11] Ebd., S. 879, Nr. 4468.

[12] Frank Pergande: *In Grund und Boden geforscht. Vor 250 Jahren wurde Albrecht Daniel Thaer geboren, der Begründer der Agrarwissenschaften.* In: *Frankfurter Allgemeine Zeitung,* 14. Mai 2002.

[13] Vgl. den Bericht von Elisa Gärtner: *Theodor Fontane bekommt ein digitales Haus. Wie das Wirken des Dichters im Gedächtnis nächster Generationen erhalten werden kann.* In: *Humboldt. Die Zeitung der Alma Mater Berolinensis,* Jg. 54, Ausgabe 9 – 2009/10, 16. Juli 2010, S. 7.

[14] Köstler, wie Anm. 6, S. 5.

[15] Ebd.

[16] *Denkmal Albrecht Thaer's,* wie Anm. 7, S. 4 [Sperrung im Orig.].

[17] [Anon.:] *Die Enthüllung des Thaer=Denkmals zu Berlin.* In: *Annalen der Landwirtschaft in den Königlich Preußischen Staaten.* Hrsg. vom Präsidium des Königl. Landes-Oekonomie-Collegiums. 13. Jg., 36. Bd. Berlin: Bosselmann, 1860, S. 426–433, hier S. 429 [Sperrung im Orig.].

[18] Ebd., S. 429–432. – *Denkmal Albrecht Thaer's,* wie Anm. 7, S. 1–2 u. 4–5.

[19] Nach: Christian Gottlob Kayser: *Vollständiges Bücherlexikon.* T. 15. Leipzig 1866, S. 29; dazu: Angelika Friederici: *Fontanes Thaer-Denkmal.* In: *Denkmal Albrecht Thaers* (ND), wie Anm. 7, S. 66–77, hier S. 68.

[20] *Die Enthüllung des Thaer=Denkmals,* wie Anm. 17, S. 428-429. – *Denkmal Albrecht Thaer's,* wie Anm. 7, S. 3.

[21] *Die Enthüllung des Thaer=Denkmals,* wie Anm. 17, S. 43.

[22] Das tut wie selbstverständlich auch Heinz Kühn: [Rez.] *Möglin ist „nur Thaer".* Denkmal Albrecht Thaers. Hrsg. v. Karl-Robert Schütze u. a. Berlin 1992. (= Dahlemer Materialien, 3. Schriftenreihe d. Domäne Dahlem. Landgut und Museum). In: *Fontane Blätter* 55 (1993), S. 133–136, hier S. 133–134.

[23] Köstler, wie Anm. 6, S. 1.

[24] *Die Enthüllung des Thaer=Denkmals,* wie Anm. 17, S. 432. – *Denkmal Albrecht Thaer's,* wie Anm. 7, S. 5.

[25] Die wiederum – außer privaten Mitteilungen des Sohnes Albrecht Philipp Thaer – überwiegend zur Quelle hatte: Wilhelm Körte: *Albrecht Thaer. Sein Leben und Wirken als Arzt und Landwirth. Aus Thaer's Werken und literarischem Nachlasse dargestellt.* Leipzig 1839; Neudruck mit Genehmigung des Verlages F. A. Brockhaus in Wiesbaden, früher Leipzig, o. O. [Hannover] 1975. – Vgl. im ganzen zu Fontanes Biographik: Roland Berbig (Hrsg.): *Fontane als Biograph* (= Schriften der Theodor Fontane Gesellschaft, Bd. 7). Berlin, New York 2010.

[26] Köstler, wie Anm. 6, S. 7.

[27] Vgl. Gabriele Radecke: *Popularität und Wissenschaftlichkeit. Möglichkeiten, Probleme und Grenzen textkritischer Verfahrensweisen am Beispiel der Studienausgaben von Theodor Fontanes erzählerischem Werk.* In: *Was ist Textkritik? Zur Geschichte und Relevanz eines Zentralbegriffs der Editionswissenschaft.* Hrsg. v. Gertraud Mitterauer (= Beihefte zu editio, Bd. 28). Tübingen 2009, S. 265–276. – Gabriele Radecke trug im Rahmen derselben Berliner Ringvorlesung „Ansichten und Aussichten der Fontane-Forschung" weitere Aspekte unter dem Titel „Editoren und Editionen. Pragmatische und methodische Überlegungen zur Fontane-Editorik" vor.

[28] Köstler, wie Anm. 6, S. 7.

[29] Ebd.

[30] Ebd., S. 5 [Hervorh. von mir, H. F.].

[31] Kühn: [Rez.] *Möglin ist „nur Thaer"* (wie Anm. 22), nimmt irrtümlich an, daß Fontane bereits 1860 den „Auftrag erhielt, das von Ch. D. Rauch als letzte Arbeit entworfene Denkmal Thaers in Entstehung, Aussehen und Einweihung zu beschreiben" (S. 133); dafür gibt es keinen Nachweis.

[32] Theodor Fontane an Emilie Fontane, Berlin, 29. Juli 1862. In: Emilie und Theodor Fontane: *Der Ehebriefwechsel.* Hrsg. v. Gotthard Erler unter Mitarb. v. Therese Erler. Bd. 2. Geliebte Ungeduld. 1857–1871. Ber-

lin 1998, Nr. 315, S. 244–246, hier S. 245 [künftig zit. GBA *Ehebrief-wechsel* mit Bandangabe].

33 Theodor Fontane an Emilie Fontane, Berlin, 31. Juli 1862. In: GBA *Ehebriefwechsel* 2, Nr. 316, S. 246–248, hier S. 246.

34 Vgl. Theodor Fontane: *Wanderungen durch die Mark Brandenburg.* Bd. 1 (= Th. F., Werke, Schriften und Briefe, II/1). 2., im Text u. in den Anm. rev. Aufl. München 1977, S. 654–677 („Albrecht Daniel Thaer"); S. 711–714 („Frau von Friedland 1788–1803"); S. 715–730 („Graf und Gräfin Itzenplitz 1803–1848") [künftig zit. HFA II mit Bandangabe].

35 Vgl. Albrecht Thaer: *Grundzüge der rationellen Landwirthschaft.* Bde. 1–4. Berlin 1810–1812.

36 Köstler, wie Anm. 6, S. 7.

37 *Die Enthüllung des Thaer=Denkmals,* wie Anm. 17, S. 429. – Genauso: *Denkmal Albrecht Thaer's,* wie Anm. 7, S. 3.

38 *Ceremonial-Buch für den Königlich Preussischen Hof.* Berlin: R. v. Decker's Verlag. G. Schenck. Königl. Hofbuchhändler o. J. [1877], Abschnitt XI: Trauer-Reglement für den Könglichen Hof und die daselbst erscheinenden Personen, S. 1–50, bes. S. 37. – Zu dem als streng empfundenen preußischen Trauerritual vgl. auch Hannah Pakula: *Victoria. Tochter Queen Victorias, Gemahlin des preußischen Kronprinzen, Mutter Wilhelms II.* Aus dem Amerik. v. Waltraud Kolb u. Brigitte Rapp. München 1999, S. 124–125.

39 *Die Enthüllung des Thaer=Denkmals,* wie Anm. 17, S. 429. – *Denkmal Albrecht Thaer's,* wie Anm. 7, S. 3.

40 *Denkmal Albrecht Thaer's,* wie Anm. 7, S. 1 [nur kursive Hervorh. von mir, H. F.; Sperrung im Orig.]. – *Die Enthüllung des Thaer=Denkmals,* wie Anm. 17, S. 430.

41 *Die Enthüllung des Thaer=Denkmals,* wie Anm. 17, S. 429 [Sperrung im Orig.].

42 Ebd., S. 430 [Sperrung im Orig.]. – *Denkmal Albrecht Thaer's,* wie Anm. 7, S. VIII.

43 Theodor Fontane an Emilie Fontane, Berlin, 9. Juli 1862. In: GBA *Ehebriefwechsel* 2, Nr. 310, S. 236–238, hier S. 238; vgl. ebd., S. 647.

44 Das geht aus den folgenden unveröffentlichten Briefen hervor: August von Meding an Theodor Fontane, [Berlin,] 14. Juli 1862; August von Meding an Theodor Fontane, Barskewitz, 16. August 1862. In: Theodor-Fontane-Archiv, Potsdam, BS 28,2–3. – Ich danke Dr. Annette Gerlach, Leiterin der Historischen Sammlungen der Zentral- und Landesbibliothek Berlin, sowie dem Theodor-Fontane-Archiv, Potsdam, für die Einwilligung, diese und weitere Briefe von Medings und seiner Frau Auguste an

Fontane (BS 28,4-8) verwenden zu dürfen, sowie Klaus-Peter Möller für die Bereitstellung der Reproduktionen.

45 Vgl. Theodor Fontane an Emilie Fontane, Berlin, 4. Juni 1862. In: GBA *Ehebriefwechsel 2*, Nr. 297, S. 196–200, hier S. 200; Theodor Fontane an Emilie Fontane, Berlin, 10. Juni 1862. In: Ebd., Nr. 299, S. 204–209, hier S. 208.

46 Roland Berbig: *Theodor Fontane Chronik*. Bd. 2: 1858–1870. Berlin, New York 2010, S. 1205.

47 Theodor Fontane: *Tagebücher 1866–1882. 1884–1898*. Hrsg. v. Gotthard Erler unter Mitarb. v. Therese Erler. 2. Aufl. Berlin 1995, 28. Februar 1881, S. 96 [künftig zit. GBA *Tage- und Reisetagebücher* mit Bandangabe].

48 Vgl. z.B. Johann Gottlieb Koppe: *Kurze Darstellung der landwirthschaftlichen Verhältnisse in der Mark Brandenburg*. Berlin 1839.

49 *Verzeichniß der Abgeordneten für die zum 26. Februar [1849] einberufene erste Kammer der Pr. Nat.-Versammlung*. Berlin, Verlag von Reuter & Stargard, Charlottenstr. 54 am Gensdarmenmarkt. Druck von Julius Pleßner in Berlin, Neue Friedrichstr. No. 75 [Kopie im Besitz d. Verf.].

50 Theodor Fontane an Emilie Fontane, Berlin, 30. Juni 1862. In: GBA *Ehebriefwechsel 2*, Nr. 306, S. 226–229, hier S. 228.

51 Helmut Engel: „*Von deren sorgfältiger Pflege das Vaterland Aufschwung und vermehrtes Ansehen in friedlicher Entwicklung auch fernerhin zu erwarten hat*". In: *Helden ohne Degen: Der Schinkelplatz in Berlin*. Mit Beiträgen von Helmut Engel, Ernst Freiberger und Rupert Scholz. Tübingen, Berlin 2000, S. 21–124, hier S. 50–51.

52 Das geht vor allem daraus hervor, daß neben dem außerordentlich stark vertretenen Landwirtschaftsministerium und seinen Unterbehörden zahlreiche landwirtschaftliche Vereine besonders aus den Provinzen Preußen, Pommern und Brandenburg mit einem Großaufgebot an Gutsbesitzern dem Fest beiwohnten: *Denkmal Albrecht Thaer's*, wie Anm. 7, S. II–VIII: „Verzeichniß derjenigen Behörden, Institute, Vereine und Personen etc., welche an der am 5. Novbr. 1860 stattgehabten feierlichen Enthüllung des Denkmals Albrecht Thaer's in Berlin durch Vertreter resp. persönlich Theil genommen haben."

53 Vgl. Hans Rosenberg: *Die Pseudodemokratisierung der Rittergutsbesitzerklasse*. In: Ders.: *Probleme der deutschen Sozialgeschichte* (= edition suhrkamp, Bd. 340). Frankfurt/M. 1969, S. 7–49, hier S. 14–29.

54 *Die Enthüllung des Thaer=Denkmals*, wie Anm. 17, S. 428. – *Denkmal Albrecht Thaer's*, wie Anm. 7, S. 3.

55 Köstler, wie Anm. 6, S. 4.

56 Jürgen Hofmann: *Das Ministerium Camphausen-Hansemann. Zur Politik*

der preußischen Bourgeoisie in der Revolution 1848/49 (= Akademie der Wissenschaften der DDR, Schriften des Zentralinstituts für Geschichte, Bd. 66). Berlin 1981, S. 111.

57 Köstler, wie Anm. 6, S. 4.
58 August von Meding an Theodor Fontane, Berlin, 9. Oktober 1862. In: Theodor-Fontane-Archiv, Potsdam, BS 28,4.
59 Köstler, wie Anm. 6, S. 7.
60 Hubertus Fischer: „*Mit Gott für König und Vaterland!" Zum politischen Fontane der Jahre 1861 bis 1863.* 1. Teil. In: *Fontane Blätter* 58 (1994), S. 62–88; 2. Teil. In: *Fontane Blätter* 59 (1995), S. 59–84.
61 Theodor Fontane an Wilhelm Hertz, Berlin, 3. Februar 1862. In: Theodor Fontane: *Briefe an Wilhelm und Hans Hertz (1859-1897)*. Hrsg. v. Kurt Schreinert, vollend. u. mit einer Einf. vers. v. Gerhard Hay. Stuttgart 1972, S. 69–70.
62 *Genealogisches Handbuch der deutschen gräflichen Häuser auf das Jahr 1840.* Dreizehnter Jahrgang. Gotha, bei Julius Perthes [1840], S. 258.
63 GBA *Tage- und Reisebücher* 2, 4. u. 6. Januar 1866, S. 3 u. 4. – Zu Plockhorst: Max Jordan: *Beschreibendes Verzeichniß der Kunstwerke in der Königlichen National-Galerie zu Berlin*. Mit drei Grundrissen. Vierte neu bearb. Aufl. Berlin 1878, S. 231–232.
64 GBA *Tage- und Reisebücher* 2, S. 20. – Zwei Jahre später sprach Auguste von Meding wiederum eine Einladung aus: Auguste von Meding an Theodor Fontane, Berlin, 27. April 1869. In: Theodor-Fontane-Archiv, Potsdam, BS 28,5.
65 Theodor Fontane an August von Meding, Berlin, 19. Januar 1870. In: Theodor Fontane: *Briefe*. 2. Bd. 1860–1878. Hrsg. v. Otto Drude, Gerhard Krause u. Helmuth Nürnberger unter Mitw. v. Christian Andree u. Manfred Hellge (= Th. F., Werke, Schriften und Briefe IV/2). München 1979, Nr. 227, S. 289–290, hier S. 289 [künftig zit. HFA IV mit Bandangabe]. – Vgl. auch die Briefe August von Medings an Theodor Fontane, Berlin, 19. Januar und 29. April 1870. In: Theodor-Fontane-Archiv, Potsdam, BS 28,7–8.
66 HFA II/2, S. 490. – Vgl. Ernst Ahasverus Heinrich von Lehndorff: *Am Hof der Königin Luise. Das Tagebuch vom Jahr 1799*. Übers. u. eingel. v. Eva Ziebura. Biografisch komm. Personenregister v. Ingolf Sellack u. Eva Ziebura. Berlin 2009, 12. Februar 1799, S. 28–29.
67 Bernhard von Lepel an Theodor Fontane, Heringsdorf, 5. September 1854. In: Theodor Fontane und Bernhard von Lepel: *Der Briefwechsel. Kritische Ausgabe*. Hrsg. v. Gabriele Radecke (= Schriften der Theodor Fontane Gesellschaft, Bd. 5/1–2). Berlin, New York 2006, Nr. 277, S. 393–396, hier S. 394.

68 *Tamsel. Ein Vortrag, gehalten von Theodor Fontane zum Besten des „Germanischen Museums" in Nürnberg.* In: *Neue Preußische [Kreuz-]Zeitung.* Berlin. Nr. 144, 24. Juni 1862, Beilage; Nr. 147, 27. Juni 1862.

69 Theodor Fontane an Wilhelm Hertz, Berlin, 3. Januar 1862. In: HFA IV/2, Nr. 49, S. 56–57, hier S. 57 [Kursivierung in der Vorlage].

70 G[eorge] H[esekiel]: *Brandenburgisch Ehrengeschmeid. Wanderungen durch die Mark Brandenburg von Theodor Fontane.* In: *Neue Preußische [Kreuz-]Zeitung.* Berlin, Nr. 282, 3. Dezember 1861, Beilage. – A[lbert] E[mil] Brachvogel: *Wanderungen durch die Mark Brandenburg von Theodor Fontane.* In: *Wochenblatt der Johanniter-Ordens-Balley Brandenburg.* Berlin, Nr. 50, 11. Dezember 1861, S. 226 [recte: 232].

71 *Adolph Menzel 1815–1905. Das Labyrinth der Wirklichkeit.* Hrsg. v. Claude Keisch u. Marie Ursula Riemann-Reyher. Ausstellungskatalog. Berlin 1996, Abb. 108, S. 222.

72 Vgl. Berbig: *Theodor Fontane Chronik,* wie Anm. 46, Bd. 2, S. 1200–1201; Bd. 5, S. 3850 (Reg.).

73 Theodor Fontane an Heinrich Proehle, Berlin, 15. Dezember 1860. In: HFA IV/2, Nr. 10, S. 14–15, hier S. 14.

74 GBA *Tage- und Reisebücher* 2, S. 77 (1880); S. 142 (12. Dezember 1881); S. 146 (1. Januar 1882); S. 156 (16. Februar 1882); S. 164 (1. April 1882); S. 230 (9. Oktober bis 17. November 1885). – Berbig: *Theodor Fontane Chronik,* wie Anm. 46, Bd. 4, S. 3088–3090.

75 Hanna Schissler: *Die Junker. Zur Sozialgeschichte und historischen Bedeutung der agrarischen Elite in Preußen.* In: *Preußen im Rückblick.* Hrsg. v. Hans-Jürgen Puhle u. Hans-Ulrich Wehler (= Geschichte und Gesellschaft, Sonderheft 6). Göttingen 1980, S. 88–122, hier S. 105.

76 *Die Enthüllung des Thaer=Denkmals,* wie Anm. 17, S. 433 [Sperrung von „Thaer's" im Orig.].

77 Te. [= Theodor Fontane]: *Die Ausstellung in Hamburg.* Hamburg, 19. Juli [1863]. In: *Neue Preußische [Kreuz-]Zeitung.* Berlin, Nr. 168, 22. Juli 1863.

78 Theodor Fontane an Emilie Fontane, Berlin, 12. Juli 1863. In: GBA *Ehebriefwechsel* 2, Nr. 321, S. 255–258, hier S. 257 [Kursivierung in der Vorlage].

79 Ebd.

80 [Anon.:] *Zur Hamburger Ausstellung.* In: *Neue Preußische [Kreuz-]Zeitung.* Berlin, Nr. 173, 28. Juli 1863.

81 Vgl. Albrecht Thaer: *Einleitung zur Kenntniß der englischen Landwirthschaft und ihrer neueren practischen und theoretischen Fortschritte in Rücksicht auf Vervollkommnung deutscher Landwirthschaft für denkende Landwirthe und Cameralisten.* Bde. 1–3. Hannover 1798–1804.

[82] Arne Eggebrecht, Jens Flemming, Gert Meyer, Achatz von Müller, Alfred Oppolzer, Akos Paulinyi u. Helmuth Schneider: *Geschichte der Arbeit. Vom alten Ägypten bis zur Gegenwart.* Köln 1980, S. 247–248.

[83] *Die Enthüllung des Thaer=Denkmals,* wie Anm. 17, S. 427. – Etwas ausführlicher: *Denkmal Albrecht Thaer's,* wie Anm. 7, S. 3.

[84] Vgl. Lothar Baar: *Die Berliner Industrie in der industriellen Revolution* (= Veröffentlichungen des Instituts für Wirtschaftsgeschichte an der Hochschule für Ökonomie Berlin-Karlshorst, Bd. 4). Berlin 1966, S. 121–123.

[85] Vgl. René Schiller: *Vom Rittergut zum Großgrundbesitz. Ökonomische und soziale Transformationsprozesse der ländlichen Eliten in Brandenburg im 19. Jahrhundert* (= Elitenwandel in der Moderne, Bd. 3). Berlin 2002.

[86] Vgl. [Anon.:] *Die Landwirtschaft in ihrer wissenschaftlichen Epoche.* In: *Die Gegenwart. Eine encyklopädische Darstellung der neuesten Zeitgeschichte für alle Stände.* 9. Bd. Leipzig 1854, S. 1–34.

[87] HFA II/1, S. 654–677.

[88] Ebd., S. 654.

[89] Walter Hettche: *Die Handschriften zu Theodor Fontanes 'Vor dem Sturm'. Erste Ergebnisse ihrer Auswertung.* In: *Fontane Blätter* 58 (1994), S. 193–212, hier S. 199.

[90] Theodor Fontane: *Vor dem Sturm. Roman aus dem Winter 1812 auf 13.* 4 Bde. Hrsg. v. Walter Keitel u. Helmuth Nürnberger. Frankfurt/M., Berlin, Wien 1976, Bd. 3, S. 76.

[91] Vgl. die knappe anonyme Rezension in: *Neue Preußische [Kreuz-]Zeitung.* Berlin. Nr. 73, 27. März 1863; sie endet mit einer vor allem auf die ländliche Oberschicht berechneten Empfehlung: „Speciell die Leser unserer Zeitung werden sich an dem Buch, an seinem Inhalt und seinen Bildern erfreuen, weshalb wir hier darauf hinweisen." – Ich danke Peter Schaefer, Theodor-Fontane-Archiv, Potsdam, für die Kopie des Artikels.

[92] Theodor Fontane an Emilie Fontane, Cunersdorf bei Wrietzen, 16. September 1862. In: GBA *Ehebriefwechsel* 2, Nr. 318, S. 252–253, hier S. 253 [Kursivierung von „Cunersdorf" im Orig.].

[93] Theodor Fontane an Emilie Fontane, Berlin, 23. Mai 1862. In: GBA *Ehebriefwechsel* 2, Nr. 294, S. 187–189, hier S. 189.

[94] Hubertus Fischer: „*Gedichte*" – „*Soldatenlieder*" – „*Preußenlieder*". *Wie Fontanes „Preußische Feldherrn" volkstümlich wurden.* In: *Jahrbuch für brandenburgische Landesgeschichte* 50 (1999), S. 136–168; wieder in: Ders.: *Theodor Fontane, der „Tunnel", die Revolution: Berlin 1848/49.* Berlin 2009, S. 289–316. – Vgl. Markus Fauser: *Männer, Helden und Standbilder – Fontanes „Preußen-Lieder" und die vaterländisch-historische Lyrik.* In: *Fontane Blätter* 88 (2009), S. 50–89. – Rasch: *Theodor*

Fontane Bibliographie, wie Anm. 8, Bd. 1, S. 897-907 (Beiträge in Schullesebüchern 1857–1898).

[95] Rosenberg: *Pseudodemokratisierung*, wie Anm. 53, S. 46.

[96] Ebd., S. 7–8 [Kursivierung im Orig.].

[97] Ebd., S. 9.

[98] Ebd., S. 23.

[99] Theodor Fontane: *Der Stechlin. Roman.* Frankfurt/M., Berlin, Wien 1985, S. 31. – Vgl. im ganzen: Heiko Strech: *Die Synthese von Alt und Neu. „Der Stechlin" als Summe des Gesamtwerks* (= Philologische Studien und Quellen, Heft 54). Berlin 1970.

[100] Vgl. Hubertus Fischer: *Barfuß oder Barfus – Zwischen Barnim, Beeskow und Berlin. Ein Kapitel aus Fontanes „Wanderungen" im Lichte unbekannter Zeugnisse.* In: *Jahrbuch für brandenburgische Landesgeschichte* 58 (2007), S. 174–185; in diesem Bd. S. 144–162.

[101] *Denkmal Albrecht Thaer's*, wie Anm. 7, S. IV.

[102] Helmuth von Moltke an den Bruder Ludwig, Berlin, 7. März 1831. In: Helmuth von Moltke: *Briefe 1825–1891. Eine Auswahl.* Hrsg. v. Eberhard Kessel. Stuttgart 1959, Nr. 13, S. 64–69, hier S. 69.

[103] Vgl. auch die drei Briefe Albert Philipp Thaers an Fontane vom 12. August 1862, 10. Juni 1863 und 26. Juni 1863. In: *Denkmal Albrecht Thaers* (Nachdruck), wie Anm. 7, S. 78–81.

[104] Vgl. z. B. Albrecht Thaer: *Landwirtschaftliche Zustände in der Mark Brandenburg zu Ende des 14. Jahrhunderts.* Berlin 1878.

[105] Vgl. die Abb. in: *Helden ohne Degen*, wie Anm. 51, S. 52 (Photographie); S. 53 (Stahlstich).

[106] Die erste, sehr kurze Erwähnung Thaers findet sich bereits vor dem Denkmalbuch, in dem Anfang April 1860 entstandenen Aufsatz „Geist von Beeren", der in der „Neuen Preußischen [Kreuz-]Zeitung", Nr. 196 vom 22.–23. August 1860, vorabgedruckt wurde und zunächst in den ersten Band der „Wanderungen" einging, um dann später in den Band „Spreeland" übernommen zu werden; HFA II/2, S. 735–742, hier S. 737; HFA II/3, S. 1100.

[107] Theodor Fontane an Georg Friedlaender, Berlin, 8. Juli 1895. In: HFA IV/4, Nr. 479, S. 459–460, hier S. 459 [Kursivierung in der Vorlage].

[108] Vgl. noch zu Siemens: Hubertus Fischer: *Gordon oder die Liebe zur Telegraphie.* In: *Fontane Blätter* 67 (1999), S. 36–58.

[109] Volker Ullrich: *Die nervöse Großmacht. Aufstieg und Untergang des deutschen Kaiserreichs 1871–1918.* 4. Aufl. Frankfurt/M. 2001, S. 560.

[110] Albrecht von Thaer: *Generalstabsdienst an der Front und in der O. H. L. Aus Briefen und Tagebuchaufzeichnungen 1915–1919.* Hrsg. v. Siegfried A. Kaehler. Göttingen 1958, S. 234, 1. Oktober 1918. – Vgl. General

[Erich] Ludendorff: *Auf dem Weg zur Feldherrnhalle. Lebenserinnerungen an die Zeit des 9. 11. 1923 mit Dokumenten in 6 Anlagen.* München 1938 (1. Aufl. 1937), S. 88–89.

[111] *Die Enthüllung des Thaer=Denkmals,* wie Anm. 17, S. 427. – *Denkmal Albrecht Thaer's,* wie Anm. 7, S. VIII.

[112] Ullrich, wie Anm. 109, S. 178. – Vgl. Hans-Jürgen Puhle: *Interessenpolitik und preußischer Konservatismus. Ein Beitrag zur Analyse des Nationalismus in Deutschland am Beispiel des Bundes der Landwirte und der Deutsch-Konservativen Partei.* Hannover 1966; 2. Aufl. Bonn-Bad Godesberg 1975. – Ders.: *Der Bund der Landwirte im Wilhelminischen Reich. Struktur, Ideologie und politische Wirksamkeit eines Interessenverbandes in der konstitutionellen Monarchie (1893-1914).* In: Walter Rüegg u. Otto Neuloh (Hrsg.): *Zur soziologischen Theorie und Analyse des 19. Jahrhunderts.* Göttingen 1971, S. 145–162.

[113] Theodor Fontane an Carl Robert Lessing, Karlsbad, 8. Juni 1896. In: HFA IV/4, Nr. 613, S. 561-562, hier S. 562 [Kursivierung in der Vorlage].

[114] *Die Enthüllung des Thaer=Denkmals,* wie Anm. 17, S. 429 [Sperrung im Orig.]. – *Denkmal Albrechts Thaer's,* wie Anm. 7, S. 1.

[115] Peter Bloch: *Die Berliner Bildhauerei des 19. Jahrhunderts und die Antike.* In: Willmuth Arenhövel u. Christa Schreiber (Hrsg.): *Berlin und die Antike. Aufsätze. Ergänzungsband zum Katalog der Ausstellung „Berlin und die Antike" veranstaltet vom Deutschen Archäologischen Institut und den Staatlichen Museen Preußischer Kulturbesitz aus Anlaß des 150jährigen Bestehens des Deutschen Archäologischen Instituts.* Berlin 1979, S. 395–429, hier S. 399.

[116] Wolfgang Neugebauer: *Die Geschichte Preußens. Von den Anfängen bis 1947.* München 2006, S. 109.

[117] Vgl. Helmut Ruske: *Preußischer Volks-Verein (PVV) 1861–1872.* In: Dieter Fricke u. a. (Hrsg.): *Die bürgerlichen Parteien in Deutschland. Handbuch der Geschichte der bürgerlichen Parteien und anderer bürgerlicher Interessenorganisationen vom Vormärz bis zum Jahre 1945.* 2 Bde. Berlin 1968, Bd. 2, S. 473–477, hier S. 473.

[118] *H. Schulthess' Europäischer Geschichtskalender.* 2. Jg. 1861. Nördlingen 1862, S. 45.

[119] Vgl. Hubertus Fischer: *„Der kleine Reaktionär. Illustrirtes humoristisch-satyrisches Wochenblatt für die conservative Partei"* – Antisemitische Agitation in der Krise der preußischen Monarchie 1862/63. In: Hubertus Fischer u. Florian Vaßen (Hrsg.): *Politik, Porträt, Physiologie. Facetten der europäischen Karikatur im Vor- und Nachmärz.* Bielefeld 2010, S. 319–378.

[120] Vgl. Peter Bloch: *Der dreifache Thaer*. In: *Denkmal Albrecht Thaers* (Nachdruck), wie Anm. 7, S. 83–91.

[121] Zit. nach: Jutta von Simson: *Christian Daniel Rauch. Œuvre-Katalog*. Berlin 1996, S. 430.

[122] Vgl. Hubertus Fischer: *Denkmalsbesetzung. Denkmal, Politik und Lied in Berlin*. In: Andreas Kaiser (Hrsg.): *Denkmalsbesetzung. Preußen wird aufgelöst*. Berlin 1982, S. 135–152.

[123] Sachlich: Hermann Müller-Bohn: *Die Denkmäler Berlins. Ihre Geschichte und Bedeutung mit einem Anhange, enthaltend Gedenktafeln und Wohnstätten berühmter Männer. Ein kunstgeschichtlicher Führer für Einheimische und Fremde, zugleich eine Ergänzung für den heimatkundlichen Unterricht*. Mit einem Geleitwort des Herrn Geh. Regierungsrat und Stadtrat Friedel, Mitglied der Kommission für die Denkmalspflege der Provinz Brandenburg. Mit 46 Illustrationen. Steglitz-Berlin [1897], S. 12–13.

[124] Joachim Schobeß: *Theodor Fontane, Albrecht Thaer und die Landwirtschaft. Ein Dichter als Biograph des Begründers der wissenschaftlichen Landwirtschaft*. In: *Bauernecho. Organ der demokratischen Bauernpartei Deutschlands*. Berlin, 30. November 1967. – Ich danke Peter Schaefer, Theodor-Fontane-Archiv, Potsdam, für die Kopie des Artikels.

[125] Karl-Robert Schütze: *Einleitung*. In: *Denkmal Albrecht Thaers* (Nachdruck), wie Anm. 7, S. VIII.

[126] Ebd.

[127] Ägina Nelius: *Der Schinkelplatz und seine Denkmäler. Ein verschwundenes Ensemble in Berlins Mitte*. In: *Der Bär von Berlin. Jahrbuch des Vereins für die Geschichte Berlins* 43 (1994), S. 41–88.

[128] Heinz Kinzelmann: *„Denkmal Albrecht Thaer's zu Berlin" – Eine Ergänzung*. In: *Fontane Blätter* 61 (1996), S. 188–192.

[129] Köstler, wie Anm. 6, S. 5.

[130] Ludwig Pietsch: *Wie ich Schriftsteller geworden bin. Der wunderliche Roman meines Lebens*. Hrsg. v. Peter Goldammer. Berlin 2000, S. 324.

[131] Vgl. die Abb. in: Irmgard Wirth: *Berlin 1650–1914. Von der Zeit des Großen Kurfürsten bis zum Ersten Weltkrieg. Stadtdarstellungen aus den Sammlungen des Berlin Museums*. Hamburg 1987, S. 159.

[132] *Denkmal Albrecht Thaer's*, wie Anm. 7, S. VIII in Verb. mit S. IV.

[133] Wie Anm. 17 [Sperrung im Orig.].

[134] Wie Anm. 26.

[135] „Mitwirksam" ist Heine entnommen, was im vorgenannten Zusammenhang passend erscheint.

[136] *Berlins vergessene Mitte: Stadtkern 1849–2010*. Ausstellung im Ephraim-Palais/Stadtmuseum Berlin, 21. Oktober 2010–27. März 2011.

[137] Theodor Fontane an Emilie Fontane (Mutter), Berlin, 29. Mai 1869. In: HFA IV/2, Nr. 191, S. 232–234, hier S. 233.

[138] Rupert Scholz: *Hauptstadt Berlin und deutsche Geschichte. Pflege der Geschichte – Aufgabe der Hauptstadt.* In: *Helden ohne Degen,* wie Anm. 51, S. 11–20.

[139] Ernst Freiberger: *Kultur der Erinnerung – Erinnerungskultur.* In: *Helden ohne Degen,* wie Anm. 51, S. 7–9, hier S. 9.

[140] *Helden ohne Degen,* wie Anm. 51, S. 46, 55, 86, 91.

[141] „Diskurs" und „diskursiv" sind übrigens – das sei gegenüber einer gelegentlich anzutreffenden Antipathie gesagt – Begriffe, die Fontane selbst von seinem ersten bis zu seinem letzten Roman gerne und häufig benutzt; vgl. nur Fontane: *Vor dem Sturm,* wie Anm. 90, S. 59 („geistlicher Diskurs"); S. 138 („diskursive Behandlung"); S. 224 („politischer Diskurs"); S. 418 („diskursive"); S. 434 („langer Diskurs"); S. 681 („Diskurs").

[142] Vgl. Michel Foucault: *„Andere Räume".* In: *Stadt-Räume.* Hrsg. v. Martin Wentz. Frankfurt/M., New York 1991, S. 65–72.

[143] Engel, wie Anm. 51, S. 117–118.

[144] Vgl. nur das Foto „Sedantag am Denkmal Friedrichs III.". In: Sebastian Haffner: *Preußen ohne Legende.* 2. Aufl. Hamburg 1979, S. 312.

[145] Engel, wie Anm. 51, S. 118.

[146] Klaus-Henning von Krosigk: *Gartendenkmalpflege zwischen Konservierung und Rekonstruktion – Berliner Beispiele.* In: Géza Hajós u. Joachim Wolschke-Bulmahn (Hrsg.): *Gartendenkmalpflege zwischen Konservieren und Rekonstruieren* (= CGL-Studies, Bd. 9). München 2011, S. 223–240, hier S. 231. – Ders.: *Der Schinkelplatz an der Bauakademie – Anmerkungen aus städtebaulich-gartenhistorischer Sicht.* In: Nany Wiegand-Hoffmann (Hrsg.): *Karl Friedrich Schinkel. Bauakademie. Essays 2003.* Berlin 2003, S. 43–49 (engl.: S. 50–54). – Zu Hermann Mächtig vgl. Gert Gröning u. Joachim Wolschke-Bulmahn: *Grüne Biographien. Biographisches Handbuch zur Landschaftsarchitektur des 20. Jahrhunderts in Deutschland.* Berlin, Hannover 1997, S. 239–240.

[147] Frederic Jameson: *„Cognitive Mapping".* In: Cary Nelson u. Lawrence Grossberg (Hrsg.): *Marxism and the Interpretation of Culture.* Urbana, Chicago 1988, S. 347–375. – Vgl. auch: Lloyd Rodwin u. Robert M. Hollister (Hrsg.): *Cities of the Mind. Images and Themes of the City in the Social Sciences.* New York, London 1984.

[148] Vgl. Bernd W. Seiler: *Fontanes Berlin. Die Hauptstadt in seinen Romanen.* Berlin 2010.

[149] *Album von Berlin.* 3 grosse Panoramen und 49 Ansichten nach Momentaufnahmen in Photographiedruck. Berlin 1904.

276

[150] Karl Nase: *Siebenhundert Jahre berlinischen Lebens im Spiegel des Gedichts*. Berlin o. J. [1926], S. 233.

[151] *Berliner Denkmäler im Volkswitz*. Zeichnungen: Nicki. Text: Hermann Fidow. Berlin 1933.

[152] Vgl. Hans J. Reichardt u. Wolfgang Schäche: *Von Berlin nach Germania. Über die Zerstörung der Reichshauptstadt durch Albert Speers Neugestaltungsplanungen*. Berlin 1984.

[153] Heinrich Hauser: *Berlin im Sommer 1938*. In: *Reisen ins Reich 1933 bis 1945. Ausländische Autoren berichten aus Deutschland*. Zusammengestellt u. mit einer Einl. v. Oliver Lubrich. Frankfurt/M. 2004, S. 193–215, hier S. 196 [Kursivierung im Orig.].

[154] Max Frisch: *Tagebuch 1946–1949*. In: *Deutsche Landschaften*. Ausgew. u. eingel. v. Helmut J. Schneider. Frankfurt/M. 1981, S. 620–627, hier S. 626–627.

[155] Vgl. die Fotografie in: *Helden ohne Degen*, wie Anm. 51, S. 119.

[156] Goerd Peschken: *Schinkels Bauakademie in Berlin. Ein Aufruf zu ihrer Rettung*. Berlin 1961.

[157] Cees Nooteboom: *Berliner Notizen*. Mit Fotos v. Simone Sassen. Aus dem Niederländischen v. Rosemarie Still (= es 1639; edition suhrkamp N. F. 639). Frankfurt/M. 1991, S. 241–242.

[158] Engel, wie Anm. 51, S. 121.

[159] Ulrich von Wilamowitz-Moellendorff: *Neujahr 1900. Rede zur Feier des Jahrhundertwechsels, gehalten in der Aula der Friedrich-Wilhelm-Universität am 15. Januar 1900*. Berlin 1900; zit. nach: *Berlin um 1900. Ausstellung der Berlinischen Galerie in Verbindung mit der Akademie der Künste zu den Berliner Festwochen 1984. Akademie der Künste, 9. September bis 28. Oktober 1984*. Berlin 1984, S. 153–154, hier S. 154.

[160] Ebd.

[161] Alfred Kerr: *Mit Heiligen der neuen Zeit* [25. Juli 1895]. In: Ders.: *Mein Berlin. Schauplätze einer Metropole*. Mit einem Geleitwort v. Günther Rühle. 2. Aufl, Berlin 2004, S. 52–53, hier S. 53; Abb. der Potsdamer Brücke mit den Bildsäulen, ebd., S. 54–55.

[162] [Anon.:] *Berlin und die Berliner. Leute. Dinge. Sitten. Winke*. Karlsruhe 1905, S. 183.

[163] Vgl. dazu einen einschlägigen Roman aus dieser Zeit, der die Entstehung eines Denkmals (Heinrich von Kleist) zum Thema hat: Hanns von Zobeltitz: *Der Bildhauer*. In: *Meisterwerke berühmter Erzähler. Der Bildhauer von Hanns von Zobeltitz. Madame Chrysantème von Pierre Loti*. Stuttgart, Leipzig o. J., S. 3–254.

[164] Zit. nach: *Preußen – Versuch einer Bilanz. Eine Ausstellung der Berliner Festspiele GmbH, 15. August – 15. November 1981, Gropius-Bau (ehe-

maliges Kunstgewerbemuseum) Berlin. Bd. 1: Ausstellungsführer. Hrsg.
v. Gottfried Korff. Text v. Winfried Ranke. Reinbek bei Hamburg 1981,
S. 393.

[165] Fontane: *Der Stechlin*, wie Anm. 99, S. 309.

[166] Ebd., S. 314.

[167] Hans Rosenberg: *Große Depression und Bimarckzeit. Wirtschaftsablauf, Gesellschaft und Politik in Mitteleuropa*. Frankfurt/M., Berlin, Wien 1976, S. 39.

[168] Gustav Schmoller: *Einige Worte zum Antrag Kanitz*. In: *Jahrbuch für Gesetzgebung, Verwaltung und Volkswirtschaft im Deutschen Reich*. Hrsg. von Gustav Schmoller. 19. Jg. Leipzig 1895, S. 611–629 hier S. 624.

[169] Wie Anm. 81.

[170] *Korrespondenz des Bundes der Landwirte*, 27. März 1897.

[171] *Korrespondenz des Bundes der Landwirte*, 13. April 1897. – Es handelt sich um: Jean de La Terre: *Magnetismus der Sünde: Berliner Lebensbilder*. Berlin 1897.

[172] Christopher Clark: *Preußen. Aufstieg und Niedergang 1600–1947*. München 2008.

[173] Günter Vogler u. Klaus Vetter: *Preußen. Von den Anfängen bis zur Reichsgründung* (= Kleine Bibliothek, Bd. 192). Vom VEB Deutscher Verlag der Wissenschaften genehmigte Lizenzausgabe. Köln 1980, S. 123 („Albrecht von Thaer"). – Gerd Heinrich: *Geschichte Preußens. Staat und Dynastie*. Frankfurt/M., Berlin, Wien 1981, S. 270 („Albrecht von Thaer").

[174] Haffner, wie Anm. 144.

[175] Hans-Joachim Schoeps: *Preußen – Geschichte eines Staates*. Frankfurt/M., Berlin, Wien 1966. – Vgl. H[ans] G[eorg] v[on] Studnitz: *Preußen war keine Legende. Gedanken zum Jahrestag des 25. Februar 1947*. In: *Welt am Sonntag*, 26. Februar 1967. – Frank-Lothar Kroll: *Geschichtswissenschaft in politischer Absicht. Hans-Joachim Schoeps und Preußen*. Berlin 2010.

[176] Neugebauer, wie Anm. 116.

[177] Engel, wie Anm. 51, S. 118.

[178] Sebastian Leber: *Bauakademie? Geschenkt. 38 Privatleute möchten auf eigene Kosten das Schinkel-Gebäude wiedererrichten – unter einer Bedingung: Sie wollen nebenan in bester City-Lage wohnen*. In: *Der Tagesspiegel*, Sonntag, 16. Januar 2011, S. 11.

[179] Wie Anm. 127.

[180] Wiegand-Hoffmann, wie Anm. 146.

[181] Sebastian Hensel: *Ein Lebensbild aus Deutschlands Lehrjahren mit einem Vorwort von Prof. Paul Hensel*. 2. Aufl. Berlin 1904, S. 358.

[182] Ebd., S. 359.

[183] Leber, wie Anm. 178.

[184] Ludwig Rellstab: *Berlin und seine nächsten Umgebungen in malerischen Originalansichten*. Historisch-topographisch beschrieben von L. R. Darmstadt 1852. Faksimile-Ausgabe: Berlin 1979, S. 148.

[185] Ludwig Löffler: *Berlin und die Berliner*. In Wort und Bild von L. L. Mit 60 in den Text gedruckten Abbildungen (= Weber's Illustrirte Reisebibliothek). Leipzig 1856. Faksimile-Ausgabe: Berlin: Verlag Jürgen Schacht 1978, S. 15.

[186] Rellstab, wie Anm. 184, S. 148.

[187] Vgl. HFA II/1, S. 107–129.

[188] *Berlin und die Berliner*, wie Anm. 162, S. 158.

[189] Rellstab, wie Anm. 184, S. 148 [Sperrung im Orig.].

[190] Ebd.

[191] Vgl. Engel, wie Anm. 51, S. 118–120.

[192] Karl Scheffler: *Hofarchitektur*. In: *Die Zukunft* 50 (1905), S. 273–285; wieder in: Ders.: *Stilmeierei oder Neue Baukunst. Ein Panorama Berliner Architektur*. Hrsg. u. mit einem Nachwort v. Andreas Zeising. Berlin 2010, S. 16–21, hier S. 17. – Anders und umfassender hat das Fontane ein gutes Jahr vor seinem Tod ausgedrückt: „Was mir an dem Kaiser gefällt, ist der totale Bruch mit dem Alten und was mir an dem Kaiser *nicht* gefällt, ist das im Widerspruch dazu stehende Wiederherstellenwollen des Uralten." Theodor Fontane an Georg Friedlaender, Berlin, 5. April 1897. In: HFA IV/4, Nr. 722, S. 642–643, hier S. 642 [Hervorh. im Orig.].

[193] Alfred Kerr: *Da kommt Fontane* [1. Januar 1895]. In: Ders.: *Mein Berlin*, wie Anm. 161, S. 47–48, hier S. 47.

[194] Florian Mausbach: *Was der rote Backstein lehrt. Die Wiedererrichtung von Schinkels Bauakademie zieht sich hin. Sie ist eine öffentliche Aufgabe, kein Objekt für Investoren*. In: *Der Tagesspiegel*, Dienstag, 22. Februar 2011, S. 21.

„Kaiser" oder „König"?

Zwei Fassungen eines Fontane-Gedichts

Am 17. März 1871 erschien im „Berliner Fremden- und Anzeige-blatt" Fontanes Gedicht „Kaiser Wilhelms Rückkehr (17. März 1871)". Entstanden ist das Gedicht aus Anlaß der Rückkehr Wilhelms I. nach Berlin infolge der Beendigung des Krieges gegen Frankreich. Ein handschriftlicher Entwurf oder ein korrigierter Fahnenabzug hat sich nicht erhalten. Die Große Brandenburger Ausgabe präsentiert das Gedicht ohne Varianten mit Hinweis auf den Erstdruck im „Fremdenblatt" am 17. März 1871, wovon sich jedoch kein Exemplar ermitteln läßt, sowie auf den fortlaufenden Abdruck in den Gedichtausgaben 1875, 1889, 1892 und 1898 in folgender Fassung:

> Kaiser Wilhelms Rückkehr
> (17. März 1871)
>
> Dreifarbig, kranz-umwunden,
> Unsre Fahnen flattern und wehn,
> Das waren Festesstunden,
> Wie keine wir noch gesehn;
> Vielhunderttausendtönig
> In Lüften die Grüße ziehn:
> Willkommen Kaiser-König,
> Willkommen in Berlin.
>
> Nun steiget höher, ihr Schwalben,
> Und kündet, was es sei:
> Blauer Himmel allenthalben,

Und das Wetter ist vorbei.
Es ward uns viel beschieden,
Es ward uns unser Glück:
König Wilhelm bringt uns Frieden
Und bringt uns sich selber zurück.

Er bringt uns sich selber wieder
Und Neues zu allem, was war.
Nun entsprießt ein stolzer Gefieder
Dem alten preußischen Aar.
Das Alte hoch und das Neue
Vom Njemen bis zum Rhein –
Und wir flechten die alte Treue
In die neue Krone hinein.[1]

Dabei ist es, entgegen bisherigem Kenntnisstand, nicht geblieben. Fünf Tage später war das Gedicht noch einmal im „Wochenblatt der Johanniter-Ordens-Balley Brandenburg"[2] zu lesen, nun aber unter einem anderen Titel und mit auffälligen Varianten. Die Priorität des täglich zweimal erscheinenden „Berliner Anzeigen- und Fremdenblatt" hatte wohl auch damit zu tun, daß das „Johanniterblatt" jeweils am Mittwoch herauskam und deshalb das Gedicht frühestens am 22. März 1871 seinen Lesern vorlegen konnte. Offenbar nutzte Fontane die verbliebene Zeit, um Änderungen gegenüber dem Erstdruck vorzunehmen. Daß die Leserschaft von anderem Zuschnitt als die des „Anzeigen- und Fremdenblatt" war, wußte er als langjähriger Mitarbeiter der Wochenschrift sehr genau. Die unbekannte „Johanniterblatt"-Version wird hier zeichen- und buchstabengetreu wiedergegeben; lediglich sind der besseren Vergleichbarkeit halber die Abweichungen durch Fettdruck hervorgehoben (die in eckige Klammern gesetzten Ziffern, Zeichen und das „wir" der 3. Strophe weisen auf die Auslassungen gegenüber dem Erstdruck beziehungsweise der Fassung in den „Gedichten" hin):

König Wilhelms Rückkehr.
(17. März. [**1871**])

Unsre Fahnen lachenden Scheines
Dreifarbig flattern und wehn,
Das **war ein Fest wie keines**,
Wie **keines** wir noch gesehn;
Vielhunderttausendtönig
In Lüften die Grüße ziehn:
Willkommen Kaiser=König,
Willkommen in Berlin.

Nun steiget höher, ihr Schwalben,
Und kündet[,] **wie** es sei:
Blauer Himmel allenthalben[,]
Und das Wetter ist vorbei.
Es ward uns viel beschieden,
Es ward uns **großes** Glück:
König Wilhelm bringt uns Frieden
Und bringt uns sich selber zurück.

Er bringt uns sich selber wieder
Und Neues zu **Allem**[,] was war,
Nun entsprießt ein **doppelt** Gefieder
Dem alten preußischen Aar.
Das Alte hoch und das Neue
Vom **Ni**emen bis **an den** Rhein, –
Und [**wir**] flechten die alte Treue
In die neue Krone hinein.
Th. F.[3]

Auf den ersten Blick scheint klar, daß Fontane zumal mit dem Ge-
dichtanfang nicht zufrieden war, sind doch die ersten vier Verse
weitgehend um-, ja neugestaltet. Was könnten die Gründe gewesen
sein? Metrische und klangliche fallen einem ein, aber auch solche
der Wortfolge und Aussagegewichtung. Das Metrum fließt nach dem

zweisilbigen Auftakt etwas leichter, und der helle Reim „-eines" statt „-unden" trifft vielleicht eher den freudigen Ton. Verstärkt wird das durch die Attribuierung „lachenden Scheines". Das Subjekt in Grundwortstellung verleiht dem Eingangsvers außerdem mehr Schwung, während die Inversion „Dreifarbig, kranz-umwunden" leicht verzögernd wirkt. Damit tritt auch das Was („Unsre Fahnen") statt des Wie („Dreifarbig") in den Vordergrund.

So gesehen, handelt es sich um Änderungen, die das Gedicht flüssiger, runder machen. Ob auch besser? Der Autor scheint nicht dieser Meinung gewesen zu sein. Die „Johanniterblatt"-Version hat keine Aufnahme in die Gedichtausgaben gefunden. Nicht eine einzige Variante wurde in die Endfassung übernommen. Das läßt zwei Folgerungen zu: Entweder war Fontane von den ‚Besserungen' nicht mehr überzeugt, oder es müssen andere als die zunächst angenommenen, rein poetologischen Gründe gewesen sein, die ihn wenigstens zu den signifikanten Änderungen für das „Johanniterblatt" bewogen. Es lohnt, diese Frage näher zu verfolgen, da sie bestimmte Zusammenhänge zwischen Gedicht, Medium und Publikum entdecken läßt. Zunächst aber, wie stand der Dichter zu seinem Gedicht?

Sicher scheint vorderhand zu sein, daß Fontane ein Ungenügen an dem Gedicht empfand. Er schrieb am 5. Juni 1871 an den Verleger Adolf Enslin: „Es hat allerdings seine Richtigkeit, ich habe mich diesmal ausgeschwiegen. Die zwei Gedichte, die ich gemacht [‚Neujahr 1871' und ‚Kaiser Wilhelms Rückkehr'] zählen in meinen eignen Augen nicht mit; ich hatte sie vergessen und wurde erst durch meine Frau daran erinnert [...]. Beide haben gute Stellen, aber das langt nicht zu."[4] Für bare Münze darf man diese Aussage nicht nehmen; sie ist, wie oft bei Fontane, stark situationsbezogen. Immerhin ‚langte' es bei „Kaiser Wilhelms Rückkehr" zu einem Dauerplatz in den von ihm besorgten Ausgaben, während er in anderen Fällen nicht zögerte, Gedichte aus den Sammlungen wieder auszuscheiden. Bloß als ein Symptom des Ungenügens dürfen die Varianten demnach nicht genommen werden, wenngleich der Autor im vor- und drittletzten Vers des Gedichts erkennbar mit der Silbenzahl experimentiert.

Was könnten die ‚anderen' Gründe gewesen sein? Die bisher nicht berührte, aber unstreitig augenfälligste Änderung dürfte den entscheidenden Hinweis enthalten, ja der eigentliche Schüssel zur Lösung des Problems sein: „König Wilhelms Rückkehr" statt „Kaiser Wilhelms Rückkehr" steht über dem Gedicht. Das macht in der Tat einen Unterschied, und der hat mit poetologischer Insuffizienz nichts zu tun. Im „Johanniterblatt" kehrt nicht der im Spiegelsaal des Schlosses zu Versailles jüngst proklamierte „Deutsche Kaiser", sondern der alte „König von Preußen" nach Berlin zurück. Der eine Titel datiert vom 18. Januar 1871, der andere vom 18. Januar 1701. Wie bedeutsam dieser Unterschied ist, macht bereits die Haltung Wilhelms zur Kaiserfrage klar. „Fast hätte die Zeremonie noch in letzter Minute abgesagt werden müssen. Denn König Wilhelm I., der sich ohnehin nur widerstrebend zur Annahme der Kaiserwürde hatte entschließen können, weil er instinktiv spürte, daß er damit ‚von dem alten Preußen [...] Abschied nehmen mußte', sperrte sich bis zuletzt gegen den ihm von Bismarck zugedachten Titel *Deutscher Kaiser*."[5] Es hätte also nicht viel gefehlt und Wilhelm wäre so, wie er gegangen, auch wieder heimgekehrt: als „König" und *nur* als „König von Preußen".

Erst recht mochten die traditionellen Eliten vom „alten Preußen" nicht lassen. Sie waren zugleich Träger und Leser des Ordensblattes. Gemeint sind adlige Rittergutsbesitzer in allen Provinzen und Mitglieder des Offizierskorps, die als Rechts- und Ehrenritter sowie, in herausgehobener Stellung, als Kommendatoren dem Orden angehörten. Das Johanniterrittertum der Ballei Brandenburg bildete seit der Allerhöchsten Bestimmung Friedrich Wilhelms IV. vom 15. Oktober 1852 eine evangelische Adelsgenossenschaft mit karitativen Aufgaben in der Stiftung und dem Unterhalt von Krankenhäusern. Sie hob sich durch Werke christlicher Nächstenliebe, aber auch durch den Rang des Rechtsritters im Hof-Rang-Reglement[6] vom einfachen Land- und Landesadel der preußischen Monarchie ab. Während die „Johanniterschaft früher die *Blüthe* des Adels war, so soll[te] sie jetzt der *Kern* desselben sein, eine Mustergenossenschaft für ihren Stand [...]".[7]

Man tat sich schwer mit Kaiser und Reich. Selbst ein Mann wie der Kriegsminister Albrecht Graf von Roon, der „das auf preußisch-partikularistischer Sentimentalität beruhende Streben […] für unberechtigt"[8] hielt, schrieb am 6. Februar 1871, knapp drei Wochen nach der Kaiserproklamation, an Moritz von Blanckenburg, den Führer der Konservativen: „[…] ein alter Kerl wie ich kann sich auch nur schwer mit dem neu auf- aber noch nicht ausgebauten kaiserlichen Schauspielhause zurechtfinden, in welchem Dekorationen, Bühne, Stichworte, Licht, Luft usw. dem bisher Gewohnten und erträglich Befundenen widersprechen. Denn die National- und sonstigen Liberalen haben ganz recht, daß mit dem nun zu Ende gehenden Kampfe und dem errungenen Siege eine ‚neue Ära' – wie sie es nennen – ‚freiheitlicher Entwicklung' anheben muß, in welcher die alten Fahnen und Schlagworte nichts mehr bedeuten als eine historische Reminiszenz." Und er setzte hinzu: „Ich vermisse den Boden, auf dem eine konservative Partei der Zukunft fußen könnte […]".[9]

Der Wechsel im Titel vom „Kaiser" zum „König" ist ersichtlich dem Wechsel des Publikums geschuldet, das im Fall der Johanniterschaft der Ballei Brandenburg noch das alte ‚königliche Schauspielhaus' bevorzugte. Zwar brachte in beiden Fassungen „König Wilhelm […] uns Frieden" und galt der Gruß diesem „Kaiser-König", aber die Änderung der Titelzeile steuerte unmerklich den Sinn. „König Wilhelms Rückkehr" tauchte das Gedicht in gewohntes Licht und gab Worten und Bildern ein vertrautes Kolorit. Und damit die dreifarbigen ‚deutschen' Fahnen dem noch auf die „alten Fahnen" eingeschworenen Publikum nicht wie ein Fanal der „‚neue[n] Ära'" gleich ins Auge stachen, milderte der Dichter den Effekt. Er machte das betonte Incipit „Dreifarbig" zweitrangig, indem er es in den zweiten Vers verschob. Das zog weitere Änderungen nach sich, vorwiegend des Reimes und Metrums wegen.

In Strophe zwei scheint das „wie" des zweiten Verses tatsächlich besser als das „was" der übernommenen Fassung zu sein. Denn im hohen Flug „künde[n]" die Schwalben vom Wie und nicht vom Was des Himmels („Blauer Himmel allenthalben"), dem legendär gewordenen ‚Hohenzollernwetter'.[10] Der Verzicht auf den gramma-

tischen Reim („uns unser") in Vers sechs, damit an die Stelle des
‚subjektiven' Possessivpronomens „Es ward uns unser Glück" das
eher objektive, das Geschehen charakterisierende Adjektiv „Es ward
uns großes Glück" treten konnte, dürfte für den Dichter ein Gebot
der Dezenz gewesen sein. Vermutlich kam es ihm allzu vereinnah-
mend vor, dieser Leserschaft gegenüber von „unser[m] Glück" zu
sprechen. Das „doppelt Gefieder" in Strophe drei endlich, das dem
„alten preußischen Aar" nun könig- und kaiserlich entsproß, vermied eine mögliche Indignation des ritterlichen Publikums. Denn
daß diesem „Aar" erst mit der Kaiserkrone der rechte Stolz ins Gefieder gefahren war, rieb sich nicht wenig an der Auffassung alt-
preußisch-konservativer Kreise, wie in diesen Wochen in der Presse
zu lesen war.

Hatte die „Neue Preußische [Kreuz-] Zeitung" schon am
1. Januar 1871 hervorgehoben, „daß die Kaiserkrone nichts an
Glanz und Macht biete, was in dem preußischen Königthum nicht
schon enthalten wäre"[11] (und damit den Punkt getroffen, der aus
dem „Kaiser" wieder den „König" machte), so verschärfte sie am
5. Februar 1871 in dem Artikel „Die deutsche Kaiserkrone" den Ton:
„Die Kaiserkrone ist mit dem preußischen Schwerte erkämpft […].
Und wenn ein Reich durch dieselbe Kraft erhalten wird, welche es
geschaffen hat, so folgern wir: Es ist *Preußens* Macht, welche das
deutsche Kaiserthum trägt und hält." „Preußens Macht" meinte natürlich die Macht der traditionellen Eliten im Verbund mit der Krone.
„Es gilt mithin", so postulierte die Zeitung, „vor allen Dingen Preußen nicht in Deutschland aufgehen zu lassen, vielmehr seine Macht
voll zu erhalten."[12] Garant dafür sollte das preußische Königtum sein.
Hier wird ersichtlich, wie aufgeladen mittlerweile das Wortfeld um
„Kaiser" und „König" war.

Vor diesem Hintergrund sind die signifikanten Änderungen pro-
blemlos als ein Eingehen auf den Erwartungshorizont des Johan-
niter-Publikums zu lesen, das erst allmählich auf die neuen Verhältnisse einzustimmen war. Wie das geschah, ist dem „Johanniterblatt"
an anderer Stelle zu entnehmen. Am 8. März 1871 druckte das Blatt
den Vortrag „Vom Markgraf bis zum Kaiser oder die Mission der

Hohenzollern", den Dr. Wilhelm Schwartz, Fontane-Kennern als „Wanderungen"-Ratgeber und -Begleiter bekannt, am 8. Februar 1871 in Neuruppin „in einem Cyclus populär-wissenschaftlicher Vorträge" gehalten hatte.[13] Bei dieser teleologischen Sinnstiftung ging es nicht ohne Gewaltsamkeiten ab – wie noch vier Jahre später, 1875, beim 200jährigen Gedenktag der Schlacht von Fehrbellin, der kurzerhand zum „Eckstein der wunderbar erwachsenen Macht" gemacht wurde, um dann auf diesen Stein den „Kaiserthron" zu setzen.[14] Das ist hier nicht zu vertiefen. Was können, so bleibt zu fragen, „zwei Fassungen" lehren?

Es zeigt sich, daß Varianten ihren ‚Sinn' unter Umständen erst preisgeben, wenn ihre Konnotate, das heißt die über den Informationswert hinausgehenden affektiven, wertenden und emotiven Bedeutungen der sprachlichen Zeichen, im Kontext politisch-symbolischer Rede erschlossen werden. In diesem Fall gilt das für „Kaiser" und „König", aber auch für „Fahnen" und „Dreifarbig" sowie für die Attribute des „alten preußischen Aar[s]". Gerade das preußische Wappentier, von Heine als „häßlicher Vogel"[15] apostrophiert, war in den Jahrzehnten zuvor in zahlreichen patriotischen Liedern als Preußens Glanz, Wächter, Ehre, Ruhm und Stolz besungen worden.[16] Und ein Zweites ist festzuhalten. Daß sich ein ‚Gelegenheits'-Dichter mit der Wahl bestimmter Blätter in einem politischen Feld bewegte, war Fontane jederzeit bewußt. Er schrieb nämlich an Rudolf von Decker, den Verleger des „Berliner Fremden- und Anzeigeblatt", am 13. Juni 1871, dieser habe ihn wohl der „Vossischen" nicht entziehen wollen, „bei der bekannten, *mehr* als liberalen Stellung dieser Zeitung aber, die mich unter gewöhnlichen Feuilleton-Arbeiten nicht im geringsten stört, möchte ich an *solchem* Tage in der genannten Zeitung nicht etwas drucken lassen, das doch immerhin einen gewissen Fridericianismus gegenüber dem mehr oder weniger in Petroleum getauchten Liberalismus zur Voraussetzung hat".[17]

Wieder ging es um eine ‚Gelegenheit'. Fontane bezog sich auf das Gedicht „Einzug (16. Juni 1871)[18], das dann zeitgerecht mit dem Truppeneinmarsch im „Fremdenblatt" erschien. Solch ein Gedicht verlangte nach einem geeigneten politisch-mentalen Resonanzboden, damit es die gewünschte Aufnahme erfuhr. Dafür taugte die liberale, der „Deutschen Fortschrittspartei" nahestehende „Vossische" nach Fontanes Auffassung nicht – obwohl das Gedicht dann doch vier Tage später auch in der „Vossischen" erschien.[19] Zum „Fridericianismus", den er beim „Fremdenblatt" fand, kam beim „Johanniterblatt" ein Schuß brandenburgisch-preußischer Traditionalismus hinzu, was dann die in Titel und erster Strophe stark retuschierte Gestalt des „Rückkehr"-Gedichts gut erklärlich macht. Die übrigen Varianten fallen dagegen weniger ins Gewicht, da sie lediglich an ein, zwei Stellen Nuancierungen der Bedeutung implizieren.

Wer schließlich die letzten Verse genauer anschaut, stellt fest, daß es sich um eine Art Collage handelt. Einmal zitiert der Dichter sich selbst, wenn er die Wendung „Links in den Rhein, rechts in den Njemen"[20] aus seinem „Preußenlied" „Du Adlerland" von 1861 zu dem Vers „Vom Njemen bis an den Rhein" zusammenzieht. Sodann spielt er mit dem Reim „Neue" / „Treue" unüberhörbar auf das populäre „Preußenlied" von Thiersch an: „So schwören wir aufs Neue / Dem König Lieb und Treue."[21] Beides ist dazu angetan, das „Alte" in einer Weise aufzurufen, daß das „Neue" kaum wie ein „Neue[s]", sondern eher wie die Fortführung und Krönung des „Alte[n]" erscheint: „Und [wir] flechten die alte Treue / In die neue Krone hinein." Damit konnte auch ein Johanniter leben, nachdem ihm die Rückkehr des „König[s]" so luftig vor Augen geführt worden war. In diesem Ton, der wenigstens die ersten beiden Strophen trägt, begegnet das Gedicht atmosphärisch dem um dieselbe Zeit gemalten Bild Adolph Menzels von der zurückliegenden Abreise König Wilhelms I. zur Armee. Es sind die flatternden, wehenden, schlingenden, sich bauschenden und rollenden Fahnen, die drei- und zweifarbig die massige Häuserfront ins Leichte und Lichte heben.[22] Fontane schätzte das Bild.[23] Über mögliche Wechselspiele zwischen dem Gedicht aus historischem Anlaß und dem in die Gegenwart versetzten Historienbild wäre bei anderer Gelegenheit ein Wort zu verlieren. Hier bleibt es bei dem Gedicht, das freilich jetzt nach zwei Seiten spricht.

*

Fünf Jahre später, 1876, sollte sich Fontane durch die „Doppelgestalt Kaiser Wilhelm-Wilmowski" tief gekränkt und gedemütigt fühlen. Im Mittelpunkt steht eine biographische Zäsur, die – nach langer Vorbereitung – den ersten Roman hervorbrachte. 1876 hatte auch die Kriegsbuch-Schriftstellerei ihr Ende gefunden. Diesmal geht es nicht um ein Berliner Ereignis, sondern um eine Berliner Institution. In deren Räumen spitzten sich für Fontane die Probleme seiner amtlichen Tätigkeit innerhalb weniger Wochen zu einem Eklat und zur grundsätzlichen Frage nach seiner Schriftstellerexistenz zu.

[1] Theodor Fontane: *Kaiser Wilhelms Rückkehr (17. März 1871)*. In: Ders.: *Gedichte (Sammlung 1898). Aus den Sammlungen ausgeschiedene Gedichte*. Hrsg. v. Joachim Krueger u. Anita Golz. GBA *Gedichte* 1. 2., durchges. u. erw. Aufl. Berlin 1995, S. 244, Kommentar S. 588.

[2] Vgl. Roland Berbig: *Theodor Fontane im literarischen Leben: Zeitungen und Zeitschriften, Verlage und Vereine* (= Schriften der Theodor Fontane Gesellschaft, Bd. 3). Berlin, New York 2000, S. 170–175.

[3] Th[eodor] F[ontane]: *König Wilhelms Rückkehr (17. März)*. In: *Wochenblatt der Johanniter-Ordens-Balley Brandenburg*, 12. Jg., Nr. 12, 22. März 1871, S. 81.

[4] Zit. nach: GBA *Gedichte* 1, S. 587–588.

[5] Volker Ullrich: *Die nervöse Großmacht 1871–1918. Aufstieg und Untergang des deutschen Kaiserreichs*. 4. Aufl. Frankfurt/M. 1999, S. 19–20 [Hervorh. im Orig.].

[6] Vgl. *Hof-Rang-Reglement vom 7. Mai 1871*. In: *Ceremonial-Buch für den Königlich Preussischen Hof*, Berlin: R. v. Decker's Verlag G. Schenck, Königl. Hofbuchhändler [1877], Abschnitt X, Beilage G, S. 43–47.

[7] *Wochenblatt der Johanniter-Ordens-Balley-Brandenburg*, 1. Jg., Nr. 1, 3. Oktober 1860, S. 1 [nach Adolph von Winterfeld: *Geschichte des Ritterlichen Ordens St. Johannis vom Spital zu Jerusalem*. Berlin 1859] [Hervorh. im Orig.].

[8] Waldemar Graf von Roon: *Denkwürdigkeiten aus dem Leben des General-Feldmarschalls Kriegsministers Grafen von Roon*. 3 Bde. 3. Aufl. Breslau 1892, Bd. 2, S. 517 (12. Dezember 1870).

[9] Albrecht Graf von Roon an Moritz von Blanckenburg, 6. Februar 1871. In: *Roon*, wie Anm. 8, S. 545.

10   Vgl. Karl Jakob Hirsch: *Kaiserwetter. Roman.* Hrsg. u. mit einem Nach-
     wort v. Stephan Lohr. Hannover 1992, S. 59–68 („Hohenzollernwetter").
11   *Das scheidende Jahr* (Leitartikel). In: *Neue Preußische [Kreuz-]Zeitung,*
     Nr. 1, 1. Januar 1871.
12   *Die deutsche Kaiserkrone* (v. P.). In: *Neue Preußische [Kreuz-]Zeitung,*
     Nr. 31, 5. Februar 1871 [Hervorh. im Orig.].
13   *Vom Markgraf bis zum Kaiser oder die Mission der Hohenzollern. Vom
     Director Dr. Schwartz.* In: *Wochenblatt der Johanniter-Ordens-Balley
     Brandenburg,* 12. Jg., Nr. 10, 8. März 1871, S. 69–72.
14   *Zum 18. Juni 1875, dem 200jährigen Gedenktage der Schlacht von Fehr-
     bellin.* In: *Wochenblatt der Johanniter-Ordens-Balley Brandenburg,*
     16. Jg., Nr. 24, 16. Juni 1875, S. 135–139.
15   Heinrich Heine: *Deutschland. Ein Wintermärchen.* In: *Heines Werke in
     fünf Bänden.* Ausgewählt u. eingeleitet v. Helmut Holtzhauer (= Biblio-
     thek Deutscher Klassiker). 16. Aufl. Berlin, Weimar 1981, Bd. 2, S. 87–
     160, hier S. 99.
16   *Preußen-Buch, enthaltend: Gesänge, Lieder und Gedichte für ächte Preu-
     ßen* […]. Gesammelt und hrsg. v. Ferdinand Kohlheim, p. Königlicher
     Gymnasial-Oberlehrer, [1. Sammlung], Berlin: Im Verlag des Heraus-
     gebers 1849, Nr. 15, S. 21; Nr. 19, S. 27; Nr. 22, S. 30 f.; Nr. 33,
     S. 40 f.; Nr. 36, S. 44 f; Nr. 37, S. 45; Nr. 45, S. 55; Nr. 48, S. 57;
     Nr. 51, S. 60 f.; Nr. 83, S. 99; Nr. 94, S. 112; 2. Sammlung, Berlin: Im
     Verlag des Herausgebers 1850, Nr. 6, S. 5; Nr. 20, S. 17; Nr. 29, S. 25;
     Nr. 33, S. 29; Nr. 38, S. 33; Nr. 50, S. 44; Nr. 51, S. 44 f.; Nr. 53, S. 47;
     Nr. 55, S. 48 f.; Nr. 62, S. 56; Nr. 63, S. 58 u. ö.
17   Theodor Fontane an Ruldolf von Decker, Berlin, 13. Juni 1871. In: Theo-
     dor Fontane: *Briefe an den Verleger Rudolf von Decker. Mit sämtlichen
     Briefen an den Illustrator Ludwig Burger und zahlreichen weiteren Do-
     kumenten.* Hrsg. v. Walter Hettche. Heidelberg 1988, S. 120 [Hervorh.
     im Orig.].
18   GBA *Gedichte* 1, S. 221-222, Kommentar S. 571–573.
19   Theodor Fontane: *Einzug. 16. Juni 1871.* In: *Vossische Zeitung,* Nr. 147,
     20. Juni 1871, 2. Beilage, S. 3.
20   GBA *Gedichte* 1, S. 239–240, Kommentar S. 585. – Eigentlich handelt
     es sich um das Zitat eines Zitates, denn schon in „Jenseit des Tweed"
     hatte Fontane geschrieben: „Es [das Havelland, H. F.] ist der gesunde
     Kern, daraus Preußen erwuchs, jenes Adlerland, das die linke Schwinge
     in den Rhein und die rechte in den Njemen taucht." Theodor Fontane:
     Wanderungen durch England und Schottland. Hrsg. v. Hans-Heinrich
     Reuter. 2 Bde. Berlin 1980, Bd. 2, S. 144–145.
21   *Preußen-Buch,* wie Anm. 16, [1. Sammlung], Nr. 16, S. 23–24.

[22] Vgl. *Adolph Menzel 1815-1905. Das Labyrinth der Wirklichkeit.* Hrsg. v. Claude Keisch u. Marie Ursula Riemann-Reyher. Ausstellungskatalog. Berlin 1996, S. 254–258, Abb. 134.

[23] Theodor Fontane an Adolph Menzel, Berlin, 2. Juli 1871. In: Ders.: *Briefe.* 2. Bd.: 1860–1878. Hrsg. v. Otto Drude u. a. (= Th. F., Werke, Schriften und Briefe, IV/2). München 1979, Nr. 294, S. 382.

Ein „etablierte[r] deutsche[r] Schriftsteller"?

Fontane in den siebziger Jahren des 19. Jahrhunderts

Die in Fontanes Geburtsstadt Neuruppin erscheinende „Märkische Zeitung" brachte am 20. September 1928 eine Beilage „Zum 30. Todestag Theodor Fontanes". Die Ruppiner, durch den ersten Band der „Wanderungen" zu „Grafschaftern" nobilitiert, fanden darin ein Gedicht „An Fontane" von Hans Thörner, verfaßt „Zur Fontane= Gedächtnisfeier der Neuruppiner Knabenmittelschule", „Persönliche Erinnerungen" von Paul Lindenberg, eine kleine Portraitskizze des Dichters und von dem Sohn Friedrich Fontane den mehrseitigen Hauptartikel „Theodor Fontanes ,Akademiezeit'. Nach ungedruckten Briefen, Konzepten und Dokumenten". In Neuruppin, das erfuhren die Leser bei dieser Gelegenheit, wurde auch der „reiche Nachlaß des ,Dichters der Mark'" verwaltet.[1]

Vor siebzig Jahren gab der Todestag keinen Anlaß zu großen Veranstaltungen. Daß der mit Leben, Werk und Hinterlassenschaft bestens vertraute Verleger-Sohn Friedrich Fontane gerade diese Episode aus der Fülle des Materials herausgriff, sollte jedoch auch ein Fingerzeig für den 100. Todestag sein. Manches blieb damals ungesagt, aus Pietät und Rücksichtnahme; der Wichtigkeit dieses „Intermezzo[s]" war sich der Sohn jedoch bewußt, als er von der „,bösen Sekretariatszeit', dem meteorähnlichen Auftauchen und Verschwinden Fontanes am Akademiehimmel"[2] sprach.

Wir haben heute Grund, nachdem uns Rücksichtnahme nicht mehr leiten muß und aus dem Abstand manches besser zu überblicken ist, die Episode für eine lebensgeschichtlich bedeutsame Zäsur zu halten. Je mehr der Leser sich nämlich in die Zeugnisse vertieft und sie in ihrem Zusammenhang betrachtet, desto mehr verdichtet sich der Eindruck, daß es sich bei den Ereignissen und Erfahrungen des Jahres 1876 um eine Schlüsselfrage der Biographie und der Werkentwicklung handelt. Das verlangt eine Recherche, die Schicht um Schicht freilegt, die biographischen Linien auszieht und in diesem Kontext die Problematik der Schriftstellerexistenz betrachtet. Zunächst wird der „Werner-Frage" nachgegangen, die sich zwar wie ein roter Faden durch die Affäre zieht, bisher aber kaum die gebührende Aufmerksamkeit gefunden hat. Denn in der spannungsreichen Begegnung mit Anton von Werner, dieser die Akademie und das Kunstleben Berlins bereits in jungen Jahren beherrschenden Persönlichkeit, tritt Fontane das Reputationsdefizit seiner Schriftstellerexistenz geradezu dramatisch vor Augen. Als prinzipielles Problem der Kunstkonkurrenz zwischen malender und schreibender Zunft kehrt es periodisch in den Selbstzeugnissen wieder.

Die damit angedeutete Langzeitwirkung der Affäre schließt natürlich, zweitens, ihren Eskalationspunkt, die senatsöffentliche Konfrontation mit dem Akademiepräsidenten und das in diesem Punkt irritierende Verhalten der „Freunde" ein. Dieser Eklat löst einerseits den Entschluß zur Aufgabe des Amtes aus und wirft andererseits lange Schatten über Tage und Jahre hinaus. Immer dann nämlich, wenn Fontane neuerliche Kränkungen gewärtigt, bricht die alte Wunde wieder auf. Dazu trägt, drittens, vor allem bei die von ihm als demütigend empfundene Zurückweisung durch die Spitze des Staates, Kaiser Wilhelm und seinen Zivilkabinettschef. Sie stellt zugleich den Sinn seiner mehr als zehnjährigen schriftstellerischen Arbeit für ‚Kaiser, Volk und Vaterland' in Frage und erschüttert nach den vorausgegangenen Verletzungen gründlich Fontanes Selbstbild.

Soweit die Passiva dieser niederdrückenden Bilanz weniger Monate, in die die Kosten privater Auseinandersetzungen nicht einmal eingerechnet sind. Sie werden hier jedoch bewußt beiseite gelassen, weil sie nach der einseitigen Darstellung Fontanes in den Briefen an Mathilde von Rohr oft genug ebenso einseitig zu Lasten Emilies veranschlagt worden sind. Außerdem berühren sie den Kern der Sache nicht: das Handeln Fontanes vor, während und nach seiner amtlichen Tätigkeit aus eigener Verantwortung und die durch dieses Handeln mit herbeigeführten Friktionen und Konflikte.

Die Aktiva – das ist der für das *Werk* entscheidende Punkt – sind bisher kaum in Betracht gezogen worden. Das macht aber gerade die Dialektik der Krise aus: Die Summe der „Passiva", die sich tatsächlich zu einem traumatischen Erlebnis steigern, schlägt in eine angestrengte und hochdisziplinierte schöpferische Tätigkeit um. Sie gibt dem ersten Roman seine Gestalt, eine Gestalt, die von der Unglückszeit nicht abzulösen ist. Insofern zielt diese Revision auch auf eine Neubewertung der lebensgeschichtlichen Zäsur jenes Jahres, das Fontane als einziges in seinem Tagebuch „ein sehr stürmisches und vielleicht verhängnißvolles"[3] genannt hat.

Aus dem ‚stürmischen' Jahr wurde „Vor dem Sturm", aus dem ‚Verhängnis' schrieb sich der Schriftsteller als Romancier heraus. Es kann auch anders gesagt werden: Wollte er seine Selbstachtung wahren, *mußte* er diesen Roman schreiben und darin seinen Anspruch einlösen, als Prosaist ein ernstzunehmender Künstler zu sein. Vielleicht hätten wir den großen Erzähler nicht, wenn er sich nach dem katastrophalen Debakel nicht so energisch auf sich selbst und seine Fähigkeiten hätte besinnen müssen. Nicht zuletzt diese Folgerungen machen eine sorgfältige Rekonstruktion der erwähnten Zusammenhänge erforderlich. Daß ein „Intermezzo" darüber zur ausführlichen Abhandlung gerät, liegt in der Natur der Sache. Wenn sie zu einer vertieften Einsicht in die komplizierten Beziehungen zwischen Leben und Werk führt, wird sie dadurch gerechtfertigt sein.

I.

Fontane hatte sich aufgrund seiner zwölfjährigen Kriegsbuch-Schriftstellerei in einer nicht weniger verdienten Gunststellung auf literarischem Gebiet sehen wollen, wie diese sich Anton von Werner in kürzerer Zeit (und mit leichterer Hand) durch seine Gemälde aus dem Krieg 1870/71, besonders durch seine farbigen Kartons für die Siegessäule, beim Kaiser erworben hatte.[4] Im übrigen hatten beide anläßlich desselben Ereignisses mit ihrer Kunst die Öffentlichkeit gesucht. Hatte Werner seinen ersten großen Erfolg durch das Velarium „Kampf und Sieg", ein Kolossalbild auf Segeltuch, für die Festdekoration der „via triumphalis" Unter den Linden am 16. Juni 1871 errungen,[5] so hatte Fontane den Einzug der siegreichen Truppen an diesem Tag in einem längeren Gedicht gefeiert und überdies die Bildnisse Moltkes und Bismarcks von Menzels Hand für die Berliner „Siegesstraße" mit sinnreichen Versen versehen wollen.[6] Für den Routinier des Verses war das in Deckers „Berliner Fremden- und Anzeigeblatt" und in der „Vossischen Zeitung" veröffentlichte Einzugs-Gedicht freilich nicht das einzige Siegesgedicht. Er schrieb in dem später verfaßten Jahresbericht: „Im Juni (am 16. wenn ich nicht irre) ‚Einzug der Garden' in Berlin. Ich begehe das übliche ‚Einzugs-Gedicht', eigentlich zwei, denn auch das später erst niedergeschriebene ‚Kaiser Blanchebart' entstand zu bestem Theile an diesem Tage."[7] Letzteres erschien im Leipziger „Salon für Literatur, Kunst und Gesellschaft" mit dem ausdrücklichen Zusatz „Geschrieben am Einzugstage 1871" und las sich nunmehr als ein ‚Einzugs-Erinnerungsgedicht':

> Vor seinem Heeresgefolge ritt,
> Von seinem Volk umschart,
> Inmitten von Helden und Prinzen,
> An der Spitze seiner Provinzen,
> Der Kaiser Blanchebart.
> [...][8]

Der Band des „Salon" war auf 1873 datiert, das Gedicht lag mit Heft 1 bereits im Oktober 1872 vor. Am 2. September 1873 wurde auf dem Königsplatz vor dem Brandenburger Tor die Siegessäule eingeweiht. Fontane war dabei.[9] Der Entwurf stammte von dem Baumeister und Architekten Johann Heinrich Strack, den Fontane aus dem „Kuglerschen Salon" kannte, ebenso den Schöpfer der die Säule krönenden Viktoria, Johann Friedrich Drake, einen Meisterschüler Rauchs. Daß diese „im Grunde noch eine preußische Borussia"[10] war, verweist auf den ‚Sieg' der Siege über das ursprüngliche ikonographische Programm. Friedrich Spielhagen bemerkte dazu 1874: „Man kennt die Geschichte dieser Siegessäule, die in ihre Bestimmung hineingewachsen ist, ein wenig wie ein Knabe in seines Vaters Kleider. Man weiß, wie die Säule ursprünglich ein Denkmal sein sollte des schleswig-holsteinischen Krieges, den wir 1864 mit Oesterreich zusammen führten; wie sie dann auch die Siege verherrlichen sollte, welche wir zwei Jahre später über eben jenes Oesterreich davontrugen; und wie nun schließlich im Jahre 70 der französische Krieg losbrach, vor dessen Donner das Echo der Kanonen von Düppel und Königgrätz verstummte, wie das Geheul der anderen Bestien in der Menagerie, wenn der Löwe brüllt."[11]

Mit letzterem Vergleich spielte Spielhagen offensichtlich auf die martialischen Gestaltungen des am Hallenkern der Säule angebrachten Wernerschen Frieses an, der gleichsam die Erfüllung dessen vor Augen führte, was sich in den vorangegangenen Feldzügen lediglich angekündigt hatte. Dieser Kunstlöwe hatte so gut gebrüllt, daß der Kaiser hoch zufrieden war. Kein Wunder, da Werner seine Kunst den „persönlichen Neigungen [des] Monarchen und deren propagandistischen Konsequenzen fast bedingungslos"[12] untergeordnet hatte. Daneben konnte ein „Kaiser Blanchebart" kaum bestehen.

Die mehr oder weniger latente Kunstkonkurrenz, die natürlich auch eine Gunstkonkurrenz war, läßt sich bei Fontane in vielen Zeugnissen verfolgen. Augenscheinlich blieb das Bild „Das neue Reich" aus dem Wernerschen Siegessäulenfries lange in ihm haften. In einem späteren Brief an Paul Lindau entwickelte er seine Kritik an dessen Roman „Der Zug nach dem Westen" nicht zufällig unter vergleichender Heranziehung eben jenes Bildes: „Nehmen wir an, es würde beim nächsten Hoffest ein lebendes Bild gestellt. Germania reicht dem Kaiser Wilhelm und seinen Paladinen (s. A. v. Werner) den Eichen- und Lorbeerkranz [...]".[13] Man würde irgendwann auseinandergehen und sagen, „hören Sie, so schön es war, *neu* war es eigentlich nicht".[14] So wenig wie es der Lindausche Roman war. Bekanntlich betrieb Werner sehr erfolgreich die Mehrfachverwertung seiner Bilder; das bekannteste Beispiel ist sein in verschiedenen Fassungen gefertigtes Hauptwerk, die „Proklamation des Deutschen Kaiserreiches", ein Gemälde, „das unzählige Male kopiert und reproduziert wurde und das Geschichtsbild von Generationen prägte".[15] Die Versuchsanordnung eines „lebende[n] Bild[es]" in dem Lindau-Brief geht jedoch auf ein anderes „Fest" zurück, das Fontane für Wochen krank machte. Auf diese erste *direkte* Werner-Berührung kommen wir noch zurück.

Fontane blieb das Pathos der Wernerschen Staatsästhetik fremd, er bevorzugte einfachere Formen. Im Jahr der Siegessäuleneinweihung stellte er dem dritten Band der „Wanderungen" statt eines Vorworts das Gedicht „Havelland" voran, in dem er den Ursprung der „Siege" weit hinter Düppel zurückverlegte, in den märkischen Sand auf den geschichtsmythischen Tag von Fehrbellin:

> [...]
>
> Grüß Gott dich Tag, du Preußen-Wiege,
> Geburtstag und Ahnherr unsrer Siege,
> Und Gruß dir, wo die Wiege *stand*,
> Geliebte Heimat, Havelland![16]

Damit hatte er die Brücke zwischen seinen „Wanderungen" und den von ihm beschriebenen Siegen geschlagen. Die in den Kriegsbüchern in mühevoller Kleinarbeit entworfenen Schilderungen fanden jedoch inmitten der den öffentlichen Raum beherrschenden Siegeszeichen, Siegesbilder und Siegesfeiern vergleichsweise wenig Aufmerksamkeit. Nicht viel anders dürfte es Fontane mit dem Gedicht „Neujahr 1871"[17] in der „Vossischen Zeitung", mit „Kaiser Wilhelms Rückkehr (17. März 1871)"[18] im „Berliner Fremden- und Anzeigeblatt" und dem „Johanniterblatt" sowie mit „Kaiser Blanchebart" ergangen sein, dessen Volksliedton wohl ziemlich ungehört verhallte:

> [...]
>
> Gott mit dir, Herr, und kommt der Tag,
> Der noch keinem wurde gespart,
> Dann wie aus *Märchen*-Tagen
> Werden wir singen und sagen
> Vom Kaiser Blanchebart.[19]

Es mag sogar sein, daß sich der Märchenkaiser durch die Neuschöpfung „Blanchebart" weniger gehuldigt als – auf den Bart getreten gefühlt hätte, wären ihm diese Verse zu Gesicht gekommen, so gut gemeint die Allusion an Friedrich Rotbart oder Barbarossa war. Denn in Kunstdingen, von denen er eigentlich nichts verstand, verstand der Kaiser dann keinen Spaß, wenn es um seine Person ging. Das mochte der Chefredakteur der „Neuen Preußischen [Kreuz-] Zeitung" herausgefühlt haben, als er den Abdruck dieses Gedichtes (das Einzugs-Gedicht kommt weniger in Betracht) ablehnte.[20]

Einmal alles, die Handvoll Gedichte und die mehrere tausend Seiten Kriegsbücher, zusammengenommen, hatte Fontane sich – wie Werner sich hinein*gemalt* – mit beträchtlichem Aufwand in das neue deutsche Reich hinein*geschrieben*. An die mit brillanter, fast fotorealistischer Technik und Detailtreue gemalten Kaiser-, Reichs- und Heeresverherrlichungen reichten aber weder Vers noch Prosa heran. Die Gunststellung war auch abhängig von der Kunststellung und ihrer öffentlichen medialen Wirksamkeit, und Werners „Historienbilder [waren] in der That als Reklamebilderbogen für das neue deutsche Reich unvergleichlich".[21] Mag er heute als der große Verhinderer der Moderne erscheinen: damals beherrschte er die Kunstszene als der Maler der Glanzpunkte der Reichsgründungs- und Kaiserzeit. Als Kunstpapst beherrschte er sie kunstpolitisch nicht minder.

Jede „Werner-Fehde", und deren gab es viele in wilhelminischer Zeit,[22] verfolgte Fontane mit Interesse und ungeteilter Aufmerksamkeit. Sobald die schreibende Zunft involviert war, trat er meist mit Verve auf deren Seite, woran die von ihm tief empfundene Kunstkonkurrenz stets maßgeblich beteiligt war. Nehmen wir die „Frenzel-Werner-Fehde" aus den Dezembertagen des Jahres 1883. An Karl Zöllner, seinen Nachfolger als Akademiesekretär, schrieb er am 2. Dezember 1883, in *allem* Karl Frenzel, dem Feuilletonredakteur der *Nationalzeitung*, Recht gebend, „[…] der in erster Reihe *auch* Künstler ist und so viel Bücher geschrieben wie Werner Bilder gemalt hat. Werner hat mehr Geld dafür gekriegt, ob seine Bilder aber besser sind als Frenzels Bücher ist doch noch sehr die Frage."[23]

Wenige Tage später, am 6. Dezember, schrieb er ausführlicher an Friedrich Stephany, den schreibenden Kollegen und Chefredakteur der „Vossischen Zeitung": „Was haben Sie denn zu der Fehde Karl Frenzel und Anton v. Werner gesagt? Es ist freilich nur ein Sturm im Glase Wasser, und die Tonkin- oder die Sudanfrage ist wichtiger. Aber so wichtig eine Kleinkramfrage sein kann, so wichtig ist sie. Die Frage wird auch nicht wieder einschlafen, denn sie birgt etwas von Revolutionskraft in sich und wird nicht eher ruhen, als bis die seit zwanzig Jahren immer maßloser gewordenen Prätensionen der Farbenklexerwelt auf ein richtiges und verständiges Maß zurückgeführt sein werden. Siehe den Wernerbrief als Belag. Ist das eine Sprache! Man mag über Frenzel denken, wie man will: unter allen Umständen ist er ein *sehr* kluger, sehr gescheiter, sehr unterrichteter kleiner Mann, der sich die ganze Wernerweisheit längst an den Schuhsohlen abgelaufen hat. Und diesen Mann nimmt sich der von der Tarantel gestochene Pittore vor und hält ihm einen Vortrag über Kunstästhetik. Macht ihm sozusagen seinen Standpunkt klar. Doll. Die Kunstkritiker haben viel auf dem Gewissen, aber verglichen mit dem Gequatsch, das die Maler selbst loslassen, sind es Halbgötter. Solch Affront, der in der Person Frenzels der ganzen Presse geschieht, ist auch nur in Deutschland möglich. In Paris würde einem Maler, der sich *so* zu schreiben unterfinge, gut heimgeleuchtet werden."[24]

Endlich, am 12. Dezember, schüttete er Emil Dominik, dem Buchhändler, Verleger und Redakteur der Berliner Zeitschrift „Der Bär", sein Herz aus: „Der arme Frenzel kommt seit 14 Tagen aus dem Attackiertwerden gar nicht mehr heraus; der Streit ‚v. Werner-Frenzel' nimmt immer größre Dimensionen an; hätten wir ein bischen mehr Corpsgeist, wäre unsre Presse speziell nach dieser Seite hin nicht so grunderbärmlich, so müßte der Streit mit einem totalen Maler-Kladderadatsch endigen; aber davon sind wir noch weit ab."[25] Das waren Stellvertreterkriege, die Fontane hier brieflich führte, denn er wußte sich als Schriftstellerkollege frühzeitig „Werner-geschädigt". Um dies zu verstehen, müssen wir wieder in die siebziger Jahre zurückkehren.

II.

Fontane wollte glauben, daß ihn die von 1864 bis 1876 entstandenen Werke „Der Schleswig-Holsteinsche Krieg im Jahre 1864", „Der deutsche Krieg von 1866" und „Der Krieg gegen Frankreich 1870-1871" (der Begleitwerke nicht zu gedenken) verdientermaßen in ein honorables Amt an der Königlichen Akademie der Künste geführt hatten. Denn die Akademie sollte nun zur Selbstdarstellung des jungen Kaiserreiches und seines Ruhmes durch die offizielle Kunst maßgeblich beitragen. Was er durch seine Bücher getan, hatte Werner auf andere Weise durch seine Bilder getan. Das ‚machte' den einen zum Sekretär, den anderen zum Direktor, ohne daß damit aus Fontanes Sicht eine Amts- oder Kunsthierarchie verbunden sein sollte. So ging er, in Verkennung der Umstände und seiner tatsächlichen Stellung, einer grausamen Enttäuschung entgegen.

Für den in den eigenen Augen um das „Vaterländische" verdienten Schriftsteller kam ein Dienen unter dem „jugendlichen Herrn" Akademiedirektor nicht nur Alters wegen, sondern vor allem aus Gründen der Selbstachtung nicht in Betracht. (Obwohl, den Wortlaut ernst genommen, das „Provisorische Statut" vom 6. April 1875 es von ihm forderte.) Was aber die Achtung vor *ihm* und *seinem* Metier, der Vers- und Prosakunst, betraf, so war er einschlägig vorgewarnt. In Fontanes Tagebuch findet sich für das Jahr 1874, also längst vor seinem Eintritt in die Akademie, der lapidare Eintrag: „Am 13. März Schinkelfest im Großen Kaisersaal der Passage; Aerger und Erkältung machen mich krank und ich bleib es bis in die Mitte des April hinein."[26] Seit Schinkels Tod, seit 1841 feierte der Berliner Architekten-Verein an dessen Geburtstag alljährlich das „Schinkelfest" mit Preisverleihung, Vorträgen und Festmahl. Fontane hatte über die Feste 1865 und 1866 in der „Neuen Preußischen [Kreuz-] Zeitung" berichtet.[27] Diesmal fand es an einem Ort der urbanen Moderne statt, in der erst im Jahr zuvor eröffneten glasüberdachten „Kaiser-Passage" zwischen der Straße Unter den Linden und der Friedrich-/Ecke Behrenstraße.[28] Ein Ort wie geschaffen für große Auftritte. Werner, der solche Auftritte liebte, hatte binnen kurzem, seit seiner Übersiedlung nach Berlin 1871, eine prominente Stellung unter den Berliner Künstlern erlangt.

Mehr als acht Jahre später, Fontane hatte das „Schinkelfest" ebensowenig vergessen wie Werners Friesbild „Das neue Reich", kam er auf den „Aerger", der in Wahrheit eine herbe Dichterkränkung war, zurück. Er schrieb am 12. August 1882 aus Norderney an Emilie, als er wieder einmal Pech mit einem „Prolog" gehabt hatte: „Mein Prolog wird wohl in den Brunnen gefallen sein; das Schicksal aller Prologe; und nun gar wenn *ich* einen gemacht habe. Mein eigentlichster Prolog war der an dem Schinkelfest-Abend, den der große Anton v. Werner, der ein lebendes Bild stellen wollte, einfach kassirt hatte. Mit wie viel Ehren bin ich schon überhäuft worden!"[29]

Seitdem war Fontane „Werner-geschädigt". Das und das „lebende Bild" wirkten nach, bis in den Lindau-Brief und andere briefliche Äußerungen; es fand sogar Eingang in das Prosafragment „Unverändert der Deine", bildete geradezu dessen Plot. Dort kam wirklich alles zusammen: der „Prolog zu lebenden Bildern", die „dominieren[den]" Maler und die „Macht der Machtsphäre".[30] Das lag aber nicht allein an der Präsenz dieser Persönlichkeit („der große Anton v. Werner"), von der, wie noch zu zeigen sein wird, Fontane einen durchaus klaren Begriff hatte. Dahinter stand auch die Erfahrung, durch eine ‚raumgreifende' Kunst, die im Kaiserreich einen schier unaufhaltsamen Aufstieg erlebte, verdrängt zu werden. Anders ist die scharfe Polemik gegen die „immer maßloser gewordenen Prätensionen der Farbenklexerwelt" oder der innige Wunsch nach einem „totalen Maler-Kladderadatsch" kaum zu verstehen. In Anton von Werner fand diese Idiosynkrasie ihr bevorzugtes Objekt.

Den heraufziehenden Wandel in den öffentlichen Schaustellungen und symbolischen Inszenierungen, der auch eine bestimmte Art von Malerei begünstigen mußte, hatte wohl kein anderer so früh und so deutlich gespürt wie der altpreußisch-konservative Kriegsminister und Generalfeldmarschall Graf Albrecht von Roon.[31] Der große Regisseur auf dieser Bühne wurde für Jahrzehnte Anton von Werner. Er prägte maßgeblich die offizielle Signatur dieser Epoche. Das betrifft neben seinen Bildern die Einflußnahme auf die Kunstpolitik und sein Wirken in zahlreichen Ämtern, nicht zuletzt in dem des Akademiedirektors, das er energisch und durchaus mit Erfolg handhabte.

Im dienstlichen Verkehr mit dem „jugendlichen Herrn" kamen für Fontane hautnahe Erfahrungen hinzu; sie ließen ihn alles unternehmen, um diesem „Herrn" nicht dienen zu müssen. Zettel und Briefe, die wir nur aus dem Gedenkartikel des Sohnes Friedrich kennen, gingen in den kritischen Tagen und Wochen des Jahres 1876 zwischen den beiden hin und her; sie beweisen, wie verzweifelt Fontane bemüht war, dem Regiment des Direktors zu entgehen und gleichwohl Einvernehmen mit ihm zu wahren. Noch vor Ende März schrieb er an Werner, offensichtlich in Eile und bereits unter erheblichem Druck: „Pardon, daß ich noch zu so später Stunde mit diesen Zeilen Sie belästige. Der Inhalt wird sich einigermaßen rechtfertigen. Ich habe vor, morgen Mittag den Ministerialdirektor Greiff aufzusuchen und die bewußte Frage: Kreierung einer Sekretärstelle für den Direktor der Akademie zur Sprache zu bringen. Ich will hervorheben, daß *Ihnen* nicht zugemutet werden könne, Ihre wertvolle, sehr anderweit in Anspruch genommene Zeit an solche Bagatell=Schreibereien zu setzen, *ich* aber weder nach dem Herkommen, noch nach irgend einem neuen Abkommen zu dieser Art von kleiner Sekretär=Tätigkeit berufen sei. Ich würde sonst den Titel führen müssen: *letzter* Sekretär der Akademie und jedenfalls beflissen sein, nicht lange ‚ständig' zu bleiben [...]".[32]

Werner antwortete, ohne sich viel um die Degradierungsnöte des um seine Position ringenden Schriftsteller-Sekretärs zu kümmern, am 31. März mit der Wiederholung seiner apodiktischen Forderungen, deren eigentlicher Adressat jedoch nicht Fontane, sondern der Akademiepräsident Hitzig beziehungsweise das Ministerium war. Im übrigen ließ er seinem Ärger freien Lauf: „Das, was ich für die Leitung des *Unterrichts-Instituts* der Akademie der bildenden Künste notwendig gebrauche, habe ich bereits bei Uebernahme meines Amtes und als *eine meiner Bedingungen* klar und deutlich ausgesprochen: einen *Verwaltungsdirektor*, welcher *mir* zur Seite steht! Mit der Idee, daß dies der Inspektor der Gesamt-Akademie sein könne, oder gar der erste ständige Sekretär – welche beide zugleich für 3 oder 4 Institute tätig sein müssen – habe ich mich nie befreunden können und dies auch oft genug ausgesprochen […]. Daß mir auf diese Weise – dank unseren wohlausgetüftelten Statuten – die Lust an der *künstlerischen* Leitung der Anstalt benommen wird, liegt auf der Hand, und ohne Abhilfe wird diese Lust bald alle werden!"[33]

Die „wohlausgetüftelten Statuten" verwiesen ihn an die Dienste des „Ersten ständigen Sekretärs", die dieser um keinen Preis leisten wollte – und die Werner um keinen Preis genügen konnten. Dahinter stand der schon länger schwelende Prestigekampf mit dem Präsidenten Hitzig, in den Fontane nolens volens hineingezogen wurde. Wenn er den Konsens mit Werner suchte, sogar mehr als einmal auf dessen Seite trat, um von jeder dienstlichen Inanspruchnahme verschont zu bleiben, war das verständlich. Wenn er aber andererseits gegenüber dem abgehalfterten Professor Daege „nur etwa gesagt haben soll, ‚ich hätte weder Lust noch Beruf, für Herrn v. W. Skelette zu besorgen'",[34] dann entsprang das zwar derselben Antipathie, konnte ihn aber, um auch einmal etwas zugunsten des viel gescholtenen Hitzig zu sagen, nicht unbegründet dem Verdacht der „Zweideutigkeit" aussetzen. Auf diesen Eklat lief es am Ende hinaus.

Wie nachdrücklich Fontane bemüht war, sich des Einverständnisses mit Werner zu versichern, um gegen etwaige Verpflichtungen gefeit zu sein, geht noch deutlicher aus dem folgenden Schreiben hervor: „[…] Gestatten Sie mir noch ein Wort in Bezug auf den gestrigen Streitpunkt. Seien wir doch froh, daß in der Sache selbst vollständige Uebereinstimmung gewonnen ist. Ich sage ‚wir', weil nächst Ihnen ich das größte Interesse an der Regulierung dieser Frage habe. Geheimrat Hitzig spricht gelegentlich davon, daß er Ihnen meine Dienste zur Verfügung gestellt habe; jedenfalls bin ich Ihnen zu aufrichtigem Dank verpflichtet, daß Sie diese Dienste abgelehnt haben. Wie aber die Sachen liegen, könnte es sich leicht ereignen, daß ich als Mädchen für alles einspringen müßte. Dies kann ich aber weder, noch will ich es. Und das Ministerium, dessen glaub' ich sicher zu sein, will es auch nicht. Irrte ich darin, so würde ich zurücktreten."[35]

Fontane tat ein übriges und setzte sich bei Hitzig mit ausführlicher Begründung dafür ein, gleich zwei neue Stellen bei der Akademie und der Hochschule für die bildenden Künste einzurichten.[36] Das konnte Hitzig den Eindruck vermitteln, Fontane würde seinem Kontrahenten Werner gänzlich zu Willen sein. Dieser replizierte darauf in dem bekannten Briefentwurf an Hitzig von Ende Mai 1876: „Und nun noch eins. Es ist ein alter juristischer Grundsatz, einem Angeklagten gegenüber in Erfahrung zu bringen, ob derselbe ein *Interesse* hatte, *das* zu tun, dessen er beschuldigt wird. Können Sie nun wirklich glauben, daß ich es für gut befunden hätte, vor Herrn v. W. wie vor einer aufgehenden kronprinzlichen Sonne zu liebedienern? Ich habe mich damit überhaupt nie abgegeben; im Gefolge des Herrn von Werner aber es zu lernen, dazu bin ich zu alt, auch manches andere noch."[37]

Die Sätze machen deutlich, daß die sogenannte „Werner-Frage" der Kernpunkt war. Und sollten Zweifel daran bestehen, werden sie durch die Eingangssätze des soeben zitierten Briefes ausgeräumt: „Es ist nicht möglich, daß Ihnen meine Stellung zu der Werner-Frage ein Geheimnis sein konnte; von Anfang an habe ich nach allen Seiten hin, gegen Sie, gegen andre Senatsmitglieder, gegen Herrn v. Werner selbst eine äußerste Abneigung ausgedrückt, persönlich oder dienstlich in eine Art Abhängigkeit von letzterem hineingepreßt zu werden. Es dient sich schlecht mit sechsundfünfzig unter einem jugendlichen Herrn von zweiunddreißig."[38]

Die „Werner-Frage" war, genau gesehen, für Fontane eine ‚Lebensfrage'. Werner stand im Zenit, ein leuchtender Stern am kaiserlichen Künstlerhimmel, der in sehr jungen Jahren die höchste Reputation genoß und von dieser zeitlebens zehrte. Fontane stand umgekehrt an der Schwelle zum Alter, hatte weder ein Drama (was er ja früh gewollt), noch einen veritablen Roman zustande gebracht, zehrte, mit alleiniger Ausnahme der „Wanderungen", vom eher mäßigen Erfolg seiner Bücher und glaubte sich dennoch als Schriftsteller Brandenburgs und der „großen Kriege" anerkannt und dazu seit längerem in der Gunst höherer und höchster Kreise.

Der eine Direktor, der andere Sekretär, das mochte hingehen. Sich aber Werner unterzuordnen, eine Existenz in persönlicher oder dienstlicher Abhängigkeit von ihm zu führen, hieß nicht nur die einmalige Dichterkränkung zu akzeptieren, sondern auch in Permanenz gekränkt und degradiert zu sein. Das hieß, vom Schriftsteller auf den Schreiber zu kommen. Und dies im Dienste eines Künstlers, der wie ein Malerfürst der Renaissance in seiner Villa mit Atelier in der Potsdamer Straße residierte, während er selbst in eben jener Straße drei Treppen hoch in einer bescheidenen Wohnung hauste. Das hieß zuletzt, die eigene Kunst zu verleugnen, um „Bagatell=Schreibereien" für jene Kunst zu leisten, die denselben Stoff zum Gegenstand hatte, der „Schreibekunst" aber in der Gunst und in der – auch pekuniären – Wertschätzung unendlich überlegen war. Nach innen und außen kam dies für Fontane einer Selbstaufgabe gleich. Weil sie sein ganzes bisheriges Lebenswerk auf *einen* Punkt hin in Frage stellte, war die „Werner-Frage" in der Tat eine Lebensfrage. Daß sie sich zu einer persönlichen Katastrophe auswuchs, lag jedoch an dem eigentümlichen Verhältnis des Schriftstellers zur staatlichen Machtsphäre.

III.

Nach der vom Kaiser bewilligten Entlassung bildete sich ein leidlicher Modus vivendi mit Werner heraus. Gleichwohl trat ihm dieser mit einer Mischung aus Direktorialton und Klagen gegenüber, die Fontane auf sich beziehen, aber auch einfach an „die" Akademie zurückgeben konnte. Den letzten Brief Werners empfing er wenige Wochen vor seinem Ausscheiden aus der Akademie. Er datiert vom 25. September und beklagt ironischerweise die Kunstverhinderung, von der Fontane selbst ein Lied singen konnte: „[…] Uebrigens wünschte ich, daß die Akademie, wie auf die Photographie, so auch bald – auf *mich selbst* verzichten möchte! Seit drei Tagen bin ich hier, aber noch nicht in mein Atelier, geschweige denn zum Malen gekommen, ich habe bis diese Stunde, ununterbrochen, statt Pinsel oder Stift, die Feder geführt! Es wird mir schwer, guten Mutes zu sein und wünschte der T…, ich wills vorläufig nicht ausschreiben…, aber man hat ein merkwürdiges Geschick hier, einem das Leben recht sauer zu machen, und Lust und Liebe zur Sache recht gründlich zu verleiden! Verzeihen Sie diesen Stoßseufzer [...]".[39]

Beide trafen sich Anfang Juni 1878 bei einem Dejeuner bei Lindau, noch einmal im März 1882 „zum Diner bei Lessing's" und Tage darauf „in eine[r] große[n] Gesellschaft bei Prof. W. Gentz".[40] Das blieben die einzigen *direkten* Begegnungen der Folgezeit. Lese- und Gesprächsstoff im Hause Fontane boten fortan die erwähnten diversen „Werner-Fehden". Außerdem hielt Freund Zöllner ihn mit frischen Nachrichten aus der Akademie einigermaßen auf dem laufenden. Wie aufmerksam Fontane die Vorgänge weiterhin verfolgte und wie kritisch er die Rolle Werners sah, geht aus einem Brief an die Tochter Martha vom 13. Mai 1889 hervor. Wertvoll ist dieser Brief auch mit Blick auf die prägnante Charakterstudie Werners, in die zweifellos eigene Erfahrungen eingegangen waren. „[...] Dabei puffen sich die Kunstangelegenheiten immer mehr zu geradezu politischen Fragen auf und beschäftigen Hof, Minister, Gesellschaft in einer Weise, die mitunter an die Tage der Lola Montez erinnert. [...] Was damals die Lola Montez war, ist jetzt, natürlich mit Einschränkungen, Anton v. Werner. Seine bevorzugte Stellung ist so groß, daß die Minister mit ihm rechnen müssen und den Duckungsprozeß, zu dem sie nicht blos berechtigt sondern verpflichtet wären, unterlassen oder doch sehr modeln."[41] Die Zeit, die den Kult „großer Männer" trieb, kam Werner sehr zupaß. Interessant ist, daß er die Haltung, in der er sich in einem 1885 entstandenen Selbstbildnis darstellt, auf die Bildnisse Kaiser Wilhelms I. und Kaiser Wilhelms II. übertrug. Nach Dominik Bartmann „wird ein schneidiges, fast herrisches Bild vom ersten Maler des Hofes vermittelt, wozu die attributiv eingesetzte Hintergrundmalerei (zu sehen ist eine im Atelier aufgestellte Studie zur Krönung Friedrichs I. und die Friedrichsruher Fassung der Kaiserproklamation) nicht unwesentlich beiträgt".[42]

Mit dieser Art der Selbstinszenierung korrespondiert nun auffällig, was Fontane in dem Brief an Martha weiter über Werner sagt: „Es heißt, er wolle *Kunst*-Minister werden, und ich bin ihm das Zugeständniß schuldig, daß er das Zeug dazu hat. Man hat ihn oft den kleinen Bismarck genannt und ihn mit dem jungen Napoleon von 1796 (dem er frappant ähnlich sieht) verglichen. In dem allem steckt 'was Wahres; er ist eine ganz eminente Persönlichkeit, Genie ist nicht das rechte Wort, dazu ist zu viel Calcül in ihm, aber er hat große Gaben der Rede, des Ausdrucks, des Haranguirens [gemeint ist: ‚das große Wort führen‘], noch viel mehr als des flott Malenkönnens und es ist ein Fehler von unsrem lieben Zöllner, daß er das nicht genug anerkennt und Correktheit, Dienstlichkeit, Aufrichtigkeit und Worthalten von ihm fordert, lauter Dinge, die Werner belacht oder als indifferent ansieht. "[43] Dieser Persönlichkeit war Fontane so wenig gewachsen, daß sie ihn in einem Dienstverhältnis über kurz oder lang erdrückt hätte.

IV.

Aufs engste mit der „Werner-Frage" verbunden war das „Schicksal […] mit Hitzig"[44], das ebenso lange Schatten warf. Weil sie alte Bekannte waren, mochte Fontane auf einen durchs Persönliche erwärmten Umgangston und die Wertschätzung seiner Person auch in dienstlichen Angelegenheiten gehofft haben. Es kam genau umgekehrt, denn alles war von vornherein durch den Konflikt zwischen Werner und Hitzig überlagert, und wie Fontane sich *dazu* stellte, das gab für Hitzig den Ausschlag. Nominell stand er als Präsident an der Spitze der Gesamtakademie, reell lief ihm Werner rasch den Rang ab. Der Baumeister und Architekt hatte in der Nachfolge Schinkels begonnen und sich in den 1860er Jahren der Neorenaissance zugewandt. Neben bekannten Privatbauten – Villa Drake (1840), Tiergarten-Doppelvilla Hansemann (1863), Mietshaus Wilhelmstraße für den Bankier Krause (Ende der 1860er Jahre) – baute er die Berliner Börse, die Reichsbank und (nach Plänen von Richard Lucae) die Technische Hochschule in Charlottenburg.[45] Das fiel ganz überwiegend in eine Zeit, als die Berliner Architektur noch einen Namen hatte, während die Malerei ein Schattendasein führte. Die Akademie war mehr und mehr verfallen, von deren Kunstausstellungen nahm kaum jemand in den deutschen Städten, geschweige denn im Ausland Notiz.[46]

Das änderte sich mit der Umwandlung der Unterrichtsanstalt für die bildenden Künste in eine selbständige Einrichtung innerhalb der Königlichen Akademie der Künste und insbesondere mit der Berufung Werners zum Direktor und Leiter eines neugegründeten Meisterateliers. In seiner Doppelfunktion als Chef des Ausbildungsbetriebs und Mitglied des Senats gewann er bald weitreichenden Einfluß auf die Hochschule und die Kunstszene. Mit Hilfe der von ihm empfohlenen, neuberufenen Lehrkräfte steigerte er die Attraktivität der Hochschule binnen Jahresfrist derart, daß aus den 76 „Eleven" bei Amtsantritt 1876 bereits 153 geworden waren.[47] Das und die großen Erfolge Werners als Maler schürten Rivalität und Animosität, zumal er seine Durchsetzungsfähigkeit mehr als einmal im Senat bewies. Ohne Übertreibung ist zu sagen, zwischen Werner und Hitzig herrschte ein Verhältnis herzlicher Abneigung. Da Fontane aus den dargestellten Gründen scheinbar die Partei Werners ergriff, bekam er dies bei dem Auftritt in der Senatssitzung am 27. Mai 1876 zu spüren. Werner hat darüber in seinen 1913 veröffentlichten „Erlebnissen und Eindrücken" geschrieben: „Der Baurat Hitzig hielt die neugeschaffene Präsidentenstelle für eine Art Paschawürde. Er schlug einen auffallenden Ton rücksichtslosen Benehmens auch seinem alten Tunnelfreunde gegenüber an, und es dauerte nicht lange, so veranlaßte sein brüskes, geradezu beleidigendes Auftreten gegen den guten Fontane in einer Sitzung des Senats den feinsinnigen Mann zur Einreichung seines Entlassungsgesuchs."[48]

Daß Fontane ein Opfer der zwischen ihm und Hitzig schwelenden Fehde geworden war, sagte Werner nicht. Wie bitter Fontane das Verhalten des „alten Tunnelfreunde[s]" empfand, macht eine Passage aus seinem Briefentwurf an Hitzig deutlich: „Verzeihen Sie diese vielen Worte. Solche Dinge sind nicht ganz kurz zu behandeln. Unter gewöhnlichen Verhältnissen hätte mir mein Selbstbewußtsein ein Zurückkommen auf die Frage verboten; die Erinnerung an alte Zeiten aber – ohne hier schließlich gar noch den Sentimentalen spielen zu wollen – machte mir diese Auseinandersetzung zu einer Pflicht."[49] Damit war auch ein Teil seiner „besten, damals in Berlin verlebten

Stunden"[50] im nachhinein verdunkelt, denn zu diesen zählte er die Tage im Kuglerschen Haus. Er schrieb Hitzig noch einen zweiten, von sichtlicher Ermattung diktierten Brief, der ebenfalls lediglich im Entwurf erhalten ist,[51] um dann den Namen künftig nur noch als Chiffre in der Reihe der Lebensenttäuschungen zu führen. 1881 starb Hitzig. In dem autobiographischen Fragment „Kritische Jahre – Kritiker-Jahre" endet das Kapitel „Wieder zu Haus" mit einer vielsagenden Auslassung: „Es war eine Ansammlung von Pech. Pour combler le bonheur kam auch ein ganz eigengearteter Vorgesetzter hinzu: der Präsident der Akademie, damals Geheimer Baurat Hitzig … (und seine Stellung zu Werner)."[52]

Damit verbunden war ein dritter wunder Punkt; Fontane hat ihn nur hier und in einem Brief an Emilie vom 17. Juni 1884 angesprochen: Er fühlte sich von seinen nächsten Freunden im Stich gelassen. In dem Fragment heißt es zu Beginn des erwähnten Kapitels: „Silberne Hochzeit. Erscheinen des Schlußbandes meines Siebziger Krieges. Ärgernisse. Kränkungen. Und keiner nimmt für einen Partei; man ist immer ganz verlassen, sowie man in die Ecke gestellt wird."[53] Gemeint sein konnten nur die „Rütlionen" Karl Eggers, August von Heyden, Richard Lucae, Karl Zöllner und Adolph Menzel. In das Amt empfohlen, soviel steht fest, hatte ihn der Direktor der Bauakademie Lucae, und da dieser wie Adolph Menzel Sitz und Stimme im Senat hatte, mochte er sich wohl in erster Linie von ihnen Beistand und Unterstützung erhofft haben. August von Heyden, der erst 1882 zum Professor für Kostümkunde an der Akademie berufen werden sollte, hatte sich durch sein Velarium „Wiederkehr des Friedens" für die „via triumphalis" am 16. Juni 1871 einen gewissen Namen gemacht.[54] Eher am Rande standen in dieser Hinsicht Karl Eggers und Karl Zöllner. In dem erwähnten Brief an Emilie heißt es: „Denke blos an meine Schicksale […] mit Hitzig […] und ganz speziell mit meinen nächsten Freunden, die mich 2 mal in einer erbärmlichen Weise im Stich gelassen haben: erst Hitzig und dem Ministerium gegenüber (denke an die 400 Thlr die ich zurückzahlen mußte) und dann meinen *Arbeiten* gegenüber. Wenn blos Dummheit dahinter steckte, ging' es noch, aber leider liegt es anders. Der Neid spielt eine kolossale Rolle. Die Menschen wollen den Mitmenschen – besonders wenn er nie ‚Portenser' war – möglichst klein sehen, um ihn dann mit 5 Mark und einer zur Unterzeichnung herumgehenden ‚Liste' retten zu können."[55]

Da klang verständlicherweise Verbitterung nach, und doch war dies erheblich überzogen. Denn tatsächlich hatte Fontane Freunden, Vereinen und Konnexionen viel zu verdanken, gerade in schwierigen Lebenssituationen, auch die Pforten zur Akademie hatten sie ihm geöffnet. Dort saßen im Senat noch andere seiner Bekannten aus Vereinen und Salons: der Bildhauer Drake, der Geschichtsmaler Pfannschmidt, der Architekt Strack und der Kapellmeister Taubert. Mit Lucae und Menzel machte das ‚eine ganze Bank'. Wenn sich keine Hand für ihn rührte, mochten sie die Angelegenheit eben anders beurteilt haben; denn daß *alle* ihn hätten „klein sehen" wollen, hat wenig Wahrscheinlichkeit für sich. Es wird umgekehrt zu fragen sein, ob nicht das Gefühl des Verlassenseins sich überhaupt erst in dieser Schärfe einstellte, weil das Netz der Konnexionen ihn diesmal *nicht* gehalten hatte.

Verbindungen bedeuten Abhängigkeit, und Abhängigkeit erzeugt Empfindlichkeit. Die Freunde hätten ihn, laut Fontane, eben gern als ‚Bedürftigen' gesehen, um ihm dann billig ‚helfen' zu können. Wie immer, auch diese Erfahrung des Akademiejahres wirkte nach, und zusammen mit anderen Erfahrungen führte sie ihn dahin, auf eine „freie", das heißt wirklich „*freie* Schriftstellerexistenz" zu setzen. Er schrieb an den Leipziger Verleger Wilhelm Friedrich, der die Buchausgabe von „Schach von Wuthenow" herausbrachte, am 2. November 1882: „Nur ein bestimmtes Maass von Freiheit muss ich behalten. Ich habe zu sehr darunter gelitten, mich in vergangenen Jahrzehnten aus der Hand gegeben zu haben."[56]

V.

Daß aus der Akademie-Affäre eine „Lebenskatastrophe" wurde, ist aber nicht allein darauf zurückzuführen, daß Fontane sich wieder einmal und diesmal so gut wie *ganz* „aus der Hand gegeben" hatte.

Ursächlich dafür war vielmehr die Erschütterung seines Selbstbildes, die sich in der „Werner-Frage" anbahnte, in der Konfrontation mit Hitzig zuspitzte und die ihren Höhepunkt in der, wie er es empfand, demütigenden Behandlung durch die „Doppelgestalt Kaiser Wilhelm-Wilmowski" fand. Da stand dann die Summe seines bisherigen Schriftstellerlebens in Frage, woran er selbst nicht ganz unschuldig war, hatte er doch dieses Leben im Einklang mit Preußens Aufstieg in Deutschland auf patriotische Stoffe und höhere Anerkennung ausgerichtet. (Die Theaterkritik, mochte sie auch in ihren besten Momenten „literarisch" sein, zählte nicht, und mit den „Gedichten" verhielt es sich auch nicht so, daß sie einen eigenen ‚deutschen' Dichterruf begründet hätten.)

Mehr noch als die vorangegangenen Kriegsbücher sollte das Siebziger Kriegsbuch den Durchbruch für ihn bringen, in seinen Worten: „Ein Buch, an das ich auch allerhand Hoffnungen geknüpft hatte."[57] In beinahe sechs langen Jahren war das aus vier starken Halbbänden zusammengefügte Großepos des „Krieg[es] gegen Frankreich" entstanden. Im Tagebuch heißt es zu Anfang August 1870: „Herr v. Decker wünscht abermals ein Kriegsbuch. So wird es denn eine Trilogie: 1864, 66, 70."[58] Als Fontane den letzten Brief an Decker schrieb, am 11. März 1876, dankte er für die Glückwünsche zu seiner Ernennung als Akademiesekretär und sah der Ausgabe des letzten Teilbandes für den Spätsommer entgegen.[59] So verzahnte sich die Vollendung der Kriegsbucharbeit mit der Übernahme des Amtes, als hätte ihn das Werk über diesen „glänzendere[n] Krieg"[60] gleichsam mit in das Amt geführt. (Außerdem traf es sich gut, daß kurz zuvor, 1875, die zweite Auflage der „Gedichte" mit der kompletten Übernahme der „Männer und Helden" herausgekommen war.)

Der Rahmen sollte freilich mit bedacht werden: Rudolf von Decker (1804–1877) war nicht irgendein Verleger, er stand mit seiner Königlichen Oberhofbuchdruckerei als „Behörde" unmittelbar unter dem preußischen Staatsministerium.[61] Was in seinem Verlag erschien, konnte nur staatstragend oder staatserhaltend sein. In diesen Jahren hatte er unter anderem im Programm: vom Oberhofzeremonienmeister Rudolf Maria Bernhard Graf Stillfried von Alcántara und Rattonitz „Die Krönung Ihrer Majestät des Königs Wilhelm und der Königin Augusta von Preußen zu Königsberg am 18. October 1861", von Werner Hahn die vier Werke „Kunersdorf, am 12. August 1759", „Friedrich Wilhelm III. und Luise, König und Königin von Preußen", „Friedrich, der Erste König von Preußen", „Hans Joachim von Zieten, Königlich Preußischer General der Kavallerie", von Dr. A. Potthast „Friedrich Wilhelm III., König von Preußen. Erinnerungsblätter an seine glorreiche Regierung, bei Gelegenheit der Enthüllung des ihm errichteten ehernen Denkmals zusammengestellt", von Waldemar Prinz von Preußen „Die Reise nach Indien in den Jahren 1844 bis 1846", die „Œuvres de Frédéric le Grand" in 30 Bänden und eine „Chronik des deutsch=französischen Krieges 1870–1871".

Fontane hatte sich gewissermaßen auf eine höhere Form der ‚Staats-Kunst' verlegt, nämlich sprachlich und literarisch anspruchsvolle Kriegsgeschichte zu schreiben. (Daß dies bei den zu bewältigenden Stoffmassen nicht immer geglückt ist und der hartleibige Verleger – „Ruppsack" nannte ihn Fontane später[62] – keine stete Ermunterung darstellte, steht auf einem anderen Blatt.) Ein Publikumserfolg war das voluminöse Siebziger Kriegsbuch nicht, mochte Fontane sich auch einiges – und dies völlig zu Recht – auf die von ihm gefundene „Behandlungsart"[63] zugute halten. Es lag quer zu den etablierten Gattungen, und nur wenige Kritiker haben das Besondere dieser Publikation erkannt und anerkannt.[64] Umso mehr fiel ins Gewicht, daß der Kaiser die Widmung angenommen und der Generalstabschef Helmuth Graf von Moltke dem Autor einen freundlichen Brief geschrieben hatte. Wer so freudig, wie Fontane das damals noch tat, den monarchisch-militärischen Staat bejahte, dem mußten die Gunstbezeigungen seiner beiden höchsten Repräsentanten viel bedeuten. Gegenüber dem Verleger übte er sich in stolzer Bescheidenheit: „Die Gnade unsres herrlichen alten Wilhelm trifft natürlich Sie und nicht mich; ich sonne mich aber gern in diesem Strahle mit und setze mich zu diesem Behuf an den äußersten Rand meiner Diogenestonne. Ich erlaube mir mit der Bitte um gelegentliche Rücksendung einen gestern von Graf Moltke erhaltenen Brief beizuschließen. Er ist wie der ganze Mann: knapp, in jedem Wort von Bedeutung, gütig und wahrhaftig."[65] Es muß deshalb nicht erstaunen, daß Fontane an die Seite Moltkes trat, als dieser den „Krieg zu den göttlichen Ordnungen zählt[e]", und sich damit gegen Menzel und die anderen „Rütlionen" stellte, erst recht gegen einige Wortführer der liberalen Öffentlichkeit.[66] Das sollte, wer sie „Auftragsarbeiten"[67] nennt, bei den Kriegsbüchern nicht vergessen; sie mußten Fontane deshalb noch *„keine Herzenssache"*[68] sein. Ohne innere Übereinstimmung waren sie aber nicht zu schreiben, und schon gar nicht *so* zu schreiben.

Der gnädigen Annahme der Widmung bei Gelegenheit des ersten Teilbandes des Siebziger Kriegsbuches im April 1873 waren andere, nicht nur symbolische Gunstbezeigungen vorausgegangen. Zweimal empfing Fontane ein bedeutendes königliches Geldgeschenk für den Sechsundsechziger Krieg. 1869 wurden ihm 80 Friedrichsdor (1360 Goldmark) durch den Geheimen Kabinettsrat Ferdinand von Mühler, einen Bruder Henriette von Merckels, für den ersten Teilband, 1870 noch einmal 50 Friedrichsdor (850 Goldmark) durch den Geheimen Kabinettsrat Karl Freiherr von Wilmowski für den zweiten, wesentlich schmaleren und letzten Teilband überreicht.[69] Das war, wenn sich Wertschätzung in Geld oder Gold ausdrückt, eine für preußische Verhältnisse sehr ordentliche königliche Schriftstellerdotation. Im selben Jahr 1870 sicherte der Minister des Innern, Friedrich Albrecht Graf zu Eulenburg, nach Vermittlung durch den für Presseangelegenheiten zuständigen Geheimen Oberregierungsrat Ludwig Hahn, Fontane mit Schreiben vom 30. April außerdem eine Unterstützung von 100 Talern vierteljährlich „in Anerkennung und zur Erleichterung Ihrer patriotisch-literarischen Tätigkeit sowie für feuilletonistische Arbeiten"[70] zu.

Dies muß sich der Leser vor Augen halten, um den staatlich honorierten und entsprechend sanktionierten Rahmen zu erkennen, in dem Fontane seit 1870, seit dem Ausscheiden aus der „Neuen Preußischen [Kreuz-] Zeitung", seinen „freien" Schriftstellerberuf ausübte. Außerdem veröffentlichte er weiterhin, wie schon seit 1861, bis zur Mitte des Jahrzehnts in dem preußisch-konservativen „Wochenblatt der Johanniter-Ordens-Balley Brandenburg" Kriegs- und „Wanderungen"-Kapitel im Vorabdruck.[71] Politisch, das hat er bei passender Gelegenheit betont, stimmte er mit der liberalen „Vossischen Zeitung" nicht überein,[72] so viel ihm der Posten als Theaterkritiker bedeutete.

Seine Einbindung in das staatliche Gunst- und Gratifikationssystem ließ ihn die von diesem System ausgehenden Signale mit der Empfindlichkeit eines Seismographen registrieren. Gewinn und Verlust schlugen umso mehr zu Buche, als der für Fontane nach wie vor enge literarische Markt weder pekuniär noch an Reputation viel für ihn abwarf. Wie schmerzlich gerade nach den vorangegangenen Honorierungen im Fall des Siebziger Krieges der Verlust zu Buche schlug, kann man dem späteren Jahresüberblick entnehmen: „Der 4. Halbband meines Kriegsbuches erschien Ende Oktober und schloß eine große Arbeit, an der ich fast sechs Jahre thätig gewesen war. Freude und Ehre hat es mir wenig eingetragen; es ist da, und nun ist es gut. Den Kaiser, der die Widmung angenommen und sich gelegentlich anerkennend geäußert hatte, bat ich um eine Gnade (*nicht* Titel oder Orden). Geh. R. v. Wilmowski schüttelte vorweg den Kopf, versprach aber anzufragen ‚ob S.M. vielleicht einen *besondren* Grund habe, mir wohlzuwollen?' Diese ungeheuer naive Frage wurde von Sr.M. einfach verneint, womit die Sache ihre Endschaft erreicht hatte. Ich warne meine Söhne, oder jeden der dies später liest, vor ähnlichen Schritten. Es ist die schlecht-angelegteste Zeit; nur nicht von Fürsten und Herren etwas wollen; um zu reüssiren muß man ein ganz gemeiner, ehrloser Schnurrer sein, der, zur Vorderthür hinausgeworfen, zur Hinterthür wieder hereinkommt. Wer nicht in diese Kategorie gehört, der bleibe davon. Man blamirt sich nur und hat sich vor sich selbst erniedrigt."[73]

Der Sachverhalt war einfach der, daß Fontane in dem am 31. Oktober 1876 erhaltenen Entlassungsschreiben, das seine Akademietätigkeit förmlich beendete, ersucht wurde, „das für die Monate November und Dezember bereits empfangene Gehalt, an unsere Kasse zurückzuzahlen".[74] Das waren fast 400 Taler, sie rissen ein empfindliches Loch in den Fontaneschen Haushalt. Andererseits, nach den Grundsätzen der preußischen Beamtenalimentation, ging das in Ordnung: Für nicht geleistete Dienste wurde nicht gezahlt. Als daraufhin die erbetene „Gnade" – Fontane rechnete mit einem „Königlichen Geschenk" in mindestens der gleichen Höhe wie für das Sechsundsechziger Kriegsbuch – nicht gewährt wurde, brach für ihn eine Welt (und nicht nur der Haushalt) zusammen.

Das „System" mit seinen Konnexionen war wieder einmal in Anspruch genommen worden. Wohl auf Vermittlung Mathilde von Rohrs suchte Fontane den Geheimen Legationsrat von Bülow auf, der zusagte, mit dem Chef des Zivilkabinetts, dem erwähnten Freiherrn von Wilmowski, zu sprechen, damit dieser für Fontane ein gutes Wort beim Kaiser einlegte.[75] Die Kette riß im vorletzten und letzten Glied. Der Kaiser war mißgestimmt über Fontanes Amtsniederlegung, weshalb auch die Frage Wilmowskis nicht anders als „naiv" sein konnte. Es war aber noch naiver, ausgerechnet zu *diesem* Zeitpunkt eine Gnaden-Bitte in Richtung auf 130 Friedrichsdor oder mehr dem Kaiser vorzutragen.

Die, so betrachtet, selbstverschuldete, geradezu provozierte Kränkung und Demütigung traf Fontane tief. Am deutlichsten kommt dies in einem Brief an Mathilde von Rohr vom 30. November 1876 zum Ausdruck: „Zwölf Jahre habe ich an diesen Kriegsbüchern Tag und Nacht gearbeitet; sie feiern, nicht in großen aber in empfundenen Worten, unser Volk, unser Heer, unsren König und Kaiser; ich bereiste 1864 das gegen uns fanatisirte Dänemark, war 1866 in dem von Banden und Cholera überzogenen Böhmen, und entging in Frankreich, nur wie durch ein Wunder, dem Tode. Unabgeschreckt, weil meine Arbeit das Wagniß erheischte, kehrte ich an die bedrohlichen Punkte zurück. Dann begann meine Arbeit. Da steht sie, wenn auch weiter nichts, das Produkt großen Fleißes, ihrem *Gegenstande* nach aber das Einzige repräsentirend, dem gegenüber man eine Art *Recht* hat das Interesse des Kaisers, als des persönlichen Mittelpunkts, des Helden dieser großen Epopoë (ich spreche nur vom Stoff) zu erwarten. Und eben dieser Held und Kaiser, gefragt ‚ob er einen

Grund habe dem Verfasser dieses umfangreichen Werkes wohl-zuwollen oder gnädig zu sein' verneint diese Frage."[76]

Das ist ein ungewohnter Fontane-Ton, mit soviel Emphase hat er sonst kaum über sein Metier gesprochen. Nur aus der tiefen Störung seines Selbstbildes ist zu erklären, daß er sich nun im Ge-genzug zum Ritter der Feder *sans peur et sans reproche* auf drei Kriegsschauplätzen stilisierte, dem wider Erwarten und völlig un-verdientermaßen die kaiserliche Huld entzogen wurde. Folgerichtig schloß er die Firdusi-Episode mit den erwarteten 200.000 *Gold*-statt der empfangenen 200.000 *Silber*münzen an, um dann seiner Erbitterung freien Lauf zu lassen. Daß für ein einziges niederlän-disches Genrebild 140.000 Francs gezahlt worden waren (hier kam die Kunstkonkurrenz wieder ins Spiel), wollte ihm wie ein Hohn angesichts der ihm erteilten Abfuhr erscheinen.[77]

Das alles wäre nicht denkbar gewesen ohne die sensible Reak-tion auf das Gunstsystem, das damals prosaischer „Gnadenwirt-schaft" genannt wurde. Mit den Kriegsbüchern hatte Fontane wie-derholt Festlegungen getroffen, die ihn in seinen besten Jahren banden. Ein *schriftstellerischer* Erfolg, das Wort im strikten Sinn genommen, konnten sie nicht sein; ein *Buch*erfolg, das zeigte sich schon bald, ebensowenig, weil sie zu ambitioniert und wohl auch zu voluminös waren. Was blieb, waren, neben dem nicht sehr üppigen Honorar, „allerhand Hoffnungen", die das Nein des Kaisers end-gültig zunichte gemacht hatte. Auf dessen Wohlwollen glaubte er sich aber geradezu ein Anrecht erschrieben zu haben. Als ihm auch das versagt blieb, hatte er den Kelch der Kränkungen bis zur Neige aus-gekostet. Jetzt war ihm der Boden entzogen, auf dem er sein Selbst-bild aufgebaut hatte. Fontane mußte sich neu etablieren, überhaupt sich als *Schriftsteller* legitimieren, jenseits von Gnade und Grati-fikation, in einer anerkannten literarischen Gattung, denn das konn-ten die Kriegsbücher ebensowenig wie die „Reisefeuilletons" der „Wanderungen" sein.

VI.

Das Stichwort ist die „Roman-Arbeit". Nachdem er sie mit der Aufnahme der Sekretärstätigkeit „vorläufig wieder bei Seite"[78] geschoben hatte, nahm er sie auf dem Tiefpunkt seiner Amtszeit, unmittelbar nach Einreichung seines Entlassungsgesuchs, in den letzten Junitagen wieder auf und setzte viel Kraft und Energie daran, obwohl ihn das Akademieamt noch monatelang in Anspruch nahm. Er wandte sich an Friedrich Wilhelm Holtze wegen weiterer „Material[s]" für seinen „märkischen Roman",[79] traf mit seinem Verleger Wilhelm Hertz neue Vereinbarungen über den Vorabdruck (statt der „Vossischen" sollte es nun das christlich-konservative Familienblatt „Daheim" sein),[80] legte Mathilde von Rohr seine mit dem „Erscheinen meines ersten Romans"[81] verbundenen Hoffnungen und Sorgen dar und grub sich immer tiefer in diese „Arbeit – das Einzige noch was mich aufrecht hält –"[82] hinein.

Aus der Krise geboren, würde dieser Roman, das wußte Fontane Anfang November 1876, immer eine Krisengeburt sein: „Ja, der Roman! Er ist in dieser für mich trostlosen Zeit mein einziges Glück, meine einzige Erholung. In der Beschäftigung mit ihm vergesse ich, was mich drückt. Aber wenn er überhaupt noch zur Welt kommt, so werde ich, im Rückblick auf die Zeit in der er entstand, sagen dürfen: ein Schmerzenskind."[83]

Schreiben als Therapie? Das war es auch, aber es ging um mehr. Fontane stellte sich ganz auf die „Roman-Arbeit" ein, weil er wußte, daß er seinen Schritt rechtfertigen mußte und das Reputationsdefizit aufholen mußte. Das konnte er aber nur, indem er mit dem Roman alsbald vor sein Publikum trat. Er schrieb deshalb am 22. November 1876 an Karl Zöllner: „Halte mich nicht für einen Eigensinn, wenn ich die Trauerfahne der Einsamkeit hochhalte. Ich muß über diesen Punkt mal eingehender mit Dir sprechen. Ich brauche jede Stunde nicht blos Geldes wegen, sondern ebenso sehr meiner Reputation halber. Ich bin nicht so blind, daß ich nicht erkennen sollte wie seltsam mich die Menschen ansehn; mein Barometerstand ist sehr gesunken. Ich muß mich erst wieder legitimieren, zum mindesten aber die Anstrengungen dazu machen. Deshalb will ich ein Jahr lang ganz mir und meiner Arbeit gehören."[84]

Verwunden war der Mißerfolg des Siebziger Kriegsbuches noch immer nicht, wie sollte er auch. Umso mehr, versicherte er seiner Schwester Elise, müßte er zufrieden sein, wenn er mit seiner „großen, nun endlich abgeschlossenen Arbeit wenigstens ein ‚Etabliertsein' auf diesem Gebiet [dem des Romans] erreichte".[85] Materialisiert hat sich das im Avers und Revers der Manuskripte: Große Teile der Romanentwürfe für „Vor dem Sturm" sind auf den Rückseiten der Handschriften zum „Krieg gegen Frankreich" enthalten, während auf den frischen, ungebrauchten Blättern für „Vor dem Sturm" rückseitig Notizen aus der *bösen Sekretariatszeit* neben Briefentwürfen und Teilen der „Wanderungen" stehen.[86] Vielleicht war es diese mehrschichtige und sich in gewisser Weise selbst kommentierende Gemengelage, die Fontane bewogen hat, die Manuskripte als „Dokument einer Lebensphase"[87] aufzubewahren.

Eingeschrieben in dieses „Dokument" ist nicht mehr und nicht weniger als das Werden des Romanciers aus der Krise. Denn der allergrößte Teil der Texte zu „Vor dem Sturm", die Kapitel 7 bis 19 des zweiten Bandes und die gesamten Bände 3 und 4, gehört nach Konzeption und Ausführung der Zeit zwischen Juli 1876 und April 1878 an.[88] Der Roman mußte deshalb nicht „von der Misere angekränkelt"[89] sein, aber er trägt außer dem Gedicht „Tröste dich, die Stunden eilen" noch viele unentdeckte Lebensspuren.[90] Im ganzen ist „Vor dem Sturm" ein stiller Roman aus kriegerischer Zeit geworden und darin auch ein Abgesang auf die „große Epopöë", die Fontane mit dem Siebziger Kriegsbuch zu Ende gebracht hatte.

Die Wunde des „Unglücksjahre[s] 76" verheilte nur langsam und brach wie gesagt bei geringfügigem Anlaß wieder auf. Fast genau drei Jahre später, am 18. Oktober 1879, erklärte sich Fontane gegenüber Wilhelm Hertz: „Und nun noch ein Wort über die Stimmung, die mich jetzt beherrscht, und aus der auch wohl mein Brief hervorging. Bis in hohe Semester hinauf, bin ich – durch das Leben ohnehin nicht verwöhnt – über vieles weggekommen, aber seit einiger Zeit, insonderheit seit den schweren Unbilden, die mir vor jetzt drei Jahren bereitet wurden – die schwerste durch die Doppelgestalt Kaiser Wilhelm-Wilmowski – hat sich meiner eine wahre Wuth bemächtigt und ich bin fest entschlossen mich lieber in meine Grafschaft Ruppin, in ein zweistubiges Tagelöhnerhaus zurückzuziehen, als irgendwie Kränkendes noch länger ruhig hinzunehmen. Und wer nichts, gar nichts mehr vom Leben will, der kann allenfalls ein solches Programm mit nur einem Paragraphen entwerfen und vielleicht auch durchführen."[91]

Wenige Tage später deutete er gegenüber Friedrich Witte an: „Innerliche Verletzungen ungezählt."[92] Und an die Tochter schrieb er ein paar Wochen darauf: „Hoffentlich beschränkt sich alles Katastrophische für den Lauf des nächsten Jahres auf diese meine Novelle [Schach von Wuthenow]; denn nichts fataler als Lebenskatastrophen."[93] Beim Durchblättern der Briefbände wird deutlich, daß das Ereignis eine lange Spur zieht. Als etwa der Freund Georg Friedlaender in ein Ehrengerichtsverfahren verwickelt wurde, blickte Fontane wie selbstverständlich auf „Anno 76" und die „verwandte Situation" zurück: „[…] wenigstens kann ich mich nicht entsinnen, daß in meinem langen Leben bei Gelegenheit ähnlicher Kränkungen und Unsinnigkeiten auch nur jemals ein Mensch auf meine Seite getreten wäre".[94]

VII.

Keine Phase in Fontanes Biographie ist dichter dokumentiert, über kein Ereignis in seinem Leben hat er sich häufiger und wortreicher geäußert. Daß er ein ganzes „Bündel alter Papiere – schwer zu entziffernde Briefkonzepte – aus jenen kritischen Tagen und Wochen"[95] aufbewahrte, wird innere und äußere Gründe gehabt haben, nicht zuletzt diesen: „So ist es […] wahrscheinlich, daß diese Papiere als Beweisstücke hinterlassen wurden, falls eine spätere Generation auch der bösen Sekretariatszeit auf den Grund sehen wollte."[96] Überzeugend ist das bisher keinem gelungen, weder dem hier zitierten Sohn Friedrich Fontane, der alle „Schuld" dem schwerfälligen bürokratischen „System" gab,[97] noch Walter Huder, für den „der sogenannte

Fall oder Eklat Theodor Fontane innerhalb der Geschichte der preußischen Akademie der Künste [...] sich [...] viel eher als ein Fall, wenn nicht Unfall der genannten Institution auf dem Parkett der Kulturpolitik Preußens [erwies]".[98]

Fontane ist sicherlich an den Verhältnissen, wie er sie bereits bei Amtsantritt vorfand und zu ändern nicht in der Lage war, gescheitert. Aber er ist ebensosehr an sich selbst gescheitert: Die Vorstellung, die er sich von der Tätigkeit eines „Ersten ständigen Sekretärs" machte, hatte mit den tatsächlichen Anforderungen und Aufgaben wenig zu tun, und das Selbstbild, das er auf dieses Amt übertrug, stimmte auch nicht mit den ihm entgegengebrachten Einstellungen und Erwartungen überein. Trotz des Einblicks in die institutionellen und personellen Probleme, mit denen er konfrontiert sein würde, glaubte er, „durch Uebernahme eines leichten, ehrenhaften und gut dotirten Amtes bequemer und im Hinblick auf die Zukunft sorgenloser leben [zu] können".[99] Er dachte sich eine relativ unabhängige Stellung zwischen Akademie und Ministerium, in der er gemäß seinen Begabungen, seinem Wissen und Können geschätzt und beschäftigt werden würde: Vermittlung des Schriftverkehrs mit dem Ministerium, gelegentliche Anfertigung von historischen und kunstästhetischen Arbeiten, Unterhaltung von Pressekontakten in den die Akademie und überhaupt die „Kunstverhältnisse" berührenden Fragen. Und er erwartete wohl auch, in dem einen oder anderen Fall um sein künstlerisches Urteil gefragt zu werden. Die eigentliche Verwaltungstätigkeit, Hauptinhalt des Amtes, kam darin nur am Rande vor. Dafür wurde er aber gebraucht, für alles andere nur wenig oder gar nicht, wie er bald feststellen mußte.

Das Bild, das er von sich hatte, war das eines um Volk und Vaterland verdienten und entsprechend anerkannten Schriftstellers, und so, hoffte er, würde ihm auch als Akademiesekretär begegnet werden. Aber war er, der Mann der „Wanderungen" und der Kriegsbücher, tatsächlich „etablirt" in Deutschland? Er galt in dieser Zeit als preußisch-patriotischer Kriegs- und Land-und-Leute-Schilderer mit künstlerischem Geschick und darstellerischem Können. Als „deutsche[r] Schriftsteller", die Titulierung beim Wort genommen, galt er (noch) nicht, jedenfalls nicht in der fraglosen Weise, die das Attribut „etablirt" gerechtfertigt erscheinen ließe. Auch sein Ruf als Balladendichter war schon ein wenig verblaßt. Kränkungen konnten da schwerlich ausbleiben, zumal er in dem Akademieamt so etwas wie die verdiente Ehrenstellung für sich sah. „Danach ist man mir aber nie begegnet. Ohne daß man unartig oder beleidigend gegen mich gewesen wäre, was ich mir einfach verbeten haben würde, hat man mich doch nie wie einen etablirten deutschen Schriftsteller, sondern immer nur wie einen ‚matten Pilger' behandelt, der froh sein könne, schließlich untergekrochen zu sein."[100]

So kamen objektive Umstände, nach denen in der Tat alles „so pechös wie nur irgend möglich [lag]",[101] und subjektive Faktoren, namentlich „das *Gefühl des Degradirtseins*, das ich nach Lage der Sache durchaus haben mußte",[102] zusammen, um in ihrer Verquickung mit schweren ehelichen Zerwürfnissen eine Krise auszulösen, die Fontane mehr als jede andere mitgenommen hat. Hätte es nur an dem „System" gelegen oder wäre es nur ein „Unfall" der Institution gewesen – die Dinge hätten sich niemals in dieser dramatischen Weise zugespitzt. Sein durchaus widersprüchliches Verhalten, das selbst Wohlmeinende und Freunde irritierte, läßt vielleicht am deutlichsten erkennen, wie tief verunsichert und innerlich gespalten er war.

Nachdem Fontane im Verlauf weniger Monate einen beispiellosen Absturz erlebt hatte und am Ende seine ganze Reputation auf dem Spiel stand, mußte er sich und seiner Umwelt beweisen, daß die Aufgabe des Amtes richtig war. Ein Produktivitätsschub war die Folge, der den vor langer Zeit begonnenen „märkischen Roman" hervorbrachte. Dieser erste Roman ist nach seiner Genese eben nicht nur als eine ‚Verspätung' zu verstehen, sondern als ein aus der äußeren und inneren Not entstandenes, „unter Sorgen und Kümmernissen"[103] erschriebenes Romandebut. Daß bei diesem – ihm durch die Situation zudiktierten – Beglaubigungswerk der „Wanderungen"-Autor ebenso wie der Balladendichter mitgeschrieben hat, ist bekannt.[104] Das Neue liegt aber gerade in der Überführung und Verwandlung dieser und anderer Formen der Darstellung in ein offenes romanhaftes Geschehen. Jenseits des Inhalts stehen die Vielfalt der sozialen Milieus sowie die Multiperspektivität, in der sich die leitende Idee des Ganzen bricht, für ein vergleichsweise modernes Romanexperiment. Ein Experiment übrigens, bei dem den Hauptgestalten am Ende gewiß nicht zufällig die Lebensentwürfe abhanden kommen.

Die Lebens*krise*, und als solche muß man die *„böse Sekretariatszeit"* begreifen, hat dem Autor nicht nur die Mittel an die Hand gegeben, die Lebenskrise Lewins von Vitzewitz, des „Held[en] unserer Geschichte"[105], überzeugend zu gestalten; sie hat den Autor überhaupt erst zum Romancier oder, wie er selbst es gesagt hätte, zum „Novellisten" werden lassen; denn ein solches künstlerisches Werden ist dem Roman in den wesentlichen Phasen seiner Entstehung eingeschrieben. Der Ausklang der Krise des „Helden" steht dann auch symbolisch für den Wechsel im Leben seines Autors. Die Schlüsselkapitel sind „So spricht die Natur" und „Genesen" im vierten Band, der Schlüsselsatz steht in letzterem Kapitel: „[...] aber aller Apathie zum Trotz empfand er doch deutlich, [...] daß ein Leben hinter ihm versank und ein anderes begann".[106]

Aus dem Abstand einiger Jahre kam Fontane zu der Erkenntnis: „Ich bin erst in dem Unglücksjahre 76 ein wirklicher Schriftsteller geworden, vorher war ich ein beanlagter Mensch, der was schrieb. Das ist aber nicht genug."[107] Ähnlich äußerte er sich in einem Brief an Emilie vom 17. August 1882. Nach der Vorschule des Siebziger Kriegsbuches sei er „dann bei dem Schreiben meines Romans ein *Schriftsteller* geworden, d. h. ein Mann, der sein Metier als eine *Kunst* betreibt, als eine Kunst, deren *Anforderungen* er kennt".[108] So gehen die erwähnten Deutungen des Akademie-Interims am Kern der Sache vorbei, auch weil sie den inneren Zusammenhang der Dinge außer acht lassen. Was für das Leben schlecht ist, muß es nicht für die Kunst sein. Mit Blick auf das „Unglücksjahr" stellt es sich umgekehrt dar. Erst die Krise, das totale Scheitern, brachte den Durchbruch des Prosaisten zu einem Erzähler mit bezwingender Empathie und einer wie befreit wirkenden Phantasie und Schreibweise. Sie ließ ihn zum Autor des Romans als einer Kunstform mit „metahistorischer Dimension"[109] werden.

322

Fortan maß er sich mit anderem Maßstab und verlangte von der Kritik, nach diesem Maß seines Kunstwollens und -könnens beurteilt zu werden (was eher selten der Fall war). Das Heraustreten aus dem beengenden, aber sicheren Erwartungshorizont des Publikums, „Kapitel über die Mark und dann und wann eine Ballade zu schreiben",[110] war auch ein Wagnis. Es fragt sich, ob Fontane dieses Wagnis überhaupt so konsequent auf sich genommen hätte, wenn ihm das Jahr '76 das Prekäre seiner bisherigen Existenz nicht so eindringlich vor Augen geführt hätte. Denn es war auch ein Schritt über den Rubikon. Im Jahr nach dem Erscheinen von „Vor dem Sturm", am 18. August 1879, schrieb er an Wilhelm Hertz: „[…] aber so lächerlich es klingen mag, ich darf – vielleicht leider – von mir sagen: ‚ich fange erst an.' Nichts liegt hinter mir, alles vor mir; ein Glück und ein Pech zugleich. Auch ein Pech. Denn es ist nichts Angenehmes, mit 59 als ein ‚ganz kleiner Doktor' da zu stehn."[111]

Das ambivalente Bewußtsein des späten Neuanfangs wurde für ihn zu einer treibenden Kraft. Einem wohlbestallten Akademiesekretär wäre womöglich ein anderer Roman aus der Feder geflossen, hätte er diesen in Muße- und bequemen Nebenstunden ohne Eile fortgeschrieben. Und ein von der kaiserlichen Gunst getragener Kriegsbuchautor hätte seinen Roman aus den Befreiungskriegen dann vielleicht bruchloser in eine Tradition hineinerzählt, die von der „Befreiung" zur „Einheit" reichte. Vorausgesetzt, er hätte ihn überhaupt zu Ende gebracht, auch später blieben fortgeschrittene Entwürfe unausgeführt.

Nichts rechtfertigt jedoch die teleologische Sicht, als wäre dieser Roman gleichsam wie eine Präfiguration dessen zu lesen, was in den späten Romanen seine Erfüllung findet: als ein „Schon" und „Noch nicht" in einem vorbestimmten Entwicklungsprozeß. Der Roman will als ein Eigenes und Anderes genommen und in dieser seiner Eigenart verstanden werden. Angesichts der Kriegsbücher stellt er sich als ein Bruch mit der Meistererzählung kriegerischer Taten dar. Alles Vordergründige ist auf ein oft nur angedeutetes, von individuellen Hintergründen bewegtes Tun und fast mehr noch Lassen zurückgenommen. Wo das Tun aber zur Tat wird, gegen Ende der langen Erzählung, ist es ein „Tun im Tode"[112]. Darüber hinaus geht nur noch das bewußte Lassen, mit dem „Renatens Tagebuch" und der Roman endet.[113] Folglich ist in diesem „Roman aus dem Winter" mehr Abend als Tag – und ein Ton, der ohne die Erschütterungen des Jahres '76 nicht denkbar wäre.

Um ein letztes Beispiel für die erwähnten „Lebensspuren" zu geben, sei auf ein leicht zu übersehendes, sprechendes Detail aufmerksam gemacht. Generalmajor von Bamme, dem im Roman die Aufgabe zufällt, die „Tat", den Überfall auf Frankfurt, ins Werk zu setzen, gelangt vor der Revue der Landsturmbataillone aus Barnim und Lebus zu einer Erkenntnis: „Denn so groß sein Selbstbewußtsein war, so groß war auch, selbst unter gewöhnlichen Verhältnissen, seine Selbsterkenntnis. Und nun gar heute! Er fühlte sich der ihm zugefallenen Aufgabe nicht recht gewachsen und gestand sich unverhohlen, daß er alles, was er an Gaben besaß, nicht recht brauchen und alles, was er *nicht* besaß, in der Eile weder beschaffen noch durch Eifer und guten Willen ersetzen konnte."[114] Zu derselben Einsicht hatte Fontane die ihm „zugefallene Aufgabe" an der Akademie geführt. Er hat dies in verschiedenen Wendungen ausgesprochen; aus dem Brief an Mathilde von Rohr vom 1. Juli 1876 scheint die Einsicht fast als Zitat in den Roman hinübergenommen. Auch dort geht es um Selbstbewußtsein und Selbsterkenntnis sowie um das peinliche Gefühl der eigenen Unzulänglichkeit, „da, wie ich Ihnen schon schrieb, all meine Begabung nicht zu brauchen und alles was gebraucht wurde, wiederum nicht im Bereiche meiner Begabung war".[115]

Wie tief das „*Gefühl des Degradirtseins*" bei ihm saß, ist der „Gilka"-Degradierung zu entnehmen, die er im nachhinein an seinem Vor-Vorgänger im Amt ‚beging'. Als handelte es sich nur um eine Jugendanekdote, schrieb er am 19. Dezember 1881, ein halbes Jahrzehnt nach der Sekretariatszeit, an Moritz Lazarus: „Wenn ich an meine jungen Jahre zurückdenke! Damals lebte der alte Geheimrat Professor Dr. Tölken, Ritter pp., ständiger Sekretär der Königlichen Akademie der Künste. Mitunter kam er in die Rosesche Apotheke, wo ich damals Lehrling war, und bat um einen Magenbittern.

Ich mischte ihm dann das Feinste zusammen, was es in beiden Hemisphären gab, und sah ihn mit einer Ehrfurcht an, als ob er wenigstens ein Isispriester wäre. Käm' er heut in die Rosesche Apotheke, so würd ich ihm einfach einen Gilka einschenken. ‚So kommt man 'runter.'"[116] So, kann jetzt ergänzt werden, hatte er sich mit 61 Jahren nach dem „Schmerzenskind" mit „Grete Minde", „L'Adultera", „Ellernklipp" und dem Brouillon für „Schach von Wuthenow" auf einen Punkt hinaufgeschrieben, der es ihm erlaubte, humoristisch Revanche zu üben. ‚Schnapsegal' sollte ihm weniger der – im übrigen sehr ehrenwerte – Toelken als das Amt sein, an dem er gescheitert war und das ihm zum Trauma geworden war.

Wir können heute sagen, glücklicherweise. Im Aktenstaub der Akademie wäre ihm, bei äußerlich reputierlicher Stellung, über kurz oder lang die Feder vertrocknet. Nicht erst seit Kafkas „Bericht für eine Akademie" ist bekannt, daß gegenüber hohen Institutionen „Verzicht auf jeden Eigensinn […] das oberste Gebot ist".[117] Fontane hat im Roman den Eigensinn des *Schriftstellers* gefunden und dabei alles Akademische, dessen Mangel er durchaus fühlte, endgültig abgeschrieben. Auch so macht die Jugendanekdote des Apothekerlehrlings, der von der Dichtkunst leben wollte, Sinn.

*

Gleichfalls ins Biographische spielt der folgende kleine Beitrag, eigentlich ein Vortrag, hinüber. Man hat zuweilen viel Wesens von Fontanes französischer Herkunft gemacht, im Grunde genommen mehr als er selbst, der sich erst relativ spät und sichtlich um Abgrenzung vom ‚Stockpreußentum' bemüht auf diese seine Herkunft berufen hat.[118] Wie er sein ‚Französischsein' sah, erhellt wohl am besten aus seinen Beziehungen zur Französischen Kolonie und der Beteiligung an ihren Festen.

1 *Zum 30. Todestage Theodor Fontanes. 20. September 1898 – 20. September 1928.* In: *Märkische Zeitung*, Beilage, Jg. 101, Nr. 223, Neuruppin, Donnerstag, den 20. September 1928. – Hubertus Fischer (Hrsg.): „*... So ziemlich meine schlechteste Lebenszeit". Unveröffentlichte Briefe von und an Theodor Fontane aus der Akademiezeit.* In: *Fontane-Blätter* 63 (1997), S. 26–47. – Walter Huder: *Die Preußische Akademie und der ,Fall Fontane'.* In: *Welt und Wort* 27 (1972), S. 532–538. – Die hier vorgelegte Studie geht auf einen Vortrag zurück, der 1998 im Rahmen einer Veranstatungsreihe der Humboldt-Universität zu Berlin aus Anlaß des 100. Todestages von Fontane gehalten wurde.

2 Friedrich Fontane: *Theodor Fontanes ,Akademiezeit'. Nach ungedruckten Briefen, Konzepten und Dokumenten.* In: *Märkische Zeitung*, wie Anm. 1, S. 1, linke Spalte [Hervorh. im Orig.].

3 Theodor Fontane: *Tagebücher. 1866–1882. 1884–1898.* Hrsg. v. Gotthard Erler unter Mitarb. v. Therese Erler. GBA *Tage- und Reisebücher* 2. 2. Aufl. Berlin 1995, S. 57.

4 Ludwig Pallat: *Richard Schöne. Generaldirektor der Königlichen Museen zu Berlin. Ein Beitrag zur Geschichte der preußischen Kunstverwaltung 1872–1905.* Berlin 1959, S. 64. – Dominik Bartmann: *Anton von Werner. Zur Kunst und Kunstpolitik im Deutschen Kaiserreich.* München 1985, S. 65–87.

5 Bartmann, wie Anm. 4, S. 65–68. – Gabriele Poggendorf: *Anton von Werner und die Geburt der Kunsthochschule.* In: „*Die Kunst hat nie ein Mensch allein besessen". Dreihundert Jahre Akademie der Künste/ Hochschule der Künste.* Ausstellungskatalog. Hrsg. v. der Akademie der Künste u. der Hochschule der Künste. Berlin 1996, S. 295.

6 Theodor Fontane: *Einzug (16. Juni 1871).* In: GBA *Gedichte* 1, S. 221–222. – *Verse für die Berliner ,Siegesstraße'. Zum 16. Juni 1871.* In: GBA *Gedichte* 3, S. 211.

7 GBA *Tage- und Reisebücher* 2, S. 39 [Hervorh. im Orig.].

8 GBA *Gedichte* 1, S. 222. – Zur Veröffentlichung vgl. Anmerkung S. 574.

9 GBA *Tage- und Reisebücher* 2, S. 44.

10 Bartmann, wie Anm. 4, S. 69.

11 Zit. ebd., S. 70.

12 Bartmann, wie Anm. 4, S. 86.

13 Theodor Fontane an Paul Lindau, [28. November 1886]. In: HFA IV/3, Nr. 474, S. 501–503, hier S. 502.

14 Ebd. [Hervorh. im Orig.].

15 Poggendorf, wie Anm. 5, S. 295.

16 GBA *Gedichte* 1, S. 226 [Hervorh. im Orig.]

17 Ebd., S. 243.

18 Ebd., S. 244.
19 Ebd., S. 223 [Hervorh. im Orig.].
20 Ebd., Anmerkungen, S. 573: „Emilie Fontane übersandte am 28. Juni 1871 ein Gedicht an Mathilde von Rohr und schrieb dazu: ‚B[eutner] hat wirklich so kleinlich sein können, es nicht in der †-Zeitung abzudrucken.‘ (SBPK.) Das Gedicht könnte ‚Einzug‘ oder ‚Kaiser Blanchebart‘ gewesen sein." Das meiste spricht für „Kaiser Blanchebart".
21 Friedrich Freiherr von Khaynach, 1893, zit. nach: Bartmann, wie Anm. 4, S. 7.
22 Vgl. Bartmann, wie Anm. 4, S. 187–241.
23 Theodor Fontane an Karl Zöllner, Berlin, 2. Dezember 1883. In: HFA IV/3, Nr. 267, S. 291 [Hervorh. im Orig.].
24 Theodor Fontane an Friedrich Stephany, Berlin, 6. Dezember 1883. In: HFA IV/3, Nr. 269, S. 292 [Hervorh. im Orig.].
25 Theodor Fontane an Emil Dominik, Berlin, 12. Dezember 1883. In: HFA IV/3, Nr. 271, S. 293–294.
26 GBA *Tage- und Reisebücher* 2, S. 50.
27 Die Berichte erschienen am 15. März 1865 und am 15. März 1866.
28 Vgl. Johann Friedrich Geist: *Die Kaisergalerie. Biographie der Berliner Passage.* München 1997.
29 Theodor Fontane an Emilie Fontane, Norderney, 12. August 1882. In: HFA IV/III, Nr. 191, S. 198–199, hier S. 199 [Hervorh. im Orig.].
30 Theodor Fontane: *Unverändert der Deine.* In: Ders.: *Erzählungen und Prosafragmente.* Hrsg. v. Walter Keitel, Helmuth Nürnberger u. Hans-Joachim Simm (= Th. F., Werke, Schriften und Briefe, I/7). 2. Aufl. München 1984, S. 450–454, hier S. 452 u. 454.
31 Albrecht von Roon an Moritz von Blanckenburg, 6. Februar 1871. In: Waldemar Graf von Roon: *Denkwürdigkeiten aus dem Leben des General-Feldmarschalls Kriegsministers Grafen von Roon.* 3 Bde. 3. Aufl. Breslau 1892, Bd. 2, S. 545.
32 Theodor Fontane an Anton von Werner, [Berlin vor Ende März 1876]. In: Friedrich Fontane, wie Anm. 2, S. 3, linke Spalte [Hervorh. im Orig.].
33 Anton von Werner an Theodor Fontane, [Berlin] 31. März 1876. In: Friedrich Fontane, wie Anm. 2, S. 3, linke Spalte [Hervorh. im Orig.].
34 Theodor Fontane an Friedrich Hitzig (Entwurf), [Berlin Ende Mai 1876]. In: HFA IV/II, Nr. 415, S. 522–542, hier S. 523.
35 Theodor Fontane an Anton von Werner, [Berlin Anfang April 1876]. In: Friedrich Fontane, wie Anm. 2, S. 3, linke Spalte.
36 Ebd.
37 Theodor Fontane an Friedrich Hitzig (Entwurf), [Berlin Ende Mai 1876]. In: HFA IV/2, Nr. 415, S. 522–524, hier S. 523 [Hervorh. im Orig.]

[38] Ebd., S. 522.

[39] Anton von Werner an Theodor Fontane, [Berlin] 25. September 1876. In: Friedrich Fontane, wie Anm. 2, S. 3, mittlere Spalte [Hervorh. im Orig.].

[40] Theodor Fontane an Martha Fontane, Berlin, 5. Juni 1878. In: HFA IV/2, Nr. 471, S. 582–583, hier S. 583; GBA *Tage- und Reisebücher 2*, S. 160 (8. 3. 1882), S. 161 (13. 3. 1882). – Von einer Begegnung wird man im Jahr 1895 nicht mehr sprechen können, als zu Ehren Adolph Menzels in Sanssouci das Gemälde *Flötenkonzert in Sanssouci* u. a. in Anwesenheit Fontanes und von Werners nachgestellt wurde.

[41] Theodor Fontane an Martha Fontane, Berlin, 13. Mai 1889. In: HFA IV/3, Nr. 662, S. 690–692, hier S. 691.

[42] Bartmann, wie Anm. 4, S. 131.

[43] Theodor Fontane an Martha Fontane, Berlin, 13. Mai 1889. In: HFA IV/3, Nr. 662, S. 690–692, hier S. 691–692 [Hervorh. im Orig.].

[44] Theodor Fontane an Emilie Fontane, Thale, 17. Juni 1884. In: HFA IV/3, Nr. 299, S. 329–332, hier S. 330.

[45] Vgl. die Abb. in: *Berlin und die Antike. Aufsätze*. Hrsg. v. Willmuth Arenhövel u. Christa Schreiber. Berlin 1979, S. 546, 549, 550. – Siehe im ganzen: Eva Börsch-Supan: *Berliner Baukunst nach Schinkel. 1840–1870*. München 1977.

[46] Vgl. Poggendorf, wie Anm. 5, S. 295.

[47] Ebd., S. 297.

[48] Anton von Werner: *Erlebnisse und Eindrücke von 1870–1890*. Berlin 1913, S. 172.

[49] Theodor Fontane an Friedrich Hitzig (Entwurf), [Berlin Ende Mai 1876]. In: HFA IV/2, Nr. 415, S. 522–524, hier S. 523.

[50] Theodor Fontane: *Von Zwanzig bis Dreißig. Autobiographisches. Nebst anderen selbstbiographischen Zeugnissen*. Hrsg. v. Kurt Schreinert u. Jutta Neuendorff-Fürstenau. München 1973, S. 173.

[51] Theodor Fontane an Friedrich Hitzig (Entwurf), [Berlin Herbst 1876]. In: HFA IV/2, Nr. 416, S. 524.

[52] Theodor Fontane: *Kritische Jahre – Kritiker-Jahre*. In: Ders.: *Von Zwanzig bis Dreißig*, wie Anm. 50, S. 397.

[53] Ebd., S. 396.

[54] Vgl. Bartmann, wie Anm. 4, S. 65.

[55] Theodor Fontane an Emilie Fontane, Thale, 17. Juni 1884. In: HFA IV/3, Nr. 299, S. 329–332, hier S. 330 [Hervorh. im Orig.]. „Portenser" meint den Absolventen eines Elitegymnasiums, ursprünglich bezogen auf die Fürstenschule Schulpforta in Pforta bei Bad Kösen, unter deren Schülern Fichte, Klopstock, Nietzsche und Ranke waren.

56 Theodor Fontane an Wilhelm Friedrich, Berlin, 2. November 1882. In: HFA IV/3, Nr. 203, S. 215–216, hier S. 216.

57 Fontane: *Von Zwanzig bis Dreißig*, wie Anm. 50, S. 396.

58 GBA *Tage- und Reisebücher 2*, S. 37.

59 Theodor Fontane an Rudolf von Decker, Berlin, 11. März 1876. In: *Theodor Fontane und der Verleger Rudolf von Decker*. Hrsg. v. Walter Hettche. In: *Fontane-Blätter* 48 (1989), S. 24–59, hier Nr. 30, S. 52–53.

60 GBA *Tage- und Reisebücher 2*, S. 60.

61 *Gothaisches genealogisches Taschenbuch nebst diplomatisch-statistischem Jahrbuche auf das Jahr 1865. Hundert und zweiter Jahrgang. Gotha, bei Justus Perthes*, S. 761.

62 In einem Brief an Moritz Lazarus vom 22. August 1888; zit. nach: Hettche (Hrsg.): *Fontane und Decker*, wie Anm. 59, S. 24.

63 Theodor Fontane an Hermann Kletke, Berlin, 29. August 1870. In: HFA IV/2, Nr. 253, S. 331.

64 Vgl. vor allem die Rezension des Siebziger Kriegsbuches von Max Jähns in „Die Gegenwart" vom 16. Juni 1877; abgedruckt bei Hettche (Hrsg.): *Fontane und Decker*, wie Anm. 59, S. 54–56. – Siehe jetzt: John Osborne: *Aus Schottland und Frankreich. Überlegungen zum Gattungscharakter von Fontanes Kriegsberichten*. In: *Fontane Blätter* 75 (2003), S. 42–63.

65 Theodor Fontane an Rudolf von Decker, Berlin, 10. April 1873. In: HFA IV/2, Nr. 338, S. 429.

66 GBA *Tage- und Reisebücher 2*, S. 89 (5. 2. 1881) u. S. 325 (Anmerkung).

67 Hettche (Hrsg): *Fontane und Decker*, wie Anm. 59, S. 24.

68 Theodor Fontane an Wilhelm Hertz, Berlin, 11. August 1866. In: HFA IV/2, Nr. 142, S. 168–169, hier S. 169 [Hervorh. im Orig.].

69 GBA *Tage- und Reisebücher 2*, S. 35 (September – Dezember 1869); S. 36–37 (Juli 1870); S. 60 (Rückblick auf 1876 vom 22. Dezember 1881).

70 Zit. ebd., S. 299 (Anmerkung zu 1870).

71 In einem Brief an Wilhelm Hertz vom 18. August 1879 erklärt Fontane, daß er das Gusow-Kapitel noch vor Monatsende ins Johanniterblatt bringen wolle; dazu ist es nicht mehr gekommen; vgl. den Brief in: HFA IV/3, Nr. 35, S. 39–41, hier S. 39.

72 Am 20. Dezember 1870 schrieb Fontane an Hermann Kletke: „Die Vossische Zeitung ist das eigentliche Berliner Blatt, das macht sie mir werthvoll; daß ich politisch über manches anders denke, ist irrelevant, da es sich in meinen Arbeiten nicht um politische Fragen handelt" (HFA IV/2, Nr. 279, S. 367).

73 GBA *Tage- und Reisenbücher 2*, S. 59 [Hervorh. im Orig.].

[74] Theodor Fontane an Wilhelm Hertz, Berlin, 31. Oktober 1876. In: HFA
      IV/2, Nr. 435, S. 543–544, hier S. 543.
[75] Theodor Fontane an Mathilde von Rohr, Berlin, 1. November 1876. In:
      HFA IV/2, Nr. 436, S. 544–547, hier S. 544–545.
[76] Theodor Fontane an Mathilde von Rohr, Berlin, 30. November 1876. In:
      HFA IV/2, Nr. 438, S. 548–550, hier S. 549-550 [Hervorh. im Orig.].
[77] Ebd., S. 550.
[78] Theodor Fontane an Wilhelm Hertz, Berlin, 10. März 1876. In: HFA IV/2,
      Nr. 410, S. 518–519, hier S. 518.
[79] Theodor Fontane an Friedrich Wilhelm Holtze, Berlin, 21. Juni 1876. In:
      HFA IV/2, Nr. 424, S. 533.
[80] Theodor Fontane an Wilhelm Hertz, Berlin, 24. Juni 1876. In: HFA IV/2,
      Nr. 426, S. 535.
[81] Theodor Fontane an Mathilde von Rohr, Berlin, 22. August 1876. In:
      HFA IV/2, Nr. 432, S. 540–542, hier S. 540.
[82] Theodor Fontane an Wilhelm Hertz, Berlin, 31. Oktober 1876. In: HFA
      IV/2, Nr. 435, S. 543–544, hier S. 544.
[83] Theodor Fontane an Mathilde von Rohr, Berlin, 1. November 1876. In:
      HFA IV/2, Nr. 436, S. 544–547, hier S. 547.
[84] Theodor Fontane an Karl Zöllner, Berlin, 22. November 1876. In: HFA
      IV/2, Nr. 437, S. 547–548, hier S. 547.
[85] Theodor Fontane an Elise Weber geb. Fontane, Berlin, 22. April 1877.
      In: HFA IV/2, Nr. 444, S. 556–557, hier S. 557.
[86] Vgl. Walter Hettche: *Die Handschriften zu Theodor Fontanes ‚Vor dem
      Sturm'. Erste Ergebnisse ihrer Auswertung.* In: *Fontane-Blätter* 58 (1994),
      S. 193–212, hier S. 201.
[87] Ebd., S. 196.
[88] Ebd., S. 201.
[89] Theodor Fontane an Mathilde von Rohr, Berlin, 1. November 1876. In:
      HFA IV/2, Nr. 437, S. 544–547, hier S. 547.
[90] Am 11. Februar 1896 schrieb Fontane an Ernst Gründler: „Es war eine
      sehr schwere Zeit für mich; das Gedicht, das Lewin schreibt: ‚Töste dich,
      die Stunden eilen', gibt meine Stimmung von damals wieder" (zit. nach:
      Theodor Fontane: *Vor dem Sturm. Ein Roman aus dem Winter 1812 auf
      13.* 4 Bde. Hrsg. v. Walter Keitel u. Helmuth Nürnberger. Frankfurt/M.,
      Berlin, Wien 1976, Bd. 1, S. 191).
[91] Theodor Fontane an Wilhelm Hertz, Berlin, 18. Oktober 1879. In: HFA
      IV/3, Nr. 42, S. 45–46.
[92] Theodor Fontane an Friedrich Witte, Berlin, 24. Oktober 1879. In: HFA
      IV/3, Nr. 44. S. 47.

93 Theodor Fontane an Martha Fontane, Berlin, 14. November 1879. In: HFA IV/3, Nr. 45, S. 47–48, hier S. 48.

94 Theodor Fontane an Georg Friedlaender, Berlin, 15. Juni 1887. In: HFA IV/3, Nr. 512, S. 539–540, hier S. 540.

95 Friedrich Fontane, wie Anm. 2, S. 1, linke Spalte.

96 Ebd., S. 2, mittlere Spalte.

97 Ebd., S. 2, rechte Spalte.

98 Walter Huder (Hrsg.): *Theodor Fontane und die preußische Akademie der Künste. Ein Dossier aus Briefen und Dokumenten des Jahres 1876.* Berlin 1971, S. 90.

99 Theodor Fontane an Mathilde von Rohr, Berlin, 30. November 1876. In: HFA IV/2, Nr. 438, S. 548–550, hier S. 548.

100 Ebd., S. 548–549.

101 Fontane: *Kritische Jahre*, wie Anm. 52, S. 397.

102 Theodor Fontane an Mathilde von Rohr, Berlin, 1. Juli 1876. In: HFA IV/2, Nr. 425, S. 533–535, hier S. 534 [Hervorh. im Orig.].

103 Theodor Fontane an Mathilde von Rohr, Berlin, 21. März 1877. In: HFA IV/2, Nr. 443, S. 554–556, hier S. 555.

104 Theodor Fontane an Julius Rodenberg, Berlin, 29. Januar 1879. In: HFA IV/3, Nr. 4, S. 9–10.

105 Fontane: *Vor dem Sturm*, wie Anm. 90, Bd. 1, S. 8.

106 Ebd., Bd. 4, S. 33.

107 Theodor Fontane an Emilie Fontane, Berlin, 28. August 1882. In: Ders.: *Von Dreißig bis Achtzig. Sein Leben in Briefen.* Hrsg. v. Hans-Heinrich Reuter, München 1970, S. 244.

108 Theodor Fontane an Emilie Fontane, Norderney, 17. August 1882. In: HFA IV/3, Nr. 192, S. 200–202, hier S. 201 [Hervorh. im Orig.].

109 Harro Müller: *Thesen zur Geschichte des Historischen Dramas und des Historischen Romans (1773–1888).* In: *Geschichtsdiskurs.* Bd. 3: *Die Epoche der Historisierung.* Hrsg. v. Wolfgang Küttler, Jörn Rüsen u. Ernst Schulin Frankfurt/M. 1997, S. 121–131, hier S. 130.

110 Theodor Fontane an Gustav Karpeles, Berlin, 17. Mai 1885. In: HFA IV/3, Nr. 365, S. 385–386, hier S. 385.

111 Theodor Fontane an Wilhelm Hertz, Wernigerode, 18. August 1879. In: HFA IV/3, Nr. 35, S. 39–41, hier S. 41.

112 Fontane: *Vor dem Sturm*, wie Anm. 90, Bd. 4, S. 131.

113 Ebd., S. 223–226.

114 Ebd., S. 132 [Hervorh. im Orig.].

115 Theodor Fontane an Mathilde von Rohr, Berlin, 1. Juli 1876. In: HFA IV/2, Nr. 425, S. 533–535, hier S. 534–535.

[116] Theodor Fontane an Moritz Lazarus, Berlin, 19. Dezember 1881. In: HFA IV/3, Nr. 158, S. 169–170, hier S. 170.

[117] Franz Kafka: *Ein Bericht für eine Akademie*. In: Ders.: *Erzählungen*. Hrsg. v. Max Brod Frankfurt/M. 1965, S. 184–196, hier S. 184.

[118] Vgl. Manfred Horlitz: *Theodor Fontanes Vorfahren. Neu erschlossene Dokumente – überraschende Entdeckungen*. Berlin 2009, S. 13–23.

Distanzierte Nähe

Das Jubiläum des Refuge 1885[1]

Mit der Gedenkstätte auf dem Friedhof in der Liesenstraße wurde den Fontanefreunden ein Ort der Einkehr und des schönen Verweilens geschenkt. Dafür sei der Französischen Kirche herzlich gedankt. Der Dank kommt in diesem Fall von der „Theodor Fontane Gesellschaft", die mit ihren rund elfhundert Mitgliedern das Erbe Fontanes seit zwanzig Jahren pflegt. Weil Berlin kein sichtbares bauliches Zeugnis mehr hat, das an seinen bedeutendsten Schriftsteller erinnert, zieht es Fontanefreunde aus aller Welt immer wieder zu diesem Friedhof hin. Für die Dauerausstellung in der kleinen Kapelle wird jeder von ihnen dankbar sein.

Und Dank habe ich persönlich dafür zu sagen, daß die Französische Kirche das Refuge-Fest 2010 Fontane gewidmet hat und mir Gelegenheit gibt, etwas über den Schriftsteller und das Jubiläum des Refuge 1885 vorzutragen. Ich halte mich dabei an sein eigenes Wort: „Was mir fehlte, war: Sinn für *Feierlichkeit.*"

*

„Die Kinder munter und fidel, die Alten mit. Mög' es so bleiben!" Mit diesem Wunsch beendete der gerade 66 Jahre alt gewordene Schriftsteller und Theaterkritiker sein Tagebuch für das Jahr 1885. Die bekanntesten seiner Romane waren noch nicht geschrieben, aber er selbst doch bekannt genug, um in diesem Jubiläumsjahr des Edikts von Potsdam vom Konsistorium der Französischen Kirche um einen Beitrag zum „Koloniefest" gebeten zu werden.

Schon 1882 hatte ihn eine Anfrage erreicht, ob er nicht die Geschichte der Hugenottenkolonie schreiben wolle. Er lehnte mit Hinweis auf eine größere Arbeit ab. Statt seiner hat Eduard Muret die „Geschichte der Französischen Kolonie in Brandenburg-Preußen" in einem Folianten herausgebracht. Mit einem solchen Werk hätte sich Fontane dauerhaft in die Geschichte der Kolonie eingeschrieben. Aber nicht als Geschichtsschreiber, als der er der „Wanderungen" und seiner drei Kriegsbücher wegen bekannt war, sondern als Dichter ließ er sich 1885 in die Pflicht nehmen. Wobei „Pflicht" durchaus die Sache trifft, denn Theodor Fontane sen. strebte gewissermaßen einen ‚Familienlastenausgleich' an. Den aufwendigeren Teil, das Festspiel, hatte Theodor Fontane jun. zu schreiben, damals frisch gebackener Intendanturassessor beim VII. Armeekorps in Münster und als solcher mehr mit Prosa als mit Poesie befaßt.

Der Senior schrieb an den Junior, nachdem ihm der künstlerische Berater bei den bevorstehenden Festlichkeiten die Verse des Sohnes hinterlassen hatte: „Bis zur Stunde habe ich noch nichts gelesen. Ich denke, daß es ganz gut sein wird, ein bißchen *zu* gut, aber das tut nichts, und keinesfalls hast Du von mir irgendein tadelndes oder störendes Wort zu gewärtigen. Ich habe selber, wenn auch nicht Stücke, so doch Toaste, Prologe, Festansprachen etc. genug geschrieben, um zu wissen, daß es alles ganz gleich ist. […] Daraufhin beschwöre ich Dich denn auch, Dich mit Feilungen, Akkuratessen nicht lange quälen zu wollen, es kommt nur darauf an, daß irgend etwas leidlich Verständiges behauptet wird."

Unter dem Stichwort „Pflichterfüllung" wurde Fontane sen. deutlicher, da der Junior über Ärger geklagt hatte: „Bei dem, was wir der Kolonie schuldig sind, war es unerläßlich, daß einer von uns beiden das Stück schrieb, und Deine jüngeren Jahre und jungen Kräfte konnten sich dem eher unterziehen als ich, der ich müde, ja *sehr* müde bin. Ihr habt die Verpflichtung, mir mein Leben, das ebenso mühevoll wie erfolglos gewesen ist, nach Kräften zu erleichtern." Bestimmter konnte der Lastenausgleich nicht eingefordert werden – und nüchterner die Selbsteinschätzung nicht sein.

Warum aber fiel Theodor jun. diese Aufgabe zu? Der 1856 geborene mittlere Sohn hatte von allen Familienmitgliedern die engste Verbindung zur Französischen Kirche gehabt, wenigstens in jungen Jahren, denn er wollte Theologie studieren, und der Vater schrieb ihm eigenhändig das Aufnahmegesuch. Seit 1770 unterhielt die Französische Kirche zu Berlin das Theologische Seminar als Ausbildungsstätte für angehende Pfarrer französisch-reformierter Gemeinden. Theodor jun. wurde genommen, gab aber nach vier Jahren das Theologiestudium auf, um Jurist zu werden. 960 Mark Stipendien waren daraufhin an das Konsistorium zurückzuzahlen, wofür der Vater selbstschuldnerisch bürgen mußte. Sein Kommentar: „Es war immer die häßliche Seite des Calvinismus, so lebensklug zu sein."

Immerhin konnte Theodor jun. trotz Berufswunschwechsels noch zwei Jahre im Seminar wohnen bleiben, die Kosten hierfür wurden dem Vater gestundet. Und er machte auf dem Französischen Gymnasium als *primus omnium* das Abitur – der erste Fontane, der diesen Befähigungsnachweis erwarb und ein Universitätsstudium absolvierte. Seinem Vater, mit „verunglücktem Bildungsweg" (Peter Wruck), blieb er aufs Ganze gesehen fremd: „Programm-Mensch, preußisch-konventionell [...]". Aber der Vater wußte, was die Familie der Kolonie schuldig war.

Er selbst unterhielt bis in die 1880er Jahre keine engeren Beziehungen zur Französischen Gemeinde, ein guter Kirchgänger ist er zeit seines Lebens nicht gewesen. In Neuruppin in der preußischunierten Kirche von einem reformierten Superintendenten getauft, waren Berührungen mit der Kirche seiner Vorfahren erst wieder möglich, als er ab Oktober 1833 in Berlin lebte und zunächst die Friedrichwerdersche Gewerbeschule besuchte. Eine feierliche Konfirmation, wie verschiedentlich angenommen, ist nicht belegt. Die Aufnahme des noch nicht siebzehnjährigen „Henri Théodore Fontane aus Neu Ruppin" in die Gemeinde erfolgte laut Aktennotiz im November 1836 auf Vorschlag des Pfarrers August Fournier, wohl in der für Erwachsene üblichen schlichten Form. Zuvor wird er vermutlich von dem Geistlichen privat unterwiesen worden sein.

Dieser Pfarrer und spätere Konsistorialrat bildete für Fontane über Jahrzehnte das Bindeglied zur Kirche der Väter, wenn auch eher auf persönliche als gemeindliche Art. August Fournier hat das Ehepaar Fontane im Jahr 1850 in der schlichten reformierten Koloniekirche in der Klosterstraße getraut, er hat vier ihrer Kinder in der

Wohnung und zwei in der Klosterkirche getauft. Vor allem aber blieben ihm Theodor und Emilie Fontane bis zu seinem Ende freundschaftlich verbunden. Aus Florenz schrieb Fontane am 10. Oktober 1874: „Unser alter Fournier, wie wir eben erfahren, ist gestorben. Für uns ein wirklicher Verlust. Er hat, durch die zweifelhaftesten Zeiten hin, in Treu und Liebe bei uns ausgehalten." Fontane schätzte den mit „Berliner Leben und Gesellschaft" vertrauten „genferische[n] Professor", wenigstens *eine* Predigt von ihm blieb ihm in Erinnerung: „Nur unsren alten Fournier habe ich noch mal predigen hören, wo er, in der weißgetünchtesten aller Kirchen (Koloniekirche, Klosterstraße) den Himmel Gottes nach dem Rezept der Quattro Cento-Maler beschrieb. Er muß den Tag vorher solch Bild gesehn haben oder kam von einer italienischen Reise zurück."

Zehn Jahre nach Fourniers Tod wurde der junge Jurist und Historiker Richard Béringuier für Fontane der ‚Verbindungsmann' zur Französischen Gemeinde. Auch hier prävalierte die persönliche vor der Kolonie-Beziehung. Immerhin hatte Béringuier in seiner Eigenschaft als Sekretär des Konsistoriums und Vorsitzender des Festkomitees Fontane für das Koloniefest gewinnen können. Noch zweimal sollte ihm dies in den Folgejahren gelingen. Beim zweiten Mal, dem Koloniefest 1886, rechnete sich Fontane nüchtern auch etwas für seine Altersversorgung aus: „Ich bastle natürlich wieder an einem Prolog und insofern gern, als ich immer an die Möglichkeit einer Unterkriechung in einem Koloniehaus denke." Er wird an das Französische Hospital oder das *Hôtel de refuge*, beide in der Friedrichstraße, gedacht haben. Beim letzten Mal, dem 1888er Fest, rief ihn wieder allein die Familien-Dankespflicht: „Ich mußte ja sagen, denn ich bin der Colonie, zu deren Häuptern Béringuier zählt, sehr zu Dank verpflichtet: drei Vettern von mir waren auf dem Colonie-Waisenhaus und mein 2. Sohn viele Jahre lang im Seminar. ‚Da helpt et dann nich.'" Enthusiasmus sieht anders aus.

Innerlich band ihn nicht viel an die Gemeinde, aber auf Béringuier, den er auch als Historiker schätzte, hat er einen hübschen Toast gemacht. Anlaß bot das gemeinsame Essen der Mitwirkenden an der Kolonie-Aufführung „Das Kanonenfutter" im Oktober 1888.

Hier nur die ersten und letzten Verse:

Ich nehme das Wort. Nun, wer soll leben?
Ja, wer? Das ist die Frage eben.
Soll ich mich verneigen vor dem Ruhme
Von Geheimrätin und Joseph Blume?
[…]
Nein, nein. *Dem* seien die Kränze geflochten,
Der eigentlich gar nicht mitgefochten,
Der nicht gespielt, weder Jungen noch Alten,
Und doch das Ganze getragen, gehalten,
Hoch unser Doktor und Assessor! –
Und wer's besser kann, der mach es besser.

Der Gerichtsassessor Béringuier, mit Studien zur Geschichte der Berliner Hugenotten-Kolonie bekannt geworden, hat Fontane sogar bewegen können, Mitglied im „Verein für die Geschichte Berlins" zu werden. Dessen Vorsitz übernahm Béringuier ein Jahr nach Fontanes Tod, 1899. Man darf wohl sagen, daß der Draht zu Béringuier vor allem ein persönlich-familiengeschichtlicher war, denn als sich Fontane in den achtziger Jahren für die genauere Herkunft der Fontanes zu interessieren begann, war ihm Béringuier auf jede Weise behilflich. Am 3. August 1884 bedankte sich Fontane bei ihm für „den angefügten Stammbaum, der mich aufs *höchste* interessiert hat. Eine dunkle Sage ging von ‚Schneiderfamilie aus Montpellier', so daß ‚Zinngießer aus Nîmes' ein Fortschritt, eine Art Nobilitierung ist. Mein Papa wußte von diesen Dingen nichts. Er hatte, als Kind seiner Zeit, keinen Sinn für Zurückliegendes. Meine Mutter aber, wenn das Gespräch auf die ‚Familie' kam, mokierte sich über die Schneiderabstammung – sie selber stammte von Seidenhändlern, war also Aristokratin".

Die achtziger Jahre können überhaupt als Fontanes ‚Refuge- oder Kolonie-Jahrzehnt' bezeichnet werden. Denn abgesehen von seiner Beteiligung an Koloniefesten und den familiengeschichtlichen Recherchen, reflektierte er in dieser Zeit vermehrt über seine Herkunft und erwog den Einfluß der Réfugiés auf Gesellschaftskultur und gewerbliche Innovationen in Berlin und Mark Brandenburg. Als eine Art Vorspiel zu dieser Annäherung sollte der Umstand begriffen werden, daß er in „L'Adultera" den Genfer reformierten Hintergrund der weiblichen Hauptfigur Melanie van der Straaten, einer geborenen de Caparoux, in subtilen Strichen andeutet und in „Schach von Wuthenow" mit Josephine und Victoire von Carayon direkte Abkömmlinge der Kolonie die weiblichen Hauptrollen spielen läßt. In Tante Marguerite, einer – wie oft bei Fontane – komisch gezeichneten Nebenfigur, begegnet dem Leser sogar „noch eine echte Koloniefranzösin, das heißt eine alte Dame, die das damalige, sich fast ausschließlich im Dativ bewegende Berlinisch mit geprüntem Munde sprach, das ü dem i vorzog, entweder ‚Kürschen' aß oder in die ‚Kürche' ging und ihre Rede selbstverständlich mit französischen Einschiebseln und Anredefloskeln garnierte".

Soweit der biographische Rahmen und die Vorgeschichte, und nun zum Jubiläum selbst. Nach der kirchlichen Feier fand laut Programmzettel die „200jährige Jubelfeier des Erlasses des Edikts von Potsdam Seitens der Französischen Colonie in Berlin am 29. Oktober 1885 Abends 7 Uhr im Saale der ‚Philharmonie'" statt. Unter den 2.200 Gästen Theodor Fontane ‚mit der ganzen Familie'. Dem Eröffnungskonzert – Métra, Boieldieu, Bizet, Gounod – folgte Fontanes Prolog, „gesprochen von Dr. Béringuier, Vorsitzender des Festcomités":

> Zweihundert Jahre, daß wir hier zu Land
> Ein Obdach fanden, Freistatt für den Glauben,
> Und Zuflucht vor Bedrängnis der Gewissen.
> Ein hochgemuter Fürst, so frei wie fromm,
> Empfing uns hier, und wie der Fürst des Landes
> Empfing uns auch sein Volk. Kein Neid ward wach,
> Nicht Eifersucht, – man öffnete das Tor uns
> Und hieß als Glaubensbrüder uns willkommen.
> *Land*-Fremde waren wir, nicht *Herzens*-Fremde.
> So ward die Freistatt bald zur Heimatsstätte,
> [...]

338

Heute ist bekannt, daß es ein langwieriger Übergangsprozeß der Integration und Assimilation war und im Unterschied zu Großbritannien religionspolitische Motive wohl eher im Hintergrund standen. Dem Kurfürstentum Brandenburg war seinen wirtschaftlichen und fiskalischen Interessen entsprechend vor allem an qualifizierten Zuwanderern gelegen. Aber 1885 ging es um eine „Jubelfeier" – und nicht um eine international besetzte wissenschaftliche Tagung, die wie jene im Jahr 2004, im Vorfeld des dreihundertjährigen Stiftungsjubiläums der Französischen Kirche zu Berlin, das herkömmliche Bild des Refuge in der angedeuteten Weise modifizierte.

Im Festprogramm folgten dem Prolog die „Lebenden Bilder aus der Zeit der Hugenotten-Kriege in Frankreich von 1572 bis 1685 mit erklärendem Text von Theodor Fontane und begleitender Musik [...], dargestellt von Mitgliedern der Colonie". In den Versen und Texten ging Fontane auf die Erwartungen der Festgemeinde ein, er sprach von „wir" und „uns", nur waren dies Rollentexte und keine persönlichen Bekenntnisse. In besonderer Weise hob er in den Prologen der Koloniefeste 1885, 1886 und 1888 das Herrscherhaus und die Armee hervor, wennschon in den letzten beiden Prologen der Ton eher heiter, ja scherzhaft war:

> [...]
> Und diese Kräfte selbst bei Kraft zu halten
> Braucht's frohen Sinns.
>
> Dem strebt denn auch entgegen
> Das heitre Spiel, das wir euch heute bieten,
> Und hieß das letztemal es „Krieg im Frieden",
> So heißt es diesmal schon „Kanonenfutter",
> Es wächst der Mensch mit seinen größren Zwecken, –
> Ihr dürft das Wort in Spottlust gern zitieren.
> [...]

Das „wir" hatte Grenzen, selbst bei der „200jährigen Jubelfeier", als Familie Fontane mit Tochter und drei Söhnen komplett vertreten war. „Auch Martha machte die Feier mit. Am 3. (Sonntag) Koloniediner im Englischen Hause; sehr nett, die üblichen Reden, im ganzen genommen schwach, nämlich in Preußenanbetung und Katholizismusbekämpfung." Fontane stufte den sogenannten „Borussismus" als „niedrigste Kulturform" ein und war ein erklärter Gegner des Kulturkampfes. Immerhin feierte der Sohn im Metier des Vaters einen Achtungserfolg: „Theo als Dichter wurde sehr gefeiert." Gegenüber dem Brieffreund Georg Friedlaender äußerte er sich so: „Von unsrem Coloniefeste haben Sie wohl in den Zeitungen gelesen; es war nicht *ganz* so schön, wie's die Zeitungen ausgeposaunt haben und nur in einem war nicht zu viel gesagt: die Colonistentöchter waren schön und graziös und ihren Toiletten merkte man es an, daß der *Seiden*-Webstuhl an der Wiege vieler gestanden hatte. Der Atlas knisterte von allen Seiten."

Für *frou frou* war der alte Herr zu haben, dafür hatte er ein sehr feines Ohr. Fünf Tage später rückten Roman und Wirklichkeit ziemlich nah aneinander, wie Fontane den jüngsten Sohn Friedrich wissen ließ (er hatte für seinen Kommerzienrat Ezechiel van der Straaten Anleihen bei einem lebenden Kommerzienrat genommen): „Bei Tische – an der Béringuier-Tafel – hatten wir relativ gute Plätze: Mama saß neben einem Herrn Ravené (wahrscheinlich Bruder oder Vetter meines Van der Straaten in L'Adultera) während meine Nachbarin eine reiche Frau Dinglinger geb. Fonrobert war. Wir plauderten ganz angeregt und Theo spendirte zum Schluß eine pikfeine Flasche Hochheimer." Eigentlich hätte es ein Mouton Rothschild sein müssen. –

So nah wie in diesen Tagen sind sich Fontane und die Kolonie nie wieder gekommen. Die verhaltene Distanz, die hier und da bereits anklang, vergrößerte sich schon im Folgejahr. Im Tagebuch 1886 heißt es: „Ende Oktober war wieder ein Koloniefest, und bei Kroll wurde Moser-Schönthans ‚Krieg im Frieden' gegeben; George und Martha spielten mit, ich hatte den Prolog zu schreiben, den Béringuier tapfer und machtvoll sprach. Alles verlief gut, nur von ‚Annäherung' unter den Kolonisten keine Spur, so daß wir schon unmittelbar nach der Vorstellung wieder nach Hause gingen." Stolz war er nur auf die schauspielerische Leistung seiner Tochter Martha, „die wie eine Künstlerin wirkte".

1888, im sogenannten Dreikaiserjahr, meldete sich leiser Verdruß, als ihm der Sekretär des Vereins für die Geschichte Berlins und des Konsistoriums erneut in Personalunion auf die Stube rückte: „Gestern Nachmittag kam Béringuier, natürlich zur schönsten Zeit, 4 ½ und zwang mich aus dem Bett. Das Gedicht zur Erinnerung an die beiden Kaiser muß ich machen und zu Trost und Lohn dafür noch gleich ein zweites (und zwar zum Coloniefest) das dann wieder die Colonie-Gärtnersgöhre aus der Ackerstraße mit ihrer Berliner Blechstimme sprechen soll." Der unliebsam aus dem Nachmittagsschlaf gerissene Schriftsteller – er hatte gerade wieder einmal mit Korrekturen zu tun – war einigermaßen herabgestimmt; künftig wollte er „vor *solchen* Zwischenfällen gesichert [...] sein".

Im Tagebuch findet das Koloniefest diesmal keine Erwähnung. Weiteren Bitten, Gelegenheitsdichtung zur Ausschmückung der Feste zu liefern, widerstand Fontane. Irgendwelche Kontakte zur Französischen Kirche hat er nach 1888 nicht mehr unterhalten. Jochen Desel, der frühere Präsident der Deutschen Hugenotten-Gesellschaft, schreibt über die „wechselseitig gespannte Beziehung": „Je älter er [Fontane] wurde, desto suspekter wurde ihm die konservative Einstellung der Kolonieangehörigen. Das haben ihm die Gemeindeväter wohl übel genommen, denn sie sandten ihm 1889 zum 70. Geburtstag zwar ein Glückwunschtelegramm, bewilligten aber für das Fontanedenkmal in Neuruppin nur 100 Taler, ein geringer Betrag für die reiche Gemeinde, die in anderen Fällen höhere Zuschüsse leistete."

Dem mag so sein, aber entscheidend war etwas anderes. Fontane hegte eine bestimmte Vorstellung vom Französischsein, und dieser Vorstellung entsprach das Gros der Kolonieangehörigen, je näher er mit ihm in Berührung kam, ganz und gar nicht. In dem Prosafragment „Mit der Zeit", Mitte der achtziger Jahre entstanden, heißt es: „Der Seidenhändler *Etienne Cochoi* war gestorben. Er war Mitglied der französischen Kolonie und gehörte wie die meisten Mitglieder der französischen Kolonie zu den unfranzösischsten Leuten von der Welt." Der Hintergrund dieses Urteils wie überhaupt seine Sicht auf die Französische Kolonie wird in einem Satz aus dem 1889 entstandenen Essay „Die Märker und die Berliner und wie sich das

Berlinertum entwickelte" greifbar: „Alles, was damals aus Frankreich kam, waren keine parisischen, sondern puritanische Leute, steif, ernsthaft, ehrpußlig, was sie vielfach bis auf diesen Tag geblieben sind."

Fontane selbst legte in seinen späteren Jahren aber gerade deshalb großen Wert auf seine französische Abstammung, weil er sich vom Bild des steifen Parade-Preußen befreien wollte: „[…] das romantisch Phantastische hat mich von Jugend auf entzückt und bildet meine eigenste südfranzösische Natur und nun kommt Hart [gemeint ist der Literaturkritiker Julius Hart] und sagt mir: ich sei ein guter, leidlich anständiger Kerl aber Stockphilister mit einem preuß[ischen] Ladestock im Rücken. O, Du himmlischer Vater."

Diese „südfranzösische Natur" mußte also nach Fontanes Vorstellung ganz anders aussehen als die geistige Physiognomie der Kolonisten, wie sie sich ihm bei verschiedenen Gelegenheiten, nicht zuletzt bei den drei Koloniefesten, offenbart hatte.

Dazu legte sich Fontane eine kleine Privatmythologie zu: Er sei „Märker" zwar, „aber mehr noch Gascogner", schrieb er 1889 an Maximilian Harden, obwohl er längst wußte, daß keiner seiner Vorfahren, weder von Vaters- noch Muttersseite her, aus der Gascogne stammte. Aber die Gascogne galt als die Heimat der Plauderer und Causeurs, und das paßte vortrefflich zum Selbstbild des kultivierten Plauderers und des Romanciers der „tausend Finessen", der vor allem in den vielen Gesprächsszenen brillierte: „Das Geistreiche (was ein bischen arrogant klingt) geht mir am leichtesten aus der Feder, ich bin – auch darin meine französische Abstammung verrathend – im Sprechen wie im Schreiben, ein Causeur, aber weil ich vor allem ein Künstler bin, weiß ich genau, wo die geistreiche Causerie hingehört und wo *nicht*."

In diesem Licht erscheint denn auch das Bild des Vaters in dem „Autobiographischen Roman" „Meine Kinderjahre", obwohl wie gesagt dessen Vorfahren nicht aus der Gascogne, sondern aus dem Languedoc stammten: „[…] mein Vater war ein großer stattlicher Gascogner voll Bonhomie, dabei Phantast und Humorist, Plauderer und Geschichtenerzähler, und als solcher, wenn ihm am wohlsten war, kleinen Gasconaden nicht abhold". Ein solches Vaterbild stützte das aparte Bewußtsein und wurde Teil des Selbstbildes, das sich aus dem Abgrenzungsbedürfnis gegenüber dem ‚Sänger der Mark' und des ‚in der Wolle gefärbten Preußen' ergab. Faßbar wird es aber erst relativ spät, beim Romancier, der in der Vorgeschichte der Väter nach geeigneten Wurzeln sucht. Die findet er nicht in der Kolonie, sondern in seiner Gascogner Privatmythologie.

An recht entlegener Stelle, in einem früheren märkisch-historischen Aufsatz, hat Fontane ein geradezu poetisches Bild für den Einfluß der Hugenotten auf die Mark Brandenburg gebraucht: „Französische Réfugiés hatten eine Zufluchtsstätte gefunden, und ihre Sitte, ihr Kunstfleiß begannen der alten Mark plötzlich ein neues Ansehen, ein helleres Licht zu geben, als habe das dunkle alte Tannenland über Nacht sein Kleid gewechselt." Da schwingt etwas von Zivilisationsfortschritt, aber auch von Kultivierung und Aufklärung mit, und in dieser Hinsicht verstand sich Fontane durchaus als Teil und Erbe der *gens de culture*.

*

Vom „Dreikaiserjahr" 1888, dem Jahr, in dem Wilhelm I. starb, Friedrich III. 99 Tage regierte und Wilhelm II. den Thron bestieg, war bereits kurz Rede, auch davon, daß Fontane in diesem Jahr wiederum als Dichter gefragt war. Wie es sich damit im einzelnen verhielt und wie sich dieses Dichten für die Berliner Öffentlichkeit zu seinen privaten Urteilen verhielt, steht im Mittelpunkt des letzten Beitrags. Die meisten der vorgestellten Gedichte haben wie andere Fontane-Texte, die in diesem Band zur Sprache kamen, nur ein schwaches beziehungsweise gar kein Echo in der Forschung gehabt. Mögen sie den heutigen Leser wenig ansprechen: wer den *ganzen* Fontane will, wird ihnen sein Interesse nicht versagen.

---

[1] Vortrag anläßlich des Refuge-Festes der Französischen Kirche zu Berlin am 29. Oktober 2010.

„Unser Fritz"

Fontane im Dreikaiserjahr[1]

Kaiser Wilhelms altes Herz
Ruht nun aus von Lust und Schmerz.

Unser Fritz ging auch zu [sic!] Ruh,
Vicky kommt nach Monbijou.

Wilhelm II. nun Kaiser ist,
Der uns unsre Juden frißt.

Stöcker luthert sich heran,
Zukunfts-Stoff für Trümpelmann.[2]

Der ziemlich genau vierzig Jahre nach seiner Entstehung in der
„Vossischen Zeitung" veröffentlichte „Knittelvers"[3] zeigt den privaten,
lakonisch-sarkastischen Kommentar des Dichters zum Dreikaiserjahr[4]: zwei Kaiser tot, eine Witwe weggeschlossen, der junge Kaiser
ein Judenfresser; ein Hofprediger und Antisemit macht sich heran,
gibt damit einem anderen Pfarrer den Stoff an die Hand, künftig ein
religiöses Festspiel in Szene zu setzen.[5] Gesehen hatte den Vers bis
1928, außer dem Dichter, wohl nur sein Sohn Friedrich, der auch
den ersten Entwurf unter dem Titel „Gassenhauer bei Kaiser Friedrichs III. Tod"[6] notierte. Dem Berliner Publikum dagegen stellte sich
Fontane im Dreikaiserjahr als Epigrammatiker und Balladendichter
dar, der mit „Grabschrift" und „Letzte Fahrt" in Emil Dominiks gele-
senen Zeitschriften „Zur guten Stunde"[7] und „Der Bär"[8] andere Töne
anschlug: „[…] Du sahst dein Reich und ließ'st es deinem Erben, /
Du fandst nur Zeit, um wie ein Held zu sterben."[9] Der Anklang an
die bekannten Verse „Und als er kam zu sterben, / Zählt' er seine
Städt' im Reich, / Gönnt' alles seinen Erben […]"[10] schmeichelte

dem Ohr des bürgerlichen Publikums. Gesucht ist selbst in der „Grabschrift" zur epigrammatischen Kürze der balladeske Ton. Doch Thule war fern und die „Zeit" des todkranken Kaisers die Stunde der ärztlichen Spezialisten.

I.

Der alte Ton im Stoff geschichtlicher und sagenhafter Begebenheiten, ob diese „nordisch", „englisch-schottisch" oder „deutsch" und „märkisch-preußisch" waren,[11] tritt in den Dienst der Gegenwart und ihrer Poetisierung. Er bemächtigt sich jener Momente, in denen vor dem Tod Kaiser Friedrichs III. am 15. Juni 1888 sich menschlich Bewegendes zugetragen hat. Und er bemächtigt sich des postmortalen Blicks, der Größe im Leiden und Sterben erkennt. Der „Letzten Fahrt" läßt Fontane 1889 „Letzte Begegnung" in „Zur guten Stunde" folgen,[12] der „Grabschrift" zur Jahreswende „Ré Umbertos Kranz" in „Der Bär. Berlinisch-märkischer Kalender für das Jahr 1890".[13] Für die dritte Ausgabe der „Gedichte", deren Druck im Juni 1889 begann, band Fontane alle vier Texte zu dem Zyklus „Kaiser Friedrich III." zusammen. Dabei ist es in den Ausgaben zu Lebzeiten, 1892 und 1898, geblieben. Den „Knittelvers" noch im Ohr, tritt der Leser in eine andere poetische Welt ein; es schlägt ihm aus „Letzte Begegnung" ein Atem entgegen, der, wüßte er es nicht besser, fast daran zweifeln läßt, ob da noch derselbe Dichter spricht:

König Oskar, vom Mälar kommt er daher,
Fährt über den Sund, fährt über das Meer,
Nun sieht er die Küste: Deutsches Land,
Heide, Kiefer, märkischer Sand,
Und nun Avenuen und Schloß und Alleen, –
Er kommt, um den sterbenden Kaiser zu sehn.

Dem melden sie's. „König Oskar ist da."
Kaiser Friedrich wie suchend um sich sah,
Ein leuchtendes Bildnis hängt an der Wand,

Sein Bildnis von Angelis Meisterhand,
Orangeband, Orden, Helmbuschzier,
Pasewalker Kürassier,
Er blickt drauf hin und den Blick sie verstehn:
„So soll mich König Oskar sehn. "

Und sie legen ihm Koller und Küraß an,
Aufrecht noch einmal der sterbende Mann,
Aufrecht und hager und todesfahl –
König Oskar tritt in den Marmorsaal,
Sprechen will er, er kann es nicht,
Ein Tränenstrom seinem Aug entbricht,
Da steht sein Freund in des Jammers Joch,
Gebrochen und doch ein Kaiser noch:
Den Pallasch zur Seite, den Helm in der Hand,
Kaiser Friedrich vor König Oskar stand.

„Bild einst von Größe, Schönheit, Glück,
Das ist das letzte, *das* blieb zurück";
Stumm neigt sich der König, und noch einmal,
Und nun zum dritten und – läßt den Saal.[14]

Stünde unter dem Gedichttitel nicht „(14. Juni 1888)" und wüßte
der Leser nicht, wer „König Oskar" war, dann dächte er wohl, jetzt
fängt eine „nordische" Ballade an: „König Oskar, vom Mälar kommt
er daher, / Fährt über den Sund, fährt über das Meer" – das klingt
wie „König Gorm herrscht über Dänemark"[15] oder „Swend *Gabelbart*, über Sund und Belt"[16]. Fontane notierte im Tagebuch fürs erste
Jahresquartal: „Dann korrigiere ich Balladen, schreibe auch ein paar
neue und entwerfe andre. Meist nordische Stoffe."[17] 1888/89 entstanden „Nordische Königsnamen", „Harald Harfager", „Olaf Krage-
been", „Swend Gabelbart", „Waldemar Atterdag" und „Admiral
Herluf Trolles Begräbnis".[18] Das färbte ab – auf Oskar II., König von
Schweden (1872–1907), der sich Verdienste um die Heeresreform,
den Ausgleich in der Zollpolitik, um Arbeiterschutz und Arbeiter-

versicherung, nicht zuletzt um die friedliche Trennung der Schwedisch-Norwegischen Union und die Beilegung des Samoakonflikts erwarb. Ein König auf der Höhe seiner Zeit, den Fontane poetisch in die „nordische" Vergangenheit rückte. Steht dieser „Wandel der Ballade"[19] schon für ihre Erneuerung ein, indem nun dem „alten Balladenton eine neue Stoffwelt"[20] zugeführt wird? Mit der „balladesken Behandlung […] aus der Tageschronik […] entnommene[r] Stoffe"[21] stellt sich noch eine andere Frage: Entspricht diese Behandlung auch dem gewandelten Weltton?

„Märkischer Sand", „Schloß und Alleen" führen noch immer nicht in die moderne Welt, sondern vom „Nordischen" ins „Deutsche", ins „Märkisch-Preußische" hinüber. Und „Avenuen" hat auch schon der große Friedrich gesehen. Der „Pasewalker Kürassier" mit „Koller" und „Helmbuschzier" erinnert dann an den Generalfeldmarschall in der Uniform des Kürassierregiments Königin,[22] erinnert vor allem an altpreußische Tugend und Tradition: Willenskraft bis zum Ende, erst recht auf dem Thron. Wie der Dichter dann Friedrich und Oskar gegenüberstellt, wie der eine, vom Anblick erschüttert, nicht mehr an sich hält, und der andre, vom Tod gezeichnet, die Haltung des Bildes[23] bewahrt, um nur noch das äußere Bild seiner selbst zu geben[24] – das ist erzählt, als hätte es sich nicht erst gestern, sondern vor Zeiten begeben. Im übrigen hat sich Fontane im Tag geirrt, Friedrich empfing Oskar nicht am 14., sondern am 13. Juni 1888.[25] Die Ausgaben vermerken das nicht. Das Versehen ist verzeihlich, denn auf den Tag kommt es bei diesem Gedicht wahrhaftig nicht an.

II.

Es trug sich zu im „Marmorsaal" von „Schloß Friedrichskron", wie das Potsdamer Neue Palais in Erinnerung an Friedrich den Großen und zu Ehren des kaiserlichen Bewohners zeitweilig hieß. Über dem Ganzen liegt aber ein Klang, der das gestern Geschehene der Gegenwart entrückt – so völlig entrückt, daß das Publikum aus seiner eigenen Zeit herausgehalten wird. Die Fragen, die Friedrichs Tod hinterlassen hat, klingen nicht einmal von ferne an. „Hier scheint", hat Karl Richter jüngst bemerkt, „die aus der Balladentradition gewohnte szenische Vergegenwärtigung teils in direkter Rede, teils im Bericht des Erzählers, noch eigentümlich intakt."[26] Das und andere poetische Mittel machen „Letzte Begegnung" zu einem Gedicht auffälliger Unzeitgemäßheit, die man auch als Flucht in die Tradition bezeichnen kann.[27]

Noch deutlicher tritt das zutage, wenn in Rechnung gestellt wird, wie anders Fontanes Publikum an der Kehlkopfkrebserkrankung des Kaisers Anteil nahm. Als Friedrich im April und Mai 1888 auf ärztlichen Rat „sein Hoflager in Charlottenburg hielt, bewegte sich täglich ein ununterbrochener Strom von Neugierigen und Teilnehmenden zu Fuß, zu Pferd und zu Wagen aus Berlin durch den Tiergarten über das Knie zum Gitter des Charlottenburger Schlosses. Um die Fragen und die Besorgnis des Publikums zu befriedigen, wurden schließlich die jeweils letzten ärztlichen Bulletins zu jedermanns Kenntnis außerhalb des Schlosses angeschlagen."[28]

Ähnlich ging es nach der Übersiedlung nach Potsdam vor „Schloß Friedrichskron" zu. Bis zum Morgen des 15. Juni versammelte sich dort täglich eine wartende Menge, um die amtlichen Krankenberichte zu lesen. In der Sprachwissenschaft würden solche Anschläge als eine Form der fachexternen „indirekten Kommunikation zwischen Fachleuten und Laien" bezeichnet werden.[29] Die ärztlichen Bulletins beschrieben jedenfalls eine Pathologie, angesichts derer das Pathos „Da steht sein Freund in des Jammers Joch, / Gebrochen und doch ein Kaiser noch" seltsam fremd anmutet. Und die Gemahlin Viktoria „war ganz bestürzt, als Fritz darauf bestand […] König Oskar von Schweden in voller Galauniform mit dem Helm in der Hand zu empfangen. Die Anstrengung nahm ihn sehr mit."[30] Der Preis war ein „Zusammenbruch"[31].

Die seltsame Anmutung verstärkt sich noch, wenn außer dem pathologischen der polemische Diskurs in Rechnung gestellt wird. Als Fontane „Letzte Begegnung" verfaßte, geschah das in dem Wissen, daß Krankheit und Tod des Kaisers der Ausgangspunkt einer Kampagne geworden war.[32] Sie „brach in Sachen der Behandlung

Friedrichs III. los, [und sie warf] Viktoria [vor], daß sie infolge ihrer einseitigen Bevorzugung des englischen (genauer schottischen) Arztes Sir Morell Mackenzie gegenüber den deutschen Fachleuten für den vorzeitigen Tod Kaiser Friedrichs III. verantwortlich sei. Die Ressentiments gegen die ‚Engländerin' auf dem kaiserlichen Thron, der man nicht trauen könne und die jederzeit fähig sei, Landesverrat zu begehen, erlangte eine neue, destruktive Qualität."[33]

Fontane notierte im Tagebuch, als Friedrichs Tod noch nicht einmal einen Monat zurücklag: „Das Hauptereignis der Woche war der Ausbruch der großen Ärztefehde, die schwere Anklage v. Gerhardt-Bergmanns gegen Mackenzie. Dieser erklärt alles für Lüge. Der Streit ist noch im ersten Stadium und wird (hoffentlich) viel ans Licht bringen. Denn mit dem ewigen ‚alles im Dunkeln lassen' ist es Gott sei Dank vorbei! Das Mogeln muß nach Möglichkeit ein Ende nehmen."[34] *Daß* gemogelt wurde, stand Fontane offenbar fest – soweit es die ärztliche Kunst betraf.[35]

Und die Balladenkunst? Sein „Pasewalker Kürassier" hatte zwar ein Bild eiserner Willenskraft „ans Licht" gebracht, im übrigen aber ästhetisch gemogelt. Denn das Bild ließ nicht einmal die Spur jener Wirklichkeit durchscheinen, die sich inzwischen des verstorbenen Kaisers bemächtigt hatte. Wiederholt hatten Bismarck und der junge Kaiser Wilhelm II. versucht, „den Tod Friedrichs III. zu politisieren".[36] Vergiftet waren über dem Tod die Beziehungen zwischen den Ärzten, vergiftet das Verhältnis der Witwe Viktoria zu ihrem Sohn Wilhelm und zu Bismarck. Und die Chancen, mit England in ein engeres Verhältnis zu kommen, waren mit Friedrichs frühem Tod beträchtlich gesunken. Umgekehrt lebten nun die antienglischen Ressentiments wieder auf und erhielten Nahrung aus offiziösen Quellen.

Wie bei solchen Erregungen nicht unüblich, hat die Affäre noch ein Nachspiel gehabt – im medizinischen Kabinett von „Castan's Panopticum", das im Spätsommer 1888 von der Kaisergalerie, der Passage an der Ecke Friedrichstraße/Behrenstraße, in die Obergeschosse des Pschorrbräuhauses umgezogen war.[37] Dort konnten Neugierige, die es ganz genau wissen wollten, nach Friedrichs Tod einen Blick in den Kehlkopf des Kaisers werfen. Das Wachsmodell mit Kopf und Halsdurchschnitt war lebens- oder todesecht.[38] Auch *das* kann der Erfolg sein, wenn „viel ans Licht" gebracht werden soll. Vom Makabren führt der Weg zu Versen der Moderne: „Als ich von der Brust aus / unter der Haut / mit einem langen Messer / Zunge und Gaumen herausschnitt, / muß ich sie angestoßen haben, denn sie glitt / in das nebenliegende Gehirn."[39]

III.

Im Sprachgestus näher an der Gegenwart als „Letzte Begegnung" ist, wenigstens auf den ersten Blick, „Letzte Fahrt" mit dem Zusatz „(6. Juni 1888)". Wieder wählt Fontane einen der Tage unmittelbar vor dem Tod Kaiser Friedrichs, diesmal aber ist der Handlungskern nichts Offizielles, keine Audienz, kein Monarchenbesuch, sondern etwas Familiäres, Intimes, das ganz alltäglich beginnt im schlichten Umgangston. Doch dann verwandelt es sich über dem brausenden Orgelton in eine Epiphanie des Erlösers, der hohe, trostreiche Worte spricht. Es sind darin Worte von Friedrichs Konfirmation am 19. September 1848 in der Schloßkapelle zu Charlottenburg enthalten: „Sei getreu bis in den Tod, so will ich dir die Krone des Lebens geben" (Offb 2,10). Besser vielleicht als jede nachträgliche Interpretation zeigt die zeitgenössische Rezeption, wie dieses Gedicht zu verstehen ist – oder doch verstanden werden konnte. In „Unser Fritz, Deutscher Kaiser und König von Preußen. Ein Lebensbild von Hermann Müller-Bohn" schafft der Erzählerbericht die entsprechende Disposition für die Aufnahme des Gedichts:

„Der Kaiser hatte mehrfach Spazierfahrten in die Umgegend [von Potsdam] gemacht; es war, als ob er von all den lieben Stätten, den Zeugen einstiger glücklicher Tage noch einmal vor seinem Tode Abschied nehmen wollte. Am 6. Juni erfaßte ihn ein unwiderstehliches Verlangen, der Kirche des in der Nähe gelegenen Alt=Geltow, zu der er den Grundstein gelegt hatte, und die während seiner Abwesenheit vollendet worden war, noch einen letzten Besuch abzustatten. Wir brachten das freundliche Kirchlein bereits vorn in einem stimmungsvollen Bilde. In dem Gotteshause wird eine Gedenktafel mit folgender Inschrift noch den späteren Geschlechtern von jenem Tage erzählen, an dem der Unvergeßliche hier zum letzten Male den Klängen der Orgel gelauscht hat. Die Inschrift lautet: ‚An dieser Stätte weilte am 6. Juni 1888, 9 Tage vor seinem Tode, unser allergnädigster Herr, Kaiser Friedrich, das einzige Mal, daß er diese unter seinen Augen erbaute, aber in seiner Abwesenheit vollendete und geweihte Kirche betreten hat.'" [40]

Als hätte sich alles so und nicht anders zugetragen, wird mit dem folgenden Satz zum Vers übergeleitet: „Die ergreifenden Vorgänge während dieses Besuchs hat Theodor Fontane in folgendem tiefempfundenen Gedichte geschildert":

Kaiser Friedrichs letzte Fahrt [41]

„Ich sähe wohl gern" (er sprach es stumm)
„Noch einmal die Plätze hier herum.
Am liebsten auf Alt-Geltow zu, –
Und ihr kommt mit, die Kinder und du."

Das Dorf, es lag im Sonnenschein,
In die stille Kirche tritt er ein,
Die Wände weiß, die Fenster blank,
Zu beiden Seiten nur Bank an Bank.
Und auf der letzten – er blickt empor
Auf Orgel und auf Orgelchor
Und wendet sich und spricht: „Wie gern
Vernähm ich noch einmal ‚Lobe den Herrn';
Den Lehrer im Feld, ich mag ihn nicht stören,
Vicky, laß du das Lied mich hören."

Und durch die Kirche, klein und kahl,
Als sprächen die Himmel, erbraust der Choral,
Und wie die Töne sein Herz bewegen,
Eine Lichtgestalt tritt ihm entgegen,

Eine Lichtgestalt, an den Händen beiden
Erkennt er die Male: „Dein Los war Leiden.
Du lerntest dulden und entsagen,
Drum sollst du die Krone des Lebens tragen.
Du siegtest, nichts soll dich fürder beschweren:
Lobe den mächtigen König der Ehren ..."

Die Hände gefaltet, den Kopf geneigt,
So lauscht er der Stimme.
Die Orgel schweigt.[42]

Das ist ergreifend, aber auch ein poetischer Spagat: vom anrührend einfachen „‚Und ihr kommt mit, die Kinder und du'" zur Epiphanie, *imitatio Christi* und Verheißung. Dazu die Kirche, „klein und kahl", und der „‚Lehrer im Feld'", die der Dichter als Evokationen des realistischen Genres zwischen die dörfliche Idylle und den Orgelchoral stellt. Es ist die „Kunst [...] der Fortlassungen, der Sprünge", verbunden wiederum durch die „Kunst der Wiederholungen [...], der Leitmotive"[43] und eine ausgefeilte Tonalität. Der Meister des Verses bewältigt das souverän. Verstanden wurde „Letzte Fahrt" als eine Art Erbauungsgedicht, und eine aufbauende Bewegung ist der Ballade bis zum „*König der Ehren*" auch eingeschrieben. In „Unser Fritz" sind nach „Die Orgel schweigt" Sätze im Reichsbibelton zu lesen: „Die Kaiserstandarte auf Schloß Friedrichskron weht auf Halbmast! Es ist geschehen! Der kaiserliche Dulder hat sein schweres Werk vollbracht, ein Werk so voller Entsagung, so voller Schmerz, so voll bitterer Kämpfe, daß alle seine Ruhmestaten dagegen verblassen. [...] Deutschlands Hoffnungsstern, sein Glück, seine Zukunft liegt kalt auf der Bahre! Vorbei! Dahin!"[44] Was es mit dem „Hoffnungsstern" auf sich hat, darauf wird zurückkommen sein; auch auf die Frage, ob dieser „Hoffnungsstern" Fontane ebenso geleuchtet hat.

IV.

Nachrichten über die Sterbestunden langweilten ihn, von ein paar raren „Momenten" abgesehen. Er schrieb am 16. Juni 1888 an Georg Friedlaender: „Von Kaiser Friedrich spreche ich nicht; schon in den Zeitungen steht so viel, daß man halb zu Tode geödet wird. Nur dann und wann ein Goldkorn, wie ‚lerne leiden ohne zu klagen' und dann vorgestern, oder vielleicht gestern erst, der Moment, wo der Sterbende die Hand seiner Frau in die Hand Bismarcks legte. Kolossal ergreifend, groß, eine ganze Geschichte. Was liegt da alles drin! Liebe, Vergebung, Bitte, Vertraun. Und wie immer ist das, was das Herz thut, das Klügste. Wenn ihr, der armen Frau (und das ist sie, so wenig sympathisch sie mir allezeit gewesen ist) irgendwer helfen kann, so ist es Bismarck. Sonst ist sie unterm Schlitten." [45] Das war deutlich. Und was ist mit dem „Goldkorn"? Als Friedrichs Sohn, der Nachfolger Kaiser Wilhelm II., vor dem Krankenlager seines Vaters stand, schrieb dieser ihm die Worte aufs Papier: „Lerne leiden, ohne zu klagen, das ist das Einzige, was ich Dich lehren kann." [46] Indirekt ist der Spruch in die Verse „Dein Los war Leiden. / Du lerntest dulden und entsagen" eingegangen. Der postume Friedrichkult ging dann sonderbare Wege. So gab es ein kleines Messing-Schwein, im Mund einen Kaiser-Friedrich-Pfennig, darin das Motto eingraviert: „Lerne leiden ohne zu klagen." [47] Das „Goldkorn" wurde nicht nur von Dichtern, sondern auch von Devotionalienfabrikanten dankbar aufgenommen.

Ebensowenig wie die „erschütternde" [48] Belehrung des Sohnes am Krankenbett durfte in „Unser Fritz" der Besuch am 14. Juni 1888, dem Vor-Todestag, fehlen: „Auch der Reichskanzler erschien im Laufe des Nachmittags noch einmal am Sterbelager. Es war ergreifend, als Kaiser Friedrich die Hand seiner Gemahlin ergriff und sie in die Rechte des Fürsten Bismarck legte." [49] Fontane hielt den „Moment" – wie gesagt – für „kolossal ergreifend", für den Ober-Hof- und Hausmarschall Hugo Fürst Leczyc von Radolin-Radolinski „war es ‚die aufregendste ergreifendste Szene' seines Lebens". [50] Die *imagerie populaire* sorgte für rasche Verbreitung entsprechender Szenen. Eine

Chromolithographie mit Friedrich III. auf dem Totenbett zeigt ihn von seiner Familie umgeben, während Bismarck an seinem Kopf-ende Wache hält.[51]

Tatsächlich konnte von Versöhnung nicht die Rede sein. Die Witwe schrieb kurz nach dem Tod ihres Mannes an ihre Mutter Queen Victoria: „Wilhelm II. folgt Wilhelm I. ... und je früher Friedrich III. vergessen ist, desto besser, je schneller seine Witwe verschwindet, um so lieber."[52] Gegen „Vicky" wurde intrigiert, sie selber isoliert; schon bald war ihres Bleibens nicht mehr in Potsdam und Berlin. „Der Tod Friedrichs III. setzte der Kampagne gegen Viktoria keineswegs ein Ende. Auch ihre Bemühungen, das Werk ihres Gemahls auf sozialpolitischer Ebene fortzusetzen und damit das Ansehen Friedrichs III. zu erhalten, hatten jedenfalls zunächst keine Breitenwirkung. Im Rückblick urteilte Viktoria bitter über ihren aussichtslosen Kampf: ‚Warum standen wir denn gewissermaßen in der Opposition? Weil unser Patriotismus die Größe unseres Vaterlandes verbunden sehen wollte mit dem edlen Sinn für Recht, Moralität, für Freiheit und Kultur, für Selbständigkeit des Individuums, für die Hebung des einzelnen als Mensch und als Deutscher, Europäer und Weltbürger.'"[53] Das ging über den Horizont Bismarcks und derer, die sich im Zweiten Deutschen Kaiserreich zu Hause fühlten.

Bismarck hielt in den achtziger Jahren gegen die liberale Tendenz einen strikt konservativen Kurs in Preußen. Er wollte ein „Kabinett Gladstone", einen liberalen Regierungswechsel nach englischem Vorbild, im Fall des erwarteten Thronwechsels mit allen Mitteln verhindern. Erwartungen dieser Art hatten sich an die Thronbesteigung des Kronprinzen geknüpft, die der todkranke Kaiser dann nicht mehr erfüllen konnte. So schwand mit seinem Tod auch für Friedrich Nietzsche „„die letzte Hoffnung' auf eine freiheitliche Entwicklung in Deutschland".[54] Überhaupt war die öffentliche Anteilnahme nicht gering. „Vor den großen Kunsthandlungen", heißt es in „Unser Fritz", „drängen sich dichte Menschenmassen, die auf den zahlreich ausgestellten Bildern aus den letzten Leidenstagen des Heimgegangenen noch einmal seine lieben Züge betrachten wollen."[55] Der „Pasewalker Kürassier" mit Orangeband konnte in Emaille gleich doppelt auf der Männerbrust nach Hause getragen werden – lorbeerumkränzt am Hosenträger. Das gehörte wie die Spieluhr mit dem Miniaturbild des Kaisers, die Biskuitstatuette und die Taschenuhr mit dem Bildnis Friedrichs in das *Musée sentimentale de Prusse.*[56] Aber es gehörte auch zu jener Trivialkultur, die 1888/89 den Resonanzboden für Kaiser-Friedrich-Gedichte bildete.

V.

In Müller-Bohns „Unser Fritz", einem Goldschnitt-Andachtsbuch für die nach Friedrichs Tod noch immer wunde deutsche Bürgerseele, mußten Fontanes Verse auch beim „Tag von Düppel" – „Sechs Kolonnen. Ist das ein Tritt!"[57] – und beim „Einzug (20. September 1866)" – „Viktoria hat heute Dienst am Tor"[58] – ihre Wirkung tun. Einmal heißt es: „So schildert Theodor Fontane mit meisterhafter Anschaulichkeit den Beginn des furchtbaren Kampfes",[59] und im Fall der *ehernen* Viktoria ist zu lesen: „Theodor Fontane, der es in unübertrefflicher Weise versteht, Humor mit tiefem Ernst zu verbinden, giebt in nachfolgenden Strophen eine köstliche Schilderung des Einzuges, bei welchem er der Siegesgöttin auf dem Brandenburger Thore die Rolle eines Thorschreibers zuerteilt."[60]

Fontane befand sich mit seinen Versen in mehr oder minder guter Nachbarschaft von Ernst Moritz Arndt, Friedrich Förster, Emanuel Geibel, Georg Herwegh, Edmund Höfer, Johannes Hüll, Hermann Jahnke, Wilhelm Jensen, Hugo Kegel, August Kopisch, Wolrad Kreusler, Hermann Müller-Bohn, Ernst Scherenberg, Friedrich Schiller, Moritz Graf Strachwitz, Ludwig Uhland, Johann Nepomuk Vogl und Ernst von Wildenbruch. Die meisten Verse lieh sich der Biograph jedoch bei ihm aus. Ob Fontane die Nachbarschaft behagte? Bei dem einen oder anderen Namen sind Zweifel angebracht; einen Wink könnte die Tagebuchnotiz vom Frühjahr 1888 geben: „Ein verrückter Spandauer Verleger wollte zur ‚Erhebung des Kronprinzen' einen Band ‚Kronprinzengedichte' 'rausgeben, – natürlich wieder Felix Dahn und Ernst von Wildenbruch an der Spitze. Fehlt bloß noch Johannes Parricida, denn wenn ihn die Ärzte nicht klein kriegen, diesem mörderischen Dichteranfall wäre er unterlegen."[61]

Für Fontane war Friedrich nicht eigentlich „‚Unser' Fritz", denn er gehörte nicht zu jenen Kreisen, die seit dem preußischen Verfassungskonflikt der sechziger Jahre ihre Hoffnung auf den Kronprinzen gesetzt hatten. Das waren Leute von der „Deutschen Fortschrittspartei" oder später von der „Deutschen Freisinnigen Partei", denen Fontane wegen ihrer „patentierten Freiheit" allezeit reserviert gegenüberstand. Wohl heißt es in seinem „Prolog. Zum Kolonie-Familienfest am 29. Oktober 1888": „Und auch das Fest, das *heute* wir begehn, / Sah sich bedroht: zwei Könige, zwei Kaiser, / Der eine durch Geschehnes uns vereinigt, / Der andre durch Erhofftes, schieden hin".[62] Doch das sind Festtagsworte, auf Wunsch geschrieben und im Namen der Französischen Kolonie durch ihren Sekretär Dr. Richard Béringuier bei Kroll vorgetragen. Sie haben gleich darauf in der „Vossischen Zeitung"[63] und in den Mitteilungen der Französischen Kolonie[64] gestanden, sind aber in keiner vom Autor besorgten Ausgabe seiner „Gedichte" enthalten. Eher war die Kolonie, waren vor allem die Leser der liberalen „Vossischen" mit ihrem „Fritz" durch „Erhofftes [...] vereinigt"[65] – als der Prologdichter, der einer Pflicht genügte.

Auf Wunsch desselben Béringuier hat Fontane auch für die Festsitzung des „Vereins für die Geschichte Berlins" am 13. Oktober 1888 einen Prolog gedichtet: „Zur Erinnerung an Kaiser Wilhelm I. und Kaiser Friedrich III." So trat nicht nur der Epigrammatiker und Balladendichter, sondern auch der Festtagsdichter im Dreikaiserjahr mit seinen Versen vor das Berliner bürgerliche Publikum. Eine Herzensangelegenheit war ihm das nicht. Er schrieb am 2. Oktober 1888 an Emilie: „Das Gedicht zur Erinnerung an die beiden Kaiser muß ich machen [...]".[66] Drei Tage später heißt es in einem Brief an Friedlaender: „[...] und jetzt dichte ich seit 8 Tagen für meinen Freund Béringuier, der in einer Festsitzung des Berliner Geschichtsvereins das Andenken der beiden verstorbenen Kaiser, mit Hülfe etlicher Ottaverime von mir, zu feiern wünscht".[67] Der Sekretär und Amtsgerichtsrat wollte im historischen Verein mit Geschichtsfreunden und Honoratioren den Gedenktag begehen; der Dichter sollte ihm dabei

behilflich sein. Fontane griff routiniert auf die „Ottaverime", die acht-
zeilige Strophe der Stanze, zurück, von der er bereits 1851 in seinem
Manteuffel-Gedicht Gebrauch gemacht hatte.[68] Ihr eignet ein fest-
licher Charakter, und dieser braucht Raum, um sich zu entfalten.
Vier Stanzen hat Fontane an den Prolog gesetzt, hier soll es nur um
eine gehen:

> [...]
>   Und denken *deiner*, der, auf Tage nur,
> Uns grüßend ansprach, im Vorüberschweben,
> Doch dieser neunundneunzig Tage Spur
> Ist uns als ewig Erbe nun gegeben,
> Wie Balder, blond und leuchtend am Azur,
> So kamst du, gingst du, Freiheit war dein Leben,
> Im Reich des Lichtes der Erwählten einer, –
> Ja, Kaiser Friedrich, wir gedenken deiner.
> [...][69]

Wie meist bei deutschen Stanzen sind es jambische Fünftakter mit
abwechselnd männlicher und weiblicher Kadenz, deren erste sechs
alternierend, die beiden letzten paarig reimen. Solches ist aus Goethes „Zueignung" bekannt. Die Zäsur nach sechs Zeilen macht das
finale Verspaar besonders für einen krönenden Abschluß geeignet.
Das versichernde „Ja, Kaiser Friedrich, wir gedenken deiner" überzeugt aber nicht. Muß nach „Und denken *deiner*" am Anfang der
Strophe nochmals gesagt werden, was man ohnehin schon tut? „Erinnerung an [...] Kaiser Friedrich III." steht über dem Gedicht. Das
könnte so verstanden werden, als ginge es ohne wiederholte Versicherung nicht. Die Strophe gibt genau gelesen mehr preis, als diese
Feierworte ahnen lassen. Zwar mag der Leser sich den kräftigen und
hochgewachsenen Friedrich nur mit Mühe ‚schwebend' vorstellen,
aber im „Vorüberschweben" deutet es sich an: Der Vergleich mit
dem nordischen Lichtgott Balder rückt die Gestalt in mythische Ferne,
in Ätherhöhen – und entwirklicht sie. Dieser Entwirklichung verfällt
im gleichen Atemzug ihr „Freiheits"-Leben. So schwimmt das „Reich

des Lichtes", der Aufklärung, des liberalen Geistes, zwischen Mythos und Azur dahin. Und wenn es heißt „Doch dieser neunundneunzig Tage Spur / Ist uns als *ewig*[70] Erbe nun gegeben", dann hat es keine Eile, das Erbe hier und heute anzutreten.

VI.

Ist es erlaubt, die Verse gegen den Strich zu lesen? Der Dichter selbst, befragt als Zeitgenosse, gibt die Berechtigung dazu. Denn was hielt Fontane tatsächlich von „dieser neunundneunzig Tage Spur"? Ins Tagebuch trug er ein: „Zum Glück dauerte es nicht lange. Nach 99 Tagen starb Friedrich III., und alles atmete auf, als das Kranken- und Weiberregiment ein Ende nahm und der jugendliche Kaiser Wilhelm II. die Zügel in die Hand nahm. Es war hohe Zeit."[71] Das liest sich wie ein Dementi der „Grabschrift", die Fontane noch am Todestag verfaßt hat: „Du fandst nicht Zeit, zu bilden und zu bauen, / Nicht Zeit, der Zeit den Stempel aufzudrücken, / Du fandst nur eben Zeit noch, zu beglücken".[72] Der Zeitgenosse fand sich nicht beglückt, nur dankbar „*dafür*", wie er an die Tochter Martha schrieb, „daß dies Qualenleben wenigstens ohne Qual erloschen ist".[73]

Dann ist da noch der Bittvers aus „Letzte Fahrt": „Vicky, laß du das Lied mich hören". Dieselbe Viktoria ist gemeint, wenn Fontane vom „Kranken- und Weiberregiment" spricht. Dabei fiel der Kaiserin notwendigerweise eine Schlüsselfunktion zu. Als Friedrich Wilhelm, so hieß er als Kronprinz, am 9. März 1888 todkrank die Nachfolge Wilhelms I. antrat, gab es schon einige Zeit keine „Kronprinzenpartei" mehr; denn die für ein gemäßigt-liberales Kabinett in Frage kommenden Persönlichkeiten hatte Bismarck sämtlich ausgeschaltet. Seiner Stimme durch einen Luftröhrenschnitt beraubt, konnte Friedrich seine Wünsche und Vorstellungen nur mühsam und in schriftlicher Form äußern, so daß Viktoria ganz von selbst eine wichtige Rolle zukam. „Aber", bemerkt Wolfgang J. Mommsen, „ihr waren weitgehend die Hände gebunden, und selbst die Kommunikation mit ihren engsten Beratern, insbesondere Ludwig Bamberger, mußte inkognito und durch Vermittlung der Frau von Stockmar erfolgen."[74]

358

Fontane hat die Rolle Viktorias anders, genauer gesagt: äußerst kritisch gesehen: „Aber der neue Kaiser war bereits ein Sterbender, und so hatten wir nicht einen liberalen Regierungswechsel, sondern die alte Regierung blieb, in die nun ‚vom Kabinett aus‘, d. h. durch die Kaiserin, fortschrittlerisch hineingewirtschaftet wurde. So daß Willkürlichkeit und Konfusion dieser ganzen Epoche den Stempel aufgedrückt haben."[75] Nichts davon trifft zu, weder das „Hineinwirtschaften" der Kaiserin noch „Willkürlichkeit und Konfusion". Fontane gibt nur wieder, was dank Bismarcks gezielten Hinweisen an die Presse offiziöse Lesart der Epoche war.[76] Die Regierungsgeschäfte gingen ihren Gang, wie schon das „Reichs = Gesetzblatt 1888" zeigt, und hätte es in dem „Gesetz, betreffend den Schutz von Vögeln" vom 22. März 1888 nicht den Satz gegeben: „Auch wird der in der bisher üblichen Weise betriebene Krammetsvogelfang […] durch die Vorschriften dieses Gesetzes nicht berührt",[77] dann sähe sich der Leser Fontanes um mehr als nur ein paar Tafelfreuden im „Stechlin" gebracht. Kontinuität also auch beim Wacholderdrosselfang.

Das Jahr 1888 war kein Epochen- oder Schwellenjahr der deutschen Geschichte, denn eine Richtungsänderung der Politik unterblieb. Fontanes gelegentlich unterschätzter Roman „Die Poggenpuhls" trägt dem schon durch die Art der Erzählung Rechnung: „Erzählzeit ist das ‚Dreikaiserjahr‘ 1888 […]. Aber die neun Monate, in denen die ‚Handlung‘ abläuft, bringen nichts Neues, trotz angeblichen ‚happyends‘. Prinzipiell ändert sich in dieser Gesellschaft nichts."[78] Als tiefer Einschnitt wurde erst die Entlassung Bismarcks zwei Jahre später und der Wechsel zum „Neuen Kurs" empfunden. Dennoch hat das Dreikaiserjahr in Fontanes Brief-, Roman- und Gedichtwerk vielfältige, darunter durchaus dissonante Spuren hinterlassen.[79] Nicht alles konnte hier zur Sprache kommen, doch wird demnächst Gelegenheit sein, einen weiteren Blick auf Friedrich III. zu werfen.[80] Wie die Gestalt die Phantasie des Romanciers herausgefordert hat, möchte eine nicht unwillkommene Ergänzung zur Befragung des Friedrich-Dichters sein.[81]

VII.

Wenn Manon in den „Poggenpuhls" ihrer älteren Schwester Therese von Poggenpuhl entgegenhält: „Unser Kronprinz ist Kronprinz und trägt auch des Königs Rock, und wenn er noch nicht bei den Bartensteins war, so war er doch woanders. Aber ebenso",[82] dann spielt sie auf Kronprinz Friedrichs (eigentlich Friedrich Wilhelms) vorurteilsfreien Umgang mit Juden an, wofür ihn, nachdem er Kaiser geworden war, die Ultrakonservativen „Cohn I., Judenkönig"[83] schmähten. Daß Friedrich III. am 18. März 1888 dem Präsidenten des Reichsgerichts Eduard Simson und am folgenden Tag dem Justizminister Heinrich Friedberg, jenem alten Fontane-Bekannten aus „Tunnel"-Tagen, unter Erhebung beider in den Adelsstand den Schwarzen Adlerorden verlieh, veranlaßte den General Graf von Waldersee zu der Bemerkung: „Die Verleihung soll ein Programm sein, sie offenbart das Bestreben, sich bei den Liberalen und Juden populär zu machen."[84] Die Anwesenheit des abwesenden Friedrich im Roman – als Leitwort kann gelten: „[…] so war er doch woanders. Aber ebenso" – wäre ein Thema für sich und ein sehr lohnendes für eine neuerliche Romanbefragung.

Ein zweites Beispiel. „Mathilde Möhring" setzt mit der erzählten Zeit im Oktober 1888 ein, als Kaiser Friedrichs Tod schon einige Monate zurückliegt. Hugo Großmann, die männliche Hauptgestalt, trägt nicht nur auffällige Züge des Verstorbenen, sondern stirbt ihm auch ähnlich unaufhaltsam nach.[85] Nach außen kräftig und schön, aber formbar und hinfällig, das scheint in der Figurenkonstellation das *tertium comparationis* zu sein. Wie Hugo aus dem Leben Mathildes verschwindet, als hätte es ihn nicht gegeben, so löst Fontane Friedrichs Gestalt im schattenlosen „Reich des Lichtes" auf. Mathilde aber ist stählerne Inkarnation, das fleischgewordene Bismarck-Wort: „Ich darf sagen, daß die Reden des Fürsten erst das aus mir gemacht haben, was ich bin. Es ist so oft von Blut und Eisen gesprochen worden. Aber von seinen Reden möchte ich für mich persönlich sagen dürfen: Eisenquelle, Stahlbad. Ich fühlte mich immer wie erfrischt."[86] In den kleinbürgerlich-mittelschichtigen Figuren Mathilde und Hugo leben die prägenden (und weniger ‚prägenden') Gestalten der Epoche fort, gemischt natürlich mit anderen Charakteren.

Ein letztes Beispiel aus den Romanen, das eine weitere politische Facette um die Gestalt Friedrichs III. entfaltet. In einem der für ihre Gesprächskunst bewunderten „Stechlin"-Diskurse geht es um Adel und Krone, genauer, um „Junkertum" und Hohenzollerndynastie. Graf Barby, weltgewandt und englanderfahren, hält den berlinisch-märkischen „Sandboden" für fortschrittshemmend, gleichwohl für „tragfähig, nicht glänzend, aber sicher. Er muß nur, und vor allem der moralische, die richtige Witterung haben, also zu rechter Zeit Regen und Sonnenschein. Und ich glaube, Kaiser Friedrich hätt' ihm diese Witterung gebracht." Dubslav von Stechlin, der die ‚Witterungsverhältnisse' zu Hause wohl besser kennt, da er seit dreißig Jahren in seiner Grafschaft sitzt, glaubt nicht daran. Daß Kaiser Friedrich an der „scharfen Quitzow-Ecke gescheitert [wäre]", schließt Graf Barby zu Recht aus dessen Äußerungen. Dubslav sieht nämlich als Ergebnis der politischen Kämpfe jüngster Zeit einen beträchtlichen Machtzuwachs der landbesitzenden Führungsschicht. Eher andeutend heißt es dann: Eine zu neuem Selbstbewußtsein gelangte Machtelite wäre im Verein mit Teilen der Generalität und dem „alten Sachsenwalder" einem – wie man heute wohl sagen würde – ‚Politikwechsel' energisch entgegengetreten. Mit anderen Worten: Es wäre auf eine Konfrontation hinausgelaufen. „Wenn so", folgert Graf Barby, „so wär' es schließlich ein Glück, daß es nach neunundneunzig Tagen anders kam und wir nicht vor diese Frage gestellt wurden."[87]

Ob die Widerstände in den Führungsschichten Preußens gegen eine Monarchie, die den Fragen und Forderungen der Zeit aufgeschlossener gegenübergetreten wäre, auf Dauer Erfolg gehabt hätten, bleibt jedoch eine offene Frage. Auch Graf Barby kleidet seine Antwort in ein konditionales „Wenn so". Im Hause Stechlin indessen, wo sich „Altes" und „Neues" begegnen, ist die Frage schon immer ein Thema gewesen: „Ich habe mit meinem Woldemar, der einen stark liberalen Zug hat (ich kann es nicht loben und mag's nicht tadeln) oft über diese Sache gesprochen. Er war natürlich für Neuzeit, also für Experimente … Nun hat er inzwischen das bessere

Teil erwählt [...]".[88] Der Leser mag herausfinden, welches „das bessere Teil" ist und ob dieses „Teil" tatsächlich „das bessere" ist. Aus heutiger Sicht sollte er noch einen Schritt weiter gehen und seine historische Phantasie gebrauchen: Was wäre aus Preußen und Deutschland geworden, wenn ein deutscher Whiggismus statt Bismarcks Machtpolitik 1862 die Weichen gestellt und ein gesunder Friedrich III. mit einem „Kabinett Gladstone" am Ende des 19. Jahrhunderts regiert hätte?

VIII.

Der Leser kann sich auf Fontane beziehen, wenn er der angedeuteten Alternative, dem „Als-ob" nachdenkt, und sei es in Kritik und Widerspruch. Die Romane bieten ihm dafür die beste Möglichkeit, sind sie doch selber Möglichkeitswelten, in denen es keine ‚letzten Wahrheiten' gibt. Die hier in den Blick genommenen Kaiser-Friedrich-Gedichte sind dagegen eng an die Umstände ihrer Entstehung gebunden, und sie kennen vor allem die „Vielstimmigkeit"[89] der Romane nicht. Sie nähern sich mit „Ré Umbertos Kranz" und zumal mit „Grabschrift" halb schon der offiziellen Erinnerungspolitik, als deren manifester Teil dann der Prolog „Zur Erinnerung an Kaiser Wilhelm I. und Kaiser Friedrich III." anzusehen ist. Der Vers „So ward durch *sie* die neue Zeit gegründet"[90] ist wie mit Bronzelettern auf Marmorstein geschrieben. Kaum anderes gilt für „Ré Umbertos Kranz", ein Gedicht, das selbst schon Denkgebinde ist, indem es so gestaltet ist, daß „Ré Umberto" seinem „Martyrfreunde"[91] einen Kranz aus Worten flicht. „Letzte Fahrt" und „Letzte Begegnung" nehmen die Gestalt von Erinnerungsblättern an, die ‚anrührend' und ‚erschüttternd' bekunden, daß Trost und Größe dem Tod benachbart sind.

Von solchen Unterscheidungen abgesehen: In allen Friedrich-Gedichten und besonders im Prolog wirkte Fontane am *öffentlichen* Gedenken mit, ob durch das gedruckte Wort der Zeitschrift oder das gesprochene Wort des Festgedichts. Er spielte damit eine Rolle, für die er selbst das Drehbuch verfaßt hatte. Seit 1864-66-71, seit dem „Tag von Düppel", „Berliner Landwehr bei Langensalza", „Kaiser

Blanchebart", seit den Einzugs-Gedichten 1864-66-71 war Fontane im öffentlichen Bewußtsein Berlins ein Chronist, der zu wichtigen Gelegenheiten sein Dichterwort sprach. Dieser von ihm selbst gesuchten und geprägten, zunehmend aber auch in der Publikumserwartung ausgebildeten Rolle entsprach er, wenn er 1888/89 Kaiser-Friedrich-Gedichte verfaßte und sie an geeigneter Stelle der Öffentlichkeit präsentierte. Er sprach darin nicht einfach für sich, sondern jeweils ,für viele', auch wenn er in den beiden Balladen zweifellos mehr von sich gegeben hat als etwa im Prolog für das Fest des Geschichtsvereins.

Dies muß der Leser im Auge behalten, wenn er heute an die Friedrich-Gedichte herantritt.

Es gab in dieser Hinsicht einen ,öffentlichen' und einen ,privaten' Fontane, die tunlichst auseinandergehalten werden sollten. Der ,private' reimte keineswegs nur pietätvolle Gedanken, wie der eingangs zitierte „Knittelvers" erkennen ließ. Vor allem aber war Friedrich III. niemals Fontanes „Hoffnungsstern". Im Gegenteil: Dessen Art, Politik zu machen, hielt er von Anfang an für verfehlt: „Völker verlangen Bestimmtheit und Befehle. Das ,ins Belieben stellen' geht kaum im Privatleben, im Staatsleben gewiß nicht."[92] Schlimm war für ihn die aus dem Erlaß Friedrichs III. an den Reichskanzler herausgelesene „totale Verurtheilung oder doch mindestens Anzweiflung der gesammten Bismarckschen Politik". Er konnte nur das „Bedrohliche dieser Situation" erkennen, von „Hoffnung" keine Spur: „Ich habe nicht argwöhnisch oder schwarzseherisch geurtheilt, es ist klar, daß die fortschrittliche Partei die Sache grade so ansieht wie ich und in diesem sanften, stillen, reservirten Programm eine Kriegserklärung erblickt. Aber während sich der Fortschritt dieser versteckten und doch ganz deutlichen Kriegserklärung gegen B[ismarck] freut, erschrecke ich davor."[93]

Erst als das „Bedrohliche" vorüber war (und es war erst vorüber, als Friedrichs Zeit abgelaufen war), stellten sich Spuren des „Schönen" ein. Fontane schrieb am 17. Juni 1888, zwei Tage nach Friedrichs Tod, an seinen Sohn Theo: „Nun ist auch Kaiser Friedrich zu seinen Vätern versammelt. Ein wahres Glück, daß sich der

Wilhelmsradau nicht wiederholen soll. Alles still. Schon morgen zieht er in die Friedenskirche ein. Zunächst ist man noch unter der Herrschaft der Zeitungsphrase; wenn aber die großen Wasser verlaufen sein werden, wird manches Schöne am Strande aufgelesen werden können." Es ist wie die Stille *nach* dem Sturm, die erst allmählich die verbliebenen Körner ans Tageslicht bringt. Dies sind die überwiegend schon benannten „Momente", aus denen der Dichter seine Anregungen schöpfte: „Jetzt sind es noch die Goldkörner in einem Scheffel Kleie. ‚Lerne leiden, ohne zu klagen', welche große königliche Hinterlassenschaft; die Dreiminutenszene mit dem König von Schweden, wie erschütternd; wie rührend der Moment, wo er (wohlweise) die Hand seiner Frau in die Hand Bismarcks legte; wie schön und klug das Wort: ‚Ich wünsche seziert zu werden, damit das Gezänke der Ärzte nicht meinen Tod überdauert.' Und ähnliches wird wohl noch weiterhin aus seinen letzten Lebenstagen bekannt werden."[94] Von fortgesetzter Körnerlese kann jedoch keine Rede sein, jedenfalls findet sich nichts davon in den Briefen oder Gedichten. Bei Friedrich III. kam die Poesie erst nach seinem Tod; seine Politik, so „still" sie war und unter den gegebenen Umständen nicht anders sein konnte, hatte Fontane einen gehörigen Schreck versetzt.

1   Dem Aufsatz liegt ein Vortrag zugrunde, der auf der 11. Jahrestagung der Theodor Fontane Gesellschaft e.V. am 22. September 2001 in Potsdam gehalten wurde; vgl. Wolfgang Schneider: *Regeln für den Menschenquark. Der Dichter selbst läßt sich entschuldigen: Die Fontane-Gesellschaft tagt in Potsdam.* In: *Frankfurter Allgemeine Zeitung,* Nr. 225, 27. September 2001, S. 54. – In erweiterter Fassung wurde der Vortrag am 13. März 2002 im Fontane-Kreis Niederrhein in Düsseldorf-Kaiserswerth wiederholt.

2   Theodor Fontane: *Knittelvers.* In: GBA *Gedichte.* Bd. 2. *Gedichte in Prosatexten. Gedichte aus dem Nachlaß.* Hrsg. v. Joachim Krueger u. Anita Golz.. 2., durchges. u. erw. Aufl. Berlin 1995, S. 451 [künftig zit. GBA *Gedichte* mit Bandangabe]. – Für den *Knittelvers* wie für die im folgenden besprochenen Gedichte unergiebig: Jens Erik Classen: *„Altpreußischer Durchschnitt"? Die Lyrik Theodor Fontanes* (= Historischkritische Arbeiten zur deutschen Literatur, Bd. 29). Frankfurt/M. [u. a.] 2000.

3 *Vossische Zeitung*. Nr. 248, 27. Mai 1928 (Das Unterhaltungsblatt, Nr. 123).

4 Gedrängter Überblick bei: Volker Ullrich: *Die nervöse Großmacht 1871–1918. Aufstieg und Untergang des deutschen Kaiserreichs*. 4. Aufl. Frankfurt/M. 2001, S. 107–113.

5 „Stöcker war der erste Politiker im Kaiserreich, der den Antisemitismus ganz bewußt als Instrument zur Mobilisierung der Massen einsetzte", schreibt Ullrich, wie Anm. 4, S. 387. Wilhelm II. hatte bereits als Kronprinz im November 1887 seine geistige Nähe zu den antisemitischen Kreisen dokumentiert, als er eine Versammlung Stöckers aufsuchte (vgl. ebd., S. 112). August Trümpelmann (1837–1915), Pfarrer und Schriftsteller, brachte 1888 in neuer Bearbeitung sein Festspiel „Luther und seine Zeit" (1869) heraus.

6 GBA *Gedichte 2*, S. 673.

7 Theodor Fontane: *Grabschrift*. Erstdruck in: *Zur guten Stunde*. Bd. 2, September 1888, Spalte 1103 unter dem Titel „Kaiser Friedrich III. (gest. 15. Juni 1888)". Zu dieser Zeitschrift: Roland Berbig unter Mitarb. v. Bettina Hartz: *Theodor Fontane im literarischen Leben. Zeitungen und Zeitschriften, Verlage und Vereine* (= Schriften der Theodor Fontane Gesellschaft, Bd. 3). Berlin, New York 2000, S. 258–262.

8 Theodor Fontane: *Letzte Fahrt*. Erstdruck in: *Der Bär*. Jg. 15, Nr. 1, Oktober 1888, unter dem Titel „Kaiser Friedrichs letzte Fahrt". Zu dieser Zeitschrift: Berbig, wie Anm. 7, S. 320–325.

9 Theodor Fontane: *Grabschrift*. In: GBA *Gedichte 1*, S. 229.

10 Johann Wolfgang Goethe: *Der König in Thule*. In: J. W. Goethe: *Sämtliche Gedichte*. Erster Teil. München 1961, S. 103. – Wiederum in dem bekannten Vers „bis lobesam / Der von Ribbeck auf Ribbeck *zu sterben kam*" zitiert.

11 So die Unterteilung der „Bilder und Balladen" in der Ausgabe der *Gedichte*; vgl. GBA *Gedichte 1*, S. 71: „I. Nordisches"; S. 88: „II. Englisch-Schottisches"; S. 158: „III. Deutsches. Märkisch-Preußisches".

12 Theodor Fontane: *Letzte Begegnung*. Erstdruck in: *Zur guten Stunde*. Bd. 4, Nr. 45, 22. Juni 1889, Spalte 597–598 unter dem Titel „Letzte Audienz vor Kaiser Friedrich".

13 Theodor Fontane: *Ré Umbertos Kranz*. In: *Der Bär. Berlinisch-märkischer Kalender für das Jahr 1890*, S. 71 unter dem Titel „Ré Umbertos Kranz für Kaiser Friedrich".

14 GBA *Gedichte 1*, S. 228 [Hervorh. im Orig.].

15 Ebd., S. 73

16 Ebd., S. 79 [Hervorh. im Orig.].

17 Theodor Fontane: *Tagebücher 1866–1882. 1884–1898*. Hrsg. v. Gotthard Erler unter Mitarb. v. Therese Erler. GBA *Tage- und Reisebücher 2*. 2. Aufl. Berlin 1995, S. 241.

[18] GBA *Gedichte* 1, S. 71–72, S. 75–84; Kommentar S. 487, S. 489–491, S. 495–496.

[19] Vgl. Karl Richter: *Das spätere Gedichtwerk*. In: Christian Grawe u. Helmuth Nürnberger (Hrsg.): *Fontane-Handbuch*. Stuttgart 2000, S. 726–747, hier S. 742–746.

[20] Theodor Fontane an Pol de Mont, Berlin, 24. Mai 1887. In: HFA IV/3, S. 537–538, hier S. 538.

[21] Theodor Fontane an Pol de Mont, Berlin, 17. Dezember 1889. In: HFA IV/3, S. 743–744, hier S. 744.

[22] (Pommersches) Nr. 2. – Hier konnte Fontane auf das Bildgedächtnis seiner Leser bauen, denn von dem Generalfeldmarschall (Ernennung im Herbst 1870) in dieser Uniform gab es eine ganze Anzahl von Holzschnitten, Drucken und Fotos.

[23] Heinrich von Angeli [?]: *Kronprinz Friedrich Wilhelm von Preußen*. Pastell 125 x 81 cm. Stiftung Preußische Schlösser und Gärten, Schloß Charlottenburg; vgl. die Abb. in: *Fontane Blätter* 72 (2001), S. 78.

[24] Zur Beziehung zwischen Bild und Tod: Thomas Macho: *Tod und Trauer im kulturwissenschaftlichen Vergleich*. In: Jan Assmann: *Der Tod als Thema der Kulturtheorie* (= Erbschaft unserer Zeit. Vorträge über den Wissensstand der Epoche, Bd. 7). Frankfurt/M. 2000, S. 89–120, hier S. 99–105: „Bild und Tod. Die Materialität des Toten".

[25] Vgl. *Berlin und Preußen und das Reich 1888. Ein deutsches Bilderbuch*. Ein Schicksalsjahr im Spiegel der Pressebilder, gesammelt u. erläutert v. Klaus J. Lemmer. Berlin 1981, S. 49. – *Kaiser Friedrich III. (1831–1888)*. Ausstellung des Geheimen Staatsarchivs Preußischer Kulturbesitz anläßlich der 100. Wiederkehr des Dreikaiserjahres 1888. Berlin 1988, S. 184.

[26] Karl Richter: *Die Erneuerung der Ballade in Fontanes Alterswerk*. In: *Fontane Blätter* 71 (2001), S. 102–119, hier S. 110.

[27] Daran ändert auch nichts, daß es „die Nähe zum Tod [ist], die die Herrschergröße noch einmal aufscheinen läßt, bevor sie dem Tod anheimfällt" (Richter: *Erneuerung* [wie Anm. 26], S. 110).

[28] Lemmer, wie Anm. 25, S. 49.

[29] Vgl. Dieter Möhn u. Roland Pelka: *Fachsprachen. Eine Einführung* (= Germanistische Arbeitshefte, Heft 30). Tübingen 1984, S. 152.

[30] Hannah Pakula: *Victoria. Tochter Queen Victorias, Gemahlin des preußischen Kronprinzen, Mutter Wilhelms II*. Aus dem Amerikanischen v. Waltraud Kolb u. Brigitte Rapp. München 1999, S. 519–520.

[31] *Kaiser Friedrich III*. Ausstellungskatalog, wie Anm. 25, S. 184.

[32] Zur Krankengeschichte und zum Streit der Mediziner detailliert: John C. G. Röhl: *Wilhelm II. Die Jugend des Kaisers 1859–1888*. München 1993, S. 643 ff.

33 Wolfgang J. Mommsen: *Bismarck ließ verbreiten, die Engländerin habe eine Meise.* In: *Frankfurter Allgemeine Zeitung*, Nr. 179, 4. August 2001, S. 42.

34 GBA *Tage- und Reisebücher* 2, S. 244–245.

35 Vgl. Pakula, wie Anm. 30, S. 537–539.

36 Ebd., S. 537.

37 Vgl. Johann Friedrich Geist: *Die Kaisergalerie. Biographie der Berliner Passage.* München, New York 1997, S. 45.

38 Vgl. Marie-Louise Plessen u. Daniel Spoerri (Hrsg.): *Le Musée sentimental de Prusse.* Ausstellungskatalog. Berlin 1981, S. 132 mit Abb.

39 Gottfried Benn: *Kleine Aster.* In: Ders.: *Gesammelte Werke in vier Bänden.* Hrsg. v. Dieter Wellershoff. 9. Aufl. Stuttgart 1997, 3. Bd., S. 7.

40 Hermann Müller-Bohn: *Unser Fritz, Deutscher Kaiser und König von Preußen. Ein Lebensbild.* Mit zahlreichen Illustrationen von ersten deutschen Künstlern. 3. Aufl. Berlin o. J., S. 415.

41 So der Titel in: Müller-Bohn, wie Anm. 40, S. 415 und im Erstdruck in: *Der Bär* (vgl. Anm. 8).

42 GBA *Gedichte* 1, S. 227 [Hervorh. im Orig.]; vgl. den Kommentar ebd., S. 577–578.

43 Theodor Fontane an Pol de Mont, Berlin, 24. Mai 1887. In: HFA IV/3, S. 537–538, hier S. 538.

44 Müller-Bohn, wie Anm. 40, S. 416.

45 Theodor Fontane an Georg Friedlaender, Berlin, 16. Juni 1888. In: HFA IV/3, S. 613–615, hier S. 613–614.

46 Müller-Bohn, wie Anm. 40, S. 407.

47 Plessen/Spoerri (Hrsg.): *Musée*, wie Anm. 38, S. 134 mit Abb.

48 Müller-Bohn, wie Anm. 40, S. 407.

49 Ebd., S. 418.

50 Pakula, wie Anm. 30, S. 520.

51 Plessen/Spoerri (Hrsg.): *Musée*, wie Anm. 38, S. 133 mit Abb.

52 Pakula, wie Anm. 30, S. 529.

53 Mommsen, wie Anm. 33.

54 Ullrich, wie Anm. 4, S. 109.

55 Müller-Bohn, wie Anm. 40, S. 422.

56 Plessen/Spoerri (Hrsg.): *Musée*, wie Anm. 38, S. 131–134.

57 Müller-Bohn, wie Anm. 40, S. 99. – GBA *Gedichte* 1, S. 210–212.

58 Müller-Bohn, wie Anm. 40, S. 139. – GBA *Gedichte* 1, S. 219–220.

59 Müller Bohn, wie Anm. 40, S. 100.

60 Ebd., S. 138–139.

61 GBA *Tage- und Reisebücher* 2, S. 242.

62 GBA *Gedichte* 2, S. 91 [Hervorh. im Orig.].

63   *Vossische Zeitung*, Nr. 516, 31. Oktober 1888.

64   *Die Französische Kolonie*, Jg. 2, 1888, S. 138.

65   Pakula schreibt: „[…] die *Vossische Zeitung* trauerte um diesen ,Siegfried … diesen ritterlichen Prinzen …, der vom bösartigen Tod hinweggerafft wurde‘. Während sich die Konservativen öffentlich freuten, daß seine Regierungszeit so kurz gewesen war, stellte die *Frankfurter Zeitung* fest, daß der Verstorbene nicht umsonst gelebt hatte: ,Das Gute, das er getan, die Größe, nach der er gestrebt … bleiben seiner Familie, der Nation und der Welt erhalten‘“ (wie Anm. 30, S. 525).

66   Theodor Fontane an Emilie Fontane, Berlin, 2. Oktober 1888. In: HFA IV/3, S. 642–645, hier S. 643.

67   Theodor Fontane an Georg Friedlaender, Berlin, 5. Oktober 1888. In: HFA IV/3, S. 645–647, hier S. 645.

68   Vgl. Rudolf Muhs: *„Die Lilie der Legende“. Ein unbekanntes Huldigungsgedicht Theodor Fontanes an Königin Elisabeth von Preußen.* In: *Berliner Hefte zur Geschichte des literarischen Lebens* 2 (1998), S. 65–74, das Manteuffel-Gedicht S. 73–74.

69   GBA *Gedichte* 1, S. 256 [Hervorh. im Orig.].

70   Hervorhebung von mir, H. F.

71   GBA *Tage- und Reisebücher* 2, S. 243.

72   GBA *Gedichte* 1, S. 228–229.

73   Theodor Fontane und Martha Fontane, Berlin, 15. Juni 1888. In: HFA IV/3, S. 611–612, hier S. 612 [Hervorh. im Orig.].

74   Mommsen, wie Anm. 33.

75   GBA *Tage- und Reisebücher* 2, S. 243.

76   Vgl. Otto Pflanze: *Bismarck.* München 1997/98. Bd. 2, S. 540. – Pakula, wie Anm. 30, S. 489–525.

77   (Nr. 1784.) *Gesetz, betreffend den Schutz von Vögeln.* Vom 22. März 1888. In: *Reichs=Gesetzblatt. 1888.* Enthält die Verordnungen u.s.w. vom 14. Januar bis 23. Dezember 1888 […]. Hrsg. im Reichsamt des Innern. Berlin [1888], S. 111–114, hier S. 113.

78   Eda Sagarra: *Die Poggenpuhls. Roman.* In: Grawe/Nürnberger (Hrsg.): *Fontane-Handbuch*, wie Anm. 19, S. 651–662, hier S. 658.

79   Vgl. Dietmar Storch: *Theodor Fontane – Zeuge seines Jahrhunderts.* In: Grawe/Nürnberger (Hrsg.): *Fontane-Handbuch*, wie Anm. 19, S. 168–171.

80   Die Frühjahrstagung der Theodor Fontane Gesellschaft 2002 in Bad Homburg hat sich dann u.a. Fontanes schriftstellerischen Beziehungen zu Viktoria und Friedrich III. gewidmet; vgl. Hubertus Fischer: *Fontane, ,Vicky‘ und Kaiser Friedrich. Poesie – Politik – Romane.* In: Hugo Aust, Barbara Dölemeyer u. Hubertus Fischer (Hrsg.): *Fontane, Kleist und Hölderlin.*

Literarisch-historische Begegnungen zwischen Hessen-Homburg und Preu-ßen-Brandenburg. Gemeinsame Frühjahrstagung der Theodor Fontane Gesellschaft e.V. und des Vereins für Geschichte und Landeskunde Bad Homburg vor der Höhe e.V. vom 29. Mai bis 1. Juni 2003 in Bad Homburg (= Fontaneana, Bd. 2). Würzburg 2005, S. 59–94.

81 Vgl. auch Michael Masanetz: *Vom Leben und Sterben des Königskindes.* *‚Effi Briest'* oder der Familienroman als analytisches Drama. In: *Fontane Blätter* 72 (2001), S. 42–93, bes. S. 76–82: „‚Orangeband, Orden, Helmbuschzier, / Pasewalker Kürassier'. Wer ist es?"

82 Theodor Fontane: *Die Poggenpuhls. Roman.* In: HFA I/4. 2. Aufl., S. 479–576, hier S. 492.

83 Zit. nach Pakula, wie Anm. 30, S. 495.

84 Zit. nach Pakula, wie Anm. 30, S. 495.

85 Theodor Fontane: *Mathilde Möhring.* In: HFA I/4. 2. Aufl., S. 577–676.

86 Ebd., S. 656–657.

87 Theodor Fontane: *Der Stechlin. Roman.* Frankfurt/M., Berlin, Wien 1985, S. 306–307.

88 Ebd., S. 308.

89 Vgl. dazu Norbert Mecklenburg: *Theodor Fontane. Romankunst der Vielstimmigkeit.* Frankfurt/M. 1998.

90 Theodor Fontane: *Zur Erinnerung an Kaiser Wilhelm I. und Kaiser Friedrich III. (Prolog, gesprochen im Berliner Geschichtsverein am 13. Oktober 1888).* In: GBA *Gedichte* 1, S. 256 [Hervorh. im Orig.].

91 Theodor Fontane: *Ré Umbertos Kranz.* In: GBA *Gedichte* 1, S. 229.

92 Theodor Fontane an Martha Fontane, Berlin, 10. März 1888. In: HFA IV/3, S. 588–589, hier S. 589.

93 Theodor Fontane an Martha Fontane, Berlin, 13. März 1888. In: HFA IV/3, S. 589–592, hier S. 591.

94 Theodor Fontane an Theodor Fontane (Sohn), Berlin, 17. Juni 1888. In: HFA IV/3, S. 615–616.

Siglen

AFA (Aufbau-Ausgabe) Hrsg. v. Peter Goldammer, Gotthard Erler u. a. Berlin, Weimar: Aufbau-Verlag 1969–1993.

GBA (Große Brandenburger Ausgabe) Hrsg. v. Gotthard Erler. Berlin: Aufbau-Verlag 1994 ff.

HFA (Hanser Fontane-Ausgabe) *Werke, Schriften und Briefe* [zuerst unter dem Titel *Sämtliche Werke*]. Hrsg. v. Walter Keitel u. Helmuth Nürnberger. München: Hanser 1962–1997.

NFA (Nymphenburger Fontane-Ausgabe) *Sämtliche Werke*. Hrsg. v. Edgar Gross, Kurt Schreinert u. a. München: Nymphenburger 1959–1975.

Bibliographische Notiz

Der Wiederabdruck der Texte erfolgt mit freundlicher Genehmigung der Rechteinhaber, sofern die Rechte nicht beim Autor liegen. Die Erstdrucke werden mit ihren ursprünglichen Titeln in der Reihenfolge der Erscheinungsjahre aufgeführt. Die Titeländerungen für die Buchausgabe ergaben sich überwiegend dadurch, daß eine zu häufige Nennung des Namens Fontane sowohl im Inhaltsverzeichnis als auch in den Kapitelüberschriften störend hätte wirken müssen. Die Durchsicht der Texte zog kleinere Änderungen und Korrekturen nach sich; die Überleitungen im Teil „Berlinisches" wurden neu hinzugefügt.

Märkische Bilder. Ein Versuch über Fontanes *Wanderungen durch die Brandenburg*, ihre Bilder und ihre Bildlichkeit. In: Fontane Blätter 60 (1995), S. 117–142.

Ein „etablierte[r] deutsche[r] Schriftsteller"? Fontane in den siebziger Jahren des 19. Jahrhunderts. In: Theodorus victor. Theodor Fontane, der Schriftsteller des 19. am Ende des 20. Jahrhunderts. Eine Sammlung von Beiträgen. Hrsg. v. Roland Berbig (= Literatur – Sprache – Region, Bd. 3). Frankfurt am Main: Peter Lang 1999, S. 67–97.

Fontane und der preußische Adel. In: Berliner Hefte zur Geschichte des literarischen Lebens [Am Institut für deutsche Literatur der Humboldt-Universität zu Berlin hrsg. v. Peter Wruck u. Roland Berbig] 3 (2000), S. 144–154.

„Unser Fritz". Fontane im Dreikaiserjahr. In: Fontane Blätter 74 (2002), S. 78–98.

In preußisch-brandenburgischer Mission. Fontanes *Wanderungen*-Kapitel im *Johanniterblatt*. In: „Geschichte und Geschichten aus Mark Brandenburg". Fontanes *Wanderungen durch die Mark Brandenburg* im Kontext der europäischen Reiseliteratur. Internationales Symposium des Theodor-Fontane-Archivs in Zusammenarbeit mit der Theodor Fontane Gesellschaft 18.–22. September 2002 in Potsdam (= Fontaneana, Bd. 1). Hrsg. v. Hanna Delf von Wolzogen. Würzburg: Königshausen & Neumann 2003, S. 351–372.

Historische Landschaft – historischer Roman bei Theodor Fontane. Die *Wanderungen* und der Roman *Vor dem Sturm*. In: Fontane – ein Klassiker. Vorträge zu verschiedenen Aspekten seines Werkes. Hrsg. v. d. Ortsvereinigung Hamburg der Goethe-Gesellschaft in Weimar e.V. Jahresgabe 2003. Dößel (Saalkreis): Janos Stekovics 2003, S. 37–47.

Kaiser oder *König*? Zwei Fassungen eines Fontane-Gedichts. In: Euphorion [Heidelberg: Universitätsverlag Winter] 98 (2004), H. 4, S. 465–472.

Der Born, aus dem Fontane schöpfte. „Vaterländische Geschichte" in Vereinen – Organisierte Geschichtsforschung und -pflege in Berlin und Brandenburg. In: Fontane Blätter 84 (2007), S. 93–103.

Barfuß oder Barfus – Zwischen Barnim, Beeskow und Berlin. Ein Kapitel aus Fontanes „Wanderungen" im Lichte unbekannter Zeugnisse. In: Jahrbuch für brandenburgische Landesgeschichte [Berlin: Landesgeschichtliche Vereinigung für die Mark Brandenburg] 58 (2007), S. 174–185.

Eine Novelle über den „pietistischen Conservatismus". Theodor Fontanes Fragment *Storch von Adebar* im zeitgeschichtlichen Kontext betrachtet. In: Reflexionen über Pommern und Polen im Werk Theodor Fontanes. Hrsg. v. d. Stiftung Europäische Akademie Külz – Kulice (= Külzer Hefte/Zeszyty Kulickie 6). Kulice: Stiftung Europäische Akademie Külz – Kulice 2010, S. 79–108.

Englische und preußische Revolution – Theodor Fontanes „Karl Stuart" und „Ein Blatt aus der Weltgeschichte" im politischen Kontext 1848/49. In: Fontane Blätter 92 (2011), S. 108–116.

Distanzierte Nähe. Theodor Fontane und das Jubiläum des Refuge 1885. Vortrag zum Refuge-Fest der Französischen Kirche zu Berlin am 29. Oktober 2010. In: Die Hugenottenkirche, 64. Jg., Nr. 2, Februar 2011, S. 10–11; Nr. 3, März 2011, S. 20–21.

„Denkmal Albrecht Thaer's zu Berlin […]. Mit Text von Th. Fontane" [1862]. Von den Tücken im Umgang mit Fontane-Texten oder Ein Buch und seine Folgen. In: Jahrbuch für die Geschichte Mittel- und Ostdeutschlands [Berlin/Boston: De Gruyter] 57 (2011) [Erscheinungsjahr 2012], S. 87–123.

„Du bist der Mann der Jagow ..." Eine Spurensuche bei Theodor Fontane und anderen Zeitgenossen. In: Jahrbuch für brandenburgische Landesgeschichte [Berlin: Landesgeschichtliche Vereinigung für die Mark Brandenburg] 63 (2012), S. 73–87.

Fontanes „Zietenhusarenschaft" – nicht nur eine Regimentsgeschichte. In: Fontane Blätter 97 (2014), S. 73–88.

Personenregister

(erfaßt nicht die in den Anmerkungen genannten Personen)

386